Brita Neuhold, Renate Pirstner, Silvia Ulrich

Menschenrechte – Frauenrechte

Brita Neuhold, Renate Pirstner, Silvia Ulrich

Menschenrechte – Frauenrechte

Internationale, europarechtliche und innerstaatliche Dimensionen

StudienVerlag
Innsbruck
Wien
München
Bozen

Gedruckt mit Unterstützung der Karl-Franzens-Universität Graz, der Steiermärkischen Landesregierung, der Interuniversitären Koordinationsstelle für Frauen- und Geschlechterforschung Graz und des Bundesministeriums für Bildung, Wissenschaft und Kultur in Wien.

© 2003 by StudienVerlag Ges.m.b.H., Amraser Straße 118, A-6020 Innsbruck
e-mail: order@studienverlag.at
Internet: www.studienverlag.at

Buchgestaltung nach Entwürfen von Kurt Höretzeder/Circus, Innsbruck
Satz und Umschlag: Karin Berner/Studienverlag

Gedruckt auf umweltfreundlichem, chlor- und säurefrei gebleichtem Papier.

Bibliografische Information Der Deutschen Bibliothek
Die Deutsche Bibliothek verzeichnet diese Publikation in der Deutschen Nationalbibliografie; detaillierte bibliografische Daten sind im Internet über <http://dnb.ddb.de> abrufbar.

ISBN 3-7065-1812-0

Alle Rechte vorbehalten. Kein Teil des Werkes darf in irgendeiner Form (Druck, Fotokopie, Mikrofilm oder in einem anderen Verfahren) ohne schriftliche Genehmigung des Verlages reproduziert oder unter Verwendung elektronischer Systeme verarbeitet, vervielfältigt oder verbreitet werden.

Inhaltsverzeichnis

Vorwort   13

Einleitung   15

Teil I   19
Brita Neuhold: Internationale Dimensionen

Kapitel 1   21
Entwicklung, Verankerung, Kontrolle und Stellenwert
internationaler Menschenrechte

1. Verschiedene Gruppen und „Generationen" von Rechten   21

    1.1. Grundlegende Ideen   21
    1.2. Bürgerliche und politische Rechte   23
    1.3. Wirtschaftliche, soziale und kulturelle Rechte   25
    1.4. Solidaritätsrechte   27
    1.5. Bewertungen und Spaltungen   29

2. Internationaler Menschenrechtschutz –   29
   Ziele, Aufbau, Durchsetzungsmöglichkeiten

    2.1. Die universelle Ebene – Vereinte Nationen   30
        2.1.1. Standardsetting – die wichtigsten Instrumente   31
        2.1.2. Aufbau und Organisation   33
        2.1.3. Rechtsdurchsetzung   35
            2.1.3.1. Kommission für Menschenrechte   36
            2.1.3.2. Kommission für die Rechtsstellung der Frau   37
            2.1.3.3. Verfahren im Zusammenhang   37
                    mit einzelnen Konventionen
    2.2. Die regionale Ebene – Europa   38
        2.2.1. Europarat   38
            2.2.1.1. Konvention zum Schutze der Menschenrechte und   38
                    Grundfreiheiten (Europäische Menschenrechts-
                    konvention – EMRK)
            2.2.1.2. Europäische Sozialcharta (ESC)   39
        2.2.2. Organisation für Sicherheit und Zusammenarbeit   41
            in Europa (OSZE)
        2.2.3. Europäische Union   41

2.3.	Die regionale Ebene – Amerika	41
	2.3.1. Amerikanische Menschenrechtskonvention (AMRK)	41
	2.3.2. Inter-Amerikanische Konvention zur Verhütung, Bestrafung und Ausrottung von Gewalt gegen Frauen	43
2.4.	Die regionale Ebene – Afrika	43
	2.4.1. Afrikanische Charta der Menschenrechte und Rechte der Völker	43
2.5.	Die regionale Ebene – Mittlerer Osten, islamischer Raum	44
	2.5.1. Kairoer Erklärung der Menschenrechte im Islam	44
2.6.	Die regionale Ebene – Asien	45
3. Schlussbemerkung		46

Kapitel 2
Menschenrechtsinstrumente aus der Genderperspektive

47

1. Die universelle Ebene – Vereinte Nationen 47

1.1.	Charta der Vereinten Nationen	47
1.2.	Allgemeine Erklärung der Menschenrechte	47
1.3.	Internationaler Pakt über wirtschaftliche, soziale und kulturelle Rechte	48
1.4.	Internationaler Pakt über bürgerliche und politische Rechte	49
1.5.	CEDAW: Eine „Magna Carta" der Menschenrechte von Frauen	49
	1.5.1. Vorgeschichte	50
	1.5.2. Grundsätzlicher Stellenwert	50
	1.5.3. Aufbau, Ziele und Regelungen	52
	1.5.4. Verhalten der Vertragsstaaten gegenüber der Konvention	55
	1.5.5. Überwachung der Umsetzung – Berichtsprüfungsverfahren	58
	1.5.6. Das Fakultativprotokoll zu CEDAW – ein entscheidender Sprung nach vorne	59
	1.5.6.1. Vorgeschichte	59
	1.5.6.2. Ziele und Inhalte	60
	1.5.6.2.1. Mitteilungsverfahren (Individualbeschwerde)	60
	1.5.6.2.2. Untersuchungsverfahren	62
	1.5.6.3. Vorbehalte	62
	1.5.6.4. Stand der Ratifikationen	62
	1.5.6.5. Einschätzung, Bedeutung, Anknüpfungspunkte	63
	1.5.6.6. Nachteile und offene Fragen	63
1.6.	Erklärung zur Beseitigung von Gewalt gegen Frauen	63

2. Die regionale Ebene	64
2.1. Europa	64
2.1.1. Europarat	64
2.1.1.1. Konvention zum Schutze der Menschenrechte und Grundfreiheiten (Europäische Menschenrechtskonvention – EMRK)	64
2.1.1.2. Europäische Sozialcharta (ESC)	64
2.1.1.3. Spezifische auf Genderpolitik bezogene Instrumente	65
2.1.2. Organisation für Sicherheit und Zusammenarbeit in Europa (OSZE)	65
2.1.3. Europäische Union	66
2.2. Lateinamerika	66
2.2.1. Amerikanische Menschenrechtskonvention (AMRK)	66
2.2.2. Die Umsetzung aus Frauensicht	66
2.2.3. Inter-Amerikanische Konvention über die Verhütung, Bestrafung und Ausrottung von Gewalt gegen Frauen – Konvention von Belem do Pará	67
2.3. Afrika	67
2.3.1. Afrikanische Charta der Menschenrechte und Rechte der Völker	67
2.3.2. Die Umsetzung aus Frauensicht	68
2.4. Mittlerer Osten, islamischer Raum	69
2.4.1. Kairoer Erklärung der Menschenrechte im Islam	69
2.4.2. Die Umsetzung aus Frauensicht	69
2.5. Asiatische Region	70
3. Barrieren und Hemmnisse für die Verwirklichung der Menschenrechte von Frauen	71
3.1. Erschütternde Realität	71
3.2. Unzureichendes Engagement auf der internationalen Ebene	72
3.3. Sowohl Spiegel als auch Ursache	74

Kapitel 3
Hauptproblembereiche und zentrale Ansatzpunkte 77

1. Universalität der Menschenrechte von Frauen versus kulturelle Differenz	78
1.1. Ausgangsposition	78
1.2. Rolle der Religion	79
1.3. Ausrichtung und Ziele des religiösen, traditionell-fundamentalistischen Familienrechts	79
1.4. Kulturelle Differenz als Politikum	81

2. Wirtschaftliche, soziale und kulturelle Rechte einfordern ... 87

   2.1. Situation von Frauen in zentralen Bereichen ... 87
      2.1.1. Freiheit von Armut, Recht auf Lebensqualität und Lebensstandard ... 88
      2.1.2. Recht auf eine intakte Umwelt ... 89
      2.1.3. Recht auf Arbeit, gerechte Arbeitsbedingungen und soziale Sicherheit ... 90
      2.1.4. Recht auf Gesundheit, reproduktive und sexuelle Rechte ... 91
      2.1.5. Recht auf Bildung ... 92
   2.2. Völkerrechtliche Verankerung ... 92
      2.2.1. Internationaler Pakt über wirtschaftliche, soziale und kulturelle Rechte ... 92
      2.2.2. Europäische Sozialcharta (ESC) ... 93
      2.2.3. Konvention zur Beseitigung jeder Form von Diskriminierung der Frau (CEDAW) ... 94
      2.2.4. Erklärung über das Recht auf Entwicklung ... 94
      2.2.5. Afrikanische Charta der Menschenrechte und Rechte der Völker ... 95
      2.2.6. Konventionen der ILO ... 96
      2.2.7. Aktivitäten von UNESCO und WHO ... 96
   2.3. Hundert Jahre Kampf um wirtschaftliche, soziale und kulturelle Rechte – Alte und neue Herausforderungen ... 97
      2.3.1. Die Anfänge im Zeichen der ILO ... 97
      2.3.2. „Bedürfnisse" gegen „Rechte" – Ablenkungsmanöver und die Folgen ... 98
      2.3.3. Neue Anstrengungen in Zeiten der Globalisierung ... 99

3. Gewalt gegen Frauen – Traurige Aktualität ... 102

   3.1. Internationale Instrumente ... 104
      3.1.1. Allgemeine Instrumente ... 104
      3.1.2. CEDAW und General Recommendations ... 105
      3.1.3. Erklärung zur Beseitigung von Gewalt gegen Frauen ... 106
      3.1.4. Inter-Amerikanische Konvention über die Verhütung, Bestrafung und Ausrottung von Gewalt gegen Frauen – Konvention von Belem do Pará ... 107
      3.1.5. Vierte Weltfrauenkonferenz ... 108
   3.2. Kulminationspunkte der Frauenfeindlichkeit und der Gewalt gegen Frauen ... 109
      3.2.1. Gewalt in der Familie – „Intimate Terror" ... 109
      3.2.2. Genitale Verstümmelung ... 111
      3.2.3. Gewalt gegen Frauen durch Polizei und Sicherheitsorgane ... 113
      3.2.4. Gewalt gegen Frauen in bewaffneten Konflikten ... 114
      3.2.5. Gewalt gegen Frauen als Flüchtlinge ... 119

	3.2.6. Gewalt in Verbindung mit Prostitution und Frauenhandel	122
	3.2.7. Gewalt am Arbeitsplatz – „Sexual Harassment"	125
4. Zusammenfassung		126

Kapitel 4   127
Unterstützung der internationalen Bewegung für Frauenrechte durch die Vereinten Nationen

1.	Frühes Engagement	127
2.	1975: Auftakt für zahlreiche Aktivitäten und eine turbulente Konferenz	130
3.	Fünf entscheidende Jahre	133
4.	Politische Schaukämpfe und Brückenschläge in Kopenhagen	134
5.	1980-1985: Arbeitsames Intermezzo	136
6.	Erfolgreicher Hürdenlauf bei der dritten Weltfrauenkonferenz in Nairobi	138
7.	Rückblick auf das Weltfrauenjahrzehnt	139
8.	Schwerpunktverschiebungen durch die Menschenrechtskonferenz in Wien	141
9.	Vierte Weltfrauenkonferenz in Beijing: Eröffnung neuer Horizonte	143
10.	BEIJING+5 und der drohende „Backlash"	145

Kapitel 5   147
Veränderungen und Perspektiven

1.	Aufbau einer vielfältigen Bewegung	147
	1.1. Grundsätzliche Standortbestimmung	147
	1.2. Veränderungen in Kopf und Herz	150
	1.3. Geographie weiblichen Widerstands in Ländern des Südens	152
	1.4. Frauen in Ost- und Südosteuropa wehren sich	156
2.	Menschenrechte als Angelpunkt	157
	2.1. Ein wachsendes Netzwerk	157
	2.2. Wirtschaftliche und soziale Menschenrechte von Frauen im Vordergrund	159
	2.2.1. Aktivitäten in Nord und Süd	159
	2.2.2. Bedeutung der Themenkonferenzen der Vereinten Nationen	160
3.	Visionen für die Zukunft	162

Teil II
Renate Pirstner: Europarechtliche Dimensionen165

1. Die Entwicklung des „Gendergemeinschaftsrechts"167

    1.1. Art 119 EWGV als Ausgangspunkt167
    1.2. Geschlechtergleichstellung als Gemeinschaftsaufgabe170
    1.3. Die Kompetenzvorschriften172
    1.4. Die Richtlinienvorschriften174

2. Das gemeinschaftsrechtliche System zur Rechtsdurchsetzung178

    2.1. Der Europäische Gerichtshof178
    2.2. Die Verfahrensarten178
        2.2.1. Das Vorabentscheidungsverfahren178
        2.2.2. Das Vertragsverletzungsverfahren179
        2.2.3. Die Nichtigkeitsklage180
        2.2.4. Die Untätigkeitsklage181
        2.2.5. Die Amtshaftungsklage182
    2.3. Die Wirkungsweise des Gendergemeinschaftsrechts182

3. Ausgewählte Bereiche des Gendergemeinschaftsrechts183

    3.1. Frauen und wirtschaftliche und soziale Rechte183
    3.2. Frauen und Gewalt195
        3.2.1. Gewaltschutzmaßnahmen der Europäischen Union195
        3.2.2. Die sexuelle Belästigung am Arbeitsplatz198
        3.2.3. Exkurs: Frauen im Heeres- und Polizeidienst203
    3.3. Frauenförderung und Gender Mainstreaming208
        3.3.1. Frauen in Entscheidungspositionen208
        3.3.2. Quotenvorschriften210
        3.3.3. Gender Mainstreaming216

Teil III
Silvia Ulrich: Innerstaatliche Dimensionen225

1. Die Gleichbehandlung von Frauen und Männern im Lichte des österreichischen Verfassungsrechts227

    1.1. Die Entwicklung der verfassungsrechtlichen Gleichheitsgarantien227
        1.1.1. Die Gleichheit vor dem Gesetz227
        1.1.2. Die Gleichheit im Gesetz228
        1.1.3. Die Gleichheit durch das Gesetz228

1.2. Die Auslegung der Gleichheitsgarantien 229
durch den Verfassungsgerichtshof
1.3. Überblick über die genderspezifischen Änderungen 231
der Verfassung
    1.3.1. Die Novellen zum geschlechtergerechten Sprachgebrauch 231
    1.3.2. Die unterschiedlichen Altersgrenzen von männlichen 232
und weiblichen Sozialversicherten
    1.3.3. Die erstmalige Klarstellung der verfassungsrechtlichen 233
Zulässigkeit von vorübergehenden Sondermaßnahmen
zur Herbeiführung der De-facto-Gleichberechtigung
von Frauen und Männern
    1.3.4. Das Bekenntnis zur Frauenförderung und die neuerliche 234
Klarstellung der verfassungsrechtlichen Zulässigkeit von
vorübergehenden Sondermaßnahmen zur Herbeiführung der De-facto- Gleichberechtigung von Frauen
und Männern
1.4. Die UN-Konvention zur Beseitigung jeder Form von 235
Diskriminierung der Frau und ihre Umsetzung in Österreich
    1.4.1. Allgemeines 235
    1.4.2. Die Impulse der CEDAW zur genderspezifischen 236
Verfassungsreform in Österreich
    1.4.3. Überblick über den Stand der Umsetzung 238
der CEDAW in Österreich
    1.4.4. Umsetzungsprobleme aus der Sicht 241
des CEDAW-Komitees
1.5. Das Fakultativprotokoll zur UN-Konvention zur Beseitigung 242
jeder Form von Diskriminierung der Frau und seine Bedeutung
für die Ausweitung des Rechtsschutzes in Österreich
    1.5.1. Allgemeines 242
    1.5.2. Das Mitteilungsverfahren 243
    1.5.3. Zur konkreten innerstaatlichen Bedeutung 244
des Fakultativprotokolls

2. Die Gleichbehandlung von Frauen und Männern 250
auf der einfachgesetzlichen Ebene – Ausgewählte Bereiche

2.1. Die Gleichbehandlungsgesetze in Österreich 250
    2.1.1. Überblick über die Gleichbehandlungsgesetze des Bundes 251
    2.1.2. Überblick über die Gleichbehandlungsgesetze der Länder 253
    2.1.3. Die Diskriminierungsverbote in den 254
Gleichbehandlungsgesetzen
    2.1.4. Die Frauenförderungsgebote in den 255
Gleichbehandlungsgesetzen
    2.1.5. Das System der Rechtsdurchsetzung in den 262
Gleichbehandlungsgesetzen

2.2. Der Zugang von Frauen zum österreichischen Bundesheer	266
2.2.1. Der Ausbildungsdienst	268
2.2.2. Der freiwillige Milizdienst	268
2.3. Der Schutz vor familiärer Gewalt	268
2.3.1. Die Instrumente des Gewaltschutzes im Sicherheitspolizeigesetz	269
2.3.2. Die Instrumente des Gewaltschutzes in der Exekutionsordnung	271
2.3.3. Das Verhältnis der Gewaltschutzinstrumente des Sicherheitspolizeigesetzes zur einstweiligen Verfügung nach der Exekutionsordnung	272
2.3.4. Die Interventionsstellen	273
2.4. Gender Mainstreaming	273
2.4.1. Allgemeines	273
2.4.2. Zum Stand der Umsetzung von Gender Mainstreaming in Österreich	274
2.4.3. Gender Mainstreaming in der Gesetzgebung	276
3. Zeittafel	281
Abkürzungsverzeichnis	285
Literaturverzeichnis	293
Anhang: Übersicht über genderrelevante Rechtsvorschriften und Materialien	303
Die Autorinnen	315

Vorwort

Dieses Buch ist aus einer wissenschaftlichen Kooperation entstanden, die auf die *Aigner-Rollett-Gastprofessur für Frauen- und Geschlechterforschung* des Wintersemesters 2000/2001 an der Universität Graz zurückgeht. Auf Anregung von VertreterInnen des Instituts für Völkerrecht wurde die Gastprofessur dem Themenbereich *Frauenrechte – Menschenrechte* gewidmet und schließlich mit Brita Neuhold besetzt. Der Prozess, der damit begann, zeigt, was mit ‚Anschubfinanzierungen' und ‚Impulsprogrammen' für Frauen- und Geschlechterforschung – von speziell gewidmeten Lehrauftragskontingenten bis hin zur genannten Gastprofessur – erreicht werden kann: Die Gastprofessur initiierte eine Integration der Thematik in das Regelstudienangebot der rechtswissenschaftlichen Fakultät der Universität Graz.

Aufgrund des großen Erfolges der Lehrveranstaltungen, die Brita Neuhold im Rahmen ihrer Gastprofessur teils allein, teils zusammen mit Silvia Ulrich und Renate Pirstner (beide von der Abteilung für Verwaltungswissenschaften, Umweltrecht und Recht der Geschlechterbeziehungen am Institut für Österreichisches, Europäisches und Vergleichendes Öffentliches Recht, Politikwissenschaft und Verwaltungslehre) abgehalten hat, hat die rechtswissenschaftliche Fakultät der Universität Graz begonnen, sich der Thematik *Frauenrechte – Menschenrechte* verstärkt anzunehmen. Es werden seither in jedem zweiten Semester zwei Lehrveranstaltungen zum Thema angeboten, und zwar in Fächer übergreifenden Kooperationen zwischen den Instituten für Öffentliches Recht und Völkerrecht. Die drei Autorinnen dieses Buchs gestalten die Seminare gemeinsam. Das verstärkte Engagement der rechtswissenschaftlichen Fakultät in der Thematik Frauen- und Geschlechterforschung hat sich auch in der Konzeption des neuen Studienplans niedergeschlagen, in dem ein Wahlfach „Recht der Geschlechterbeziehungen" verankert wurde.

Ein weiteres Zwischenresultat dieses Prozesses ist das vorliegende Buch, dessen Entstehung ich für die *Interuniversitäre Koordinationsstelle für Frauen- und Geschlechterforschung Graz* begleiten durfte. Dem Transfer der Resultate der Frauen- und Geschlechterforschung an die Öffentlichkeit ist hier besonders gut gedient, da Informationen zu einem hochbrisanten Thema zugänglich gemacht werden, die bislang in einer so kompakten und konzentrierten Form nicht verfügbar waren, und dies zudem auf eine auch für Nicht-JuristInnen nachvollziehbare Weise geschieht. Ich wünsche mir und den LeserInnen noch viele weitere Bücher, deren Entstehungsgeschichte so erfreulich dokumentiert, dass gut platzierte Impulse durchaus nachhaltige Wirkungen entfalten können.

Barbara Hey
Interuniversitäre Koordinationsstelle
für Frauen- und Geschlechterforschung
Graz, November 2002

Einleitung

Innerhalb der „*allgemeinen*" Menschenrechte waren die Rechte von Frauen lange Zeit unbeachtet und im besten Fall „*mitgedacht*". Wenn Frauen gesondert dafür eintraten, mussten sie in der Vergangenheit nicht selten mit dem Verlust ihres Leben dafür büßen. Auch dann, als die Vereinten Nationen den Schutz der Menschenrechte neben der Friedenssicherung zu ihrem wichtigsten Schwerpunkt erklärten und dieses Engagement – ausgehend von der *Allgemeinen Erklärung der Menschenrechte* – durch zahlreiche verbindliche Verträge zu untermauern begannen, änderte sich grundsätzlich nicht allzu viel an dieser Situation. Und dies, obwohl die Generalversammlung der Vereinten Nationen zahlreiche wichtige Konventionen speziell zur Sicherung der Menschenrechte von Frauen – unter ihnen die *Konvention zur Beseitigung jeder Form von Diskriminierung der Frau (CEDAW)*, die als „Magna Charta der Frauenrechte" bezeichnet werden kann, – angenommen hat. Seit den neunziger Jahren des 20. Jahrhunderts ist allerdings eine Wende eingetreten. Die Tatsache, dass internationale Menschenrechtsinstrumente in den letzten Jahren mehr und mehr an Ansehen gewinnen, ist nicht zuletzt dem unermüdlichen und vielfältigen Einsatz von Frauen zu verdanken.

Das vorliegende Handbuch soll dazu beitragen, den „blinden Fleck" im internationalen, europäischen und innerstaatlichen Recht und die Ausklammerung von Frauenrechten aus juristischer Theorie und Praxis zu beleuchten und sichtbar zu machen. Die Rechtsordnungen aller Staaten – auch der Mitgliedstaaten der Europäischen Union und insbesondere auch Österreichs – orientieren sich primär an männlich dominierten Lebensrealitäten. Weibliche Lebenszusammenhänge werden hingegen nur in untergeordnetem Maße berücksichtigt.

Die gegenständliche Publikation bietet in diesem Kontext eine interdisziplinäre und systematische Darstellung der Frauenrechte auf internationaler, europarechtlicher und innerstaatlicher Ebene. Auf allen drei Ebenen hat sich in den letzten Jahrzehnten ein komplexer Bestand an Normen und Instrumenten zur Gleichbehandlung der Geschlechter und zur Frauenförderung entwickelt. Es gibt jedoch bis heute keine umfassende und vertiefte Darstellung aller drei Bereiche und ihrer Beziehungen zueinander. Das Handbuch soll diese Lücke schließen und ein fundiertes Basiswissen über die Gender-Dimensionen des geltenden Rechts auf internationaler, europäischer und österreichischer Ebene vermitteln. Es soll einerseits als universelles Nachschlagwerk für die juristische Ausbildung und Praxis dienen, auf der anderen Seite aber auch den spezifischen Informationsbedarf der entwicklungs- und frauenpolitischen Organisationen sowie der zahlreichen Gleichbehandlungsinstitutionen abdecken, welche sich mit den genannten Rechtsmaterien zu beschäftigen haben. Darüber hinaus ist dieses Buch auch als Basisliteratur für die politische Bildung an den Schulen und für die Erwachsenenbildung gedacht.

Entsprechend der interdisziplinären Ausrichtung ist das Handbuch in drei große Abschnitte gegliedert: Teil I „Internationale Dimensionen", Teil II „Europarechtliche Dimensionen" und Teil III „Innerstaatliche Dimensionen". Die systematischen Darstellungen werden ergänzt durch einen Anhang, der für alle drei Bereiche eine Übersicht über aktuelle gender-relevante Rechtsvorschriften samt wichtigen Materialien beinhaltet.

Teil I steckt den internationalen Rahmen ab: Zunächst wird in Kapitel 1 ein Überblick über den geschichtlichen Hintergrund der Menschenrechte und die Bestrebungen der Vereinten Nationen um die Verankerung der Menschenrechte nach 1945 gegeben. Daran schließt sich eine Übersicht über die wichtigsten Menschenrechts-Instrumente auf universeller und regionaler Ebene.

In Kapitel 2 werden die wichtigsten zuvor dargestellten Instrumente – mit besonderem Augenmerk auf die CEDAW – dahingehend analysiert, wie diese zur Verwirklichung von Frauenrechten als Menschenrechte beitragen und welche Mittel und Chancen der Rechtsdurchsetzung bestehen.

Kapitel 3 bildet das Kernstück des internationalen Teiles. Es werden drei große Problemkreise herausgegriffen, die zu Beginn des 21. Jahrhunderts im Zusammenhang mit der realen Verwirklichung der Menschenrechte von Frauen im Vordergrund stehen: Erstens der Konflikt zwischen einer universell gültigen und einer kulturell differierenden Auslegung der Menschenrechte; zweitens die Nachrangigkeit wirtschaftlicher, sozialer und kultureller Menschenrechte; drittens die zunehmende Gewalt gegen Frauen.

Kapitel 4 befasst sich mit den Bemühungen (und Schwierigkeiten) der Vereinten Nationen um die Schaffung eines neuen Bewusstseins als Grundlage für dauerhafte Veränderungen in den Machtverhältnissen zwischen Männern und Frauen. Im Mittelpunkt stehen das „Frauenjahrzehnt" und die Weltfrauenkonferenzen der Vereinten Nationen. Davon ausgehend werden die Prozesse behandelt, die zu einem Umdenken von Frauen im Hinblick auf die Wahrnehmung ihrer Menschenrechte und zu deren Re-Vision aus einem Blickwinkel des „Empowerment" führten.

In Kapitel 5 werden abschließend Beispiele für Aktivitäten und Signale behandelt, mit denen Frauen einen – trotz aller Schwierigkeiten – unübersehbaren Wandel in ihren Gesellschaften, aber auch in internationalen Zusammenhängen eingeleitet haben. Das Schwergewicht liegt dabei auf südlichen und osteuropäischen Ländern. Visionen für die Zukunft, die von einer Neuorientierung des Völkerrechts bis zum Zugang von Frauen zu Schlüsselpositionen in den internationalen Handels-, Wirtschafts- und Finanzinstitutionen reichen, bilden den Schlusspunkt.

Teil II des Handbuches befasst sich mit den europarechtlichen Aspekten der Gleichstellung und Chancengleichheit von Frauen und Männern. Die Europäische Union ist in erster Linie als Wirtschaftsgemeinschaft ausgerichtet, welche Frauenrechten ursprünglich nur geringe Bedeutung eingeräumt hat. So wurde in der Gründungsphase – in den 50er Jahren des 20. Jahrhunderts – die Gleichbehandlung von Frauen und Männern ausschließlich beim Arbeitsentgelt festgelegt und zwar in *Artikel 119* des *Vertrages zur Gründung der Europäischen Wirtschaftsgemeinschaft (EWGV)*. Diese Vorschrift entwickelte sich schließlich aufgrund der Rechtsprechung des Europäischen Gerichtshofes zu einer (unmittelbar durchsetzbaren) Zentralnorm für Geschlechtergleichbehandlung. Der Rechtsbestand wurde schließlich mit der Erlassung von acht „Gender-Gleichstellungsrichtlinien" für den Bereich des Arbeitslebens ergänzt, allen voran die *Gleichbehandlungrichtlinie*, auf deren (im Juni 2002 erfolgte) Änderung ausführlich eingegangen wird. Behandelt wird in weiterer Folge auch das System der Rechtsdurchsetzung der Gemeinschaft. Auf Grund seiner besonderen Wirkungsweise verhilft das Gemeinschaftsrecht den europäischen Frauenrechten auf nationaler Ebene, also in allen 15 Mitgliedstaaten, besonders effizient zum Durchbruch.

Abgesehen von der Vertragsnorm zur Gleichstellung beim Arbeitsentgelt und den Richtlinien, welche insbesondere die Bereiche Zugang zur Arbeit, Gleichstellung bei den Leistungen der sozialen Sicherheit, Beweislastumkehr in Gleichbehandlungsverfahren sowie Mutterschutz abdecken, werden im Teil II auch Maßnahmen der Europäischen Union zum Gewaltschutz behandelt. Besonders hervorzuheben ist in diesem Zusammenhang der *Rahmenbeschluss des Rates zur Bekämpfung des Menschenhandels*, welcher im Juli 2002 beschlossen wurde.

In Zusammenhang mit dem Gewaltschutz wird zudem auch auf die Vorschriften zur Bekämpfung der sexuellen Belästigung am Arbeitsplatz eingegangen. Gerade dieser Bereich hat durch die Änderung der Gleichbehandlungsrichtlinie eine Ausweitung aus frauenrechtsspezifischer Sicht erfahren. Darüber hinaus wird schließlich auch die europarechtliche Situation der Frauen in gewaltbetonten Berufen, wie dem Heeres- und Polizeidienst, vor dem Hintergrund des Frauenschutzes einerseits und der Zugangschancen zur Beschäftigung andererseits, analysiert.

In Teil II werden auch die Themenbereiche Frauenförderung und Gender Mainstreaming näher dargestellt. Hinsichtlich der Frauenförderung liegt der Schwerpunkt bei der Beschreibung und Analyse der (Rechts-)Dokumente zum Thema „Frauen in Entscheidungspositionen". Dazu gehört insbesondere die rechtliche Diskussion der Vereinbarkeit von (nationalen) Quotenvorschriften mit dem Gemeinschaftsrecht.

Teil II schließt mit einer ausführlichen Darstellung des Konzeptes des Gender Mainstreaming aus gemeinschaftsrechtlicher Sicht. Dieses Konzept ist seit dem In-Kraft-Treten des Vertrages von Amsterdam (1.5.1999) ausdrücklich im Europäischen Gemeinschaftsvertrag verankert. Hauptaugenmerk wird dabei auf die wichtige Frage der Möglichkeiten der Umsetzung und rechtlichen Durchsetzung der (Vertrags-)Vorschriften zum Gender Mainstreaming auf gemeinschaftsrechtlicher und nationaler Ebene gelegt.

Teil III befasst sich mit der Gender-Dimension in der österreichischen Rechtsordnung. Dieser Teil bietet zu Beginn einen Überblick über die Entwicklung der Gleichheitsgarantien im österreichischen Verfassungsrecht. Es handelt sich dabei um einen Prozess, der seit über hundert Jahren andauert und seinen vorläufigen Abschluss 1998 in einer Verfassungsänderung gefunden hat, wonach sich Bund, Länder und Gemeinden zur tatsächlichen Gleichstellung von Mann und Frau bekennen und Maßnahmen zur Förderung der faktischen Gleichstellung von Frauen und Männern ausdrücklich für zulässig erklärt werden. Auch der Einfluss von Völkerrecht und Europarecht auf diese Entwicklung wird eingehend dargestellt.

Daran schließt als weiterer Themenschwerpunkt ein Überblick über die Gleichbehandlungsgesetze von Bund und Ländern an. Im Einzelnen werden die Diskriminierungsverbote, die Frauenförderungsgebote einschließlich der österreichischen Quotenvorschriften und das jeweilige System der Rechtsdurchsetzung näher beleuchtet. Neben einem vollständigen und chronologisch geordneten Überblick über die genderspezifischen Rechtsänderungen der letzten Jahrzehnte werden abschließend drei Bereiche gesondert behandelt: Der Zugang von Frauen zum österreichischen Bundesheer, der Schutz vor familiärer Gewalt und der Stand der Umsetzung des Gender Mainstreaming in Österreich. Die drei gewählten Themenbereiche repräsentieren die ganze Bandbreite (und auch Ambivalenz), in der sich gleichstellungspolitische Veränderungen vollziehen. Der Zugang von Frauen zum Heer ist zB aus juristischer Sicht als Gewährung von Berufszugangschancen zu betrachten, auch wenn Frauen in diesem Berufsumfeld als Akteurinnen von staatlich legitimierter Gewalt auftreten. Auf der anderen Seite sind Frauen in hohem Maße Opfer familiärer Gewalt und als solche besonders schutzbedürftig. Österreich hat mit dem so genannten *Gewaltschutzgesetz* ein international höchst beachtetes rechtliches Instrumentarium entwickelt, das effektive Gewaltprävention im privaten Bereich gewährleisten soll. Abschließend werden die Möglichkeiten von Maßnahmen des Gender Mainstreaming am Beispiel der Gesetzgebung ausgelotet.

Insgesamt wollen wir mit den Themenschwerpunkten in den drei Teilen des Handbuches einen vertiefenden und zugleich spannenden Einblick in die Gender-Dimensionen des Rechts geben.

Unser besonderer Dank gilt Dr[in] Barbara Hey, die als Leiterin der Koordinationsstelle für Frauen- und Geschlechterforschung an der Universität Graz das Projekt mit ihrer fachlichen Kompetenz und ihrem Engagement bis zur Umsetzung im Verlag begleitet hat.

Wir danken darüber hinaus dem Bundesministerium für Bildung, Wissenschaft und Kultur, dem Land Steiermark, der Universität Graz und der Rechtswissenschaftlichen Fakultät der Universität Graz für die finanzielle Unterstützung.

Brita Neuhold, Renate Pirstner, Silvia Ulrich
Graz, im November 2002

Teil I
Internationale Dimensionen

Brita Neuhold

Kapitel 1:
Entwicklung, Verankerung, Kontrolle und Stellenwert internationaler Menschenrechte

1. Verschiedene Gruppen und „Generationen" von Rechten

Der Ruf nach Verwirklichung der Menschenrechte ist aus den politischen Diskussionen, Forderungen und Weichenstellungen unserer Tage nicht mehr wegzudenken.[1] Der Blickwinkel und die Betroffenheit von Frauen spielte die längste Zeit hindurch keine oder nur eine sehr untergeordnete Rolle. Dass sich diese Situation ebenso nachdrücklich zu verändern beginnt, wird nachzuweisen sein.[2]

1.1. Grundlegende Ideen

Seit der Annahme der *Allgemeinen Erklärung der Menschenrechte* durch die Vereinten Nationen im Jahr 1948 wurde eine stark wachsende Anzahl von Menschenrechts-Instrumenten zu den verschiedensten Fragestellungen, sowohl auf der internationalen als auch auf der regionalen und nationalen Ebene, angenommen, wurden Mechanismen und Verfahren entwickelt, um ihre Durchsetzung zu garantieren, wurden weitreichende Initiativen gesetzt, um das Bewusstsein möglichst weiter Kreise zu verändern und die allgemeine politische Praxis mit menschenrechtlichen Standards zu durchdringen.

---

1   Einführende Literatur zu dieser Thematik: Peter Davies (Hg.): Human Rights. London – New York 1988, Routledge; Felix Ermacora: Menschenrechte in der sich wandelnden Welt. 1. Band Wien 1974, 2. Band Wien 1982; F. Hartung: Die Entwicklung der Menschen- und Bürgerrechte von 1776 bis zur Gegenwart. 3. Auflage, Göttingen – Berlin – Frankfurt 1964; Raoul F. Kneucker, Manfred Nowak, Hannes Tretter: Menschenrechte – Grundrechte. Materialien und Texte zur politischen Bildung. Wien 1992, Österreichischer Bundesverlag; Theodor Meron (Hg.): Human Rights in International Law. Legal and Political Issues. Oxford 1984; Derselbe: Human Rights Law-Making in the United Nations. Oxford 1986; F. Newman, David Weissbrodt: The International Human Rights. Cincinatti 1990; Manfred Nowak: The Promotion and Protection of Human Rights by the United Nations, in: SIM Newsletter, Netherlands Quarterly of Human Rights, Vol. 6 (1988), Nr. 2, S. 5 ff.; Manfred Nowak, D. Steurer, Hannes Tretter (Hg.): Fortschritt im Bewusstsein der Grund- und Menschenrechte. Festschrift für Felix Ermacora. Kehl – Straßburg – Arlington 1988; Manfred Nowak, Th. Swinehart (Hg.): Human Rights in Developing Countries, 1989 Yearbook, Kehl – Straßburg – Arlington 1989; P. Sieghart: Die geltenden Menschenrechte, Kehl – Straßburg – Arlington 1988.
2   Dieser Abschnitt lehnt sich teilweise an folgende Publikation an: Brita Neuhold: Frauenrechte – Menschenrechte: Vom Traum zur Wirklichkeit, Teil I: Umfassende Veränderung angesagt. Hintergrundinformation und Analyse. Wien 1999, ÖED.

Der Kampf um die Menschenrechte hat aber eine Geschichte, die um vieles weiter zurück reicht. Wesentliche Wurzeln liegen in der Aufklärung des 18. Jahrhunderts, deren Ideen zu radikal neuen Ansichten von der Funktion und den Aufgaben des Staates führten. Diese Ideen waren von dem Gedanken getragen, dass alle Menschen von Natur aus Anspruch auf unveräußerliche Grundrechte und Grundfreiheiten haben und dass sie berechtigt sind, diese Rechte auch zu verteidigen und dafür einzutreten. Zu führenden Vertretern gehörten *John Locke*, *Thomas Paine* und *Jean Jacques Rousseau*. Ihnen sind verschiedene Visionen von einem *Gesellschaftsvertrag* zu verdanken, demzufolge alle Menschen gleich sind und die gleichen Rechte und Pflichten übernehmen. Der Staat hat aufgrund dieses Vertrages „die Sicherung der natürlichen Rechte des Menschen" zum Ziel.[3] Rechte und Pflichten, die für jeden Einzelnen[4] gleich sind, sind verbunden mit einem Recht auf Sicherheit und auf Schutz vor Willkür. In diesen Visionen hatten Frauen allerdings keinen Platz, der Vertrag wurde ohne sie abgeschlossen.[5]

Stichworte zu einem Gesellschaftsvertrag

„Die natürliche Freiheit des Menschen ist es, frei von jeder höheren Macht auf der Erde und nicht einem Willen oder der gesetzlichen Autorität eines Menschen unterworfen zu sein, sondern nur dem Gesetz der Natur zu folgen. Die Freiheit des Menschen in der Gesellschaft besteht darin, keiner gesetzgebenden Macht zu unterstehen als der, die auf der Zustimmung im Sinne des gemeinsamen Wohls beruht."
John Locke (1690). The Second Treatise of Government.
The Liberal Arts Press, New York 1952

„Der Mensch ist nicht in die Gesellschaft eingetreten, um schlechter dazustehen als vorher, sondern um seine Rechte besser abgesichert zu sehen. Seine natürlichen Rechte sind die Grundlage seiner bürgerlichen Rechte."
Thomas Paine (1791): Rights of Man. Pelican Books. 1969. Hrsg. v. Henry Collins

„Wenn man danach forscht, woraus genau das höchste Wohl aller besteht, welches das oberste Ziel jedes Systems der Gesetzgebung sein muss, wird man feststellen, dass sich dieses auf zwei prinzipielle Dinge reduziert, auf die *Freiheit* und die *Gleichheit*. Die Freiheit, weil jedwede Art von Abhängigkeit eine Einschränkung der Kräfte des Staates bedeutet: die Gleichheit, weil die Freiheit nicht ohne sie bestehen kann."
Jean Jacques Rousseau (1762): Du contrat social. Collection Pluriel. Paris 1978.[6]

---

3   Manfred Nowak: Entwicklung und Systematik der Menschenrechte, in: Raoul F. Kneucker u.a., 1992, a. a. O., S. 6.
4   Es wird, entsprechend der Ausdrucks- und Denkweise der Väter dieses Gesellschaftsvertrages – und nur diese fanden Eingang in die öffentliche Debatte –, bewusst die männliche Form verwendet.
5   Siehe dazu: Carol Pateman: The Sexual Contract. Stanford 1988.
6   Die Zitate dieses Kastens sind entnommen aus: Raoul F. Kneucker u.a., 1992, a.a.O., S.81, 90, 82.

Diese Überzeugungen fanden u. a. ihren Niederschlag in der amerikanischen Unabhängigkeitserklärung und der *Virginia Bill of Rights* von 1776 sowie in der *Erklärung der Rechte des Menschen und Bürgers* von 1789. Dies war aber erst der Beginn eines langen Prozesses, für den die Vereinten Nationen nach 1945 entscheidende Anstöße lieferten und der noch immer nicht abgeschlossen ist.

Es ist an dieser Stelle wichtig hervorzuheben, dass das Ideengebäude, auf dem die Menschenrechte fußen, zwar sicherlich in Europa und Nordamerika entwickelt wurde, dass die Idee der Menschenrechte aber auch in vielen *südlichen Ländern* aufgegriffen, weiter gedacht und mit Zielen der kulturellen Erneuerung, der sozialen Reform und des anti-kolonialen Kampfes verschmolzen wurden. Dabei stellten die Ideen des Liberalismus, der französischen Utopisten und des Marxismus einerseits und die Rückbesinnung auf teilweise verschüttete demokratische religiöse Traditionen und Wurzeln andererseits wesentliche Impulse dar.[7]

Die geschichtliche Entwicklung der Menschenrechte erfolgte in verschiedenen Etappen und wird gängigerweise mit dem Bild von *Generationen* veranschaulicht. Das ist einerseits hilfreich, weil es deutlich macht, dass die Menschheit zu bestimmten Zeitpunkten von ganz bestimmten Ideen bewegt war, die in verschiedenen Gruppen von Rechtsinstrumenten ihren Ausdruck fanden. Andererseits verstärkt dieses Bild der verschiedenen „Generationen" die unheilvolle Tendenz, die „eine Welt" der Menschenrechte aufzuspalten und die einzelnen „Teilstücke" nach dem jeweiligen weltanschaulichen Standpunkt mit verschiedenen Wertigkeiten auszustatten. Trotzdem soll diesem Bild auch in dieser Darstellung gefolgt werden.

1.2. Bürgerliche und politische Rechte

Die erste Generation der Menschenrechte, die der bürgerlichen und politischen Menschenrechte, beruht auf der Überzeugung und der realen Notwendigkeit, die Rechte des Individuums gegen eine als übermächtig empfundene Obrigkeit, gegen einen willkürlich regierenden Herrscher – heute gegen einen autoritären Staat – verteidigen zu müssen.

Bürgerliche Rechte

Existenzrechte
- Das Recht auf ein Leben ohne Gewalt, auf physische Integrität und persönliche Freiheit
- Das Verbot der Folter, von Sklaverei, Leibeigenschaft, Zwangs- und Pflichtarbeit
- Das Recht auf Gedanken-, Gewissens- und Glaubensfreiheit
- Das Recht auf rechtliche Existenz und Anerkennung der Rechtsfähigkeit

---

[7] Siehe Kumari Jayawardena: Feminism and Nationalism in the Third World. London, New Delhi 1986. Zed Books, Kali for Women.

Verfahrensgarantien
- Das Recht auf ein Verfahren vor einem gesetzlichen Richter, Schutz vor willkürlicher Verhaftung, Mindestrechte des/der Angeklagten („rule of law")
- Recht auf „bürgerliche" Gleichheit vor dem Gesetz

Liberale Freiheitsrechte
- Schutz der Privatsphäre und des Familienlebens, des Hausrechts, des Brief- und Fernmeldegeheimnisses inkl. des modernen Rechts auf Datenschutz
- Recht auf Freizügigkeit der Person, z.B. Reise- und Bewegungsfreiheit, Niederlassungs- und Asylrecht, Verbot der Ausweisung etc.

Institutsgarantien
- Schutz des Privateigentums, Namensrecht, Erbrecht
- Vertragsfreiheit
- Schutz von Ehe und Familie

Kommunikationsrechte
- Meinungs-, Gedanken- und Religionsfreiheit
- Informations- und Medienfreiheit
- Freiheit von Wissenschaft und Kunst
- Versammlungs- und Vereinsfreiheit[8]

Politische Rechte

- Das aktive und passive Wahlrecht
- Das Recht auf die Bekleidung öffentlicher Ämter und die Teilnahme am politischen Leben
- Das Recht auf Gleichheit im Sinne „sozialer" Gleichheit als Grundlage „realer" (bürgerlicher) Freiheit[9]

Die beiden großen Gruppen im Rahmen dieser Rechte, die bürgerlichen Rechte einerseits und die politischen Rechte andererseits, werden für gewöhnlich in einem Atemzug genannt, sie standen aber lange Zeit in einem gewissen *Spannungsverhältnis* zueinander, da die bürgerlichen Freiheitsrechte ihrem Wesen nach *Abwehrrechte* gegenüber der Staatsgewalt, die politisch-demokratischen Freiheitsrechte aber *Teilnahmerechte* sind, die das Recht auf Beteiligung und Mitwirkung am staatlichen Leben anstreben.[10]

In der Grundsatzerklärung der Französischen Revolution hatten sowohl die bürgerlichen als auch die politisch-demokratischen Freiheitsrechte den gleichen Stellenwert. Im Verlauf des 19. Jahrhunderts, mit der wieder erstarkenden konservativen

---

8   Diese Rechte bilden bereits den Übergang zu den politischen Rechten bzw. werden oft dazu gezählt.
9   Nach Manfred Nowak, in: Raoul F. Kneucker, Manfred Nowak, Hannes Tretter, 1992, a. a. O., S. 11.
10 Ebenda, S. 8.

Restauration in Europa, wurden politisch-demokratische Freiheitsrechte mehr und mehr zugunsten von bürgerlich-liberalen Freiheitsrechten, die (wieder) nur einem kleinen Teil der Privilegierten offenstanden, zurückgedrängt. Trotzdem wurden in dieser Epoche erste Grundrechtskataloge in die Verfassungen europäischer parlamentarischer Monarchien aufgenommen. Sie wurden aber immer wieder von erneut an die Macht gekommenen konservativen Regierungen außer Kraft gesetzt. Ein charakteristisches Beispiel dafür ist die *Pillersdorf'sche Verfassung* von 1848, die von *Ferdinand I.*, „von Gottes Gnaden Kaiser von Österreich", erlassen, unmittelbar danach aber von Kaiser Franz Joseph wieder zurückgenommen und aufgehoben wurde.[11]

Erst zu Ende des 19. und in den ersten Jahrzehnten des 20. Jahrhunderts sollte die Demokratisierung der europäischen Gesellschaften sowohl vom Standpunkt der Unabhängigkeit und Eigenständigkeit der StaatsbürgerInnen als auch der Partizipation an der Politik weiter fortschreiten. Allerdings wurden ab den dreißiger Jahren dieses Jahrhunderts in mehreren europäischen Ländern diese Rechte durch faschistische Regime vernichtet und gingen in den Gräueln des 2. Weltkriegs unter.

Die bürgerlichen und politischen Menschenrechte sind diejenigen, die in den seit 1945 verabschiedeten internationalen Instrumenten am häufigsten verankert sind. Ausschließlich ihrem Schutz sind der *Pakt über bürgerliche und politische Rechte* (1966), die *Europäische Menschenrechtskonvention* (1950) und deren Zusatzprotokolle gewidmet. Die *Amerikanische Menschenrechtskonvention* (1969), die *Konvention zur Beseitigung jeder Form von Diskriminierung der Frau* (1979) und die *Afrikanische Charta der Menschenrechte und Rechte der Völker* (1981) beschäftigen sich ebenfalls vorrangig damit.[12]

1.3. Wirtschaftliche, soziale und kulturelle Rechte

Eine zweite Generation von Menschenrechten, die der wirtschaftlichen, sozialen und kulturellen Rechte, entstand aus der Erschütterung angesichts der großen Klassengegensätze und der Armut der breiten Masse. Vorstellungen von diesen Rechten wurde bereits im 19. Jahrhundert von sozialen Bewegungen in Nord und Süd entwickelt und erhielten entscheidende Impulse aus der marxistisch-sozialistischen Ideologie.

Auch für den frühen Sozialismus kamen wichtige erste Anstöße aus Frankreich. Den ersten Höhepunkt erreichte er dort zu Beginn des 19. Jahrhunderts, seine wichtigsten Vertreter waren *Charles Fourier* und *Claude Henri de Rouvroy, Graf von Saint-Simon*. Auch in England entstand unter der Führung von *Robert Owen* in dieser Zeit eine vergleichbare Bewegung. Sie führten eine lange Reihe sozialistischer Kämpferinnen und Kämpfer unterschiedlicher Radikalität an, die schließlich nicht nur die Grundlagen für die Verfassungen kommunistischer Staaten, sondern auch für die *moderne Sozialgesetzgebung* und *sozialen Grundrechtskataloge* westlicher Staaten liefer-

---

11 Ebenda, S. 11.
12 Die Amerikanische Menschenrechtskonvention ist bis auf einen Artikel ausschließlich auf den Schutz der bürgerlichen und politischen Rechte ausgerichtet, die Frauenrechtskonvention und die Banjul Charta widmet auch anderen Rechten gebührenden Platz, siehe weiter unten.

ten. Auch nach dem Zusammenbruch des „Realen Sozialismus" muss klar sein, dass diese Rechte wichtig sind.

Sozialistische und sozialdemokratische Kritik wandte sich von Anfang an gegen die bürgerliche bzw. „verbürgerlichte" Konzeption der Menschenrechte, vor allem gegen das Privateigentum als deren Angelpunkt. Allerdings sahen und sehen sie die genannte „erste Generation" als wichtige Voraussetzung sozialer Grundrechte an. Das gilt vor allem für das Wahlrecht, das aufgrund des Drucks sozialistischer Bewegungen von einem Privileg des Bürgertums zu einem allgemeinen staatsbürgerlichen Recht erhoben wurde.

Wirtschaftliche, soziale und kulturelle Rechte

Wirtschaftliche Rechte
- Das Recht auf Arbeit/Beschäftigung, auf Anerkennung und gerechte Bezahlung dieser Leistungen
- Das Recht auf gesundheitlichen und rechtlichen Schutz am Arbeitsplatz, inkl. Streikrecht und Bildung von Gewerkschaften
- Das Recht auf gerechten Zugang zu Land, Grund und Boden, Kapital/Kredit, Infrastruktur, Technologien, Geräte, Betriebsgütern etc.

Soziale Rechte
- Das Recht auf soziale Gerechtigkeit und soziale Absicherung, inkl. Mutterschutz, Krankenversicherung, Altersversorgung etc.
- Das Recht auf Garantie der materiellen Grundbedürfnisse und auf angemessenen Lebensstandard inkl. Ernährung, Zugang zu reinem Wasser, das Recht auf gesundheitliche Versorgung und die Möglichkeit, ein gesundes Leben zu führen, sowie auf menschenwürdige Wohnbedingungen
- Das Recht auf Garantie der reproduktiven und sexuellen Rechte

Kulturelle Rechte
- Das Recht auf Bildung, Ausbildung und Beratung
- Das Recht auf Teilnahme an und Zugang zu Wissenschaft und Forschung
- Das Recht auf Beteiligung und Anerkennung im Bereich von Kunst und Kultur

Umweltrechte
- Das Recht auf Schutz der Biodiversität und Sicherstellung „nachhaltiger Entwicklung" (sustainable development)
- Erhaltung und Wiederherstellung der Umwelt, „Umweltschutz"
- Schutz der geistigen Eigentumsrechte indigener Völker[13]

---

13 In dieser Liste sind die klassischen, individuellen „wirtschaftlichen, sozialen und kulturellen Rechte" mit den kollektiven „Umweltrechten", die erst seit den siebziger Jahren des 20. Jahrhunderts in das Bewusstsein traten, verbunden. Diese stellen den Übergang zu den anschließend behandelten „Solidaritätsrechten", siehe weiter unten, dar.

Für die Vertreterinnen und Vertreter dieser Gruppe von Menschenrechten besteht nicht der bei den politischen und bürgerlichen Rechten so stark spürbare Antagonismus zwischen Staat und Individuum. Der *Staat* wird nicht als Gegner empfunden, vielmehr wird er als verantwortlich und verantwortbar – gegenwärtig ist der Ausdruck *„accountable"* bei allen internationalen Konferenzen gebräuchlich – für die Um- und Durchsetzung der Rechte seiner Angehörigen im Sinn der kollektiven Wohlfahrt angesehen. Nicht von ungefähr wird in diesem Zusammenhang auch oft von „Vater Staat" gesprochen.

Allerdings wird im Zeichen von Strukturanpassungsprogrammen (SAPs) und Globalisierung der Marktwirtschaft der Schutz gerade dieser Rechte – nicht zuletzt aufgrund staatlicher Entscheidungen – zunehmend abgebaut und Regierungen müssen nachdrücklich an ihre diesbezügliche Verantwortung erinnert werden.

Diese Menschenrechte wurden insgesamt in einer kleineren Zahl von Erklärungen und Konventionen aufgegriffen. Immerhin bilden sie aber den Inhalt des ersten umfassenden Menschenrechtsvertrags der Vereinten Nationen, des *Pakts über wirtschaftliche, soziale und kulturelle Rechte* (1966). Die *Konvention zur Beseitigung jeder Form von Diskriminierung der Frau* und die *Afrikanische Charta der Menschenrechte und Rechte der Völker* widmen diesen Rechten ebenfalls angemessenen Raum. In der *Amerikanischen Menschenrechtskonvention* wird im Artikel 26 (Förderung der Entwicklung) auf sie verwiesen.

Ab Mitte der sechziger Jahre sind wirtschaftliche, soziale und kulturelle Rechte Gegenstand unzähliger internationaler Konferenzen, vor allem auf Initiative der Vereinten Nationen. Die wichtigsten und nachhaltigsten Impulse stammen dabei von den großen *Themenkonferenzen der 90er Jahre*, dem „Erdgipfel von Rio" (1992), der „2. Menschenrechtskonferenz in Wien" (1993), der „Konferenz über Bevölkerung und Entwicklung" in Kairo (1994), dem „Sozialgipfel" in Kopenhagen (März 1995) und schließlich der „4. Weltfrauenkonferenz in Beijing" (September 1995). Seit der zweiten Hälfte der neunziger Jahre werden in großen Nachfolgekonferenzen die Fortschritte und Erfolge bei der Umsetzung der Ziele dieser Konferenzen überprüft.[14]

1.4. Solidaritätsrechte

Mit der Unabhängigkeit eines Großteils der früheren Kolonien, zu Beginn der siebziger Jahre des vergangenen Jahrhunderts also, erblickte eine dritte Generation der Menschenrechte das Licht der Welt. Diese sogenannten Solidaritätsrechte sind kollektive Rechte der Völker des Südens – im Sinne von Nationalstaaten – gegenüber dem Norden. Der Grundstein und Angelpunkt dieser Gruppe von Menschenrechten, bildet das „Recht der Völker auf Selbstbestimmung". Sie sind darüber hinaus vor dem Hintergrund des Nord-Süd-Konflikts und vor der Forderung südlicher Länder

---

14 So fand 1999 eine „Kairo+5" Konferenz statt, im Juni 2000 wurde „Peking+5" in New York veranstaltet, im Juli 2000, 5 Jahre nach Kopenhagen, wurde der „Sozialgipfel" in Genf einberufen und im Herbst 2002 wurde in Johannesburg der Weltgipfel zu nachhaltiger Entwicklung, in Erinnerung an den „Erdgipfel" im Jahre 1992, mit großem Aufwand begangen.

nach einer Neuen Internationalen Wirtschafts- und Informationsordnung zu sehen. Foren dafür waren Konferenzen der UNCTAD (UN-Konferenz über Handel und Entwicklung) und der UNESCO (Organisation der Vereinten Nationen für Erziehung, Wissenschaft und Kultur), die in den siebziger und frühen achtziger Jahren heftigste Kontroversen auslösten.

Wenn diese Gruppe von Rechten auch durch die Staaten der so genannten „Dritten Welt" ihre nachdrückliche Prägung erhielt, so ist sie doch nicht ausschließlich auf diese bezogen. Zusätzlich flossen auch viele Anstöße christlicher und westlich-sozialistischer Herkunft im Sinne des Bestrebens der siebziger Jahre nach Schaffung eines solidarischen Weltbewusstseins ein.

Solidaritätsrechte, Rechte der Staaten

- Das Recht auf Überwindung des Kolonialismus und seiner Folgen
- Das Recht von Völkern auf Selbstbestimmung und Self-Reliance
- Das Recht auf Entwicklung
- Gerechtigkeit im Rohstoff-, Industrie- und Handelsbereich
- Das Recht auf ausgeglichene und gerechte internationale Informationsstrukturen
- Kontrolle internationaler Konzerne
- Das Recht auf Rückerstattung kultureller Raubgüter

Das Recht der Völker auf Selbstbestimmung ging in Artikel 1 der beiden großen Menschenrechtspakte der Vereinten Nationen von 1966 ein. Die Solidaritätsrechte sind ebenfalls in der *Afrikanischen Charta der Menschenrechte und Rechte der Völker* verankert. Abgesehen davon gediehen die Bestrebungen nach einer verbindlichen Verankerung der Solidaritätsrechte infolge des hartnäckigen Widerstands des Westens nie über den Rahmen von *Erklärungen* hinaus. Unter diesen haben die *Charta über die Errichtung einer Neuen Internationalen Wirtschaftsordnung – NIWO* (1974) und die *Erklärung über das Recht auf Entwicklung* (1986) historische Bedeutung.

Gerade diese Solidaritätsrechte haben heute, angesichts eines astronomischen Machtzuwachses internationaler Konzerne und westlich dominierter Handels- und Investitionsvereinbarungen, neue Aktualität erlangt.

Zusammenfassend kann gesagt werden, dass der Kampf um verschiedene Formen von Menschenrechten sowohl der Spiegel als auch der Auslöser wichtiger politischer und sozialer Bewegungen seit Beginn der Aufklärung waren. Eine tief greifende Korrektur an dieser Gestaltung der Menschenrechte ist, wie schon eingangs festgestellt, vorzunehmen. Bis zu Beginn der neunziger Jahre des vergangenen Jahrhunderts wurden die Menschenrechte ausschließlich aus der *Perspektive von Männern* wahrgenommen. Wie Frauen in aller Welt ihre Sicht der Dinge einforderten, eine weibliche Vision der Menschenrechte entwarfen und ihre Praxis danach auszurichten versuchen, soll Gegenstand späterer Ausführungen sein.

1.5. Bewertungen und Spaltungen

Die Menschenrechte haben nicht nur eine lange Geschichte, sie werden auch sehr unterschiedlich bewertet:

Die *bürgerlichen und politischen Rechte* rangieren an oberster Stelle innerhalb der Werteskala des Westens und werden von diesem weitgehend als die eigentlichen Menschenrechte bezeichnet.[15] Sie genießen hohes Prestige und haben spürbaren und konkreten Niederschlag in demokratischen Verfassungen und Rechtssystemen sowie in zahlreichen internationalen Verträgen gefunden.

Die *wirtschaftlichen, sozialen und kulturellen Rechte* werden in einer vergleichsweise kleineren Zahl von Erklärungen und Konventionen aufgegriffen. Dafür wurden sie seit Mitte der sechziger Jahre zum Gegenstand unzähliger internationaler Konferenzen, vor allem unter den Auspizien der Vereinten Nationen, gemacht. Gegenwärtig bestehen deutliche und beeindruckende Ansätze, diese „Gruppe" von Rechten besser zu verankern, zu schützen und zu fördern.

Die sogenannten *Solidaritätsrechte* genießen realpolitisch gesehen den geringsten Stellenwert. Auch sie werden jetzt wieder nachdrücklicher, vor allem von NGOs des Südens, eingefordert.

Während alle genannten Rechte eigentlich zusammengehören, wurden sie entlang politischer Überlegungen *aufgespalten* und in internationalen Verhandlungen mit verschiedenen Wertigkeiten belegt. Der Westen neigte – zumindest auf der internationalen Ebene – dazu, allein die bürgerlichen und politischen Rechte hochzuhalten und die wirtschaftlichen, sozialen und kulturellen Rechte eindeutig nachzuordnen. Der „Osten" wiederum setzte Menschenrechte in erster Linie mit der Verwirklichung sozialer Anliegen gleich, während der Süden Solidaritäts- und Entwicklungsrechte in den Vordergrund stellt.

Das Ergebnis ist, dass in der internationalen Debatte wirtschaftliche, soziale und kulturelle Rechte, vor allem die von Frauen, lange Zeit als marginale Angelegenheiten betrachtet wurden und auch in den Medien kaum Beachtung fanden. Südliche Länder und die früheren sozialistischen Staaten wiederum hielten zwar die letztgenannten Rechte hoch, konnten diese aber letzten Endes doch nur begrenzt garantieren. Andererseits stellten und stellen sie vielfach die Universalität der bürgerlichen und politischen Rechte in Frage, was zu teilweise empfindlichen Einschränkungen dieser Grundrechte ihrer BürgerInnen führt(e).

2. Internationaler Menschenrechtschutz – Ziele, Aufbau, Durchsetzungsmöglichkeiten

Nach 1945, unter dem Eindruck der Ungeheuerlichkeiten des 2. Weltkrieges, ging die Kodifizierung und Verankerung der Menschenrechte und Grundfreiheiten in eine

---

15 Nicht von ungefähr heißt der Ausschuss, der die Umsetzung des Paktes über bürgerliche und politische Rechte überwacht, „Menschenrechtsausschuss".

neue entscheidende Phase im Zeichen einer „*Renaissance humanitären Naturrechtsdenkens*".[16] Der Menschenrechtsschutz wurde dabei eindeutig als *Verantwortung der Staatengemeinschaft* angesehen.

„Die Einsicht in die Interdependenz von Friede, Demokratie und Menschenrechten führten auf globaler und regionaler Ebene dazu, den Schutz und die Förderung der Menschenrechte zur vordringlichen internationalen Aufgabe zwischenstaatlicher wie privater Organisationen zu machen."[17]

Die diesbezüglichen Möglichkeiten internationaler Organisationen und Institutionen sind allerdings begrenzt. Staaten wehren sich oft, sich deren Vorgaben zu unterwerfen und Macht abzugeben. Prinzipiell ist zwar die Hochrangigkeit der internationalen Menschenrechte unbestritten, sie bleiben allerdings subsidiäres Recht. Ihre wichtigste Funktion besteht darin, das nationale Recht zu stärken bzw. dieses weiter zu entwickeln. Sie können in vier Bereichen Wirkung entfalten:

1. *Standardsetting* – die Schaffung gesetzlicher Normen durch Erklärungen (Resolutionen) und Verträge (Konventionen, Pakte).[18]
2. *Förderung* – die Entwicklung von Bewusstsein, die Schärfung der Wahrnehmung für die Wichtigkeit dieser Normen durch Information, Kampagnen, Konferenzen etc.
3. Die Überprüfung der *Umsetzung* dieser Rechte auf der nationalen Ebene durch bestimmte Verfahren (Abfassung von Studien, Beauftragung von BerichterstatterInnen, Prüfung von Berichten).
4. Der *Schutz* der Menschenrechte durch internationale Organe durch Verurteilung und Bestrafung der Verletzungen (durch Ausschüsse, Protokolle, Gerichtshöfe etc.).[19]

2.1. Die universelle Ebene – Vereinte Nationen

Ausschlaggebend für die Stärkung des Menschenrechtsschutzes als internationaler Aufgabe war die Organisation der Vereinten Nationen, welche den Menschenrechtsschutz neben der Friedenssicherung zu ihren vorrangigen Aufgaben zählt und in ihrer Charta wiederholt darauf Bezug nimmt.[20]

---

16 Manfred Nowak, Hannes Tretter: Die internationale Dimension der Menschenrechte, in: Raoul Kneucker, a.a.O., S. 23.
17 Ebenda.
18 *Erklärungen* stellen für gewöhnlich einen ersten Schritt dar und stecken allgemeine, ideelle Ziele ab. Völkerrechtlich verbindliche *Verträge* – mögen sie jetzt als Pakte, Konventionen oder Übereinkommen bezeichnet werden – treten nach einer bestimmten Anzahl von Ratifikationen und/oder Beitritten in Kraft und erfordern die Anpassung der nationalen Gesetze an die in ihnen enthaltenen Bestimmungen.
19 Cecilia Medina: A More Effective Guarantee of the Enjoyment of Human Rights by Women in the Inter-american System, in: Rebecca Cook: Human Rights of Women. National and International Perspectives. Philadelphia 1994, S. 259.
20 Charta der Vereinten Nationen, siehe vor allem Artikel 1/3, Artikel 13 b, Artikel 55 c.

2.1.1. Standardsetting – die wichtigsten Instrumente

Angel- und Ausgangspunkt der UN-Tätigkeit in diesem Bereich ist die *Allgemeine Erklärung der Menschenrechte* (AEMR), die am 10. 12. 1948 von der Generalversammlung der Vereinten Nationen angenommen und feierlich verkündet wurde.

Sie ist ein einzigartiges Dokument von großer moralischer Bedeutung und stellt einen äußerst wichtigen Schritt dar. Sie umfasst sowohl politische und bürgerliche als auch wirtschaftliche, soziale und kulturelle Rechte. Das mag selbstverständlich klingen, kam aber angesichts der bereits damals wirksamen unterschiedlichen ideologischen Interpretationen zwischen Ost und West ganz und gar nicht von ungefähr.[21] Es lag in der einmaligen Stimmung jener Tage und an dem idealistischen Einsatz mancher Delegierter wie z. B. von *Eleanor Roosevelt*, dass es gelang, diese einschneidenden politischen Gegensätze zu überwinden und die beiden unterschiedlichen Gesellschaftskonzepte in einer Erklärung zu vereinigen. Es ist nachträglich erstaunlich, dass sie überhaupt angenommen wurde; nur fünf Jahre später wäre das wohl kaum mehr möglich gewesen.

Die AEMR stellt bis heute eine Grundlage des Menschenrechtsdenkens dar und wird mehr und mehr als *internationales Gewohnheitsrecht* betrachtet;[22] sie bot und bietet aber als Erklärung keine Handhabe für die Einforderung der Um- und Durchsetzung ihrer Ziele. Eine verbindliche Fassung dieser Erklärung, ein völkerrechtlich bindender Vertrag also, der nach der Ratifikation auch auf nationaler Ebene Gesetzeskraft hat, kam erst fast zwei Jahrzehnte später zustande.

Es gelang allerdings nicht mehr, die beiden „Gruppen" von Rechten in einem Instrument zu vereinigen. So wurden also 1966 zwei getrennte Abkommen verabschiedet, nämlich der *Pakt über wirtschaftliche, soziale und kulturelle Rechte* und der *Pakt über bürgerliche und politische Rechte*. Beide traten 1976 in Kraft.[23]

Zusätzlich verabschiedete die Generalversammlung der Vereinten Nationen im Lauf der Zeit 23 größere *Konventionen* und 60 *Erklärungen* im Bereich der Menschenrechte, wie aus dem nachstehenden Kasten ersichtlich ist.

Internationale und regionale Menschenrechtsinstrumente

Vereinte Nationen

- Allgemeine Erklärung der Menschenrechte (1948)
- Internationaler Pakt über wirtschaftliche, soziale und kulturelle Rechte (1966)
- Internationaler Pakt über bürgerliche und politische Rechte (1966)[24]

---

21 Siehe weiter unten.
22 Anne F. Bayefsky: General Approaches to Domestic Application of International Law, in: Rebecca Cook, 1994, a. a. O., S. 362.
23 Details zu diesen Instrumenten, vor allem aus der Frauenperspektive, aber auch hinsichtlich ihres grundsätzlichen Stellenwertes und ihrer Umsetzung siehe Kapitel 2. sowie in Kapitel 3, im Abschnitt zu WSK Rechten.
24 Diese drei Instrumente werden im Englischen als „International Bill of Human Rights" bezeichnet.

Instrumente zu „speziellen" Fragen (Auswahl)
- Konvention über die Verhütung und Bestrafung des Völkermordes (1948)
- Konvention über die Rechtsstellung der Flüchtlinge (1951)
- Internationale Konvention über die Beseitigung jeder Form von Rassendiskriminierung (1965)
- Übereinkommen gegen Folter und andere grausame, unmenschliche oder erniedrigende Behandlung oder Strafe (1984)
- Übereinkommen über die Rechte des Kindes (1990)
- Römisches Statut des Internationalen Strafgerichtshofs (1998)

Ausschließlich auf Frauen- und Genderfragen bezogene MR-Instrumente
- Konvention zur Unterdrückung des Menschenhandels und der Ausbeutung von Prostituierten (1950)
- Übereinkommen über die politischen Rechte der Frau (1952)
- Übereinkommen über die Staatsbürgerschaft der verheirateten Frau (1957)
- Übereinkommen über die Erklärung des Ehewillens, das Heiratsmindestalter und die Registrierung von Eheschließungen (1962)
- Konvention zur Beseitigung jeder Form von Diskriminierung der Frau (1979)
- Erklärung über die Beseitigung von Gewalt gegen Frauen (1993)

Genderspezifische Instrumente von Spezialorganisationen der Vereinten Nationen (Auswahl)

Organisation der Vereinten Nationen für Erziehung, Wissenschaft und Kultur (UNESCO)
- Übereinkommen gegen Diskriminierung im Erziehungswesen (1960)

Internationale Arbeitsorganisation (ILO)
- Übereinkommen über die Diskriminierung in Beschäftigung und Beruf (1958)
- Übereinkommen über die Gleichheit des Entgelts männlicher und weiblicher Arbeitskräfte für gleichwertige Arbeit (1951)

Europarat

- Konvention zum Schutze der Menschenrechte und Grundfreiheiten (Europäische Menschenrechtskonvention) (1950)
- Europäische Sozialcharta (1961)

Organisation amerikanischer Staaten (OAS)

- Amerikanische Menschenrechtskonvention (1969)
- Inter-Amerikanische Konvention zur Verhütung, Bestrafung und Ausrottung von Gewalt gegen Frauen (1994)

> *Organisation für afrikanische Einheit (OAU)*
>
> • Afrikanische Charta der Menschenrechte und Rechte der Völker (1981)
>
> *Organisation der Islamischen Konferenz*
>
> • Kairoer Erklärung der Menschenrechte im Islam (1990)

Besonders hervorzuheben ist, dass die Vereinten Nationen der Kodifizierung von *Frauenrechten* von Anfang an besondere Bedeutung zuschrieben. Schon im Völkerbund waren vielversprechende Ansätze vorhanden, an die die Weltorganisation anknüpfen konnte.[25] Bald nach ihrer Gründung im Jahr 1946 arbeitete die *Kommission für die Rechtsstellung der Frau* die ersten Konventionen aus, die so brennende Fragen wie Prostitution und Frauenhandel, politische Rechte von Frauen, staatsbürgerschaftliche Fragen und rechtliche Aspekte der Eheschließung betrafen. 1979 wurde die so genannte „Magna Carta der Frauenrechte", die *Konvention zur Beseitigung jeder Form von Diskriminierung der Frau (CEDAW)*, von der Generalversammlung angenommen.

Auch die *Internationale Arbeitsorganisation* (ILO) und die *Organisation für Erziehung, Wissenschaft und Kultur* (UNESCO) arbeiteten wichtige Konventionen aus, die sich naheliegenderweise im Themenbereich der zweiten Generation der Menschenrechte befinden.

Neben diesen verbindlichen völkerrechtlichen Verträgen kommt den *Empfehlungen* (Soft Law) von *Themenkonferenzen* der Vereinten Nationen und ihrer Spezialorganisationen, vor allem denen der 90er Jahre des 20. Jahrhunderts, ein keineswegs zu unterschätzender Stellenwert zu.

2.1.2. Aufbau und Organisation

Der Schutz der Menschenrechte und Grundfreiheiten zieht sich durch die gesamte Arbeit der Vereinten Nationen. Alle ihre *Hauptorgane* – die Generalversammlung, der Sicherheitsrat, der Wirtschafts- und Sozialrat (ECOSOC), der Treuhandschaftsrat, der Internationale Gerichtshof und das Sekretariat – sind mit der Sicherstellung dieser Anliegen befasst.

Neben der Generalversammlung, in deren 3. Ausschuss Menschenrechtsfragen behandelt werden, kommt dem *Wirtschafts- und Sozialrat* (ECOSOC) zentrale Bedeutung zu, da dieser sich jedes Jahr während seiner Frühjahrstagung im Mai im Rahmen seines 2. Ausschusses (Soziales) ebenfalls mit diesen Anliegen befasst. Abgesehen davon wird er über seine *Fachkommissionen* (Functional Commissions) wirksam. Diese sind die *zentralen politischen Organe* im Menschenrechtsbereich.

---

25 Vgl. Hilary Charlesworth, Christine Chinkin: The Boundaries of International Law. A Feminist Analysis. Manchester 2000, Manchester University Press, S. 15. Siehe auch Kapitel 4 der vorliegenden Arbeit.

Fachkommissionen im Bereich der Menschenrechte

- *Kommission für Menschenrechte* (Commission on Human Rights – CHR):
Sie wurde 1946 gegründet, umfasst 43 Mitglieder und hält jährlich eine sechs Wochen dauernde Tagung in Genf ab (Februar bis Mitte März). Der *Kommission für Menschenrechte* untersteht außerdem die sehr wichtige *Subkommission zur Verhütung von Diskriminierung und zum Schutz von Minderheiten*, die 1947 gegründet wurde und über ein sehr umfangreiches Mandat verfügt.
Zu Beginn widmete sich die Menschenrechtskommission vorwiegend der Entwicklung von Standards und Instrumenten – Erklärungen, Konventionen etc. Seit Beginn der siebziger Jahre ist sie aktiver „im Feld" tätig und entsendet BeobachterInnen und „fact finding missions", ernennt Arbeitsgruppen, thematische und länderspezifische SonderberichterstatterInnen, hat Einrichtungen zur Beratung, Ausbildung etc. errichtet und gibt Studien etc. in Auftrag. Sie genießt großes Ansehen und Prestige.

- *Kommission für die Rechtsstellung der Frau* (Commission on the Status of Women – CSW):
Sie ist das zentrale politische Organ der Vereinten Nationen im Frauenbereich und wurde 1947 gegründet.[26] Auch sie widmete sich zunächst der Entwicklung von Standards und arbeitete wichtige Konventionen und Erklärungen aus. Seit Beginn der siebziger Jahre begann sie sich mit großen Aktionen zur Veränderung sowohl des Bewusstseins als auch nationaler Gesetze zu befassen: Sie ist verantwortlich für die Organisation des *„Weltfrauenjahrzehnts der Vereinten Nationen"* und der großen Weltfrauenkonferenzen in Mexico City (1975), Kopenhagen (1980), Nairobi (1985) und Beijing (1995). Sie zählt 45 Mitglieder und veranstaltet jährlich Tagungen in New York (März).

Das wichtigste Hilfsorgan zur Administration von Menschenrechtsfragen ist das *UN-Zentrum für Menschenrechte* in Genf, unter dem Vorsitz eines „Under Secretary General".

Zahlreiche *Spezialorganisationen* der Vereinten Nationen – z.B. die *Internationale Arbeitsorganisation* (ILO), die *Organisation der Vereinten Nationen für Erziehung, Wissenschaft und Kultur* (UNESCO), die *Weltgesundheitsorganisation* (WHO), die *Organisation für Ernährung und Landwirtschaft* (FAO) – sind bestrebt, Rahmenbedingungen für die Garantie der Menschenrechte und Grundfreiheiten zu schaffen.[27]

---

26 Zunächst, von 1946 bis 1947, war sie eine Subkommission der *„Kommission für Menschenrechte"*.
27 In diesem Rahmen kommt der Internationalen Arbeitsorganisation (ILO) große Bedeutung zu, sowohl wegen der Vielzahl ihrer eindrucksvollen Instrumente als auch aufgrund ihrer effizienten Überwachungsmechanismen. Dieses System kann aus Platzgründen hier nicht einbezogen werden. Siehe dazu: Lammy Betten: The implementation of social and economic rights by ILO, in: Netherlands Quarterly of Human Rights, Vol. 6 (1988), Nr. 2, S. 29 ff.; Lucie Lamarche: Women's Social and Economic Rights: A Case for Real Rights, in: Margaret Schuler (Hg.): From Basic Needs to Basic Rights.

2.1.3. Rechtsdurchsetzung

Ein schwieriges Kapitel ist das der Kontrolle der Durch- und Umsetzung der internationalen Verträge.[28] Dies zeigt sich besonders deutlich bei den Vereinten Nationen, aufgrund des für sie charakteristischen Spannungsverhältnisses zwischen ihrem Selbstverständnis als internationale moralische Instanz und der Achtung der nationalen Souveränität der Mitgliedsstaaten. Trotzdem haben die Vereinten Nationen im Lauf der Jahre ein *umfangreiches Instrumentarium* ausgearbeitet, das eine Fülle von Maßnahmen, Mechanismen und Verfahren umfasst und im Englischen allgemein mit dem Begriff *„enforcement"* umrissen wird. Das Ziel besteht darin, Informationen einzuholen, Menschenrechtsverletzungen aufzuzeigen, Beschwerden entgegenzunehmen und gewisse Gegenmaßnahmen zu erlassen bzw. die Staaten dazu zu bringen, ihr Verhalten zu ändern.

Was die *Verfahren* der Rechtsdurchsetzung betrifft, so ist generell – nicht nur bei den Vereinten Nationen, sondern bei allen internationalen Organisationen – zwischen einem *Berichtsprüfungsverfahren*, einem *Beschwerdeverfahren*[29] und einem *Untersuchungsverfahren* zu unterscheiden (siehe weiter unten).

An sich ist aufgrund des Interventionsverbots der *„Charta der Vereinten Nationen"* – Artikel 2 (7) – eine Einmischung in die Inneren Angelegenheiten eines Staates nicht möglich. Daher erließ die Menschenrechtskommission schon 1947 die *„no power to take action doctrine"*, womit sie die prinzipielle Neutralität der Organisation unterstrich. Aus demselben Artikel 2 (7) geht allerdings auch hervor, dass Ver-

---

Women's Claim to Human Rights. Washington D. C. 1995, S. 77 ff.; Dorothea Gaudart: Charter-based Activities Regarding Women's Rights in the United Nations and Specialised Agencies, in: Wolfgang Benedek, Ester Kisaakye, Gerd Oberleitner (Hg.): Human Rights of Women. International Instruments and African Experiences. London – New York 2002, Zed, S. 50ff., siehe vor allem den Abschnitt über die ILO, S. 70-83.

28 Siehe dazu: Andrew Byrnes: Toward More Effective Enforcement Through the Use of International Human Rights Law and Procedures, in: Rebecca Cook, 1994, a. a. O., S. 189 ff.; Manfred Nowak: The Promotion and Protection of Human Rights by the United Nations, in: Netherlands Quarterly of Human Rights, Vol. 6 (1988), S. 13 ff.; Manfred Nowak, Hannes Tretter: Die Internationale Dimension der Menschenrechte, in: Raoul F. Kneucker, Manfred Nowak, Hannes Tretter, 1992, a. a. O, S 23 ff.; Margaret Schuler, Dorothy Quincey Thomas: Women's Human Rights Step by Step. A Practical Guide to Using International Human Rights Law and Mechanisms to Defend Women's Human Rights. Washington 1997, Women, Law and Development International, S.12 ff

29 Andrew Byrnes unterscheidet, unter Anknüpfung an Maxime Tardu, zwischen der *complaint recourse procedure* und der *complaint information procedure* (siehe dazu auch Margaret Schuler, Dorothy Quincey Thomas 1997, a. a. O.). Bei der *complaint recourse procedure* muß jeder Fall behandelt werden, das Ziel besteht in konkreter Abhilfe (redress), der/die BeschwerdeführerIn ist in gewissem Maße einbezogen; bei der *complaint information procedure* handelt es sich um Probleme allgemeinerer Natur, die aufgezeigt werden, wie Apartheid oder erzwungenes „Verschwinden"; der Prozess ist streng vertraulich. Byrnes nennt als Beispiel für das erste Verfahren das Erste Fakultativprotokoll zum Internationalen Pakt über bürgerliche und politische Rechte (ICCPR), die Europäische Menschenrechtskonvention (EMRK) und die Amerikanische Menschenrechtskonvention (AMK). (Das Fakultativprotokoll zur CEDAW wäre aus heutiger Sicht ebenfalls in dieser Kategorie anzuführen.) Für das zweite Verfahren nennt er die ECOSOC-Res. 1503 und das Verfahren unter der Kommission für die Rechtsstellung der Frau (CSW). Siehe Andrew Byrnes, in: Rebecca Cook, 1994, a. a. O., S. 195 f.

letzungen der Menschenrechte, die den internationalen Frieden und die internationale Sicherheit gefährden, unter die internationale Rechtsprechung fallen. Daraus ergaben und ergeben sich endlose Meinungsverschiedenheiten und unterschiedliche Interpretationen.

2.1.3.1. Kommission für Menschenrechte

Nach einem längeren Diskussionsprozess wurde 1967 die *ECOSOC Resolution 1235* angenommen, durch die die Menschenrechtskommission und ihre Unterkommission ermächtigt wurde, Informationen über *„grobe"* (englisch: gross) und systematische Menschenrechtsverletzungen entgegenzunehmen und zu überprüfen sowie schließlich diesbezügliche Untersuchungen durchzuführen. Damit war das *„öffentliche Verfahren"* bei schweren und systematischen Menschenrechtsverletzungen innerhalb der Vereinten Nationen eingeführt. NGOs waren ebenfalls in den Prozess einbezogen, was für ihren Einsatz im Menschenrechtsbereich einen wesentlichen Anstoß bildete.[30]

Aufgrund dieses Durchbruchs kam es schließlich zur Annahme der berühmten *ECOSOC-Resolution 1503* im Jahre 1970, durch die ein *generelles Beschwerdeverfahren* aufgrund eines *„vertraulichen Verfahrens"* (confidential procedure) eingeführt wurde.[31] Beschwerden bezüglich Menschenrechtsverletzungen können von Individuen und Gruppen – aber auch von NGOs, die von solchen Verletzungen relevanter UN-Instrumente in Kenntnis gesetzt wurden – gegen einen Staat, in dem ihrer Meinung nach „ein Gesamtzusammenhang grober und verlässlich belegter Menschenrechtsverletzungen"[32] besteht, vorgebracht und von der *Menschenrechtskommission* und der *Unterkommission zum Schutz der Minderheiten und zur Verhinderung von Diskriminierung* behandelt werden. Das war ein äußerst wichtiger Schritt hin zu besserer Kontrolle.

Heute spielt, wie schon hervorgehoben, die Menschenrechtskommission eine äußerst wichtige und vielfältige Rolle im Hinblick auf die Durchsetzung von Menschenrechten. Sie stellt, unterstützt durch ihre Subkommission, regelmäßige Erörterungen und Untersuchungen an. Eine bedeutende Funktion haben ihre zahlreichen SonderberichterstatterInnen, unter ihnen die 1993 ernannte *Sonderberichterstatterin zu Gewalt gegen Frauen*. Außerdem haben die Menschenrechtskommission und ihre Subkommission zahlreiche Arbeitsgruppen installiert, die zu dieser Thematik Material und Informationen sammeln.[33]

Das Vorgehen und die Politik der Kommission haben sich im Lauf der Zeit beachtlich verändert. Ihr Auftreten war zunächst, wie gesagt, sehr vorsichtig, kraft der oben beschriebenen ECOSOC Resolutionen 1235 und 1503 wurde ihre Arbeit aber

---

30 Vgl. Manfred Nowak, 1988, a. a. O., S. 13 f. und S. 15 f.
31 Vgl. Manfred Nowak, 1988, a. a. O., S. 14 f.; Manfred Nowak, Hannes Tretter, 1992, a. a. O., S. 32; Andrew Byrnes, in: Rebecca Cook, 1994, a. a. O., S. 205; Margaret Schuler, Dorothy Quincey Thomas, 1997, a. a. O., S 42 ff.
32 Zitiert nach Manfred Nowak, Hannes Tretter, 1992, a. a. O., S. 32.
33 Vgl. Margaret Schuler, Dorothy Quincey Thomas, 1997, a. a. O., S. 26.

schließlich geschärft und vertieft – trotz immer wieder auftretender Schwierigkeiten während des Kalten Krieges. Seit der „Wende" sind erneute Verbesserungen bemerkbar, nicht zuletzt dank intensiver Diskussionen unter ExpertInnen außerhalb der Vereinten Nationen.

2.1.3.2. Kommission für die Rechtsstellung der Frau

Auch die *Kommission für die Rechtsstellung der Frau* (CSW) hat ein Verfahren eingerichtet, das die Kommission dazu ermächtigt, Informationen über Menschenrechtsverletzungen an Frauen in einer bestimmten Region entgegenzunehmen und ihnen nachzugehen. Dieses Verfahren wurde aber bis jetzt äußerst selten angewendet, die Personen, die die „communications" vorbringen, sind nicht einbezogen, die Wirkung war bis jetzt – auch aufgrund der äußerst vorsichtigen Haltung der Kommission – sehr gering.[34]

2.1.3.3. Verfahren im Zusammenhang mit einzelnen Konventionen

Einzelne (vergleichsweise wenige) Konventionen im Menschenrechtsbereich werden durch eigene Ausschüsse[35] im Hinblick auf ihre Umsetzung überprüft. Es sind dies der *Pakt über bürgerliche und politische Rechte* (ICCPR), der *Pakt über wirtschaftliche, soziale und kulturelle Rechte* (ICESCR), die *Konvention zur Beseitigung jeder Form von Rassendiskriminierung* (CERD), die *Konvention zur Beseitigung jeder Form von Diskriminierung der Frau* (CEDAW), das *Übereinkommen gegen Folter und andere grausame, unmenschliche oder erniedrigende Behandlung oder Strafe* (CAT) und *das Übereinkommen über die Rechte des Kindes* (CRC).

Am meisten angesehen und am wirkungsvollsten ist die Arbeit des Menschenrechtsausschusses. Aber auch der CEDAW-Ausschuss, der als Vollzugsorgan der *Konvention zur Beseitigung jeder Form von Diskriminierung der Frau* eingerichtet wurde, ist diesbezüglich „auf dem Vormarsch", wie im nächsten Kapitel ausgeführt werden wird.

Auch bei den von diesen Gremien eingesetzten Verfahren ist zwischen einem Berichtsprüfungsverfahren, einem Beschwerdeverfahren und einem Untersuchungsverfahren zu unterscheiden.[36]

---

34 Andrew Byrnes, in: Rebecca Cook, 1994, a.a.O., S. 205 f.; Margaret Schuler, Dorothy Quincey Thomas, 1997, a. a. O., S. 51.
35 Diese sind der „Menschenrechtsausschuss", der die Umsetzung des ICCPR überwacht, der „Ausschuss für wirtschaftliche, soziale und kulturelle Rechte" (ICESCR), der „Ausschuss für die Beseitigung von Rassendiskriminierung" (CERD), der „Ausschuss für die Beseitigung der Diskriminierung der Frau" (CEDAW), der „Ausschuss gegen die Folter" (CAT) und der „Ausschuss zu den Rechten des Kindes" (CRC).
36 Genauere Informationen siehe: Andrew Byrnes, in: Cook 1994, S. 207 ff; Manfred Nowak, 1988, a.a.O., S. 18 ff; Manfred Nowak, Hannes Tretter, 1992, a. a. O., S. 32 f.; Margaret Schuler, Dorothy Quincey Thomas, 1997, a. a. O., S. 13 ff.

Das *Berichtsprüfungsverfahren* wird im Hinblick auf folgende internationale Verträge angewandt: Im Fall des *Paktes über bürgerliche und politische Rechte* (ICPPR), des *Paktes über wirtschaftliche, soziale und kulturelle Rechte* (ICESCR), der *Konvention zur Beseitigung aller Formen der Rassendiskriminierung* (CERD), der *Konvention zur Beseitigung jeder Form von Diskriminierung der Frau* (CEDAW), des *Übereinkommens gegen Folter und andere grausame, unmenschliche oder erniedrigende Behandlung oder Strafe* (CAT) und des *Übereinkommens über die Rechte des Kindes* (CRC). Dabei prüfen in den meisten Fällen unabhängige ExpertInnen staatliche Berichte. Der Wert dieses Verfahren liegt nicht so sehr in Sanktionen, sondern vor allem in der mit dem Berichtszwang verbundenen „Öffentlichkeitswirkung".[37]

Eine weitaus wirksamere Kontrollmöglichkeit als das Berichtsprüfungsverfahren ist das *Individualbeschwerdeverfahren*. Bei einigen der genannten Konventionen ist auch eine so genannte *zwischenstaatliche Beschwerde* vorgesehen, diese hat aber keine große Bedeutung.[38]

Die Individualbeschwerde – die auch für die Politik der NGOs von großer Bedeutung ist – ist in folgenden Menschenrechtsinstrumenten verankert: im ersten Fakultativprotokoll des *Paktes über bürgerliche und politische Rechte,* in der *Konvention über die Beseitigung jeder Form von Rassendiskriminierung,* im *Übereinkommen gegen die Folter und andere grausame, unmenschliche oder erniedrigende Behandlung oder Strafe* und seit 1999 auch in einem Fakultativprotokoll zur *Konvention zur Beseitigung jeder Form von Diskriminierung der Frau*.

Als dritte Möglichkeit existiert noch das *Untersuchungsverfahren*, es kommt allerdings nur im Übereinkommen *gegen die Folter und andere grausame, unmenschliche oder erniedrigende Behandlung oder Strafe* und bei der *Konvention zur Beseitigung jeder Form von Diskriminierung der Frau* zur Anwendung und ist in eigenen Protokollen vorgesehen.

2.2. Die regionale Ebene – Europa

2.2.1. Europarat

2.2.1.1. Konvention zum Schutze der Menschenrechte und Grundfreiheiten (EMRK)

Schon das Statut des Europarats verankerte die Aufrechterhaltung und Verwirklichung der Menschenrechte als wesentliches Ziel. In dieser Haltung unterzeichneten die Mitgliedstaaten am 4.11.1950 die *Europäische Konvention zum Schutze der Menschenrechte und Grundfreiheiten*. Die Bereitschaft zu ihrer Ratifikation ist die Vorbedingung für die Mitgliedschaft im Europarat. Diese Konvention garantiert ausschließlich die bürgerlichen und politischen Rechte.[39]

---

37 Vgl. Manfred Nowak, Hannes Tretter, 1992, a. a. O., S. 32.
38 Vgl. Manfred Nowak, 1988, a. a. O., S. 19.

Die Kontrolle der *Um- und Durchsetzung* ist im Fall der *Europäischen Menschenrechtskonvention* weitaus verbindlicher als im Fall der UN Konventionen, was an ihrem „justizähnlichen, die Souveränität der Vertragsstaaten beschneidenden internationalen Durchsetzungsinstrumentarium" liegt.[40] Die Verbindlichkeit wurde in den letzten Jahren sogar noch erhöht.

Zwei Formen der Beschwerde sind zu unterscheiden: Die *zwischenstaatliche Beschwerde* kommt auch hier sehr selten zur Anwendung.[41] Das Verfahren der *Individualbeschwerde*[42] wird hingegen äußerst oft eingesetzt. Das Verfahren wurde aufgrund des Protokolls Nr. 11 neu geregelt und vereinfacht. Das Protokoll Nr. 11 wurde im Mai 1994 angenommen und ist mittlerweile in Kraft getreten.[43] Dadurch werden die substantiellen, durch die Konvention garantierten Rechte nicht angetastet.

Die Neustrukturierung wurde notwendig, da die Zahl der Beschwerden so groß war (und ist). Das sehr komplizierte Zusammenspiel zwischen den früheren Organen – der „Kommission für Menschenrechte", dem „Ministerkomitee" und dem (alten, nur in speziellen Fällen zusammentretenden) „Europäischen Gerichtshof für Menschenrechte" – erforderte eine umfassende Reform. Das neue Organ zur Überwachung der Umsetzung der Europäischen Menschenrechtskonvention ist der (reformierte) *Europäische Gerichtshof für Menschenrechte*.[44]

2.2.1.2. Europäische Sozialcharta (ESC)

Dieses inhaltlich sehr wichtige und wegweisende Instrument wurde am 18. 10. 1961 in Turin angenommen und trat am 26. 2. 1965 in Kraft. Die ESC wurde leider bis 2001 nur von 25 der 43 Mitgliedstaaten der EMRK – von Österreich am 10. 9. 1969 – rati-

---

39 Vgl. Leo Zwaak: The Protection of Human Rights and Fundamental Freedoms within the Council of Europe, in: Netherlands Quarterly of Human Rights, Vol. 6 (1988), S. 43 ff; Manfred Nowak, Hannes Tretter, 1992; Margaret Schuler, Dorothy Quincey Thomas, 1997, a. a. O. S. 58 ff; Michèle Roth: Das Menschenrechts-Instrumentarium von EU, OSZE und Europarat. Ein Überblick, http://www.michele roth.de/europarat/menschenrechte-europa.pdf; Uwe Holtz (Hg.): 50 Jahre Europarat. Baden-Baden 2000, Nomos; Manfred Nowak (Hg.): Europarat und Menschenrechte. Wien 1994, Orac.
40 Manfred Nowak, Hannes Tretter, 1992, a.a.O., S. 38.
41 Siehe: Leo Zwaak, 1988, a. a. O., S. 53 ff.
42 Auch NGOs können eine solche einbringen. Vgl. Margaret Schuler, Dorothy Quincey Thomas, 1997, a. a. O., S. 64.
43 Siehe dazu: Andrew Drzemczewski: The European Human Rights Convention: Protocol No. 11 – Entry into force and first year of application, in Human Rights Law Journal 21 (2000), S. 1 ff.; Yvonne Klerk: Protocol No. 11 to the European Convention for Human Rights: a drastic revision of the supervisory mechanism under the EHCR, Netherlands Quarterly of Human Rights 14 (1996), S., 35ff.; Margaret Schuler, Dorothy Quincey Thomas, 1997, a. a. O. S. 65f.; Mark E. Villiger: Das 11. Zusatzprotokoll in der Praxis: Neuerungen für Parteien und Anwälte und Anwältinnen, in: Schweizerische Zeitschrift für internationales und europäisches Recht 9/1 (1999), S. 79 ff.
44 Die „Kommission für Menschenrechte" wurde aufgelöst, das Ministerkomitee hat nur mehr repräsentative Aufgaben. Der neue europäische Gerichtshof ist ein ständiges Organ in Straßburg, das aus einem Ausschuss von drei, einer Kammer von sieben und einer Großkammer von 17 RichterInnen besteht. Vgl. Margaret Schuler, Dorothy Quincey Thomas, 1997, a. a. O., S. 66.

fiziert. Am 5. Mai 1988 wurde ein *Zusatzprotokoll* verabschiedet, das die Rechte und Grundsätze der Charta um wichtige neue Anliegen erweiterte. Dazu gehörten das „Recht auf Chancengleichheit und Gleichbehandlung in Beschäftigung und Beruf ohne Diskriminierung aufgrund des Geschlechts", das „Recht auf Unterrichtung und Anhörung im Unternehmen", das „Recht auf Mitgestaltung der Arbeitsbedingungen im Unternehmen", und das „Recht älterer Menschen auf sozialen Schutz". Dieses Zusatzprotokoll trat zwar 1992 in Kraft, wurde aber nur von einer relativ kleinen Zahl von Staaten ratifiziert.[45]

Die *Umsetzung* der Charta hat sich in den letzten Jahren verbessert. Die Prüfung der alle zwei Jahre von den Vertragsparteien übermittelten *Berichte* durch einen Sachverständigenausschuss und einen Regierungsausschuss war sehr kompliziert und wurde von ExpertInnen als nicht sehr effizient bezeichnet.[46] Mit dem *Protokoll zur Änderung der Europäischen Sozialcharta* vom 21. Oktober 1991 (Turin) wurde dieses Verfahren weiter entwickelt. Mit dem Zusatzprotokoll vom 9. November 1995 wurde die *Kollektivbeschwerde* eingeführt, wodurch die Mitwirkung der Sozialpartner und der NGOs verstärkt werden sollte.[47] Gegenwärtig werden bereits die ersten Beschwerden von NGOs überprüft.[48]

Am 3. Mai 1996 wurde eine *Revidierte Europäische Sozialcharta* verabschiedet, in die sowohl Inhalte des Zusatzprotokolls vom 5. Mai 1988 sowie ganz „neue" Rechte wie das „Recht auf Unterrichtung und Anhörung bei Massenentlassungen", das „Recht auf Schutz gegen Armut und soziale Ausgrenzung", das „Recht von Arbeitnehmern mit Familienpflichten auf Chancengleichheit und Gleichbehandlung" und das „Recht auf Wohnung" als auch die Bestimmungen hinsichtlich der Kollektivbeschwerde und neue Bestimmungen zum Überwachungsmechanismus eingingen.[49] Sie ist am 1. Juli 1999 in Kraft getreten.[50] In ihr werden insgesamt 31 Grundrechte geschützt, sie enthält außerdem eine übergeordnete Bestimmung, die vor Diskriminierung schützt.[51] Die Rechte der ESC sind zum Unterschied von der EMRK nicht als einklagbare Individualrechte, sondern als Verpflichtungen der Staaten formuliert.[52]

---

45 Bundesministerium für wirtschaftliche Angelegenheiten: Europäische Sozialcharta, http://www.bmwa.gv.at/org02/sekx/sekx/2146.htm.
46 Vgl. Lammy Betten: The European Social Charter, in: Netherlands Quarterly of Human Rights, Vol. 6 (1988), No. 2, S. 71 f.; Theo Öhlinger: Die Europäische Sozialcharta und der Schutz wirtschaftlicher und sozialer Rechte durch den Europarat, in: Manfred Nowak, 1994, a. a. O.; Michèle Roth: Zwischen Vertrauen in die Mitgliedstaaten und internationaler Kontrolle – Menschenrechtsabkommen und ihre Durchsetzungsmechanismen, http://www.micheleroth.de/europarat/durchsetzung.htm
47 Europarat: Europäische Sozialcharta und Protokolle. Straßburg 1999, S. 73 ff.;
48 Michèle Roth: Zur Mitwirkung von Nichtregierungsorganisationen. Gemeinsames Engagement zum Schutz der Menschenrechte, in: Uwe Holtz (Hg.), a. a. O., S. 165 ff.
49 Europarat: Revidierte Europäische Sozialcharta. Straßburg 1999. Für weitere Informationen siehe: FIAN International: Soziale Menschenrechte für Europa. Ein Aktionshandbuch zur Europäischen Sozialcharta. Heidelberg 1998.
50 Die Gesamtzahl der Ratifikationen – Stand 19. 2. 02 – ist 12 (erforderliche Anzahl: 3); Österreich hat bislang nur unterzeichnet (7. Mai 1999).
51 Vgl. FIAN, a.a.O, S. 18f.
52 Vgl. Theo Öhlinger, a. a. O., S. 123.

2.2.2. Organisation für Sicherheit und Zusammenarbeit in Europa (OSZE)

Innerhalb der Arbeit der OSZE, die 1995 auf der Grundlage der Ziele und der bisherigen Arbeit der Konferenz für Sicherheit und Zusammenarbeit in Europa (KSZE) gegründet wurde, spielen der Schutz der Menschenrechte und die Entwicklung von Demokratie eine zentrale Rolle.[53]

Großer ideeller Wert kommt der „*Charta von Paris für ein neues Europa*" (1990) zu, in der die „Interdependenz von Menschenrechten, Demokratie und Rechtsstaatlichkeit" betont und eine gewisse organisatorische Infrastruktur geschaffen wurde.[54] Die Unterstützung beim Aufbau demokratischer Strukturen in Osteuropa nimmt gegenwärtig großen Raum in der Arbeit der Organisation ein, Missionen in Kroatien, Albanien, Bosnien-Herzegowina und Mazedonien haben ihre wichtige Vermittlungsfunktion in Konflikten untermauert.

Das System ist allerdings nicht formalisiert, es bestehen auch keine legalen Verpflichtungen und Sanktionen, die Empfehlungen der OSZE besitzen aber einen gewissen Stellenwert.

2.2.3. Europäische Union

Dieses Thema wird in ausführlicher Weise in Teil II „Europarechtliche Dimensionen" behandelt.

2.3. Die regionale Ebene – Amerika

2.3.1. Amerikanische Menschenrechtskonvention (AMRK)

Am 22. 11. 1969 wurde die *Amerikanische Menschenrechtskonvention* von der Organisation Amerikanischer Staaten (OAS) in San José, Costa Rica, angenommen und trat 1978 in Kraft. Die in der Konvention genannten Rechte sind im wesentlichen bürgerliche und politische Rechte; der Schutz der wirtschaftlichen, sozialen und kulturellen Rechte ist in einem einzigen Artikel niedergelegt (Art. 26).[55]

Viele Rechte der Konvention sind schon in der „*Erklärung der Rechte und Pflichten der Staaten*", die von der Organisation amerikanischer Staaten (OAS) im Jahr

---

53 Siehe dazu: Manfred Nowak, Hannes Tretter, 1992, a. a. O., S. 27 f.; Margaret Schuler, Dorothy Quincey Thomas, 1997, a. a. O., S. 76 ff., OSCE Handbook. Wien 1999; Pöllinger, Sigrid: Der KSZE/OSZE Prozess, Wien 1998.
54 Manfred Nowak, Hannes Tretter, 1992, a. a. O., S. 25.
55 Vgl. Cecilia Medina: Procedures in the Inter-American system for the Promotion and Protection of Human Rights. An Overview, in: SIM Newsletter 1988, a.a.O., S. 83 ff.; dieselbe: The Battle for Human Rights. Gross, Systematic Violations and the Inter-American System. Dordrecht – Boston – London 1988; Manfred Nowak, Hannes Tretter, 1992, a. a. O., S. 25 f.; Margaret Schuler, Dorothy Quincey Thomas, 1997, a. a. O., S. 85 ff.

1948 verabschiedet wurde, angesprochen.[56] Dabei handelt es sich nicht um subjektive Rechte der Individuen, sondern um bloße Verpflichtungen der Staaten, zu deren internationaler Überwachung kein eigenes Verfahren eingerichtet wurde."[57]

Die Instrumente der Überwachung und Kontrolle der *Amerikanischen Menschenrechtskonvention* sind in der Theorie sehr beeindruckend. Im Unterschied zu anderen zwischenstaatlichen Konventionen sind die Vertragsstaaten der AMRK zwar nicht verpflichtet, Berichte über ihre Umsetzung der Konvention vorzulegen, die *Inter-Amerikanische Menschenrechtskommission* hat trotzdem weitreichende Befugnisse:[58] Zu ihren Aufgaben zählen die Herausgabe regelmäßiger *Länderberichte* zur Situation im Bereich der Menschenrechte, Bewusstseinsbildung, Beratung, Empfehlungen an Staaten sowie die Bearbeitung von zwischenstaatlichen und individuellen *Beschwerden*. Das Schwergewicht liegt auf der Vermittlung. In der Praxis ist sie aber, abgesehen von diesem Bereich, lange Zeit nicht sehr aktiv gewesen.[59] Die *Inter-Amerikanische Menschenrechtskommission* überwacht auch die Umsetzung der CEDAW durch ihre Mitgliedstaaten.

Der *Inter-Amerikanische Gerichtshof* hat zwei Funktionen: die Regelung von *Streitigkeiten/Streitfällen* im Zusammenhang mit Verletzungen der Konvention durch einen Vertragspartner (contentious jurisdiction) und die Abgabe von Stellungnahmen (advisory opinion) auf Anfrage eines der Mitglieder der OAS oder ihrer Organe über die Interpretation der Konvention in konkreten Einzelfällen. Ein gravierender Nachteil besteht darin, dass sich nur ein Teil der Konventionsmitglieder der Rechtsprechung des Inter-Amerikanischen Gerichtshofs unterworfen hat. Er genießt nur geringes Ansehen, bis Mitte der neunziger Jahre wurden nur acht Urteile gefällt, darunter befinden sich allerdings auch äußerst zukunftweisende.[60]

Zusätzlich existiert noch die *Inter-Amerikanische Frauenkommission*, der leider auch keine durchschlagende Wirkung zukommt.[61] Sie ist ein Spezialorgan der Organisation amerikanischer Staaten (OAS). Sie sammelt Berichte über die Situation von Frauen in Mitgliedsländern und soll das Verständnis für Frauenfragen und Frauenrechte fördern. Sie war entscheidend an der Ausarbeitung und Annahme der *Konvention über die Verhütung, Bestrafung und Ausrottung von Gewalt gegen Frauen* beteiligt.[62] Sie ist (zusammen mit der Inter-Amerikanischen Kommission für Menschenrechte)

---

56 Margaret Schuler, Dorothy Quincey Thomas, 1997, a. a. O., S. 85.
57 Manfred Nowak, Hannes Tretter, 1992, a. a. O., S. 25.
58 Siehe dazu: Margaret Schuler, Dorothy Quincey Thomas, 1997, a. a. O., S. 85 ff.
59 Vgl. Cecilia Medina, in: Rebecca Cook, 1994, a. a. O., S. 270.
60 Dazu gehört das Velazquez Rodriguez vs. Honduras Urteil, das den Staat von Honduras wegen der Unterlassung von Maßnahmen zur Bekämpfung des „Verschwindens" von Menschen schuldig sprach. Seither gilt die Velazquez Rodriguez Norm, die vorsieht, daß Staaten die Pflicht haben, Menschenrechtsverletzungen zu untersuchen, gerichtlich zu verfolgen und zu bestrafen. Siehe Cecilia Medina, in: Rebecca Cook, 1994, a. a. O., S. 268; Margaret Schuler, Dorothy Quincey Thomas, 1997, a. a. O., S. 85.
61 Cecilia Medina: Procedures in the Inter-American System for the Promotion and Protection of Human Rights. An Overview, in: SIM Newsletter, a. a. O., S. 83-103. Dieselbe: Toward a more effective guarantee of the enjoyment of human rights by women in the Inter-American system, in: Rebecca Cook, 1994, a. a. O., S. 257-284.
62 Siehe Kapitel 3.

mit der Förderung der Umsetzung dieser Konvention betraut. Überlappungen zwischen diesen beiden Organen führen nicht selten zu beiderseitiger Passivität.[63]

2.3.2. Inter-Amerikanische Konvention über die Verhütung, Bestrafung und Ausrottung von Gewalt gegen Frauen – Konvention von Belem do Pará

Diese Thematik wird in Kapitel 3 im Zusammenhang mit Gewalt gegen Frauen behandelt.

2.4. Die regionale Ebene – Afrika

2.4.1. Afrikanische Charta der Menschenrechte und Rechte der Völker

Sie wurde am 26. 6. 1981 von der Organisation für Afrikanische Einheit (OAU) in Banjul angenommen[64] und trat 1986 in Kraft. Sie bezieht sich auf *alle drei Gruppen* von Rechten; neben den klassischen *bürgerlichen und politischen Rechten* sind *wirtschaftliche, soziale und kulturelle Grundrechte* verankert und die besondere Schutz- und Förderungswürdigkeit der Familie sowie bestimmter gesellschaftlicher Gruppen – wie von Frauen, Kindern, alten Leuten und Behinderten – hervorgehoben. Zusätzlich nehmen die *Solidaritätsrechte* – das Recht auf Gleichheit der Völker, das Selbstbestimmungsrecht, das Recht der Souveränität der Staaten über ihre Ressourcen und auf ihre eigene Entwicklung, das Recht auf friedliche Beziehungen zwischen den Staaten sowie auf eine zufriedenstellende Umwelt etc. – großen Raum ein. Ein eigenes Kapitel über „Pflichten" betont die Pflicht, die Mitmenschen zu achten und fasst die Verpflichtungen des/der Einzelnen gegenüber der Familie, dem Staat und der Gesellschaft zusammen.[65]

---

63 Vgl. Cecilia Medina, in: Rebecca Cook 1994, a. a. O., S. 270.
64 Der Originaltitel lautet „African Charter on Human and Peoples' Rights". Da sie in Banjul angenommen wurde, wird sie vielfach auch als *Banjul Charta* bezeichnet. Leichte Abweichungen in deutschen Übersetzungen sind darauf zurückzuführen, daß es keine einheitliche autorisierte Fassung gibt. In dieser Publikation zitierte Textteile sind folgender Dokumentensammlung entnommen: Bruno Simma, Ulrich Fastenrath: Menschenrechte – Ihr internationaler Schutz. 3. Aufl. München 1992, dtv. Deutsche Übersetzung von Sabine Thomsen.
65 Siehe dazu: I. Badawi El-Sheikh: The African Commission on Human and Peoples' Rights. Prospects and Problems, in: SIM Newsletter, Netherlands Quarterly of Human Rights 1989, S. 272 ff.; Emmanuel G. Bello: The African Charter on Human and Peoples' Rights: A Legal Analysis, in: Hague Recueil 5, 1985; Wolfgang Benedek: The African Charter and Commission on Human and Peoples' Rights. How to make it more effective, in: Netherlands Quarterly of Human Rights, Vol. 11 (1993), 1, S. 25 ff.; derselbe: Durchsetzung von Rechten des Menschen und der Völker in Afrika auf regionaler und nationaler Ebene, in: Zeitschrift für ausländisches öffentliches Recht und Völkerrecht (ZaöRV), Bd 54 (1994), Nr. 1, S. 150 ff.; derselbe: Enforcement of Human and Peoples' Rights in Africa – The Communication System and State Reporting under the African Charter, in: International Protection of Human Rights. Selected Topics. A Compilation of Contributions for Training Courses for Legal Practitioners. SIM Special No. 15, Utrecht 1995, S. 23 ff.; derselbe mit C. R. Mahalu und Ph. Kunig: Regional Protection of Human Rights by International Law: The Emerging African System, in: Verfassung und Recht in Übersee, Beiheft 12, Hamburg 1985.

Die Banjul Charta ist eingebettet in die Maschinerie der OAU (1963), die Freiheit, Gleichberechtigung, Gerechtigkeit und Würde als grundlegende Ziele nennt. Die OAU stellt wiederum eine regionale Einheit auf der Grundlage der Vereinten Nationen dar. Es besteht also eine direkte Verbindung zwischen den Menschenrechtsinstrumenten den Vereinten Nationen und der OAU.[66] Der internationale Menschenrechtsschutz wird bereits in der Präambel gewürdigt. Die Charta drängt expressis verbis auf die Beachtung und Einbeziehung internationaler Menschenrechtsstandards.

Im Falle Afrikas besteht also vom Ansatz her keine Opposition gegenüber internationalen Menschenrechtsinstrumenten – wie dies etwa in Asien der Fall ist (siehe weiter unten). Menschenrechte werden – zumindest in der gebildeten Bevölkerung – nicht als etwas von außen Kommendes, als etwas Aufgepfropftes empfunden.

Zur *Rechtsdurchsetzung* sieht die Charta eine *Afrikanische Kommission für Menschenrechte und Rechte der Völker* vor, aber keinen Gerichtshof. Sie ist befugt, zwischenstaatliche und individuelle Beschwerden entgegenzunehmen, Studien und Untersuchungen durchzuführen, Bestimmungen der Charta auf Ansuchen zu interpretieren sowie den wissenschaftlichen und politischen Diskurs über die Charta durch Seminare und Tagungen zu fördern und Informations- und Bewusstseinsbildung zu betreiben. Allerdings sind ihre konkreten Durchsetzungsmöglichkeiten begrenzt und laufen auf Bemühungen um gütliche Einigung, Berichte und Empfehlungen an die Staats- und Regierungschefs hinaus.[67]

2.5. Die regionale Ebene – Mittlerer Osten, islamischer Raum

2.5.1. Kairoer Erklärung der Menschenrechte im Islam

Es gibt in der islamischen Welt zahlreiche Erklärungen zu Menschenrechten. Die erste, die *General Islamic Declaration of Human Rights*, wurde 1981 von der Liga arabischer Staaten angenommen. Die prestigereichste und am meisten angesehene ist die *Kairoer Erklärung der Menschenrechte im Islam*, auf die im folgenden Bezug genommen wird. Sie wurde am 5. August 1990 von den Organisationen der 19. Islamischen Konferenz in Kairo verabschiedet.[68]

Sie ist von dem Wunsch getragen, *„zu den Bemühungen der Menschheit beizutragen, die Menschenrechte zu verteidigen, die Menschen vor Ausbeutung und Verfolgung zu schützen und ihre Freiheit und das Recht auf ein würdevolles Leben in Übereinstimmung mit der islamischen Shari'ah zu bekräftigen."*

---

66 Siehe Chaloka Beyani: Toward a More Effective Guarantee of Women's Rights in the African Human Rights System, in: Rebecca Cook, 1994, a. a. O., S. 285-306.
67 Manfred Nowak, Hannes Tretter, 1992, a. a. O., S. 28.
68 Die Textfassung, auf die hier Bezug genommen wird, ist entnommen aus: Universal Islamic Declaration of Human Rights, Afghan Schad 1990, Bd. 4, Nr. 1. Zitiert in: Raoul Kneucker, Manfred Nowak, Hannes Tretter: Menschenrechte – Grundrechte, 1992, a. a. O., S. 162 ff., deutsche Übersetzung von Eva Fuchs.

Diese Erklärung beruft sich auf die *„zivilisierende und historische Rolle der Islamischen Ummah, die Gott zur besten Nation gemacht hat"* (Präambel), und umfasst zahlreiche bürgerliche, politische, soziale und kulturelle Rechte, betont aber auch das Verbot von *„Kolonialismus jeder Art".* Sie schließt mit der Feststellung, dass alle Rechte und Freiheiten der Islamischen Shari'ah unterliegen und dass diese die einzige Auskunftsquelle für die Erläuterung oder Klärung jedes Artikels ist.

Die Kairoer Erklärung ist unverbindlich und sieht daher keinerlei Mechanismen der Durchsetzung vor.

Abgesehen von der *Arabischen Liga,* die schon 1968 eine eigene Menschenrechtskommission gegründet hat, sich aber vorwiegend mit der Palästinenserfrage befasst, gibt es keine Institution, die sich mit der Bekämpfung von Menschenrechtsverletzungen in islamischen Staaten auseinandersetzt.[69]

2.6. Die regionale Ebene – Asien

Es gibt kein Menschenrechtsinstrument für diese Region, schon gar keines, das auf Frauen bezogen ist. Im Allgemeinen besteht großes *Misstrauen* in der Region gegen (westliches) Recht an sich, noch mehr gegen die Menschenrechte, am meisten gegen internationale Menschenrechte. Sie werden als Ausdruck des Kolonialismus, Neokolonialismus und Imperialismus empfunden, als Wurzel der gegenwärtigen Krise in der Region.[70]

Ein Beispiel dafür ist *Ashis Nandy,* ein einflussreicher indischer Wissenschafter, der die Wurzeln für die indische Krise in dem Konflikt zwischen der traditionellen indischen Gesellschaft und dem kolonialen Nationalstaat sieht, der auf Bürokratie und das moderne westliche Recht aufgebaut ist/war.[71] Nach ihm ist die traditionelle indische Gesellschaft von *Dharma,* Ethik und Toleranz geprägt. Macht ist nur als Macht über das eigene Selbst und nicht als Staats-Macht geduldet, die als sehr übel angesehen wird. Bis heute konnte Indien nach Nandy ein gewisses Maß an Autonomie gegenüber dem Staat bewahren. Nandy sieht einen tiefen Antagonismus zwischen der civil society und dem Staat. Der – westlich beeinflusste und kolonial geprägte – Staat (weberianisches Konzept) verkörpert in seinen Augen nur Wettstreit/Kampf um Ressourcen, Korruption etc. Er lehnt daher die westliche Konzeption der Menschenrechte bzw. die internationalen Menschenrechte, die er als westlich dominiert sieht, kategorisch ab.

Der Staat wird auch von vielen anderen südasiatischen Wissenschaftlern und im großen und ganzen von der Gesellschaft dieser Region abgelehnt – er trägt, wie es *Radhika Coomaraswamy* ausdrückt, nicht die „skandinavische Aura"[72], dh. er ist nicht mit positiven Gefühlen besetzt.

---

69 Manfred Nowak, Hannes Tretter, 1992, a. a. O., S. 27.
70 Vgl. Radhika Coomaraswamy: To Bellow like a Cow. Women, Ethnicity and the Discourse of Rights, in: Rebecca Cook, 1994, a. a. O., S. 39 ff.
71 Ashis Nandy: The making and unmaking of political cultures in India, in: Ashis Nandy, (Hg.): At the edge of psychology. New Delhi, 1980, Oxford University Press, No. 47.
72 Rhadika Coomaraswamy, in: Rebecca Cook, 1994, a. a. O., S. 44.

3. Schlussbemerkung

In den letzten Jahrzehnten haben sich vielfältige Bemühungen sowohl zur Schaffung neuer menschenrechtlicher Instrumente als auch zur Schärfung der Methoden und Mechanismen der Durchsetzung herausgebildet, im allgemeinen ist das Ansehen internationaler Menschenrechtssysteme gestiegen. Trotzdem bleibt die Umsetzung auf der staatlichen Ebene prekär, und wirkliche *Sanktionsmöglichkeiten* auf der internationalen Ebene fehlen weitgehend.

Eine der Wurzeln dieser Probleme liegt auch in dem oft nicht ganz präzisen Charakter internationaler Instrumente, an denen die afrikanische Expertin *Florence Butegwa* kritisiert, dass der Begriff der Menschenrechte an sich *nirgends definiert* wird:

„*Obwohl die Menschenrechte ein Schlüsselkonzept im Völkerrecht und in den internationalen Beziehungen darstellen, bleiben ihre präzise Bedeutung und ihr Inhalt so widersprüchlich wie eh und je. Die Charta der Vereinten Nationen, der die Entwicklung der Menschenrechte oft zugeschrieben wird, ist ein Prototyp. Artikel 1(3) schließt als Ziele der Organisation die Förderung und Ermutigung der Achtung der Menschenrechte und Grundfreiheiten ein, aber ohne diese zu definieren. Die Allgemeine Erklärung der Menschenrechte schreckt ebenfalls vor einer Definition zurück. Ihre Präambel erklärt, dass die Anerkennung der allen Mitgliedern der menschlichen Familie innewohnenden Würde und ihrer gleichen und unveräußerlichen Rechte die Grundlage der Freiheit, der Gerechtigkeit und des Friedens in der Welt bildet. Die operativen Artikel zählen nur die Rechte und Freiheiten auf, die durch die Erklärung garantiert werden. Dieses Muster wird in allen größeren internationalen Menschenrechtsinstrumenten wiederholt.*"[73]

Auch auf der theoretischen Ebene fehlt die Auseinandersetzung mit dem Begriff.

„*Versuche, die Menschenrechte zu definieren, haben bis jetzt keinen zentralen Platz in dem Diskurs über Menschenrechte eingenommen. Es besteht die überraschende und vielsagende Annahme – ähnlich der, die bei den Menschenrechtsinstrumenten vorliegt –, dass das Konzept an sich einsichtig ist und keiner Erklärung bedarf.*"[74]

Diese theoretische Unschärfe erklärt so manche Unklarheiten, Verwirrungen und blinde Flecken, die die Praxis der Menschenrechte bis heute trüben.

---

73 Florence Butegwa: International Human Rights Law and Practice: Implications for Women, in: Margaret Schuler (Hg.): From Basic Needs to Basic Rights. Women's Claim to Human Rights. Washington 1995, Women, Law and Development International, S. 29. (Übersetzung: B.N.)
74 Ebenda, S. 30 f.

Kapitel 2
Menschenrechtsinstrumente aus der Genderperspektive

Im Folgenden soll dargestellt werden, wie die Menschenrechte von Frauen in den wichtigsten Menschenrechtsinstrumenten verankert sind und wie sie von internationalen Organisationen wahrgenommen und unterstützt werden.

1. Die universelle Ebene – Vereinte Nationen

1.1. Charta der Vereinten Nationen

Bereits in der *Präambel* ist der Gedanke der Gleichberechtigung von Mann und Frau angesprochen. Frauenrechte sind also eingebettet in das Bekenntnis der Vereinten Nationen zur Verwirklichung des friedlichen Zusammenlebens, der Grundrechte und Grundfreiheiten aller Menschen.

In den *Artikeln 1, 13 und 55* werden die Ziele der UN, die Aufgaben und Befugnisse der Generalversammlung und die Zusammenarbeit auf wirtschaftlichem und sozialem Gebiet beschrieben, die allen Menschen ohne Unterschied der Rasse, des Geschlechts, der Sprache und der Religion zugute kommen sollen. Der geschlechtsspezifische Blickwinkel wird also an 2. Stelle hervorgehoben.

Abgesehen davon werden Frauen und ihre spezielle Betroffenheit nicht eigens erwähnt.

1.2. Allgemeine Erklärung der Menschenrechte

Bereits der *Titel* dieser Erklärung ist aus dem Blickwinkel der Gendergerechtigkeit wichtig. Nur wenige wissen, dass dahinter ein Kampf steht, der von *Eleanor Roosevelt* im Sinn von Frauen entschieden wurde. Dieser Fortschritt kommt im Englischen und Französischen zur Geltung: Ursprünglich hätte der Titel „*Declaration on the Rights of Men*" lauten sollen, wurde dann aber in „*Declaration on Human Rights*" umgeändert.

Nichtsdestotrotz wurde die Interpretation und Rezeption dieser Erklärung und aller anderen von ihr abgeleiteten Konventionen für gewöhnlich durch die Gleichsetzung des Wortes „Mensch" mit dem Begriff „Mann" bestimmt.

In der *Präambel* wird der Glaube an Würde und Wert der menschlichen Person und an die Gleichberechtigung von Mann und Frau hervorgehoben.

Artikel 1 formuliert den Grundsatz:
„*Alle Menschen sind frei an Würde und Rechten geboren. Sie sind mit Vernunft und Wissen begabt und sollen einander im Geiste der Brüderlichkeit begegnen.*"

Der „Geist der Brüderlichkeit" entspricht noch immer dem Geist der französischen Revolution, in der Frauenrechte sicher nicht als Menschenrechte angesehen wurden. Trotzdem ist die Verankerung dieses Prinzips für alle Menschen wichtig.

Artikel 2 spricht ein Gleichbehandlungsgebot aus:
„*Jeder Mensch hat Anspruch auf die in der Erklärung verkündeten Rechte und Freiheiten, ohne irgendeine Unterscheidung, wie etwa nach Rasse, Farbe, Geschlecht (...)*".

1.3. Internationaler Pakt über wirtschaftliche, soziale und kulturelle Rechte

Folgende Bestimmungen des Paktes sind im Hinblick auf Frauen und Gendergerechtigkeit relevant:

Artikel 2 Abs. 3 verpflichtet die Vertragsstaaten zu gewährleisten, dass die in diesem Pakt verkündeten Rechte ohne Diskriminierung, u. a. aufgrund des Geschlechts, ausgeübt werden.

In *Artikel 3* ist der Grundsatz der Gleichberechtigung von Frauen und Männern. verankert. Die Vertragsstaaten verpflichten sich, die Gleichberechtigung von Mann und Frau bei der Ausübung der im Pakt festgelegten Rechte sicherzustellen.

In *Artikel 7 lit. a sublit. i* ist unter anderem verankert, dass „ *(...) Frauen keine ungünstigeren Arbeitsbedingungen als Männer haben und dass sie für gleiche Arbeit gleiches Entgelt erhalten (...)"*

Artikel 10, der sich mit der Familie befasst, hält fest, dass Mütter während einer angemessenen Zeit vor und nach der Niederkunft besonderen Schutz genießen sollen. Während dieser Zeit sollen berufstätige Mütter bezahlten Urlaub erhalten. So positiv diese Forderung ist, bedeutet sie jedoch wiederum, dass die Elternrolle an den Frauen festgemacht wird, was der traditionellen Zuschreibung von Mütterpflichten an Frauen entspricht.

Andere Artikel befassen sich mit Fragen, die für *Frauen* – vor allem in armen Ländern – von zentraler Bedeutung sind, sie machen aber keinen Unterschied zu den diesbezüglichen Anrechten der Männer, sind also strikt geschlechtsneutral.

Dieser Pakt ist trotz dieser Einschränkung ein inhaltlich *äußerst wichtiges Instrument*, das für die Sicherung der Rechte von Frauen im wirtschaftlichen, sozialen und kulturellen Bereich große Bedeutung hat.[75]

Mangelhafte Durchsetzungsmechanismen erschwerten und erschweren seine Wirksamkeit. Erst 1985 wurde aufgrund eines Mandats des ECOSOC ein eigener Ausschuss etabliert, der „*Ausschuss für wirtschaftliche, soziale und kulturelle Rechte*" (ICESCR), der die Umsetzung des Paktes anhand der Berichte überprüft.[76]

---

75 Siehe dazu Kapitel 3, Abschnitt über WSK Rechte.
76 Vgl. Lucie Lamarche: Women's Social and Economic Rights: A Case for Real Rights, in: Margaret Schuler (Hg.): From Basic Needs to Basic Rights. Women's Claim to Human Rights. Washington D.C. 1995,

1.4. Internationaler Pakt über bürgerliche und politische Rechte

Wie bei dem vorher angesprochenen Pakt werden die Vertragsstaaten gemäß *Artikel 2 Abs. 1* auch hier verpflichtet, die in dem Pakt anerkannten *Rechte ohne Unterschied des Geschlechts* zu gewährleisten.

In *Artikel 3* ist wiederum der Grundsatz der Gleichberechtigung zwischen Mann und Frau verankert. Die Vertragsstaaten verpflichten sich, die Gleichberechtigung von Mann und Frau bei der Ausübung der im Pakt festgelegten Rechte sicherzustellen.

Artikel 23 gilt dem Schutz der Familie, die als *„natürliche Kernzelle der Gesellschaft"* bezeichnet wird. Garantiert werden das Recht auf Eheschließung, die Notwendigkeit des vollen Einverständnisses beider Ehegatten sowie die gleichen Rechte und Pflichten für beide Geschlechter von der Eheschließung bis zur Auflösung der Ehe.

Alle anderen Artikel, die für die Gewährleistung der Rechte von Frauen von essentieller Bedeutung sind, gehen nicht spezifisch auf die „andere Hälfte der Menschheit" ein.

Die Umsetzung dieses Paktes wird durch den *Menschenrechtsausschuss* (Committee on Human Rights) gewährleistet, der die Umsetzung des Paktes anhand der *Berichte* der Vertragsstaaten überwacht. Hier könnten auch Zusatzberichte von Frauen-NGOs vorgelegt werden.[77] Aufgrund des „Ersten Fakultativprotokolls zum Internationalen Pakt über bürgerliche und politische Rechte", das ebenfalls 1966 angenommen wurde und 1977 in Kraft trat, ist auch die *Individualbeschwerde* möglich. Diese steht grundsätzlich auch Frauen offen, wird aber bis jetzt selten wahrgenommen (Siehe weiter unten). *„General Comments"* zum Pakt befassen sich gelegentlich auch mit Fragen, die für Frauen von spezifischem Interesse sind.[78]

1.5. CEDAW: Eine „Magna Carta" der Menschenrechte von Frauen

Die *Konvention über die Beseitigung jeder Form von Diskriminierung der Frau* wurde am 18.12.1979 von der Generalversammlung der Vereinten Nationen angenommen.

Von allen speziell mit Frauenfragen befassten Konventionen der Vereinten Nationen ist diese die wichtigste und umfassendste. Sie wird demnach auch zu den sechs wichtigsten internationalen Menschenrechtsdokumenten gezählt[79] und kann zu Recht als „Meilenstein auf dem Weg zur Gendergerechtigkeit" bezeichnet werden.

Women, Law and Development International, S. 84. Siehe ausführlich dazu Kapitel 3 dieser Arbeit, Abschnitt über WSK Rechte.
77 Andrew Byrnes nennt einen detaillierten Bericht einer Frauenorganisation in Hong Kong im April 1999 anläßlich der Prüfung des nationalen Berichts, in: Rebecca Cook, 1994, a. a. O., S. 208.
78 Z. B. Nr. 28 zu „Equality between Men and Women", das den Artikel 3 des Paktes kommentiert.
79 Die anderen fünf sind die beiden UN Pakte, die Europäische Menschenrechtskonvention, die Amerikanische Menschenrechtskonvention und die Afrikanische Charta der Menschenrechte und Rechte der Völker (Banjul Charta).

1.5.1. Vorgeschichte

Die Kommission für die Rechtsstellung der Frau (CSW) arbeitete bereits in den fünfziger und sechziger Jahren *wichtige Konventionen* zu Frauenrechten aus: eine zum Thema Menschenhandel und zur Ausbeutung von Prostitution, eine zu den politischen Rechten von Frauen, zwei zu Rechten verheirateter Frauen. Vieles von dieser Arbeit reicht bereits in Zeiten des Völkerbundes zurück.

Sehr bald aber entstand das Anliegen, eine umfassende Konvention zu erarbeiten, in der alle Rechte von Frauen kodifiziert wären – bürgerliche und politische einerseits, wirtschaftliche, soziale und kulturelle Rechte andererseits. Anknüpfungspunkt sollte das Diskriminierungsverbot sein, das schon in der Charta der UN und auch in den beiden Menschenrechtspakten sowie in allen grundlegenden regionalen Menschenrechts-Verträgen angesprochen ist.

1967 erreichte die Kommission bereits die Annahme einer *Erklärung zur Beseitigung jeder Form von Diskriminierung der Frau* durch die Generalversammlung der Vereinten Nationen. Die Bedeutung und der Bekanntheitsgrad dieses Instruments blieben aber begrenzt. Erst mit dem ideologischen Rückenwind, den die Frauenfrage durch das „Weltfrauenjahrzehnt der Vereinten Nationen" (1976-1985)[80] erfuhr, konnte die Verabschiedung einer völkerrechtlich bindenden Konvention durch die UN Generalversammlung im Jahre 1979 durchgesetzt werden.

1.5.2. Grundsätzlicher Stellenwert

Mit der Annahme der *Konvention über die Beseitigung jeder Form von Diskriminierung der Frau* (CEDAW) setzte die Generalversammlung der Vereinten Nationen am 18. Dezember 1979 einen wichtigen Schritt: Die 30 Artikel umfassende Konvention legt in rechtsverbindlicher Form international anerkannte Grundsätze und Maßnahmen für die Gleichberechtigung und zum „Empowerment" der Frau in allen Regionen, auf allen Ebenen (national und international, im Privatleben und in der Öffentlichkeit) und in allen Bereichen (Politik, Wirtschaft, Sozialwesen, Kultur) fest und umfasst sowohl bürgerliche und politische als auch wirtschaftliche, soziale und kulturelle Menschenrechte von Frauen.[81]

---

80 Siehe Kapitel 4.
81 Siehe zu dieser Thematik: Rebecca Cook: State Accountability under the Women's Convention, in: Rebecca Cook, 1994, a.a.O., S. 228 ff; Marsha Freeman: Women, Development and Justice: Using the International Convention on Women's Rights, in: Joanna Kerr: Ours by Right. Women's Rights as Human Rights. London, Ottawa 1993, Zed, North South, S. 16 ff; Natalie Hevener-Kaufmann, Stefanie A. Lindquist: Critiquing Gender-Neutral Treaty Language: The Convention on the Elimination of all Forms of Discrimination against Women, in: Julie Peters, Andrea Wolper: Women's Rights – Human Rights. International and National Perspectives. New York 1995, Routledge, S. 114 ff; Hannah Beate Schöpp-Schilling: Das Frauenrechtsübereinkommen – ein wirksames Instrument für die weltweite Gleichberechtigung und Gleichstellung von Frauen?, in: Menschenrechtsschutz in der Praxis der Vereinten Nationen, hg. von Gerhard Baum, Eibe Riedel, Michael Schaefer, Baden-Baden 1998, S. 155 ff; dieselbe: Effektivität von Abkommen zum Schutz der Menschenrechte am Beispiel der CEDAW, in:

Die CEDAW ist im Zusammenhang mit Bestrebungen zur Stärkung der *Verantwortlichkeit* und Verantwortbarkeit *des Staates* (accountability) für die Durchsetzung internationaler Normen im Menschenrechtsbereich zu sehen. Die Ausweitung dieser „accountability" des Staates wird – nicht zuletzt aufgrund des hartnäckigen Druckes von NGOs und nicht-staatlichen ExpertInnen – zusehends eingemahnt.[82] Diese Verantwortlichkeit bezieht sich nicht mehr nur auf Menschenrechtsverletzungen, die direkt von staatlichen Organen begangen werden, sondern auch auf Übergriffe von Seiten Privater und umfassen weitreichende Schritte der Prävention – inklusive der Bewusstseinsbildung und Information – genauso wie entschiedene Strategien der Offenlegung, Verfolgung und Bestrafung, der Entschädigung und Betreuung der Opfer etc.[83] Der Staat muss also einerseits im Anlassfall angemessen handeln, andererseits aber auch eine vorhersehbare Verletzung von Menschenrechten verhüten.

Die Konvention spricht in dieser Hinsicht eine klare und eindeutige Sprache. Die fachlichen Diskussionen, die ihre Vorbereitung begleiteten und der seither stattfindende Prozess zur Verbesserung ihrer Umsetzung haben darüber hinaus Entscheidendes zur Stärkung des Völkerrechts und zur Hebung des Stellenwerts internationaler Instrumente beigetragen.[84]

Die konkrete Bedeutung der CEDAW für Frauen in den Vertragsstaaten liegt darin, dass sie bewusst über Genderneutralität und die „herkömmlichen Gleichheitsverbürgungen" hinausgeht, indem sie *positive Maßnahmen* zur Förderung von Frauen und aktive politische und rechtliche Schritte zur Gleichstellung der Geschlechter einfordert.[85]

Die Vertragsstaaten der CEDAW haben mit ihrer Ratifikation oder ihrem Beitritt Verpflichtungen im Hinblick auf *Mittel und Ergebnisse* (means and results) der Zielerreichung übernommen.[86] Sie sind verpflichtet, *„alle geeigneten Mittel"* zu ergreifen und *„alle geeigneten Maßnahmen"* zu setzen, um die in der Konvention formulierten Ziele zu erreichen.

Die Friedens-Warte. Journal of International Peace and Organization. Band 74, Heft 1-2, 1999, S. 204ff; Anna Sporrer: Grundrechte für Frauen im internationalen Kontext: Vereinte Nationen, Europarat, Europäische Gemeinschaften, in: Mesner, Steger-Mauerhofer (Hg.): Der Tod der Olympe de Gouges – 200 Jahre Kampf um Gleichberechtigung und Grundrechte, Wien 1994, S. 79 ff.; Zur Umsetzung in Österreich: Karin Tertinegg: Die UN-Frauenkonvention und ihre Umsetzung in Österreich. Diplomarbeit, Karl-Franzens-Universität Graz, 2000; siehe auch Teil III.

82 Siehe dazu: Karen Knop: Why Rethinking the Sovereign State is Important for Women's International Human Rights Law?, in: Rebecca Cook, 1994, a. a. O., S. 153 ff.
83 Vgl. Rebecca Cook: State Accountability under the Women's Convention, in: Rebecca Cook, 1994, a.a.O., S. 229.
84 1999 wurde eine Untersuchung zu den praktischen Auswirkungen der Frauenkonvention von dem York Center for Feminist Research an der York University in Toronto (Kanada) durchgeführt (Hannah Beate Schöpp-Schilling 1999, a.a.O, S. 205).
85 Vgl. Anna Sporrer: Leitfaden zum Fakultativprotokoll der UN Konvention zur Beseitigung jeder Form der Diskriminierung der Frau. Wien 2001, Frauenbüro der Stadt Wien, S. 9.
86 Vgl. Rebecca Cook, 1994, a.a.O., S. 232.

1.5.3. Aufbau, Ziele und Regelungen

Die CEDAW umfasst 16 inhaltliche und 14 prozedurale Artikel.

In der *Präambel* wird auf andere Menschenrechtsinstrumente sowie auf das Bekenntnis der UN und ihrer Spezialorganisationen zur Gleichberechtigung von Mann und Frau hingewiesen. Der größere Zusammenhang, in den CEDAW eingebettet ist, vor allem der geschichtliche Hintergrund, wird also verdeutlicht. Gleichzeitig stellt die Konvention aber fest, dass Frauen aus den verschiedensten Gründen *noch immer diskriminiert* werden und dass umfassende Veränderungen auf (welt)politischer und gesellschaftlicher Ebene eingeleitet werden müssen, um „zur Erreichung der vollen Gleichberechtigung von Mann und Frau beizutragen".

In *Artikel 1* wird der Tatbestand der *Diskriminierung* definiert, und zwar als

„(...) *jede aufgrund des Geschlechts vorgenommene Unterscheidung, Ausschließung oder Beschränkung, die zum Ziel oder zur Folge hat, dass die von der Grundlage der Gleichberechtigung von Mann und Frau ausgehende Anerkennung, Inanspruchnahme oder Ausübung der Menschenrechte und Grundfreiheiten der Frau – gleich welchen Familienstands – auf politischem, wirtschaftlichem, sozialem, kulturellem, staatsbürgerlichem und anderem Gebiet beeinträchtigt oder vereitelt wird."*

Artikel 2 ist ein *Schlüsselartikel*,[87] da hier die grundsätzliche Verantwortung der Vertragsstaaten definiert wird:

„Die Vertragsstaaten verurteilen jede Form von Diskriminierung der Frau, kommen überein, mit allen geeigneten Mitteln unverzüglich eine Politik der Beseitigung der Diskriminierung der Frau zu verfolgen (...)".

Diese grundsätzliche Verpflichtung wird in Artikel 2 lit. a bis g weiter präzisiert. Mit *lit. a und b* verpflichten sich die Vertragsstaaten zur *Verankerung des Grundsatzes der Gleichberechtigung von Mann und Frau in der Verfassung* und auch dazu, durch gesetzgeberische Maßnahmen für die tatsächliche Verwirklichung dieses Grundsatzes zu sorgen. Jede Diskriminierung der Frau ist durch geeignete Maßnahmen – gegenenfalls auch durch Sanktionen – zu verbieten.

Lit. c gewährleistet den *gerichtlichen Schutz* der Frauen vor Diskriminierung und *lit. d* verpflichtet zur Unterlassung aller diskrikriminierenden Handlungen oder Praktiken. Insbesondere haben alle staatlichen Behörden und öffentlichen Einrichtungen im Einklang mit dieser Verpflichtung zu handeln.

Ganz wichtig – vor allem, aber keineswegs nur für Frauen des Südens – ist *Artikel 2 lit. e*. Die Vertragsstaaten verpflichten sich, *„alle geeigneten Maßnahmen zur Beseitigung der Diskriminierung der Frau durch jedwede Personen, Organisationen oder Unternehmen zu ergreifen."*

Diese Bestimmung zielt einerseits auf politische oder religiöse Gruppierungen oder Führer ab, die Frauen diskriminieren und ihre Menschenrechte angreifen, andererseits aber z. B. auch auf Gruppierungen oder wirtschaftliche Unternehmen, die mit ihren Maßnahmen die Wirtschaftsrechte von Frauen untergraben. Der Staat kann demnach nicht nur für eigene Maßnahmen und Übertretungen zur Verant-

---

87 In der Fachsprache als „undertaking article" bezeichnet, z. B. bei Rebecca Cook, 1994, a. a. O., S. 230.

wortung gezogen werden, sondern auch für solche, die von Privaten begangen werden. Es gilt also, den *Tatbestand der privaten Diskriminierung* aufzuzeigen und zu bekämpfen.

Rebecca Cook sagt in einem Kommentar zu diesem Artikel: „*Die Staaten sind nicht nur für die Wirkungen, die absichtlich durch staatliche Organe herbeigeführt wurden, sondern auch für die Unterlassung von geeigneten Maßnahmen (for their failures to act appropriately) zur Erfüllung ihrer internationalen Verpflichtungen verantwortlich, (...) sogar dann, wenn die Verletzung in dem Verhalten privater natürlicher oder juristischer Personen begründet ist.*"[88]

Der Staat ist zwar in solchen Fällen nicht ursächlich beteiligt, aber er muss Maßnahmen setzen, um den Tatbestand der „privaten Diskriminierung" zu reduzieren und zu überwinden. Dieses Denken ist vom Case Law vorangetrieben worden[89] und hat sich in den letzten zehn Jahren, vor allem seit der 2. Menschenrechtskonferenz in Wien (1993), sehr verbreitet.

Von großer Bedeutung ist auch *Artikel 2 lit. f*: Die Vertragsstaaten verpflichten sich demnach, „*alle geeigneten Maßnahmen, einschließlich der Verabschiedung von Rechtsvorschriften, zur Abänderung oder zur Aufhebung aller Gesetze, Vorschriften, Bräuche und Praktiken zu treffen, die eine Diskriminierung der Frau darstellen*".

Bei den angesprochenen Bräuchen und Praktiken geht es (auch) um Gewohnheitsrecht, lokales personal law, religiöse Vorschriften und traditionelle Praktiken (wie z. B. genitale Verstümmelung).

In Artikel 2 lit. e und f ist also ein *fundamentaler Ansatzpunkt* enthalten, um die nicht-staatliche Diskriminierung von und Gewalt gegen Frauen zu bekämpfen und traditionelle, überkommene Einstellungen und Verhaltensweisen einzudämmen.

Artikel 2 lit. g verpflichtet zur Aufhebung aller *strafrechtlichen Bestimmungen*, die eine Diskriminierung der Frau darstellen.

In *Artikel 3* verpflichten sich die Vertragsstaaten, die „*uneingeschränkte Entfaltung und Förderung der Frau*" sicherzustellen, insbesondere auf politischem, sozialem, wirtschaftlichem und kulturellem Gebiet.

Ihre historische Bedeutung erhält die Konvention durch den *Artikel 4*, der in Absatz 1 folgendes normiert:

„*Vorübergehende Sondermaßnahmen der Vertragsstaaten zur beschleunigten Herbeiführung der De-facto-Gleichberechtigung von Mann und Frau gelten nicht als Diskriminierung im Sinn dieser Konvention, dürfen aber keinesfalls die Beibehaltung ungleicher oder gesonderter Maßstäbe zur Folge haben; diese Maßnahmen sind aufzuheben, sobald die Ziele der Chancengleichheit und der Gleichbehandlung erreicht sind.*"

---

88 Rebecca Cook, 1994, a.a.O., S. 237, Übersetzung B. N.
89 Ein Beispiel ist das bereits erwähnte Urteil des Interamerikanischen Gerichtshofs für Menschenrechte im Verfahren *Velazquez Rodriguez vs. Honduras* im Jahre 1988: Honduras wurde darin für einen Mangel an Einsatz zur Verhütung des „Verschwindens" (disappearance) von Menschen zur Verantwortung gezogen. Siehe dazu Cecilia Medina: Toward a More Effective Guarantee of the Enjoyment of Human Rights by Women in the Inter-American System, in: Rebecca Cook, 1994, a.a.O., S. 268.

Diese vorübergehenden Sondermaßnahmen, im Fachjargon auch als „positive Diskriminierung" oder *„affirmative actions"* bezeichnet, sind also ausdrücklich zulässig und verstoßen nicht gegen den Gleichheitsgrundsatz.[90]

In *Artikel 4 Absatz 2* wird außerdem klargestellt, dass *Sondermaßnahmen zum Schutz der Mutterschaft* nicht als Diskriminierung gelten.

Der *Artikel 5 lit. a* konkretisiert *Artikel 2 lit. f* und verpflichtet die Vertragsstaaten zur Setzung von Maßnahmen,

„*die einen Wandel in den sozialen und kulturellen Verhaltensmustern von Mann und Frau bewirken und so zur Beseitigung von Vorurteilen sowie von herkömmlichen und allen sonstigen auf der Vorstellung von der Unterlegenheit oder Überlegenheit des einen oder des anderen Geschlechts oder der stereotypen Rollenverteilung von Mann und Frau beruhenden Praktiken führen".*

Mit dieser Bestimmung werden also Traditionen, überkommene Sitten und Gebräuche, herkömmliche Rollenbilder und Stereotypen bekämpft.

Andererseits wird in *Artikel 5 lit. b* die *Neuverteilung* der Erziehung der Kinder und aller mit Haushalt und Familie verbundenen Aufgaben gefordert. Das ist ebenfalls eine historische, wirklich revolutionäre Forderung, die zwar den „Geist der 70er Jahre" atmet, aber aktueller denn je ist. Sie ist als unabdingbare Vorbedingung dafür gedacht, dass Frauen überhaupt nicht-traditionelle Aufgaben in Wirtschaft und Politik übernehmen können.

Die Verpflichtung zur Unterdrückung jeder Form des *Frauenhandels* und der *Ausbeutung der Prostitution* ist in *Artikel 6* verankert.

Artikel 7 verlangt Maßnahmen zur Bekämpfung der Diskriminierung von Frauen im *politischen und öffentlichen Bereich*, vor allem im Hinblick auf das aktive und passive Wahlrecht (lit. a), bei der Teilnahme an der Regierungspolitik, beim Zugang zu politischen Ämtern und öffentlichen Funktionen (lit. b) und bei der Mitwirkung an der Arbeit von NGOs (lit. c).

In *Artikel 8* werden Maßnahmen eingefordert, die gewährleisten sollen, dass Frauen ihre Regierungen gleichberechtigt auf der *internationalen Ebene* und in *internationalen Organisationen* vertreten können.

Artikel 9, der sich mit den *staatsbürgerlichen Rechten* von Frauen befasst, ist ein sehr umstrittener Artikel, der von vielen Vertragsstaaten mit Vorbehalten belegt wurde. Er hat andererseits in einigen Vertragsstaaten (auch in Ländern des Südens) bewirkt, dass Frauen ihre staatsbürgerlichen Rechte in gerichtlichen Verfahren durchzusetzen beginnen.[91]

Artikel 10, 11, 12 sind dem Abbau von geschlechtsspezifischer Diskriminierung im Bereich der *Erziehung*, der *Arbeit* und des *Gesundheitswesens* gewidmet. Sie sind sehr detailliert und umfangreich und bilden die Grundlage für eine gründliche Überprüfung der diesbezüglichen Situation der Vertragsstaaten.

---

90 Vgl. zur Verankerung des Grundsatzes der De-facto-Gleichberechtigung als Staatsziel in der österreichischen Bundesverfassung Teil III.
91 Ein Beispiel dafür ist das Urteil, das im Verfahren *Unity Dow vs. Botswana* gefällt wurde, vgl. den Abschnitt über die Afrikanische Charta in dieser Publikation.

In *Artikel 13* werden Maßnahmen in diversen *anderen Bereichen* des wirtschaftlichen und sozialen Lebens – vor allem das Recht von Frauen auf *Familienbeihilfen,* auf den Zugang zu *Bankkrediten* etc. sowie das *Recht auf Teilnahme an Freizeitbeschäftigungen,* Sport und allen Aspekten des *kulturellen Lebens* – angesprochen.

Der Förderung von *Frauen in ländlichen Gebieten* wird in *Artikel 14* besondere Aufmerksamkeit gewidmet. Die Vertragsstaaten haben dafür zu sorgen, dass Frauen unter den gleichen Bedingungen wie Männer an der ländlichen Entwicklung und an den sich daraus ergebenden Vorteilen teilhaben können. Dieser Artikel ist sehr wichtig für Frauen des Südens und stellte damals einen Durchbruch dar.

In *Artikel 15* garantiert den Frauen in zivilrechtlichen Angelegenheiten dieselbe *Rechtsfähigkeit* wie Männern, z. B. das gleiche Recht, Verträge abzuschließen und Vermögen zu verwalten sowie Gleichbehandlung in gerichtlichen Verfahren.

Artikel 16 befasst sich eingehend mit der Gleichberechtigung von Frauen im *Ehe- und Familienrecht.* Verbürgt sind ein gleiches Recht auf Eheschließung, gleiches Recht auf die Wahl des Ehegatten und auf Eheschließung nur mit freier und voller Zustimmung, gleiche Rechte und Pflichten in der Ehe und bei deren Auflösung sowie Gleichberechtigung im Hinblick auf Entscheidungen über die Anzahl und Altersunterschiede ihrer Kinder und in allen Angelegenheiten, die die Kinder betreffen. *Art. 16* verbürgt auch dieselben persönlichen Rechte der Ehegatten, einschließlich des Rechts auf die Wahl des Familiennamens, eines Berufs und einer Beschäftigung. Kinderheirat wird als ungesetzlich, Registrierungen von Eheschließungen für verpflichtend erklärt.

Dieser Artikel hat Veränderungen des Gewohnheitsrechts und des religiösen Familienrechts zur Folge.

Zusammenfassend ist zu sagen, dass die *Artikel 2, 4, 5 und 16 für strukturelle Veränderungen* der Stellung der Frau außerordentlich wichtig und wegweisend sind.

Die *Artikel 17 bis 22* betreffen die Errichtung, Zusammensetzung, Funktion, die Aufgaben und Wirkungsweise des *Ausschusses für die Beseitigung der Diskriminierung der Frau* (CEDAW-Ausschuß), mit dem die Fortschritte bei der Umsetzung der Konvention durch die Vertragsstaaten überprüft werden sollen.

Die restlichen *Artikel 23 bis 30* befassen sich mit *Verfahrensregelungen,* z. B. mit den *Vorbehalten.* Die Konvention statuiert in *Artikel 28 Absatz 2* dazu folgendes: „*Mit dem Ziel und Zweck dieser Konvention unvereinbare Vorbehalte sind unzulässig.*"

1.5.4. Verhalten der Vertragsstaaten gegenüber der Konvention

Die CEDAW weist eine sehr *hohe Anzahl von Ratifikationen* auf – im Mai 2002 wurden 170 Vertragsparteien gezählt – und wird deshalb immer als besonders erfolgreich bezeichnet. Gleichzeitig gibt es zu denken, dass wichtige Staaten wie die USA die Konvention nur unterzeichnet und nicht ratifiziert haben, während 27 Staaten, unter ihnen der Vatikan und zahlreiche islamische Länder, sie weder unterzeichnet noch ratifiziert haben. Die Ratifikation von CEDAW ist also noch keineswegs universell.

Der eigentliche „Pferdefuß" aber besteht darin, dass eine außergewöhnlich hohe Anzahl von Staaten (ca. 100) sehr substantielle *Vorbehalte* angemeldet hat, die teilweise dem Geist der Konvention zuwiderlaufen.[92] Sie berufen sich auf nationale Gesetze, um die Gültigkeit von CEDAW einzuschränken. CEDAW strebt aber gerade die Änderung solcher Gesetze, die Frauen diskriminieren, an und äußert sich immer wieder unmissverständlich in diesem Sinn. In Artikel 24 ist demnach auch festgehalten:

„Die Vertragsstaaten verpflichten sich, auf nationaler Ebene alle erforderlichen Maßnahmen zu treffen, um die volle Ausübung der in dieser Konvention anerkannten Rechte zu gewährleisten."

Ein Beispiel für solche Vorbehalte, die die eigentlichen Ziele von CEDAW untergraben, ist der Vorbehalt der Malediven, wie im folgenden Kasten verdeutlicht wird:

Vorbehalt der Malediven

Grundsätzliche Einleitung:
„The Government of the Republic of Maldives will comply with the provisions of the Convention, except those which the Government may consider contradictory to the principles of the Islamic Sharia upon which the laws and traditions of the Maldives is founded. Furthermore, the Republic of Maldives does not see itself bound by any provision of the Convention which obliges to change its Constitution and laws in any manner."

An anderer Stelle wird der Vorbehalt noch deutlicher und richtet sich gegen Kernbestimmungen der Konvention:
„The Government of the Republic of Maldives expresses its reservation to article 7 (a) of the Convention, to the extent that the provision contained in the said paragraph conflicts with the provision of article 34 of the Constitution of the Republic of Maldives.

The Government of the Republic of Maldives reserves its right to apply article 16 of the Convention concerning the equality of men and women in all matters relating to marriage and family relations without prejudice to the provisions of the Islamic Sharia, which govern all marital and family relations of the 100 percent Muslim population of the Maldives."[93]

---

92 Zu den Vorbehalten zu CEDAW siehe: Rebecca Cook: Reservations to the Convention on the Elimination of All Forms of Discrimination against Women. Vanderbuilt Journal of International Law, Vol. 30 (1990), 3, S. 643 ff.
93 Dieser Vorbehalt, der die Ziele der Konvention praktisch aufhebt, hat Einsprüche einer Reihe von Staaten, darunter Österreich, Kanada und Schweden, ausgelöst. Siehe weitere Details in: Hanspeter Neuhold, Waldemar Hummer, Christopher Schreuer: Österreichisches Handbuch des Völkerrechts. Wien 1997, Manz Verlag, 3. Auflage, Band 2: Materialienteil, S. 75ff.

Solche einschneidenden Vorbehalte, die die Kernforderungen und den Geist der Konvention in Frage stellen, wurden auch von anderen islamischen Staaten eingebracht z.B. von Algerien[94], Ägypten[95], Irak[96], Kuwait[97], Libyen[98] und Bangladesch[99], aber auch von Indien[100] und Israel.[101]

Auch westliche Länder haben Vorbehalte angemeldet, diese betreffen aber meistens nur wenig weitreichende Bestimmungen. So hat auch *Österreich* ursprünglich zwei „reservations" eingebracht. Ein Vorbehalt bezieht sich auf Art. 7 lit. b (gleiche Zugänglichkeit zu einem öffentlichen Amt), weil Frauen zum damaligen Zeitpunkt vom Militärdienst ausgeschlossen waren. Dieser Vorbehalt wurde bereits zurückgezogen. Aufrecht ist noch der Vorbehalt gegen Art 11 Abs 1 lit b (Recht auf dieselben Arbeitsmöglichkeiten) wegen des Nachtarbeitsverbots für Frauen. Dieser Vorbehalt wird in Kürze zurückgezogen werden, weil im Jahr 2002 gleiche Bedingungen für die Nachtarbeit von Frauen und Männern geschaffen wurden.[102]

Trotz der offensichtlichen Gefahren wird in den Vereinten Nationen bis jetzt die Politik verfolgt, Ratifikations- und Beitrittsurkunden auch dann entgegenzunehmen, wenn substantielle Vorbehalte eingebracht werden, die die eigentlichen Absichten zumindest schwächen, da es dadurch bestimmten Staaten möglich wird, die *„Konvention zumindest in anderen Teilen als verpflichtend anzunehmen und sich der Prüfung durch das UN-Frauenrechtskomitee zu unterwerfen, womit jedenfalls ein teilweiser internationaler Dialog über Frauenrechte in Gang gesetzt wird."*[103]

Außerdem besteht immer – wie auch in Artikel 28 Abs. 3 festgehalten wird –, die Möglichkeit, Vorbehalte zurückzuziehen. Der CEDAW-Ausschuss versucht solche

---

94 Zu Artikel 16 – die Umsetzung sollte nicht zum Algerischen Familienrecht (Family Code) in Widerspruch stehen.

95 Zu Artikel 16 – Umsetzung unter Berücksichtigung der Sharia.

96 Die Regierung des Irak fühlt sich nicht durch Artikel 2 f und g, durch Artikel 9 1 und 2, sowie durch Artikel 16 gebunden.

97 Kuwait spricht einen Vorbehalt zu 7 a aus, unter Berufung auf das Wahlgesetz von Kuwait, das das Wahlrecht auf Männer beschränkt. Durch Artikel 16 f fühlt sich Kuwait nur so weit gebunden, als er nicht mit der Shariah in Konflikt gerät.

98 Zu Artikel 2 und 16 c und d, die Regierung von Libyen unterwirft sich der Konvention unter Berücksichtigung der Bestimmungen der Sharia.

99 Zu Artikel 2 und 16 1 c, da diese mit der Sharia, „die auf dem Heiligen Koran und der Sunna beruht", in Konflikt kommen. Siehe ausführlich dazu: Hossain, Sara: Women's Rights and Personal Law in South Asia, in: Rebecca Cook, 1994, a. a. O., S. 470 ff.

100 Indien gab Erklärungen zu Artikel 5 und 16/1 ab und erklärte sich bereit, sich der Konvention in diesen Punkten in „Übereinstimmung mit seiner Politik der Nicht-Einmischung in die persönlichen Angelegenheiten jeder Gemeinschaft" zu unterwerfen. In einer anderen Erklärung zu Artikel 16/2 erklärt Indien, dass es zwar die verpflichtende Registrierung von Eheschließungen unterstütze, dies aber „in einem riesigen Land wie Indien mit seiner Vielfalt von Bräuchen, Religionen und Alphabetisierungsniveau nicht praktisch (not practical)" sei. Siehe dazu: Kirti Singh: Obstacles to Women's Rights in India, in: Rebecca Cook, 1994, a.a.O., S. 375 ff.

101 Zu Artikel 16; Israel fühlt sich in dem Maß gebunden, in dem das Personenrecht verschiedener religiöser Gemeinschaften mit den Vorschriften der Konvention übereinstimmt.

102 Siehe dazu Teil III. Vgl. zum Nachtarbeitsverbot und zur Frage des Zugangs von Frauen zum Heer aus europarechtlicher Sicht Teil II, 3.1. und 3.2.3.

103 Vgl. Anna Sporrer: Leitfaden zum Fakultativprotokoll der UN-Konvention zur Beseitigung jeder Form von Diskriminierung der Frau. Wien 2001, Frauenbüro der Stadt Wien, S. 13.

Prozesse durch die Einbeziehung von NGOs zu unterstützen. Allerdings ist gerade in diesen Ländern, die solche umfassenden Vorbehalte einbringen, in den letzten fünf Jahren eine massive Verhärtung konservativer Haltungen zu verzeichnen, so dass der „internationale Dialog" immer begrenzter wird und solche positiven Veränderungen im Hinblick auf eine vollinhaltliche Verwirklichung der CEDAW nicht sehr wahrscheinlich sind.[104]

1.5.5. Überwachung der Umsetzung – Berichtsprüfungsverfahren

Die Überwachung und Überprüfung der CEDAW-Konvention wird vom CEDAW-Ausschuss (Committee on the Elimination of Discrimination against Women) vorgenommen. Er war ursprünglich nur für die Prüfung von Berichten zuständig, die ihm alle Vertragsstaaten verpflichtend „innerhalb eines Jahres nach Inkrafttreten der Konvention" und „danach mindestens alle vier Jahre" übermitteln müssen.[105] Seit dem In-Kraft-Treten eines Fakultativprotokolls zu CEDAW am 22. Dezember 2000 ist der CEDAW-Ausschuss auch für die Behandlung von Individualbeschwerden und Untersuchungsverfahren im Zusammenhang mit Verletzungen der Konvention zuständig (siehe weiter unten, Abschnitt über das Fakultativprotokoll zu CEDAW).

Dieser Ausschuss ist ein Organ, das aus 23 unabhängigen ExpertInnen besteht, die von den Staaten ernannt werden. Dieser Mechanismus war lange Zeit hindurch relativ schwach. Das einzige Sanktionsmittel bei diesem Berichtsprüfungsverfahren besteht in Diskussion und Kritik sowie in der Aufforderung zur Revision oder zur Erlassung bestimmter Gesetze etc.

In der letzten Zeit haben aber wesentliche Verbesserungen Platz gegriffen. Das Prestige von CEDAW hat durch verschiedene Schritte des Ausschusses – vor allem durch die Herausgabe der *„General Recommendations"* zur Auslegung der einzelnen Artikel[106] – aber auch durch häufigere Prüfungen und eine allgemein immer *strengere Überprüfungspraxis* sehr zugenommen. Die „Kommission über die Rechtsstel-

---

104 Siehe dazu den Abschnitt „Universalität der Menschenrechte von Frauen versus kulturelle Differenz", in Kapitel 3.
105 Sonderorganisationen können ebenfalls von CEDAW eingeladen werden, solche Berichte vorzulegen (Artikel 22).
106 Wichtige General Recommendations sind z. B. die Nr. 6 und 10 zu „National Machineries" und Verbreitung der Anliegen der Konvention, Nr. 9 zu „Statistischen Daten", Nr. 12 und 19 zu „Gewalt gegen Frauen", Nr. 13 zu „Gleicher Entlohnung für gleichwertige Arbeit, Nr. 14 zu „Weiblicher Beschneidung", Nr. 15 zu „Verhütung und Kontrolle von AIDS", Nr. 16 zu „Unbezahlter Arbeit in Familienbetrieben", Nr.17 zur „Unbezahlten Hausarbeit von Frauen", Nr. 18 zu „Frauen mit Behinderung", Nr. 21 zu „Gleichberechtigung in Ehe und Familie", Nr. 23 zu „Politischem und öffentlichem Leben", Nr. 24 zu „Frauen und Gesundheit". ExpertInnen fordern schon seit längerem eine General Recommendation zu Artikel 2 und weisen darauf hin, daß sowohl der „Menschenrechts-Ausschuss" als auch der „Ausschuss über wirtschaftliche, soziale und kulturelle Rechte" „General Comments" zu den betreffenden „undertaking articles" der von ihnen überwachten Verträge herausgebracht haben. Siehe dazu: Rebecca Cook, 1994, a.a.O., S. 231.

lung der Frau" (CSW) und die NGOs spielen dabei eine entscheidende Rolle. *"Schattenberichte"* der NGOs zu den staatlichen Berichten sind zu einem Fixum geworden. Prüfungen werden mittlerweile von den Staaten sehr ernst genommen.

Auch *Österreich* befand sich am 15. Juni 2000 auf dem Prüfstand. Dazu wurde von den NGOs ein „Schattenbericht" vorgelegt, in dem vor allem die Entwicklungen seit dem 4. Februar 2000 schärfstens angeprangert wurden.[107] Vertreterinnen von NGOs gaben dabei auch mündliche Stellungnahmen ab. Die Beurteilung des Ausschusses fiel sehr zwiespältig aus.[108]

1.5.6. Das Fakultativprotokoll zu CEDAW – ein entscheidender Sprung nach vorne

1.5.6.1. Vorgeschichte

Schon bei den Überlegungen zur Erarbeitung von CEDAW bestanden Pläne, zusammen mit dieser Konvention auch die Möglichkeit der *Individualbeschwerde* zu verankern.[109] Diese Bestrebungen konnten sich aber nicht durchsetzen. Erst 1993, bei der 2. Menschenrechtskonferenz, begannen diese Zielsetzungen wieder an Raum zu gewinnen, im Schlussdokument wurde die Forderung festgehalten, die Erarbeitung eines Fakultativprotokolls zu CEDAW in Angriff zu nehmen.[110] Dadurch war der Weg gebahnt.

Bei einer hochrangigen ExpertInnentagung im Herbst 1994 in Maastricht wurde ein erster Entwurf für ein solches Fakultativprotokoll erarbeitet, der während der Vorbereitungen für die 4. Weltfrauenkonferenz weiter ergänzt wurde.[111]

---

107 Arbeitsgruppe Frauenrechte – Menschenrechte (Hg.): NGO Schattenbericht Österreich, Wien 2000.
108 Siehe dazu Teil III.
109 Zur Hinterlegung von Beschwerden hinsichtlich der Verletzung der Menschenrechte von Frauen bestanden bis 1999 nur zwei Möglichkeiten:
1. Das Beschwerdeverfahren vor der „Kommission für die Rechtsstellung der Frau" (CSW – Commission on the Status of Women), siehe Kapitel 1.
2. Die Möglichkeit der Individualbeschwerde auf dem Weg über andere Konventionen, vor allem im Rahmen des „UN Paktes für bürgerliche und politische Rechte" (ICCPR) und im Rahmen der „Europäischen Menschenrechtskonvention" sowie im Rahmen der „Anti-Folter-Konvention". In allen Fällen haben Frauen bisher in außerordentlich geringem Maß davon Gebrauch gemacht. So wurden z.B. im Zusammenhang mit der Europäischen Menschenrechtskonvention im Jahr 1998 von insgesamt 597 Fällen nur 11 Verfahren von Frauen eingebracht (Information von Lilly Sucharipa-Behrmann im Rahmen eines Konversatoriums über die Menschenrechte von Frauen an der Universität Wien, Institut für Völkerrecht und internationale Beziehungen, Ende Jänner 1999).
110 World Conference on Human Rights: The Vienna Declaration and Programme of Action. Vienna, June 1993. United Nations, New York 1993, S. 55.
111 Siehe zu dieser Thematik: Andrew Byrnes, Jane Connors: Enforcing the Human Rights of Women: A Complaints Procedure for the Women's Convention?, in: Brooklyn Journal of International Law, Vol. XXI, 1996, Nr. 3; Andrew Byrnes: Slow and Steady Wins the Race? The Development of an Optional Protocol to the Women's Convention. 91 ASIL Proceedings (1997), S. 383 ff.; Committee on the Status of Women (Vienna): An Optional Protocol to CEDAW – Tagungsunterlage; Wien, April 2000; Anna Sporrer: Leitfaden zum Fakultativprotokoll der UN-Konvention zur Beseitigung jeder Form von Diskriminierung der Frau. Wien 2001, Frauenbüro der Stadt Wien; Lilly Sucharipa-Behrmann: An

Die *Aktionsplattform von Beijing* unterstützte die weitere Arbeit an einem solchen Protokoll nachdrücklich. Im März 1996 wurde im Rahmen der *Kommission über die Rechtsstellung der Frau* eine offene Arbeitsgruppe unter dem Vorsitz von *Aloisia Wörgetter* (Österreich) eingesetzt, deren Arbeit am 16. März 1999 mit der Annahme eines Fakultativprotokolls zu CEDAW durch die Kommission für die Rechtsstellung der Frau (CSW) beendet wurde. Von der Generalversammlung wurde das Fakultativprotokoll am 6. Oktober 1999 angenommen.[112] Es trat nach 10 Ratifikationen am 22. Dezember 2000 in Kraft.[113]

1.5.6.2. Ziele und Inhalte

1.5.6.2.1. Mitteilungsverfahren (Individualbeschwerde)

Dieses Verfahren gewährt ein Beschwerderecht in Bezug auf Verletzungen von in der Konvention verankerten Rechten.

Artikel 2 regelt die Frage des *Zugangs* zu einem solchen Verfahren. Dieses Problem sorgte bis zum Abschluss der Verhandlungen für heftige Konflikte: In der ersten Lesung des Entwurfs im Jahre 1996 war der Zugang noch sehr weit gefasst und bezog sich neben einzelnen betroffenen Frauen und Gruppen von betroffenen Frauen auch auf NGOs, wie z. B. Menschenrechtsorganisationen, die zwar nicht direkt betroffen sind, aber ein Interesse an der Unterstützung betroffener Frauen haben. Diese Position wurde sehr bald fallen gelassen. Der jetzige Text stellt trotzdem einen gewissen Kompromiss dar. Es heißt:

„Mitteilungen können von oder im Namen von der Hoheitsgewalt eines Vertragsstaates unterstehenden Einzelpersonen oder Personengruppen eingereicht werden, die behaupten, Opfer einer Verletzung eines in der Konvention niedergelegten Rechts durch diesen Vertragsstaat zu sein. Wird eine Mitteilung im Namen von Einzelpersonen oder Personengruppen eingereicht, so hat dies mit ihrer Zustimmung zu geschehen, es sei denn, der Verfasser kann rechtfertigen, ohne eine solche Zustimmung in ihrem Namen zu handeln."

Optional Protocol to CEDAW: A Further Step towards Strengthening of Women's Human Rights, in: G. Hafner, GT. Loibl, L. Sucharipa-Behrmann und K. Zemanek (Eds.): Liber Amicorum Professor Seidl-Hohenveldern – in honour of his eightieth birthday, S.683-698: dieselbe: Content and Procedure of the Optional Protocol to CEDAW. Vortrag anläßlich einer internationalen Konferenz des NGO-Committee on the Status of Women (CSW), am 7. April 2000, in: Brita Neuhold, Birgit Henökl: Women's Rights – Human Rights: From Dream to Reality. Wien 2000, ÖED, Teil III, Dokumente, S. 26 ff.; Aloisia Wörgetter: The Draft Optional Protocol to the Convention on the Elimination of All Forms of Discrimination against Women, in: Austrian Review Of International and European Law, 1997, S. 261 ff; dieselbe: Politische Bemerkungen zum neuen Beschwerderecht für Frauen im Rahmen der VN-Frauenrechtskonvention, in: MenschenRechtsZentrum der Universität Potsdam (Hg): 20 Jahre Übereinkommen zur Beseitigung jeder Form von Diskriminierung der Frau, Studien zu Grund- und Menschenrechten, Heft 5, Potsdam 2000, S. 53 ff.
112 GA/R/RES/54/4.
113 http://www.un.org/womenwatch/daw/cedaw/sigop.htm

In *Artikel 3* ist niedergelegt, dass Mitteilungen schriftlich abzufassen sind und nicht anonym sein dürfen. Außerdem werden nur solche Beschwerden entgegengenommen, die Vertragsparteien des Protokolls betreffen.

Artikel 4 hält fest, dass alle zur Verfügung stehenden innerstaatlichen Rechtsbehelfe ausgeschöpft sein müssen, *„sofern nicht das Verfahren bei der Anwendung solcher Rechtsbehelfe unangemessen lange dauert oder keine wirksame Abhilfe erwarten lässt."*

Mitteilungen sind des Weiteren unzulässig, wenn sie bereits vom CEDAW-Ausschuss oder in einem anderen internationalen Untersuchungs- und Streitbeilegungsverfahren geprüft worden sind oder werden, wenn sie unvereinbar mit den Bestimmungen der Konvention oder offensichtlich unbegründet bzw. nicht hinreichend begründet sind, wenn sie einen Missbrauch des Einreichungsrechts darstellen oder sich die betreffenden Tatsachen vor dem In-Kraft-Treten des Protokolls ereignet haben und nicht weiterbestehen.

Ist eine Mitteilung beim CEDAW-Ausschuss eingegangen, so kann dieser gemäß *Artikel 5* den betreffenden Vertragsstaat bei Gefahr in Verzug zur *Setzung vorläufiger Maßnahmen* (interim measures) auffordern, um einen möglichen, nicht wieder gut zu machenden Schaden vom Opfer bzw. von den Opfern der behaupteten Rechtsverletzung abzuwenden. Diese Aufforderung ist jedoch kein Präjudiz hinsichtlich der Zulässigkeit oder Begründetheit der Mitteilung.

Wird die Mitteilung als zulässig qualifiziert, wird sie dem betroffenen Vertragsstaat vom CEDAW-Ausschuss zur Kenntnis gebracht (*Artikel 6*). Die beschwerdeführenden Personen müssen der Offenlegung ihrer Identität gegenüber dem Vertragsstaat zustimmen. Wird die Offenlegung verweigert, kann das Verfahren nicht weitergeführt werden. Der Vertragsstaat kann innerhalb von sechs Monaten eine schriftliche Gegendarstellung abgeben.

Nach Prüfung der Mitteilung übermittelt der CEDAW-Ausschuss den betreffenden Parteien seine Auffassungen zusammen mit etwaigen Empfehlungen (*Artikel 7*). Wird die Auffassung vertreten, dass eine Verletzung der Konvention vorliegt, so kann der Vertragsstaat aufgefordert werden, *angemessene Maßnahmen* zu treffen.

In den Erläuterungen wird dazu ausgeführt, dass es sich dabei nach den Erfahrungen existierender UN-Beschwerdeverfahren um Vorschläge der Gesetzesanpassung, verbesserte Schulungen für ausführende Organe, vermehrte Öffentlichkeitsarbeit oder auch Entschädigungszahlungen an das oder die Opfer handeln kann.[114] Der Vertragsstaat hat dem CEDAW-Ausschuss innerhalb von sechs Monaten eine schriftliche Antwort einschließlich einer Darstellung der getroffenen Maßnahmen zu übermitteln.

Der CEDAW-Ausschuss kann den Vertragsstaat auch auffordern, im Staatenbericht gemäß *Artikel 18* der CEDAW die Umsetzung der Empfehlungen darzulegen.

---

114 Vgl RV 169 BlgNR 21. GP, 12.

1.5.6.2.2. Untersuchungsverfahren

Bei schwerwiegenden oder systematischen Verletzungen der Konventionsrechte kann der CEDAW-Ausschuss gemäß *Artikel 8* und *9 von Amts wegen* tätig werden. Das Vorbild dafür ist die Anti-Folter-Konvention. Gegenstand dieses Verfahrens sind besonders verbreitete oder schwerwiegende Verletzungen der Konventionsrechte wie z. B. weibliche Genitalverstümmelung, Witwenverbrennung, Brautgeldgewalt.[115]

Das Untersuchungsverfahren kann – mit Zustimmung des betreffenden Vertragsstaates – auch einen Besuch auf dessen Hoheitsgebiet umfassen. Die Untersuchungsergebnisse des CEDAW-Ausschusses werden an den Vertragsstaat übermittelt. Dieser hat wiederum ein Stellungnahmerecht. Der Ausschuss kann den Vertragsstaat in der Folge auffordern, über die Umsetzungsmaßnahmen zu berichten bzw. die Umsetzungsmaßnahmen in den Staatenbericht gemäß *Artikel 18* der CEDAW aufzunehmen.

Das Verfahren geht an die Wurzeln und zielt auf *strukturelle Veränderungen* ab. Weit verbreitete Verletzungen der Konvention können untersucht werden, ohne die Identität einzelner Frauen preiszugeben.

Nach *Artikel 10* müssen sich Staaten diesem Verfahren nicht unterwerfen *(opting out)*. Dies stellt zugegebenermaßen eine Schwächung des Protokolls dar, dadurch wurde aber eine breitere grundsätzliche Zustimmung gesichert.

1.5.6.3. Vorbehalte

Gemäß *Artikel 17* sind keine Vorbehalte erlaubt.

1.5.6.4. Stand der Ratifikationen

Bis zum 4. September 2002 ist die Zahl der Unterzeichnungen bereits auf 75 und die der Ratifikationen und Beitritte auf 44 angestiegen. Auch Österreich hat das Protokoll bereits unterzeichnet und ratifiziert.[116] Bemerkenswerterweise befinden sich auch viele südliche Länder unter den Vertragsstaaten, z. B. Bangladesch, Bolivien, Costa Rica, Dominikanische Republik, Ekuador, Mali, Mexiko, Namibia, Paraguay, Peru, Senegal, Uruguay und Venezuela.

Es ist zu erwarten, dass einige afrikanische Länder, die das Protokoll bis jetzt nur unterzeichnet haben, diesem in absehbarer Zeit auch beitreten oder es ratifizieren werden.[117]

---

115 Vgl RV 169 BlgNR 21. GP, 13.
116 Vgl Teil III.
117 Vgl. http://www.un.org/womenwatch/daw/cedaw/sigop.htm

1.5.6.5. Einschätzung, Bedeutung, Anknüpfungspunkte

Dieses Fakultativprotokoll bedeutet in jedem Fall eine substantielle Verbesserung der Möglichkeiten von CEDAW, wenn es auch von einem vergleichsweise kleinen Kreis ratifiziert werden wird. Konkret bedeutet die Ratifikation des Protokolls oder der Beitritt zum Protokoll, dass sich *jede Frau*, unabhängig von ihrer Staatsangehörigkeit, an den CEDAW-Ausschuss wenden kann, wenn sie sich von Seiten des Staates in ihren Rechten verletzt sieht und dessen Hoheitsgewalt untersteht.

Es ist anzunehmen dass das Fakultativprotokoll von betroffenen Frauen aus den Vertragsstaaten intensiv genutzt werden wird.

Beschwerden im Bereich des Arbeitsrechts, des Gesundheitswesens, des Bildungszugangs, aber auch im Zusammenhang mit Frauenhandel und der Benachteiligung von Migrantinnen sind zu erwarten. Frauen in *südlichen Ländern* werden vermutlich zusätzlich vornehmlich Klagen zu genitaler Verstümmelung und im Zusammenhang mit dem Land- und Bodenrecht einbringen.

1.5.6.6. Nachteile und offene Fragen

Staaten, die das Protokoll nicht ratifiziert haben, können nicht belangt werden, diese sind aber die eigentlichen „Sorgenkinder". Menschenrechtsverletzungen an Frauen in Bereichen, zu denen die Staaten Vorbehalte zur Konvention eingebracht haben, können nicht aufgegriffen werden.

Des Weiteren sind die Folgen für Staaten nicht wirklich gravierend, es werden keine echten Konsequenzen gezogen bzw. solche können nicht erzwungen werden. Die Sanktion liegt in der Veröffentlichung eines Berichts bzw. einer Anfrage des Ausschusses. Trotzdem stellt dies einen unangenehmen Gesichtsverlust dar. Voraussichtlich werden viele Staaten Maßnahmen ergreifen, um dies zu vermeiden.

1.6. Erklärung zur Beseitigung von Gewalt gegen Frauen

Diese Thematik wird im nächsten Kapitel im Zusammenhang mit Gewalt gegen Frauen behandelt.

2. Die regionale Ebene

2.1. Europa[118]

2.1.1. Europarat

2.1.1.1. Konvention zum Schutze der Menschenrechte und Grundfreiheiten (EMRK)

Aus der Frauen- und Genderperspektive gesehen, ist der *Artikel 8* dem Schutz der *Familie* gewidmet. *Artikel 12* garantiert ein Recht auf *Eheschließung*. *Artikel 14* enthält ein relatives *Gleichheitsgebot*. Der Genuss der Konventionsrechte ist demnach ohne Benachteiligung, insbesondere auch aufgrund des Geschlechts, zu gewährleisten. Artikel 5 des 7. Zusatzprotokolls zur EMRK garantiert darüber hinaus die Gleichberechtigung der Ehegatten.

Das Verfahren der *Individualbeschwerde* steht auch Frauen offen und wird von diesen auch zunehmend genützt.

2.1.1.2. Europäische Sozialcharta (ESC)

Die Charta enthält wichtige Bestimmungen zum Schutz der ArbeiterInnen, ist aber auch allgemein gesehen bedeutungsvoll.

In der Präambel wird der Genuss aller in der Charta verankerten Rechte ohne Diskriminierung, unter anderem aufgrund des Geschlechts, abgesichert; in der „Revidierten Europäischen Sozialcharta" wird dieses Prinzip in Form einer allgemeinen Klausel zum Diskriminierungsverbot (Teil V, Artikel E) festgehalten.[119]

Alle Bestimmungen sind für Frauen von Belang, darüber hinaus werden sie aber auch explizit erwähnt. Im Folgenden wird auf die „Revidierte Europäische Sozialcharta" vom 3. Mai 1996 Bezug genommen. In *Artikel 8* wird das Recht der Arbeitnehmerinnen auf *Mutterschutz* hervorgehoben, in *Artikel 16* das Recht der *Familie* auf sozialen, gesetzlichen und wirtschaftlichen Schutz, in *Artikel 20* das Recht auf *Chancengleichheit und Gleichbehandlung* in Beschäftigung und Beruf ohne Diskriminierung aufgrund des Geschlechts, in *Artikel 27* das Recht der Arbeitnehmer mit *Familienpflichten* auf Chancengleichheit und Gleichbehandlung.[120]

Mit der Einführung der *Kollektivbeschwerde* am 9. November 1995 ist auch Frauen-NGOs, die beratenden Status beim Europarat haben, die Möglichkeit gegeben, solche Beschwerden einzureichen.[121]

---

118 Zur österreichischen Situation siehe Teil III.
119 Council of Europe: Equality between Women and Men in the European Social Charter, Straßburg, April 1999, Social Charter Monographs No. 2, S. 17.
120 Vgl. Kapitel 1 und Kapitel 3.
121 Europarat: Europäische Sozialcharta und Protokolle. Straßburg 1999, S. 83ff.

2.1.1.3. Spezifische auf Genderpolitik bezogene Instrumente

Der Europarat hat seitens seiner Parlamentarischen Versammlung und des Ministerkomitees zahlreiche Entschließungen und Empfehlungen verabschiedet, z. B. betreffend die politischen Rechte und die politische Lage der Frau (1975), zur Herstellung eines gerechten (equitable) Verhältnisses zwischen Männern und Frauen in allen Gremien des Europarats (1981), zur Förderung von Frauen in der Politik (1985) und die Deklaration zur Gleichstellung von Mann und Frau (1988). Anlässlich aller Weltfrauenkonferenzen wurden Positionen erarbeitet. Im Jahr 1979 wurde *das Europäische Komitee für die Gleichstellung von Mann und Frau* (CEEG) gegründet, das unter anderem sehr erfolgreiche FachministerInnenkonferenzen (1986 in Strassburg, 1989 in Wien) veranstaltete.[122] 1995 wurde eine *Expert Group of Specialists on Gender Mainstreaming* (EG-S-MS) eingerichtet.[123]

2.1.2. Organisation für Sicherheit und Zusammenarbeit in Europa (OSZE)

Innerhalb der Arbeit der OSZE spielen der Schutz der Menschenrechte und die Entwicklung von Demokratie eine zentrale Rolle.

Der im vorhergehenden Kapitel erwähnte Abschnitt der *„Schlussakte von Helsinki"* in Korb I (VII) enthält wie die verbindlichen Menschenrechtsverträge ein ausdrückliches Diskriminierungsverbot und spricht sich für die Stärkung der Menschenrechte von Frauen aus: *„Die Teilnehmerstaaten werden die Menschenrechte und Grundfreiheiten (...) für alle ohne Unterschied der Rasse, des Geschlechts, der Sprache oder der Religion achten."*[124]

Die Arbeit der OSZE war zwar lange Zeit hindurch geschlechtsneutral, die Thematik wird aber immer deutlicher wahrgenommen, vor allem im Zusammenhang mit Frauen als Angehörigen von nationalen Minderheiten. Frauen und Frauen-NGOs schalten sich auch zusehends in den Prozess ein.[125] Die Organisation verfügt auch über eine Beraterin in Genderfragen (Gender Advisor), die ein umfangreiches Manual zur Berücksichtigung der Genderperspektive bei der Bewältigung von Konfliktsituationen erarbeitet hat.[126]

---

122 Vgl. Bundesministerium für Arbeit und Soziales (Hg.): Das demokratische Prinzip gleicher Repräsentativität – 40 Jahre Aktivitäten des Europarates. Wien 1992.
123 Europarat: Berichterstattergruppe für Gleichberechtigung von Frauen und Männern (GR-EG): Gender Mainstreaming: Konzeptueller Rahmen, Methodologie und Beschreibung bewährter Praktiken. Strassburg 1998.
124 Vgl. Bruno Simma, Ulrich Fastenrath: Menschenrechte – Ihr internationaler Schutz. 3. Aufl. München 1992, S. 534 ff.
125 Vgl. Margaret Schuler, Dorothy Quincey Thomas (Hg.): Women's Human Rights Step by Step, Washington 1997, Women Law and Development International, S. 76 ff.
126 OSCE: Gender Apects in Post-Conflict Situations, a Guide for OESCE Staff. Gender Adviser, Office of the Secretary General, Wien 2001.

2.1.3. Europäische Union

Dieses Thema wird in ausführlicher Weise in Teil II „Europarechtliche Dimensionen" behandelt.

2.2. Lateinamerika

2.2.1. Amerikanische Menschenrechtskonvention (AMRK)[127]

Artikel 1 garantiert allen Personen die in der Konvention angesprochenen Rechte – ohne Unterschied von Rasse, Hautfarbe, *Geschlecht* etc.
Artikel 17 dient dem Schutz der Familie; *Artikel 24* mahnt die Gleichheit aller Menschen vor dem Gesetz ein. Nach *Artikel 27* können die Konventionsrechte im Fall eines Krieges, einer öffentlichen Gefahr oder eines Notstandes suspendiert werden. Solche Maßnahmen dürfen jedoch keine Diskriminierung aufgrund von Rasse, Hautfarbe, *Geschlecht* etc. enthalten. Bestimmte Grundrechte dürfen nicht außer Kraft gesetzt werden, dazu zählen auch die Rechte der Familie nach *Artikel 17*.

2.2.2. Die Umsetzung aus Frauensicht

Der Befund ist im Großen und Ganzen sehr negativ. Nach Meinung der lateinamerikanischen Expertin *Cecilia Medina* liegt es nicht an einem Mangel an Instrumenten. Diese seien ausreichend vorhanden, sie müssten aber effektuiert, stärker eingesetzt, von Frauen „angeeignet" werden.

„Die Förderung der Menschenrechte von Frauen hat auf der Ebene des zuständigen Menschenrechtsorgans, nämlich der Inter-Amerikanischen Menschenrechtskommission, einfach nicht stattgefunden. Die Kommission hat schon im Allgemeinen ihre Förderungsfunktion nicht wahrgenommen, aber völlig fehlt diese Unterstützung im Bereich der Menschenrechte von Frauen."[128]

Nach Medina bestehen in der *Konvention* selbst genügend Anknüpfungspunkte; *„positive Aktionen"* müssten gesetzt werden, die Verantwortung des Staates müsste eingemahnt werden. Aufgrund der *Velasquez-Rodriguez-Norm* (siehe oben, Fußnote 89) könnten nach Ansicht Medinas auch *Klagen zu häuslicher Gewalt* eingebracht werden. Das ist nach Annahme der *Inter-Amerikanische Konvention über die Verhütung, Bestrafung und Ausrottung von Gewalt gegen Frauen (Konvention von Belem do Pará)* noch leichter möglich.

Die Frauenbewegung sollte darauf drängen, dass die Kommission *Berichte* verfasst, in denen sie – gemäß ihrem Mandat – die Situation von Frauen in verschiedenen Ländern tatsächlich untersucht.

---

127 Text in: Bruno Simma, Ulrich Fastenrath, 1992, a. a. O., S. 534 ff.
128 Cecilia Medina: A More Effective Guarantee in the Inter-american System, in: Rebecca Cook, 1994, a. a. O., S. 270. Übersetzung B. N.

Der *Inter-Amerikanische Gerichtshof* sollte dazu gebracht werden, *advisory opinions* zur menschenrechtlichen Situation von Frauen abzugeben und Druck auf Regierungen auszuüben. Eine sensationelle *advisory opinion* hat der Gerichtshof 1984 zu Costa Rica herausgegeben, die die Diskriminierung von Frauen in Costa Rica im Zusammenhang mit dem Staatsbürgerschaftsgesetz feststellte. Diese *advisory opinion* berief sich ausdrücklich auf die Amerikanische Menschenrechtskonvention, auf CEDAW und andere internationale Menschenrechtsinstrumente. Sie ist bis heute in Sprache und Aufbau ein vorbildlicher Anknüpfungspunkt für NGOs und RechtsexpertInnen. Allerdings haben advisory opinions keinen rechtsverbindlichen Charakter.[129]

Die *Zusammenarbeit* zwischen der Inter-Amerikanischen Menschenrechtskommission, der Inter-Amerikanischen Frauenkommission, dem Inter-Amerikanischen Gerichtshof und der Frauenbewegung müßte verbessert werden.

2.2.3. Inter-Amerikanische Konvention über die Verhütung, Bestrafung und Ausrottung von Gewalt gegen Frauen – Konvention von Belem do Pará

Diese Thematik wird in Kapitel 3 im Zusammenhang mit Gewalt gegen Frauen behandelt.

2.3. Afrika

2.3.1. Afrikanische Charta der Menschenrechte und Rechte der Völker

Zum Ziel des Schutzes der Menschenrechte von Frauen äußert sich die Charta[130] mehrfach. Sie enthält – sogar noch deutlicher als CEDAW – eine klare Verpflichtung hinsichtlich der Sicherung und des Schutzes der Menschenrechte von Frauen.

Hinweise in der *Präambel* auf die Bedeutung der internationalen Zusammenarbeit im Bereich der Menschenrechte auf der Grundlage der Charta der Vereinten Nationen und der Allgemeinen Erklärung der Menschenrechte sowie auf die unbedingte Notwendigkeit, Diskriminierung (auch) aufgrund des Geschlechts zu beseitigen, sind für afrikanische Frauen ebenso wichtig wie die Feststellung, dass

„die bürgerlichen und politischen Rechte nicht von den wirtschaftlichen, sozialen und kulturellen Rechten getrennt werden können, weder in ihrer Konzeption noch in ihrer

---

129 Vgl. Margaret Schuler, Dorothy Quincey Thomas, 1997, a. a. O., S. 96
130 Der Originaltitel lautet „African Charter on Human and Peoples' Rights". Da sie in Banjul angenommen wurde, wird sie vielfach auch als Banjul Charta bezeichnet. Leichte Abweichungen in deutschen Übersetzungen sind darauf zurückzuführen, daß es keine einheitliche autorisierte Fassung gibt. In dieser Publikation zitierte Textteile sind folgender Dokumentensammlung entnommen: Bruno Simma/Ulrich Fastenrath: Menschenrechte – Ihr internationaler Schutz. 3. Aufl. München 1992, dtv. Deutsche Übersetzung von Sabine Thomsen.

Universalität, und dass die Befriedigung der wirtschaftlichen, sozialen und kulturellen Rechte eine Garantie für die Ausübung der bürgerlichen und politischen Rechte ist."

Artikel 2 enthält – wie die anderen großen Menschenrechtsinstrumente auch – ein Diskriminierungsverbot und garantiert die Ausübung der in der Charta gewährleisteten Rechte ohne Unterschied nach Rasse, Volkszugehörigkeit, Hautfarbe, *Geschlecht* etc.

Artikel 18 verbürgt unter dem Titel *„Familie, Rechte der Frauen, Kinder, Alten und Behinderten"* folgendes:

„(1) Die Familie ist die natürliche Einheit und Basis der Gesellschaft. Der Staat muss sie schützen und für ihre körperliche und seelische Gesundheit sorgen.

(2) Der Staat ist verpflichtet, die Familie als Bewahrerin der Sittlichkeit und der in der Gemeinschaft anerkannten traditionellen Werte zu unterstützen.

(3) Der Staat muss sicherstellen, dass jede Diskriminierung der Frauen beseitigt wird und die Rechte der Frau und des Kindes geschützt werden, wie sie in internationalen Deklarationen und Konventionen festgelegt sind."

Artikel 29 ist für Frauen ebenfalls von Bedeutung. Er unterstreicht nämlich in Ziffer 7, dass das Individuum dazu verpflichtet ist, in seinem Verhältnis zu anderen Mitgliedern der Gesellschaft *„positive afrikanische kulturelle Werte"* zu stärken.

Die Charta enthält also Bestimmungen, die zu Lasten der Frauen interpretiert werden könnten, wie z. B. *Artikel 18 Abs. 2*, andererseits entsprechen die Verpflichtungen von *Artikel 18 Abs. 3* dem internationalen Schutzniveau. Aus *Artikel 29 Ziffer 7* kann ebenfalls ein Schutzgehalt für Frauen abgeleitet werden.

2.3.2. Die Umsetzung aus Frauensicht

Im Großen und Ganzen erfolgt die Umsetzung der Charta vom Frauenstandpunkt aus eher zögernd, die meisten afrikanischen Staaten lassen sich immer wieder Diskriminierungen gegen Frauen zu Schulden kommen, die Kommission ist eher schwerfällig und zurückhaltend, trotzdem haben manche Gerichte – zum Beispiel Tansania (Urteil im Prozess Ephraim vs. Pastory und Kaizengele) und Botswana (Unity Dow vs. Botswana) – einen klaren Standpunkt im Hinblick auf Nicht-Diskriminierung von Frauen bezogen.[131] „Success stories" gibt es auch aus Südafrika, Uganda und Sambia.[132]

Die Konvention enthält nach dem Urteil der afrikanischen Rechtsexpertin *Chaloka Beyani* sehr viele gute Anknüpfungspunkte, diese sollten ausgebaut, die Kommission sollte gestärkt und an ihre Verantwortung erinnert werden. Sie meint, dass die *Artikel 18 Abs. 3* und der Artikel *29 Ziffer 7* starke Anknüpfungspunkte enthalten, um die Menschenrechte von Frauen zu schützen.

Außerdem meint sie, dass die *„repugnancy"*-Klausel (gegen die guten Sitten gerichtet), die in angelsächsischen Ländern sehr ernst genommen wird, in die Dis-

---

131 Siehe dazu: Chaloka Beyani, in: Rebecca Cook, 1994, a. a. O., S. 292.
132 Siehe Chaloka Beyani, 1994, a. a. O., S. 300.

kussion eingeführt werden sollte. Das bedeutet, dass manche Regeln des Gewohnheitsrechts im Hinblick auf Frauen „repugnant" und mit zeitgemäßen Idealen nicht mehr vereinbar sind. Diese Überzeugung könnte als Richtlinie für die Kommission dienen.

Von strategischer Wichtigkeit sind die *Bewusstseinsbildung* von MultiplikatorInnen und die Mobilisierung der Frauenbewegung. In diesem Zusammenhang kommt der Veranstaltung und Unterstützung von Lehrgängen zu internationalen Menschenrechts-Instrumenten Bedeutung zu.[133] (Z.B. Unterstützung aus Mitteln der österreichischen EZA; Lehrgänge in Schlaining, Uganda und Kamerun).

Große Hoffnung wird mit einem *Protokoll über Frauenrechte* verknüpft. Dieses wurde 1995 anläßlich der 17. Tagung der *African Commission* in Auftrag gegeben.[134] Ein Entwurf wurde bereits vorgelegt.[135]

2.4. Mittlerer Osten, islamischer Raum

2.4.1. Kairoer Erklärung der Menschenrechte im Islam

Artikel 6 bezieht sich auf die Stellung der Frau:

„*a) Die Frau ist dem Mann an Menschenwürde gleichgestellt und genießt Rechte ebenso, wie sie Pflichten zu erfüllen hat; sie hat ihr eigenes bürgerliches Dasein und ihre finanzielle Unabhängigkeit und das Recht, ihren Namen und ihre Abstammung zu behalten.*

b) Der Ehemann ist verantwortlich für den Unterhalt und den Wohlstand der Familie."[136]

Artikel 7 räumt den Eltern das Recht ein, in Übereinstimmung mit den Werten und Prinzipien der Shari'ah über die Art der Erziehung ihrer Kinder zu bestimmen.

2.4.2. Die Umsetzung aus Frauensicht

Da die Erklärung als solche keinen Durchsetzungsmechanismus enthält, sind Frauenrechte umso schwieriger einzufordern. In jedem Fall lässt der Befund zu Beginn des

---

133 Vgl. Brita Neuhold: Wir wollen mitentscheiden! Empowerment von Frauen in der österreichischen Entwicklungszusammenarbeit. Grundlegende Ansätze und Projektbeispiele. Wien 1994, Österreichischen EZA/VIDC, S. 93 ff. Siehe dazu auch Kapitel 5 über Veränderungen.

134 Wolfgang Benedek: The Role of International Law in the Protection and Promotion of Human Rights of Women in Africa, in: Austrian Journal of Public and International Law 49 (1995), S. 285.

135 Organisation of African Unity: Draft Protocol to the African Charter on Human and Peoples' Rights on the Rights of Women in Africa. Addis Abbeba, November 2001.

136 Die Textfassung, auf die hier Bezug genommen wird, ist entnommen aus: Universal Islamic Declaration of Human Rights, Afghan Schad 1990, Bd. 4, Nr. 1. Zitiert in: Raoul Kneucker, Manfred Nowak, Hannes Tretter: Menschenrechte – Grundrechte, 1992, a. a. O., S. 162 ff. Deutsche Übersetzung von Eva Fuchs.

21. Jahrhunderts angesichts der in erschreckendem Maße erstarkenden religiös fundamentalistischen und offen frauenfeindlichen Haltungen[137] nicht allzu viel Hoffnung zu.

Frauenrechtlerinnen in allen islamischen Ländern, von Tunesien bis Pakistan, haben allerdings seit langem „mit dem Koran in der Hand" gegen die Unterdrückung von Frauen unter Berufung auf die Religion gekämpft und tun dies unter unvorstellbaren Bedingungen bis heute.[138] Allerdings ist der Gegenwind sehr stark. Außerdem ist in kaum einem der Gremien, die sich mit der Interpretation des Koran, der Hadithen etc. beschäftigen, eine Frau vertreten.

2.5. Asiatische Region

Es gibt, wie bereits hervorgehoben, kein Menschenrechtsinstrument für diese Region, schon gar keines, das auf Frauen bezogen ist. Das erklärt – unter anderem – die großen *Schwierigkeiten*, moderne frauenemanzipatorische Gesetze in der Region durchzusetzen. In Staaten wie Indien und Bangladesch ist das *Familienrecht* religiöses Recht. Der Staat nimmt entweder eine streng traditionelle oder eine passive Haltung ein und begünstigt in der Regel die religiösen Gruppierungen.[139]

Viele nicht-staatliche Organisationen – unter ihnen viele Frauen-NGOs und Frauengruppen – kämpfen allerdings gegen diese Einstellung an. Es gibt auch Bemühungen zur Erstellung eines *verbindlichen Menschenrechtsinstruments* für den asiatischen Raum. Frauenorganisationen und Frauennetzwerke wie das „Asia Pacific Forum on Women, Law and Development (APWLD), Asian Center for Women's Human Rights (ASCENT), International Women's Rights Action Watch (IWRAW) – Asia Pacific spielen dabei eine wichtige Rolle.

---

137 Siehe dazu: Fundamentalismen – patriarchale Mogelpackung, Beiträge 32 zur feministischen Theorie und Praxis. Köln 1992.
138 Dazu zählen z. B. das „*Forum Aisha*", das aus liberalen ägyptischen, libanesischen, sudanesischen, tunesischen, marokkanischen und jordanischen Frauenorganisationen besteht und das „*Collectif 1995: Mahgreb Egalité*", das von Frauenforscherinnen und Rechtsanwältinnen aus Algerien, Tunesien und Marokko gegründet wurde und sich die Überprüfung der Familiengesetzgebung dieser drei Länder vor dem Hintergrund internationaler Menschenrechtsinstrumente zum Ziel setzt. Die Organisationen „*Women under Muslim Laws*" und „*Women against Fundamentalism*" stellen – nicht zuletzt durch ihre Zeitschriften – wichtige Zentren der Vernetzung des Widerstandes dar. Siehe zu dem erstgenannten Netzwerk: Farida Shaheed: Linking Dreams. The Network of Women Living under Muslim Laws, in: Margaret Schuler: From Basic Needs to Basic Rights. Women's Claim to Human Rights. Washington 1995, Women, Law and Development International, S. 327 ff. Siehe dazu auch Kapitel 3 dieser Arbeit.
139 Vgl. Sara Hossain: Equality in the Home: Women's Rights and Personal Laws in South Asia, in: Rebecca Cook 1994, a.a.O., S. 465 ff.; Indira Jaising: Violence against Women – the Indian Perspective, in: Julie Peters, Andrea Wolper: Women's Rights – Human Rights. International and Feminist Perspectives. New York 1995, Routledge, S. 51 ff.; Kirti Singh: Obstacles to Women's Rights in India, in Cook 1994, a.a.O., S. 375 ff. Siehe dazu auch ausführliche Informationen in Kapitel 3.

3. Barrieren und Hemmnisse für die Verwirklichung der Menschenrechte von Frauen

Die Rechte von Frauen wurden durch lange Zeit hindurch bestenfalls als Teil der allgemeinen Menschenrechte mitgedacht. Wenn Frauen gesondert dafür eintraten, wurde mit brutaler Härte gegen sie vorgegangen, wie z. B. gegen *Olympe de Gouges*, die während der Französischen Revolution eine eigene *„Erklärung der Rechte der Frau und Bürgerin"* veröffentlichte, und dafür mit ihrem Leben büßen musste.[140] Die Tatsache, dass Frauen Bedürfnisse und Interessen haben könnten, die sich von denen der männlichen Menschheit unterscheiden, war lange Zeit aus dem öffentlichen Bewusstsein getilgt und ging in der allgemeinen Unsichtbarkeit von Frauen unter.

Das traf auch noch auf die Zeit um das Ende der achtziger Jahre des 20. Jahrhunderts zu. Der Befund einer führenden Expertin, pointiert zusammengefasst, ist folgender:

„Frauen erkannten, dass der sich abzeichnende Konsens des ausgehenden 20. Jahrhunderts im Bereich der Menschenrechte in eine Richtung ging, die – in praktischer und konzeptioneller Hinsicht – die Vorrangigkeit der Bedürfnisse von Männern vor denen von Frauen, von bürgerlichen und politischen vor wirtschaftlichen, sozialen und kulturellen Rechten und des öffentlichen vor dem privaten Bereich bekräftigte."[141]

3.1. Erschütternde Realität

Die Situation von Frauen überall in der Welt ist auch zu Beginn des 21. Jahrhunderts nach wie vor von flagranten und umfassenden Verletzungen ihrer Menschenrechte – in allen Bereichen des Lebens – geprägt.

Noeleen Heyzer, Direktorin von UNIFEM, der zentralen Forschungs- und Projektstelle der Vereinten Nationen zur Unterstützung von Frauen, stellt die folgenden „alarmierenden Trends" fest:
- Weltweit sind Frauen auf der *formalen politischen Ebene* noch immer unsichtbar. Sie halten nur 10% der Abgeordnetensitze in Parlamenten. Dieser Anteil geht noch dazu zurück.
- Überall in der Welt stellt *Gewalt gegen Frauen und Mädchen* ein entscheidendes Hindernis für die Verwirklichung ihrer Lebensperspektiven dar. Dazu gehören

---

140 Zu den historischen Kämpfen von Frauen um die Verankerung und Gewährleistung ihrer Menschenrechte siehe: Brita Neuhold, 1999, ÖED, a. a. O., S.17 ff.. Weiterführende Literatur: Gerda Marko: Das Ende der Sanftmut. Frauen in Frankreich 1789-1796, München 1993, Beck Verlag; Bonnie S. Andersen, Judith P. Zinsser: A History of Their Own. Women in Europe, 2 Bde., New York 1989, Harper & Row; Eleanor S. Riemer, C. Fout: European Women. A Documentary History, 1789-1945, Brighton 1983, Harvester Press; Arvonne Fraser: Becoming Human: The Origins and Development of Women's Human Rights, in: Human Rights Quarterly 21 (1999), Johns Hopkins University Press, S. 853 ff; Kumari Jayawardena: Feminism and Nationalism in the Third World. London, New Delhi 1986, Zed, Kali for Women.

141 Margaret Schuler: From Basic Needs to Basic Rights. Women's Claim to Human Rights. Washington 1995. Women, Law and Development International, S. 2.

im engeren Sinn sexuelle und nicht-sexuelle Gewalt in der Familie, Vergewaltigungen außerhalb des Hauses, sexuelle Belästigung am Arbeitsplatz, Frauenhandel und Gewaltanwendung rund um Prostitution und Sextourismus.
- Frauen sind in zunehmendem Maße sowohl spezifische Angriffsziele als auch Waffen und Werkzeuge in *Kriegen*. Systematische Vergewaltigungen und erzwungene Schwangerschaften werden bewusst und gezielt eingesetzt, um den Gegner zu treffen. Fatalerweise wendet sich dieses unselige Schicksal noch in einer weiteren Hinsicht gegen die betroffenen Frauen, die danach oft von der eigenen Gesellschaft verfemt und ausgestoßen werden.
- In allen Ländern der Erde führen Frauen vielfältige *Arbeiten als Produzentinnen* aus, Arbeiten, die nicht statistisch erfasst sind, nicht gemessen und nicht bewertet werden, die entweder gar nicht oder schlecht bezahlt und auch nicht anerkannt werden. Ihr Zugang zu Familienbeihilfen, Krediten, ihre Land-, Besitz- und Erbrechte sind entweder nicht vorhanden oder ernsthaft und willkürlich eingeschränkt.
- Noch immer bestehen in fast allen Ländern *gesetzliche und rechtliche Benachteiligungen* von Frauen. Das betrifft offene Diskriminierung in Steuergesetzen, staatsbürgerschaftsrechtlichen Regelungen, im Arbeits- und Erbrecht, aber auch gender-neutrale Gesetze, die sich aufgrund von Traditionen und Einstellungen zu Ungunsten der Frauen auswirken.
- Millionen von Frauen haben keinen Zugang zur Geburtenplanung, ihre *reproduktiven Rechte* werden mit Füßen getreten.
- Unheilvolle *„Traditionen"* und *„Bräuche"* wie genitale Verstümmelung, Kinderheiraten, Witwenverbrennungen, Abtreibung weiblicher Föten, die Ermordung und Vernachlässigung weiblicher Säuglinge etc. stellen einen schweren Anschlag auf die Integrität und die Lebenschancen von Frauen und Mädchen dar. Diese Gepflogenheiten nehmen kaum ab, vielfach sind sie sogar erneut „im Kommen", sie beschränken sich auch nicht auf Länder des globalen Südens: Genitale Verstümmelung beispielsweise wird auch im Westen praktiziert.[142]

3.2. Unzureichendes Engagement auf der internationalen Ebene

Rebecca Cook, eine internationale Rechtsexpertin und entscheidend daran beteiligt, dass das „Thema" der Menschenrechte von Frauen auch in der Fachwelt zunehmend diskutiert wird, bringt die Dinge auf den Punkt, wenn sie feststellt:

„Der internationale Menschenrechtsschutz wurde noch nicht wirkungsvoll genug eingesetzt, um Abhilfe für die Benachteiligungen und Ungerechtigkeiten zu schaffen, denen Frauen ausgesetzt sind, nur, weil sie Frauen sind".[143]

Dabei zeigt sich, dass es nicht an einem Mangel an grundsätzlichen Bekenntnissen oder an Instrumenten liegt: In der *Charta der Vereinten Nationen*, in der *Allge-*

---

142 Noeleen Heyzer: Vorwort zu: Margaret Schuler, 1995, a. a. O., S. IX f.
143 Rebecca Cook: Women's International Human Rights Law: The Way Forward, in: Rebecca Cook, 1994, a. a. O., S. 3.

meinen Erklärung der Menschenrechte, in den beiden Pakten sowie in allen großen regionalen Menschenrechtsinstrumenten sind das Gebot der Gleichberechtigung und das Diskriminierungsverbot, auch aufgrund des Geschlechts, eindeutig festgelegt.

Zahlreiche völkerrechtlich verbindliche Verträge und Konventionen garantieren – aufgrund des großen Engagements und Einsatzes der *Kommission über die Rechtsstellung der Frau* (CSW) – die Rechte und Freiheiten von Frauen. Die Konvention zur Beseitigung jeder Form von Diskriminierung der Frau (CEDAW), der Kulminationspunkt dieser Normenkataloge, fordert in verbindlicher Form Maßnahmen zur Bekämpfung der Benachteiligung der Frau in allen Bereichen des öffentlichen und privaten Lebens ein.

Trotzdem drängt sich folgende Frage auf: *„Wurde das Problem als solches erkannt, nur um dann wieder marginalisiert zu werden?"*[144]

Die Realität zeigt, dass das lange Zeit zum großen Teil der Fall war, symbolische Akte gingen zu Lasten konkreter Aktionen. Frauenrechte wurden – zumindest bis zu Beginn der neunziger Jahre – nicht als „eigentliche" Menschenrechte, sondern als eine *mindere Kategorie*, vorwiegend als „soziale Angelegenheiten", betrachtet. Das betraf vor allem die Arbeit der angesehenen Menschenrechtsorgane. So hat die *Kommission für Menschenrechte*, die zwar genau so lange existiert wie die *Kommission für die Rechtsstellung der Frau*, aber viel höheres Prestige in der „Fachwelt" genießt, bis auf wenige Ausnahmen „geschlechtsspezifische" Menschenrechtsverletzungen durch lange Zeit hindurch so gut wie durchgehend negiert.[145] Das gleiche galt für den *Menschenrechtsausschuss*.

Wie es im Jahresbericht 1991 des „Center for Women's Global Leadership" heißt, hat dieses Organ

„in seinen Diskussionen der Rechte, die im Rahmen des Internationalen Pakts über bürgerliche und politische Rechte geschützt werden, einen fast vollkommenen Mangel an Aufmerksamkeit gegenüber Gender-Fragen (lack of gender awareness) gezeigt. So hat der Ausschuss zu jedem Artikel allgemeine Kommentare veröffentlicht, in denen er beschreibt, was er als die wichtigsten Dimensionen jedes Rechts ansieht. Dabei hat er zum Beispiel bei der Diskussion des Rechts auf „körperliche Integrität" und des „Rechts auf Leben" die körperliche Gewalt, der sich viele Frauen in ihrem täglichen leben ausgesetzt sehen, nicht einmal erwähnt. Eine andere größere Abhandlung über Folter und Völkerrecht umfasst mehrere hundert Seiten, ohne die Rolle der sexuellen Gewalt im Rahmen der Einschüchterung und Bestrafung von Frauen auch nur zu nennen."[146]

Der in Genf angesiedelte „Mainstream" der Menschenrechte hat also – trotz grundsätzlicher Befürwortung – Frauenrechte lange Zeit aus seiner Arbeit ausgeklammert.[147]

---

144 Center for Women's Global Leadership (Hg.): 1991 Women's Leadership Institute Report. Women, Violence and Human Rights. Rutgers University, Brunswick, N. J., 1991.
145 Ebenda.
146 Ebenda.
147 Ebenda.

Was die an sich bahnbrechenden Konventionen betrifft, die von der *Kommission für die Rechtsstellung der Frau* (CSW) ausgearbeitet wurden, so ist die Umsetzung der „älteren" sehr schwach und durch keinerlei Mechanismus gewährleistet. Die *Konvention über die Beseitigung jeder Form von Diskriminierung der Frau* hat zwar zum Unterschied dazu, wie bereits hervorgehoben,[148] einen Mechanismus zur Überprüfung der Umsetzung durch die Mitgliedsstaaten, nämlich den *Ausschuss für die Beseitigung der Diskriminierung der Frau* (CEDAW-Ausschuss), aber er war durch lange Zeit hindurch von vielfältigen Schwächen geprägt: Die Berichte der Staaten klammerten bestimmte Bereiche und Fragen bereits von vornherein aus; viele Staaten waren bei der Abgabe ihrer Berichte säumig[149] – es gibt noch immer Staaten, die seit der Errichtung des CEDAW-Ausschusses keinen einzigen Bericht vorgelegt haben; die Kritik des Ausschusses, die einzige Sanktion, wurde oft nicht ernst genommen; die Zeit für die Prüfungen der Berichte ist viel kürzer als die Zeit, die dem *Ausschuss für Menschenrechte* zur Verfügung steht. Der grundsätzliche Stellenwert der CEDAW-Konvention ist zwar sehr hoch – es gehört sozusagen zum guten Ton, sie zu ratifizieren –, aber exzessiv eingebrachte Vorbehalte führen die Konventionsbestimmungen teilweise ad absurdum.[150] Am bittersten wurde aber durch Jahre hindurch das Fehlen eines Verfahrens empfunden, durch das Individuen und Gruppen die Möglichkeit haben, Beschwerden an den Ausschuss zu richten. Hier hat sich allerdings in der letzten Zeit Entscheidendes geändert.[151]

Eine weitere Einschränkung ist der nach wie vor notorische Geldmangel der „Frauenrechts-Organe". So verfügt der CEDAW-Ausschuss über wesentlich geringere Mittel als der *Ausschuss für Menschenrechte*. Das Gleiche gilt für die *Abteilung zur Förderung der Frau* im Vergleich zum *Zentrum für Menschenrechte*, die die Realisierung von Frauenrechten und Frauenpolitik bzw. von Menschenrechten und Menschenrechtspolitik administrieren und in der Öffentlichkeit bekannt machen sollen.

3.3. Sowohl Spiegel als auch Ursache

Hinter all diesen direkten und indirekten Diskriminierungen liegen Tatsachen, die sowohl deren Spiegel als auch deren Ursache sind. Die Gründe dafür sind vielfältig: Sie beginnen bereits mit dem grundsätzlich unklaren Konzept der Menschenrechte an sich und mit dem Konkurrenzverhältnis zwischen internationalem, regionalem und nationalen Recht.[152]

---

148 Siehe Kapitel 1.
149 Auch Österreich legte seinen dritten und vierten Bericht zusammen mit seinem fünften im Jahr 2000 vor.
150 Siehe Kapitel 2.
151 Siehe Kapitel 2.
152 Siehe dazu Kapitel 1.

„Frauen" ein blinder Fleck
(auch) in der internationalen Menschenrechtsarbeit

- Instrumente im Bereich der Menschenrechte lassen Frauen und Geschlechterverhältnisse oft *unerwähnt* – falls sie nicht ausdrücklich auf Frauen bezogen sind – und gehen nicht auf die Art und Weise ein, wie Frauen von Verletzungen der jeweils genannten Rechte betroffen sind, und wie diese Rechte geschützt und gewährleistet werden könnten.

- Menschenrechte von Frauen werden – wenn überhaupt – nur in *sehr allgemeiner und lapidarer Weise* in den internationalen Instrumenten erwähnt, die angesprochenen Prinzipien der Gleichberechtigung oder des Diskriminierungsverbots werden nicht in den übrigen Text integriert. Zusätzlich stehen solche Zuschreibungen dann oft in einem möglicherweise konservativen Zusammenhang, wie z. B. Regelungen zum Schutz der Familie.

- Manche dieser Instrumente wenden sich ausdrücklich nur an *Männer*. So spricht die *Konvention gegen die Folter und andere grausame und erniedrigende Behandlung oder Bestrafung* im englischen Text nur von einem „he".[153] Das trifft auch auf *die Konvention über die Rechtsstellung der Flüchtlinge* zu – jedenfalls in der Definition des englischen Originaltextes.[154]

- Die Konventionen und internationalen Verträge, die sich speziell mit den Menschenrechten von Frauen befassen – die Anzahl dieser Instrumente ist, wie gesagt, beeindruckend –, weisen entweder zu *wenige Ratifikationen* oder Beitritte auf, oder sie sind durch *Vorbehalte* „ergänzt", die ihren eigentlichen Zielen widersprechen, oder sie werden im Hinblick auf ihre Umsetzung *unzulänglich kontrolliert*.

- Der oben beschriebene *Antagonismus* zwischen bürgerlichen/politischen Rechten einerseits und wirtschaftlichen, sozialen und kulturellen Rechten andererseits wirkt sich nachteilig auf Frauen aus, da eine Vernachlässigung dieser Rechte diejenigen, die mit der Reproduktion der Gesellschaft konfrontiert sind, direkt und in höherem Ausmaß betrifft als Männer.

---

153 In Artikel 1 Ziffer 1 wird der Begriff „Folter" folgendermaßen definiert: „For the purposes of this Convention, the term ‚torture' means any act by which severe pain or suffering, whether physical or mental, is intentionally inflicted on a person for such purposes as obtaining from him or a third person information or a confession, punishing him for an act he or a third person has committed or is suspected of having committed, or intimidating or coercing him or a third person (...)". Auch in den Artikeln 3, 5, 6, 7, 13 und 14 wird die von Folter bedrohte oder ihr ausgesetzte Person als „he" bezeichnet. Internationale Quelle: GAOR 39th Sess.Res. 46.

154 Dort wird in Artikel 1 lit. A Ziffer 2 der Begriff des Flüchtlings folgendermaßen definiert: „For the purposes of the present Convention, the term ‚refugee' shall apply to any person who (...) is outside the country of his nationality and is unable or owing to such fear, is unwilling, to avail himself of the protection of that country". Internationale Quelle: GAOR 9th Sess. Res. 429.

- Nationale Rechtssysteme und Rechtsinstrumente nehmen Frauen zum großen Teil ausschließlich als Teil der – patriarchal definierten – *Familie* wahr: Während der Mann die Öffentlichkeit verkörpert, wird die Frau in die *Privatheit* verwiesen, in einen Bereich, in dem sozusagen ein „Interventionsverbot des Staates" herrscht, staatliche Regelungen also oft keine Gültigkeit haben.

- Das wichtigste Hindernis sind aber grundlegende, noch immer tief verwurzelte Überzeugungen, dass *Männer* das den Frauen in jeder Hinsicht *überlegene Geschlecht* sind und dass sie einen Besitzanspruch auf diese haben.

Diese Elemente durchdringen auch heute noch die internationale Menschenrechtsgesetzgebung, sie legitimieren aber auch ständige Übergriffe auf Frauen in ihrem alltäglichen Leben.

Kapitel 3
Hauptproblembereiche und zentrale Ansatzpunkte

Zwar hat sich aufgrund des unermüdlichen und hartnäckigen Einsatzes unzähliger Frauen in und außerhalb der Vereinten Nationen sehr viel und Entscheidendes geändert, vor allem was institutionelle Aspekte betrifft, trotzdem sind prinzipielle Diskriminierungen nach wie vor ungebrochen wirksam.

Drei große Problemkreise sind es, die zu Beginn des 21. Jahrhunderts im Zusammenhang mit der realen Verwirklichung der Menschenrechte von Frauen im Vordergrund stehen:

Die *erste Problemstellung*, der Konflikt zwischen einer *universellen* und einer kulturell differentialistischen oder *relativierenden Einstufung* der Menschenrechte und einer dementsprechenden Meinung von der Gültigkeit diesbezüglicher Instrumente, hat in den letzten Jahren an Brisanz eher zu als abgenommen.

„Trotz der augenscheinlichen Übereinstimmung in Fragen der Universalität kann nicht in Abrede gestellt werden, dass, wann immer es bestimmten Staaten passt(e), die Idee der universell gültigen Menschenrechte immer in Frage gestellt und über Bord geworfen wurde und wird."[155]

Der *zweite Fragenbereich* bezieht sich auf die noch immer anzutreffende Nachrangigkeit von *wirtschaftlichen, sozialen und kulturellen Rechten*. Gerade Frauen in armen Ländern sind hier besonders betroffen.

„Obwohl Frauen beachtliche Fortschritte hinsichtlich des Bestrebens, in ihren Ländern eine Schlüsselrollen zu spielen, erzielt haben, bilden für den Großteil der Frauen die wirtschaftlichen, sozialen und kulturellen Rechte noch immer einen ernsthaften Grund zur Sorge. Frauen sind daran interessiert, ihre wirtschaftliche Stellung zu verbessern, und sehen darin einen bedeutenden Schritt, um sich von der wirtschaftlichen Abhängigkeit von ihren Männern zu befreien. Das trägt wiederum zur Absicherung ihrer Würde und ihrer Lebensperspektiven bei."[156]

Der *dritte Themenkomplex*, der mit den beiden vorher genannten Fragen eng verwoben ist, ist der der anhaltenden *Gewalt gegen Frauen*, die immer krassere Formen annimmt.

Diese drei umfangreichen Problembereiche sollen im Folgenden behandelt werden.

---

155 Florence Butegwa: International Human Rights Law and Practice: Implications for Women, in Margaret Schuler, 1995, a. a. O., S. 33. Übersetzung B. N.
156 Ebenda, S. 35.

1. Universalität der Menschenrechte von Frauen versus kulturelle Differenz

1.1. Ausgangsposition

Das Problem in vielen außereuropäischen Regionen ist das Nebeneinander von universellen/internationalen Menschenrechten, regionalen Menschenrechten, nationalem Recht und nationalem/lokalem religiösem Recht und Gewohnheitsrecht. In der Praxis herrscht ein ständiger Kampf, welches Recht „stärker" ist.

Seit Mitte der achtziger Jahre – in dem Maße, in dem die „Frauenfrage" internationalisiert wird – stehen einander auf internationaler Ebene immer wieder zwei Positionen gegenüber:

Die der Universalität und die der kulturellen Differenz der Menschenrechte. *Elizabeth Mayer* äußert sich folgendermaßen dazu:

„Was zieht die universalistische Position nach sich? Einfach ausgedrückt, sagt sie aus, dass ‚alle Mitglieder der menschlichen Familie' dieselben unveräußerlichen Werte miteinander teilen. Das bedeutet, dass die internationale Gemeinschaft über das Recht verfügt – unter Berufung auf internationale Standards –, über die Art und Weise zu urteilen, in der die Staaten mit ihren eigenen BürgerInnen umgehen, und dass Staaten ihre Verfassungen und Gesetze nötigenfalls abändern müssen, um sie in Einklang mit internationalen Normen zu bringen. Nach der universalistischen Position haben alle Frauen Anspruch auf die Rechte, die in den internationalen Pakten und Konventionen wie dem Internationalen Pakt über Bürgerliche und Politische Rechte von 1966 und der Konvention zur Beseitigung jeder Form von Diskriminierung der Frau, die seit 1981 in Kraft ist, verankert sind.

Kulturelle AktivistInnen behaupten, dass die Mitglieder einer Gesellschaft nicht berechtigt sind, die Praktiken von Gesellschaften mit anderen Traditionen zu verurteilen, wobei sie verneinen, dass es gültige Kritik an solchen kulturell begründeten Praktiken geben mag, während sie gleichzeitig betonen, dass keine legitimen kulturübergreifenden Standards für die Bewertung des Vorgehens in rechtlichen Fragen existieren.

Was westliche Kritik an der Behandlung von Frauen im Mittleren Osten betrifft, so wehren sich kulturelle RelativistInnen gegen universalistische Ansätze mit der Begründung, dass diese Kriterien verwenden, die zwar vorgeblich international sind, in Wahrheit aber die Werte der westlichen Kultur widerspiegeln. In diesem Sinn reflektieren westliche Verurteilungen der Diskriminierung von Frauen in anderen Regionen angeblich einen unsensiblen, ethnozentrischen Zugang zu Rechtsfragen, der eng mit kulturellem Imperialismus verbunden ist."[157]

---

[157] Elizabeth Mayer: Cultural Particularism as a bar to women's rights: Reflections on the Middle Eastern experience, in: Julie Peters, Andrea Wolper: Women's Rights – Human Rights. International Feminist Perspectives. New York, London 1995, S. 176. Übersetzung B. N.

1.2. Rolle der Religion

Die Religion besitzt eine Schlüsselfunktion bei der Formulierung der differentialistischen Position. Grundsätzlich sind alle „großen Weltreligionen – Judentum, (katholisches und protestantisches) Christentum, Islam, Hinduismus, Buddhismus, Konfuzianismus – von einer Nachordnung und Abwertung, einer Aus- und Eingrenzung des Weiblichen geprägt, sowohl in ihren „Heiligen Schriften" als auch in ihrer Praxis. Traditionelle patriarchale Religionen haben ausnahmslos ein konservatives Frauenbild, ordnen die Frau dem Mann unter, beurteilen ihre intellektuellen Fähigkeiten meistens geringschätzig, schließen sie von öffentlichen, politischen Tätigkeiten aus und benachteiligen sie oft im Erbrecht und in anderen juristischen Bereichen.

„*Gemeinsam ist allen Religionen eine männliche Gottesvorstellung und ein patriarchales Gesellschaftssystem. Die Frau ist in keinem Falle gleichberechtigt, sie wird sogar in einigen Religionen extrem unterdrückt. Im gesellschaftlichen Bereich spielt sie in erster Linie die Rolle der Sohnesgebärerin, also in der Fortpflanzung der zu höherer Religiosität fähigen Männer.*"[158]

Religionsgeschichte ist immer *Männergeschichte*, die Verfasser sind fast ausnahmslos Männer, der Blickwinkel ist ein männlicher. Die „Heiligen Schriften" sind in erster Linie religiöse Begründungen des Patriarchats und dienen der Verfestigung folgender Vorstellungen:
- Die ungleiche Verteilung von Rechten und Pflichten ist ‚gottgewollt' und ‚natürlich'.
- Die Frau bedarf männlichen Schutzes und männlicher Führung.
- Sie wird nicht als selbständige Person betrachtet, die eigene Gedanken hat und eigene Entscheidungen treffen kann.
- Sie wird als minderwertiges Wesen definiert.
- Vor allem aber ist sie „ein Hindernis (...), Religiosität zu vollenden oder Wahrheit zu erreichen, die dem Manne vorbehalten ist."[159]

Das Ergebnis besteht darin, „dass heute die religiöse Geschichte der Frauen (...) nur als *Leidensgeschichte* aufgefasst und beschrieben werden kann."[160] In der Praxis hat der patriarchale Charakter dieser Religionen dazu beigetragen, ein *Machtgefälle* zwischen Männern und Frauen zu schaffen bzw. zu vertiefen und zu zementieren und, ganz allgemein, die Errichtung eines hierarchischen Systems auf Kosten der Frauen zu begünstigen.

1.3. Ausrichtung und Ziele des religiösen, traditionell-fundamentalistischen Familienrechts

An der Ausrichtung des Familienrechts zeigt sich in allen Ländern die Einstellung der jeweiligen Gesellschaft Frauen gegenüber. „*Tatsächlich ist das Familienrecht in je-*

---

158 Vgl. Sung-Hee Lee-Linke: Frauen in den patriarchalen Religionen der Dritten Welt, in: Zeitschrift für Kulturaustausch, 1990/1, hrsg. v. Institut für Auslandsbeziehungen, Stuttgart, S. 26ff.
159 Ebenda.
160 Ebenda.

der Gesellschaft der Lackmustest im Hinblick auf gesetzliche Normen und die Stellung der Frau."[161]

Die oben umrissene Grundhaltung patriarchaler Religionen gegenüber Frauen schlägt sich in einem konservativen, oft fundamentalistisch-traditionellen Familienrecht nieder. In vielen Regionen, in vielen islamischen Staaten[162], aber auch in Indien und Bangladesch, ist das Familienrecht, also alle Gesetze und rechtlichen Grundlagen, die mit dem Leben von Frauen zu tun haben, religiöses Recht.[163] Der Staat nimmt entweder, wie in vielen islamischen bzw. islamistischen Staaten, eine streng traditionelle oder, wie z. B. im Fall Indiens, eine widersprüchliche, passive Haltung ein, die im Ernstfall aber die religiösen Gruppierungen begünstigt.

In den letzten beiden Jahrzehnten haben fundamentalistische Tendenzen in allen Teilen der Erde in erschreckendem Maße zugenommen und die Kontrolle über Frauen verschärft. Besonderes Entsetzen erregen dabei Nachrichten über das Verhalten der mittlerweile gestürzten Taliban-Regierung gegenüber Frauen, über die Ereignisse in Algerien und im Sudan; diese bilden allerdings nur die Spitze des Eisbergs einer in vielen islamischen Ländern zunehmenden Ablehnung gegenüber dem Streben von Frauen nach Eigenständigkeit. Beispiele wie der Iran, wo Frauen nach fast zwei Jahrzehnten völliger Entrechtung wieder gewisse Verbesserungen durchsetzen konnten, lassen allerdings leichte Hoffnung aufkommen.

In diesem Zusammenhang soll darauf hingewiesen werden, dass auch der jüdische und der christliche Fundamentalismus seine frauenfeindlichen Positionen in steigendem Maße „gesellschaftsfähig" machen konnte und z. B. in den USA nicht ohne Einfluss auf die offizielle Politik ist.[164]

---

161 Radhika Coomaraswamy: To bellow like a cow. Women, ethnicity and the discourse of rights, in: Cook, Rebecca, 1994, a.a.O., S. 48.

162 Als Einführung siehe dazu: beiträge 32 zur feministischen Theorie und Praxis: Fundamentalismen – patriarchale Mogelpackung (1992), Köln, vor allem die Artikel von Marie-Aimée Helie-Lucas und Renate Kreile.

163 In Indien haben z. B. alle religiösen Gruppierungen ihr eigenes Familienrecht, dieses wurde nach der Unabhängigkeit als einziger Bereich nicht reformiert und modernisiert. Auf Drängen der Frauenbewegung wurden die hinduistischen Personal Laws leicht reformiert, die islamischen wurden hingegen im Lauf der Zeit sogar noch verschärft. Auch Christen und Parsen haben ihre eigenen religiösen Personal Laws, die seit dem 19. Jahrhundert nicht reformiert wurden. Der Staat verhält sich bei Gerichtsverfahren sehr passiv und stärkt die Macht der religiösen Gruppen. In den großen Streitfällen bzw. Prozessen der letzten Jahre gingen die Frauen alle als Verliererinnen hervor, zusätzlich ist die Gesellschaft in diesem Punkt seither tief gespalten und radikalisiert. Dazu gehört der aufsehenerregende „Fall" der jungen Witwe *Roop Kanwar*, die sich nach dem Tod ihres Mannes – unklar ist, ob mit oder gegen ihren Willen – auf dem Scheiterhaufen zusammen mit dessen Leiche verbrennen ließ. Ein anderer ist der der Muslimin *Shao Bano*, die nach vierzigjähriger Ehe von ihrem Mann auf die Straße gesetzt wurde und nach der Scheidung aufgrund eines in diesem Zusammenhang von Islamisten eigens durchgedrückten und von Rajiv Gandhi genehmigten neuen Gesetzes (es heißt paradoxerweise „Muslim Women's Right to Divorce Act") ohne Unterhalt dem Elend preisgegeben wurde. Siehe dazu: Radhika Coomaraswamy, in Rebecca Cook, 1994, a. a. O., S. 24 ff.

164 Vgl. Bauer, Janet L.: Conclusion. The mixed blessings of women's Fundamentalism. Democratic impulses in a patriarchal world In: Judy Brink (Hrsg.): Mixed blessings. London, New York, 1997, Routledge, S.221 ff.; Beiträge 27 zur feministischen Theorie und Praxis: Geteilter Feminismus. Rassismus, Antisemitismus und Fremdenhass. Sozialwissenschaftliche Forschung und Praxis für Frauen e.v. Köln 1991.

In vielen afrikanischen Ländern existiert neben dem modernen, am Westen angelehnten Recht ein Gewohnheitsrecht.[165] Auffallend ist, dass dieses traditionelle, oft archaisch anmutende Familienrecht vielfach eine Insel innerhalb eines sich rasch modernisierenden Umfelds darstellt.

Dieses traditionelle Recht regelt die Zustimmung zu Heirat und Scheidung, das Heiratsalter sowie Fragen der Mitgift und die Abwicklung der Polygamie; es regelt Kindererziehung, Sorgerecht, Unterhaltszahlungen und Vormundschaft; es ist auch für Fragen der Staatsbürgerschaft, des Besitzes, des Zugangs zu Grund und Boden und des Erbrechts zuständig; es determiniert das Verhalten im Zusammenhang mit Ehebruch, häuslicher Gewalt, genitaler Verstümmelung, Mitgiftmorden und Witwenverbrennung (sati).[166]

1.4. Kulturelle Differenz als Politikum

Hinter den Kulissen brachen diese Konflikte in den Vereinten Nationen schon um die Vorbehalte islamischer Staaten zu CEDAW auf. 1986 versuchten einige Länder, unter ihnen Österreich, gegen die Praxis der gegen die Essenz von CEDAW verstoßenden Vorbehalte vorzugehen und den Generalsekretär dazu zu bringen, dieses Thema und die Politik der betroffenen Länder untersuchen zu lassen. Dieser Versuch wurde als anti-islamisch und als Attacke auf die Länder das Südens verworfen.[167]

1987 hat der *CEDAW-Ausschuss* der Generalversammlung empfohlen, dass die UNO und deren Spezialorganisationen den Status von Frauen in islamischen Ländern untersuchen sollen. Die Generalversammlung unterdrückte die Vorlage dieser Empfehlung, nachdem islamische Regierungen sie als Ausdruck der religiösen Intoleranz und des kulturellen Imperialismus angegriffen hatten.[168]

Die *2. Menschenrechtskonferenz* in Wien (1993) stellte den ersten Kulminationspunkt der Behandlung dieses Konflikts zwischen der universellen Gültigkeit und der je nach kulturellem Hintergrund unterschiedlichen Aussagekraft der Menschenrechte und diesbezüglicher internationaler Instrumente dar. Dabei trafen die beiden Positionen, vor allem im Hinblick auf Frauen, hart aufeinander. Die Position der Frauenrechte konnte sich dabei durchsetzen.[169]

---

165 Vgl. dazu: Wolfgang Benedek: The Role of International Law in the Protection and Promotion of Human Rights of Women in Africa, in: Austrian Journal of International Law 49, (1995), S., 273 ff.; Chaloka Beyani: Toward a More Effective Guarantee of Women's Rights in the African Rights System, in: Rebecca Cook, 1994, a. a. O., S. 285 ff.; Wolfgang Benedek, Ester Kisaakye, Gerd Oberleitner (Hg.): The Human Rights of Women. International Instruments and African Experiences. London, New York, 2002, Zed Books.

166 Siehe dazu ausführlich: Julie Mertus: State Discriminatory Family Law and Customary Abuses, in: Julie Peters, Andrea Wolper (Hg.): Women's rights – human rights. International feminist perspectives. New York, London 1995, Routledge, S. 135 ff.

167 Elizabeth Mayer: Cultural particularism as a bar to women's rights: Reflections on the Middle Eastern experience, in: Julie Peters, Andrea Wolper, 1995, a.a.O., S. 178.

168 Ebenda.

169 Siehe Kapitel 4.

Ein Zitat von *Dorothy Thomas*, Vertreterin der „*Human Rights Watch*" bei der Menschenrechtskonferenz in Wien, ist geeignet, die Einstellung der überwältigenden Mehrheit der anwesenden Frauen zum Konflikt zwischen Universalität und Differenz der Menschenrechte zu verdeutlichen:

„*Women from every single culture and every part of the world are standing up and saying we won't accept cultural justification for abuses against us anymore. We are human, we have a right to have our human rights protected, and the world community must respond to the call and throw out any attempts to justify abuse on the grounds of culture.*"[170]

Bei der *4. Weltfrauenkonferenz* wurde das Thema wieder aufgebracht, der Konflikt brach in voller Härte aus und beherrschte oft die Konferenz. Gegensätzliche Positionen wurden an allen Diskussionen zum Kapitel der Menschenrechte von Frauen, aber auch an den Themen Gesundheit, reproduktive Rechte, sexuelle Rechte sowie (weniger stark) an politischer Mitbestimmung festgemacht. Islamische und islamistische Regierungen setzten – mit Unterstützung des Vatikans – zumindest am Anfang allen Bemühungen, die Unabhängigkeit und Entscheidungsmacht von Frauen zu stärken, hartnäckigen Widerstand entgegen.

Eine unrühmliche Rolle spielten dabei vor allem NGOs aus islamischen Ländern, wobei die Grenzen zwischen staatlichen und nicht-staatlichen Organisationen oft sehr undeutlich waren. Angebliche NGOs wurden von Regierungen oft dazu verwendet, unverblümtere Ansichten „unter das Volk" zu bringen.[171] So bezeichneten nicht wenige islamisch-fundamentalistische NGOs das Verhandlungsdokument, die Aktionsplattform, als ein von AbtreibungsbefürworterInnen und Lesben dominiertes Konstrukt, forderten ihren Boykott und fanden aktive Unterstützung unter christlich-fundamentalistischen NGOs.[172] Aber auch unter NGOs aus Nordafrika und dem Mittleren Osten gab es starke Gegenstimmen, die die „frauenorientierte Position" befürworteten.[173] Dies führte nicht selten zu heftigen Konfrontationen, die gelegentlich sogar in tumultartigen Auseinandersetzungen in den Plenarien des NGO-Forums gipfelten.[174] Mitglieder von NGOs aus dem Iran wandten beispielsweise – oft

---

170 Elizabeth Mayer, a. a. O., S. 185.
171 Das zeigte sich z. B. bei einem massenhaft aufgelegten Flugblatt des Muslim NGO Caucus, in dem Genderanliegen mit der Begründung abgelehnt wurden, daß die dahinter stehende Sichtweise dazu führe, Frauen nur als Individuen und getrennt von ihrer Familie zu sehen. Fragen der reproduktiven Gesundheit wurden mit einem Freibrief auf Abtreibungen gleichgesetzt. Das „Empowerment" von Frauen diene lediglich dazu, mehr Macht über Männer zu erlangen. Vgl. Brita Neuhold: „Keep on Moving Forward!" Hintergründe, Verlauf und Perspektiven der 4. UN Weltfrauenkonferenz in Beijing. Wien 1996, ÖFSE, S. 139.
172 Besonders in den Vordergrund traten dabei die kanadischen „Real Women" und die venezolanische Allianz für die Familie.
173 Solche abweichenden Gruppen waren vor allem das „*Forum Aisha*", das aus liberalen ägyptischen, libanesischen, sudanesischen, tunesischen, marokkanischen und jordanischen Frauenorganisationen bestand, und das „*Collectif 1995: Mahgreb Egalité*", das von Frauenforscherinnen und Rechtsanwältinnen aus Algerien, Tunesien und Marokko gegründet wurde und sich die Überprüfung der Familiengesetzgebung dieser drei Länder vor dem Hintergrund internationaler Menschenrechtsinstrumente zum Ziel setzt.
174 Siehe dazu ausführlicher: Brita Neuhold, 1996, a. a. O., S. 89 f.

unter männlichem Begleitschutz – Pressionen gegen Exiliranerinnen an, die gegenwärtig in Österreich, der BRD und skandinavischen Ländern leben.

Diese Art fundamentalistischen Gebarens wurde in Huairou, dem Ort des NGO-Forums, weitgehend als große Gefahr und als weiteres Anzeichen eines erstarkenden Konservatismus gesehen, gegen den es alle Kräfte zu mobilisieren gälte. Im Großen und Ganzen gelang es in Beijing aber, Brücken zwischen den verschiedenen Kulturen zu schlagen. Vor allem bei der offiziellen Konferenz führten intensive Vermittlungsversuche zu historischen Kompromissen, wobei progressive NGOs aus allen Teilen der Welt eine Schlüsselrolle spielten.

Die wichtigsten *Fortschritte* bestanden in der eindeutigen Bekräftigung der *Universalität der Menschenrechte* von Frauen, in der neuerlichen Hervorhebung der Gültigkeit der *reproduktiven Rechte* und der Anerkennung *der sexuellen Rechte* – also das Recht von Frauen, „frei von Zwang, Diskriminierung und Gewalt über Angelegenheiten im Zusammenhang mit ihrer Sexualität, einschließlich der sexuellen und reproduktiven Gesundheit, bestimmen und frei und eigenverantwortlich entscheiden zu können" – und in Aussagen zum *Erbrecht von Mädchen,* die die Gleichberechtigung von Mädchen „hinsichtlich des Rechts zu erben" (anstelle von „Gleichberechtigung in Bezug auf das Erbe") bekräftigten.[175]

Die beiden letztgenannten Punkte wurden von weiten Kreisen als die eigentliche Sensation der Konferenz bezeichnet, allerdings wurden dazu auch nachträglich die meisten „interpretativen Stellungnahmen" und *Vorbehalte* eingebracht. So kritisierte der *Iran* vor allem die ungenügende Würdigung der „Rolle der Familie als Faktor der Stabilität und Integrität". Die Vorbehalte gegen die Aktionsplattform, das Schlussdokument der Konferenz,[176] konzentrieren sich in erster Linie auf Kapitel 4 Abschnitt C Ziffer 96 (sexuelle Rechte) und Abschnitt I Ziffer 232 lit. f (Sicherung reproduktiver und sexueller Rechte als Teil der Menschenrechte). Zum Verhandlungsergebnis in Sachen Erbrecht wird vermerkt, dass sich dieses „in Übereinstimmung mit den ökonomischen Prinzipien des Iran" befinde.[177]

Der *Vatikan* kritisierte in einer äußerst umfangreichen Stellungnahme das „unverhältnismäßige Schwergewicht auf sexueller und reproduktiver Gesundheit" und sprach dabei von der Kolonisierung des Diskurses zu universellen Rechten durch einen „verarmten, libertären Rechtsjargon".[178] Die Familie wird als Grundlage der Gesellschaft hervorgehoben und betont, dass Fragen im Zusammenhang mit Sexualität und Fortpflanzung nur im Rahmen der Ehe zum Tragen kommen sollten. Die Vorbehalte gegenüber den bei der Internationalen Konferenz für Bevölkerung und Entwicklung in Kairo (1994) anerkannten reproduktiven Rechten von Frauen wurden erneut wiederholt. Vor diesem Hintergrund wird schließlich das gesamte Kapitel der

---

175 Genauere Informationen zu den Verhandlungen im Bereich der Menschenrechte (Area of Concern I), zu reproduktiven und sexuellen Rechten (unter Gesundheit, Area of Concern C, Paragraph 94, 95, 96) und zum Erbrecht (unter „Mädchen", Area of Concern L) siehe Neuhold Brita, 1996, a. a. O, S. 155 f., 147 ff., 159 f.
176 Fourth World Conference on Women. Bejing, 4-15 September 1995, United Nations, New York 1996.
177 Vgl. United Nations: Report of the Fourth World Conference on Women, a. a. O., S. 166 ff.
178 Vgl. United Nations: Report of the Fourth World Conference on Women, a. a. O., S. 162 ff.

„Aktionsplattform" zu *Gesundheit*, in dem sich diese „heißen Eisen" befinden, mit einem Vorbehalt belegt.

Auch unter konservativen bzw. religiös-fundamentalistischen nicht-staatlichen Gruppierungen aller Ausrichtungen kamen abschätzige Stimmen zu den Ergebnissen des Abschlussdokuments. So sagte die Präsidentin der Lateinamerikanischen Allianz für die Familie, *Christine Vollmer*:

„Egal, wie viele Quotensysteme man einführen wird, eine Frau wird einem Mann niemals gleich sein. Deshalb können Frauenrechte und Menschenrechte nicht identisch sein."[179]

Widad Ibrahim, eine sudanesische Unternehmerin, bezeichnete die Plattform als „Schwert", das gegen die muslimischen Frauen gerichtet werden könnte.[180] Alle diese Äußerungen lehnten Perspektiven, die sich außerhalb der am „Urtext" ihrer Religionen ausgerichteten Vorschriften zu Frau und Familie befinden, strikt ab.

Trotz dieser Konflikte und Unstimmigkeiten gab es in Beijing auf allen Seiten den starken Wunsch nach Überwindung starrer religiöser und kultureller Normen. *Francis Kiessling*, die Präsidentin von *Catholics for Free Choice*, äußerte sich in diesem Sinn folgendermaßen:

„Die Konferenz hat mir gezeigt, dass wir reifen und wachsen können, wie Perlen in einer Auster: durch Irritationen!"[181]

Bei der *Beijing+5 Konferenz*, einer Sondergeneralversammlung der Vereinten Nationen (UNGASS), die im Jahr 2000 in New York stattfand und die bisherige Umsetzung der „Aktionsplattform" überprüfen sowie weiterführende Strategien ausarbeiten sollte, brach dieser Konflikt wieder auf, und zwar in weitaus härterer und offener Weise als bisher. Der „backlash", der in den letzten 5 Jahren zu Fragen der Frauenrechte, unter Berufung auf „differente" religiöse und kulturelle „Fundamente" herangereift war, war beängstigend. Dieses Mal waren Organisationen des christlichen Fundamentalismus besonders stark. Das hatte sich bereits im März des gleichen Jahres bei der 44. Tagung der CSW, die zugleich als PrepCom für die Sondergeneralversammlung agierte, abgezeichnet. Damals waren die Verhandlungen durch das aggressive Auftreten von mehr als 300 amerikanischen „NGOs" christlich-fundamentalistischer Ausrichtung empfindlich gestört worden.[182]

Bei der UNGASS waren zwar Vorkehrungen getroffen worden, um zumindest das zahlenmäßig so massive Auftreten dieser Gruppen zu unterbinden; es konnte aber nicht verhindert werden, dass sie eine sehr ausgefeilte Politik zur Einschüchterung von NGOs und zur Beeinflussung von Regierungen entwickelten. Sie bildeten einen sehr wirkungsvollen Schulterschluss mit dem Vatikan, der während der ganzen Konferenz den Begriff der „Menschenrechte von Frauen" durch die Worte „menschliche Würde" (human dignity) zu ersetzen bestrebt war. Der Vatikan übte beträchtlichen

---

179 Vgl. Der Spiegel, 38/1995, S. 160-64. Zitiert in: Brita Neuhold, 1996, a. a. O., S. 167.
180 Ebenda.
181 Ebenda.
182 Brita Neuhold, Nelcia Robinson: Evaluation, Integration – Accountability: The Commission on the Status of Women sets the Course for the Beijing+5 Special Session in June. WIDE Briefing Paper, Brüssel, März 2000.

Druck auf verschiedene Regierungen, vor allem manche osteuropäische Staaten wie Polen oder die Gruppe der Lateinamerikanischen Länder (SLAC), aus – mit dem Erfolg, dass sich z. B. Argentinien von der SLAC-Gruppe zurückzog.[183] Die offizielle Delegation des Vatikan selbst blieb eher im Hintergrund und überließ es sogenannten NGOs, in der Öffentlichkeit das Wort zu erheben. *Austin Ruse,* der neben seiner Verantwortung als Leiter des Referats für Öffentlichkeitsarbeit im Vatikan Präsident des *„Catholic Family and Human Rights Institute"* ist und ein Jahr vor der Konferenz zu einem Feldzug gegen die bei der Konferenz versammelten „Radikalfeministinnen" aufgerufen hatte[184], stellte geschickt alle Versuche, die Menschenrechte von Frauen in Bezug auf Familie und Sexualität zu stärken, als verdammenswerten Vorstoß des Westens dar, den Süden kolonisieren zu wollen.

Folgendes Zitat ist charakteristisch für diese die Realität entstellende Politik:

„Der Grund, warum dieses Dokument noch nicht abgeschlossen ist, ist die radikale Sprache, die von westlichen Staaten forciert wird, und dass sie in einer neuen Art von sexuellem Kolonialismus Unmoral in der Entwicklungswelt verbreiten wollen."[185]

Diese Position goss natürlich Öl ins Feuer der Verhandlungsstrategie bestimmter südlicher Regierungen, die immer dann eine konservative, ja fundamentalistische Position vertraten, wenn es um Fragen des Privatlebens von Frauen ging. Dazu gehörte eine kleine Gruppe von Staaten, die sehr wortreich auftraten und alle taktischen Mittel aufboten, um unter dem Deckmantel der kulturellen Differenz Frauen ihr Recht auf eigenständige Entscheidungen zu verweigern, nämlich Sudan, Libyen, Iran, Pakistan, Marokko, Algerien, Ägypten und manchmal auch Nicaragua.

Die größten *Streitpunkte* in diesem Zusammenhang konzentrierten sich auf Fragen der *sexuellen Orientierung,* der *reproduktiven und sexuellen Rechte,* der Definition des Begriffs *Familie* und der Rollen, die Frauen in ihnen spielen. Weitere Konfliktpunkte waren *Gewalt in der Familie,* vor allem im Hinblick auf die diesbezügliche Verantwortung des Staates, Vergewaltigung in der Ehe, „honour killings", Zwangsehen, und der ganze Komplex der „traditional customary practices" wie sati, genitale Verstümmelung etc.[186]

Die sehr zähen Verhandlungen brachten schließlich aufgrund des hartnäckigen Einsatzes des Großteils der Regierungen und der überwältigenden Mehrheit von NGOs doch einige Erfolge im Bereich der an dieser Stelle angesprochenen Fragen, vor allem zu *Gewalt in der Familie –* so wurden „honour killings" und Zwangsehen, Mitgiftmorde und Vergewaltigung in der Ehe angeprangert und Maßnahmen zu ihrer Unterbindung gefordert. Fragen der sexuellen Orientierung wurden erwartungsgemäß nicht aufgenommen.

---

183 Siehe: Brita Neuhold: UN General Assembly Special Session: „Women 2000: Gender Equality Development and Peace for the 21st Century" – Genuine progress postponed. Meagre results of a difficult Beijing plus Five-Process. WIDE Briefing Paper, Brüssel, Herbst 2000, S. 3.
184 Brief von Austin Ruse, Februar 2000.
185 Im Originalwortlaut: *„the reason this document is not finished is because of radical language being pushed by western states and that they are attempting to spread immorality to the developing world in a new kind of sexual colonialism",* in: Associated Press, 7. Juni 2000, zitiert in: women 2000. Media Analysis, 22. Juni 2000.
186 Siehe Brita Neuhold: UN General Assembly Special Session, Herbst 2000, a. a. O., S. 6 f. Zu den Gesamtergebnissen der Konferenz siehe Kapitel 4.

Obwohl einige nicht zu unterschätzende Erfolge errungen werden konnten und die „Aktionsplattform" zumindest nicht „aufgemacht", also erneut zur Diskussion gestellt wurde, konnte kein echter Fortschritt erzielt werden. Die Schlussbemerkungen der Staaten anläßlich der Annahme des Verhandlungsdokuments enthielten so manchen Schock für alle, die in der Hoffnung auf ein verstärktes Eintreten für die Universalität der Menschenrechte von Frauen gekommen waren. So bekundeten die VertreterInnen von Saudiarabien, Kuwait, Quatar, den Vereinigten Arabischen Emiraten, Pakistan, Marokko, Tunesien, Ägypten, Libyen, Sudan, Oman, Irak, Iran, Jordanien, Syrien und Bahrain ihre Entschlossenheit, das Dokument auf eine Weise umzusetzen, die nicht mit religiösen und nationalen Gesetzen in Konflikt stünde. Ägypten ging noch darüber hinaus und gab der Hoffnung Ausdruck, dass

„soziale Fragen wie Sexualität, Abtreibung, Ehe und Familie sowie das Erbrecht nicht als Elemente benutzt werden, um Konflikte zwischen Kulturen aufzubauen."[187]

Die Verbitterung angesichts dieser unüberbrückbaren Fronten war vor allem unter westlichen Staaten groß, die Schlusszeremonie gestaltete sich dementsprechend kühl. Einzig und allein die NGOs konnten nicht demotiviert werden und riefen zur Fortsetzung der bisherigen Anstrengungen unter dem Motto „La lucha continua!" auf.

Seither haben sich die konfliktiven Positionen zur Frage, ob Menschenrechte und vor allem Frauenrechte universell gültig oder kulturabhängig zu betrachten sind, in dramatischer und noch nicht absehbarer Weise verschärft.

Schon bei der 45. Tagung der *Kommission für die Rechtsstellung der Frau* im März 2001, die eigentlich ein Anlass zum Feiern hätte sein sollen, wurden – wie einst bei den Weltfrauenkonferenzen – „Frauenfragen" wieder von politischen Konflikten überlagert. Die Rassismus-Konferenz der Vereinten Nationen im September 2001 in Durban machte dieses Dilemma in einem breiteren Zusammenhang erneut deutlich.

Die traumatischen „Ereignisse" rund um die Zerstörung des „World Trade Center" in New York und die Ermordung von Tausenden unschuldiger Menschen haben – auch im Hinblick auf die Menschenrechte von Frauen – eine deutliche Sprache gesprochen. Der dabei entfesselte Kampf zwischen „Gut" und „Böse" führt auch zu einer weiteren Verfestigung von Frauenrollen und einer Verschärfung der Kontrolle über sie. Entlarvend und beängstigend sind dabei Stellungnahmen der radikalen religiösen Rechten in Amerika, die sofort die wahren Schuldigen ausgemacht hatten:

„(...) liberale Bürgerrechtsgruppen, Feministinnen, Homosexuelle und Befürworter der Abtreibung tragen teilweise Verantwortung für die Attacken der Terroristen am Dienstag, weil ihre Handlungen den Zorn Gottes gegen Amerika gewendet haben. (...) Gott hebt den Vorhang weiterhin hoch und erlaubt den Feinden Amerikas, uns das zu geben, was wir wahrscheinlich verdienen."[188]

---

187 Siehe NGLS: Women 2000 Round-up. New York 2000, zitiert in: Brita Neuhold: UN General Assembly Special Session, a. a. O., Herbst 2000, S. 19.

188 Originalwortlaut: *„(...) liberal civil liberties groups, feminists, homosexuals and abortion rights supporters bear partial responsibility for Tuesday's terrorist attacks, because their actions have turned God's anger against America (...) God continues to lift the curtain and allow the enemies of America to give us probably what we deserve",* in: Washington Post, 14. September 2001. Übersetzung B. N.

Auf diese unvorstellbaren Hirngespinste und auf die massiven Signale moralischer und materieller Aufrüstung in aller „Herren Länder" haben Frauengruppen aus aller Welt geantwortet. Die Gruppe AIWUSA, *die Association of Iranian Women in the US*, fasste diese Empörung umgehend und in gültiger Weise zusammen und verknüpfte die Bekämpfung des Terrorismus mit der Bekämpfung des religiösen Fundamentalismus. Ihre Beteuerung, dass der islamische Fundamentalismus nichts mit dem Koran zu tun habe, kann aus westlicher Sicht für das Christentum nur bestätigt werden.

„ *Wir glauben, dass der Kampf gegen den Terrorismus bei einer tieferen Schicht ansetzen sollte, dem Fundamentalismus. Terrorismus ist die Spitze des Pfeils, der von seiner Ursprungskraft, dem Fundamentalismus, angesetzt und getragen wird.*

Wir als iranische Amerikanerinnen haben die Übel des Fundamentalismus erfahren, die, um nur einige zu nennen, in geschlechtsspezifischer Ungleichheit, familiärer und konstitutioneller Gewalt bestehen. Fundamentalismus befindet sich in direktem Gegensatz zur Demokratie. Fundamentalismus glaubt, dass westliche Demokratie zu sexueller Promiskuität führt und dass alle ihre Ausprägungen von der sozialen Integration eines bösen, verführerischen Wesens, namens Frau, herrühren.

Wir müssen unterstreichen, dass die Frauenfeindlichkeit der FundamentalistInnen in keiner Beziehung zum Koran oder dem Aufruf des Propheten Mohammed zum Glauben steht. Nach dem Koran und den Lehren einiger der maßgeblichsten Quellen der islamischen Glaubensgruppen verfügen die islamischen FanatikerInnen über keine wie immer geartete Rechtfertigung durch den Koran für ihre Grausamkeiten und ihre Weigerung, Frauen das Recht zu leiten und zu urteilen zuzugestehen. "[189]

2. Wirtschaftliche, soziale und kulturelle Rechte einfordern

Diese Gruppe von Menschenrechten, der Einfachheit halber heute vielfach als WSK Rechte bezeichnet, wurde durch lange Zeit hindurch, sowohl was ihre Wertschätzung als auch, was ihre Umsetzung betrifft, sehr *„stiefmütterlich"* behandelt.

Heute bilden wirtschaftliche, soziale und kulturelle Rechte zwar einen integralen Bestandteil der Verfassungen und Grundrechtskataloge moderner Staaten, trotzdem neigen die meisten Staaten noch immer dazu, diesen Teil der Rechte als schwer definier- und messbar und daher auch als schwer kontrollierbar einzustufen und die Überwachung der Umsetzung dieser Verpflichtungen möglichst gering zu achten.

2.1. Situation von Frauen in zentralen Bereichen

Im Folgenden sollen stichwortartige Kurzanalysen zeigen, wie es um die Verwirklichung der in diesem Abschnitt genannten Rechte von Frauen in südlichen Ländern bestellt ist.[190]

---

189 Vgl. AIWUSA, 17. September 2001. Siehe: http://www.aiwusa.org/ Übersetzung B. N.
190 Dieser Abschnitt ist, mit einigen Abänderungen und Erweiterungen, entnommen aus: ÖED 1999, a.a.O., S. 35 ff.

2.1.1. Freiheit von Armut, Recht auf Lebensqualität und Lebensstandard

Die mehr und mehr im Zeichen mannigfaltiger „Krisen" stehende Wirtschaftsentwicklung hat zu einer Verschlechterung der Lebensbedingungen breiter Bevölkerungsschichten, vor allem von Frauen geführt. Die Globalisierung der Wirtschaft verstärkt ein ungerechtes und ökologisch katastrophales Wirtschafts- und Entwicklungsmodell.[191]

Frauen tragen zu einem großen Teil die Kosten dieser Entwicklung: Sie stellen 70 % der absolut Armen, also jener Menschen, die von weniger als einem Dollar pro Tag leben müssen.[192] Dieses als „Feminisierung der Armut" bezeichnete „Phänomen" nimmt jeden Tag an Dramatik zu. Besonders Frauen in Ländern des Südens sind davon betroffen. Besonders von Armut heimgesucht sind weibliche Haushaltsvorstände, deren Anteil in manchen Gegenden (z. B. in Kenia oder in Südafrika) 60-80% aller Haushaltsvorstände beträgt[193], Arbeitsmigrantinnen, flüchtende und vertriebene sowie ältere und indigene Frauen.[194]

Eine der wichtigsten Ursachen der fortschreitenden Armut von Frauen ist in den Auswirkungen der *Strukturanpassungsprogramme* zu suchen. Diese stehen in engem Zusammenhang mit der Auslandsverschuldung, haben die Verdrängung der Frauen aus Einkommensmöglichkeiten, die Kürzung von Sozialbudgets, also die Einschränkung kostengünstiger gesundheitlicher Versorgung, von Wohn- und Bildungsmöglichkeiten zur Folge und führen zu umfassenden Verschlechterungen der Lebensbedingungen von Frauen und Mädchen.[195]

Ein weiteres massives Ursachenbündel, das zu einem sprunghaften Ansteigen der Verelendung von Frauen seit Mitte der neunziger Jahre beiträgt, ist das der Auswirkungen der *Globalisierung*, vor allem der Liberalisierung des Welthandels, auf Frauen.[196]

---

191 Ausführliche Informationen dazu: Brita Neuhold, Gertrude Gugenberger: Bekämpfung der Feminisierung der Armut in Ländern des Südens, Wien 1997, VIDC.
192 Vgl. UNDP: Bericht über die menschliche Entwicklung 1997, Bonn 1997, Gesellschaft für die Vereinten Nationen, S. 2.
193 Vgl. United Nations: From Nairobi to Beijing. New York 1995, S. 55.
194 Vgl. Brita Neuhold, Gertrude Gugenberger, 1997, a. a. O.
195 Vgl. Brita Neuhold: „Am meisten leiden die Frauen!" Das frauenfeindliche Antlitz der „Schuldenkrise", in: unser thema, 1/1993, S. 8 ff.; Arbeitsgruppe Strukturanpassung und Frauen (Hg.): Von der Vernicht(s)ung der Frauen. Zur Wirtschaftspolitik von IWF und Weltbank, Bern 1992.
196 Siehe: Nahid Aslanbeiguini, Steven Pressman, Gale Summerfield (Hg.): Women in the Age of Economic Transformation. Gender Impact of Reforms in Post-Socialist and Developing Countries. London, New York 1994, Routledge; Isabella Bakker: The Strategic Silence. Gender and Economic Policy. London 1994, Zed; Frauen in der Ökonomie. PROKLA 93, Zeitschrift für kritische Sozialwissenschaft, 23. Jg., Nr. 4, Dezember 1993, Münster, Westfälisches Dampfboot; Globalisierung und Gender, PROKLA 111, Zeitschrift für kritische Sozialwissenschaft. 28. Jg., Nr. 2, Juni 1998, Münster, Westfälisches Dampfboot; Brigitte Hasenjürgen, Sabine Preuss (Hg.): Frauenarbeit, Frauenpolitik. Internationale Diskussionen. Münster 1993, Westfälisches Dampfboot; Susan Joekes, Ann Weston: Women and the New Trade Agenda. New York 1994, UNIFEM; Ruth Klingebiehl, Randeria Shalini (Hg.): Globalisierung aus Frauensicht. Bilanzen und Visionen. Bonn 1998, Dietz; Mihaly Simai, Valentine Moghadam (Hg.): Global Employment. An International Investigation into the Future of Work. London u. a. 1995, Zed u. a.; Jeanne Vickers: Women and the World Economic Crisis. London 1993, Zed; Christa Wichterich: Die globalisierte Frau. Berichte aus der Zukunft der Ungleichheit. Mai 1998, Reinbek bei Hamburg. WIDE: No to Trade in Women's Human Rights. WIDE Position Paper on the WTO. Brüssel 1999.

2.1.2. Recht auf eine intakte Umwelt

Frauen in armen Ländern und Regionen sind besonders von Zerstörungen und Gefährdung der Umwelt betroffen.

Diese für zahllose Frauen in armen ländlichen und vielfach auch städtischen Gebieten immer schwieriger werdende Situation hat ihre *Wurzeln* sowohl in der patriarchalen Situation in ihren Ländern und ihrer Machtlosigkeit innerhalb ihrer Familien als auch in den internationalen Macht- und Wirtschaftsstrukturen.

Frauen in den ländlichen Gebieten Afrikas, Asiens und Lateinamerikas haben einen direkten Zugang zur *Natur*, weil sie ihnen die Basis für ihren Überlebenskampf bietet, und haben durch Jahrhunderte hindurch Techniken und Methoden des sorgsamen Umgangs mit „Mutter Erde" entwickelt.[197] Umso härter treffen sie die Auswirkungen von industriellen Großprojekten, in deren Verlauf Wälder gerodet, Menschen vertrieben, Felder unter Wasser gesetzt werden. So werden z.B. im Zuge der Arbeiten am Monsterstaudamm an der *Narmada* (Indien) mehr als eine Millionen Menschen vertrieben werden. Menschen, die bis jetzt *alles*, was sie zum Leben brauchten, mit sorgsamen, nachhaltigen Methoden aus dem Wald erwirtschafteten, und auf diese Weise SelbstversorgerInnen waren, bekommen die Kosten der Marktwirtschaft in krasser Weise zu spüren, stürzen in Hunger und Elend. Frauen leiden besonders darunter, nicht nur weil ihre Überlebenstätigkeit sie vor unlösbare Probleme stellt, sondern auch weil die vom Staat zur Verfügung gestellten Förderungen, vor allem Land und Wohnraum, nur Männern offenstehen. Dadurch sinkt das Ansehen der Frauen beträchtlich.

Die Verarmung und der wirtschaftliche *Zusammenbruch der ländlichen Gebiete* verstärken in atemberaubendem Tempo die Urbanisierung und die Bildung von riesigen Elendsquartieren am Rande der Städte. Auch hier sind Frauen aufgrund ihrer sozialen Stellung und ihrer Verantwortung für die Versorgung der Familie besonders betroffen.[198]

Den letzten Anschlag auf weibliche Stärke im ökologischen Bereich stellen die Bemühungen transnationaler Konzerne dar, sich die *geistigen Eigentumsrechte* von

---

197 Siehe: Rosi Braidotti u.a.: Women, the Environment and Sustainable Development. Santo Domingo 1994, Zed, INSTRAW; Joan Davidson, Irene Dankelman: Frauen und Umwelt in südlichen Kontinenten. Wuppertal 1991, Peter Hammer; Patricia Heynes: Als es Frühling war. Berlin 1990, Orlanda; Wendy Harcourt (Hg.): Feminist Perspectives on Sustainable Development. London, New Jersey 1994, Zed, SID; Vandana Shiva: Staying Alive. Women, Ecology and Development. London, New Delhi 1988, Zed Kali; Maria Mies, Vandana Shiva: Ecofeminism. New Delhi, London, u. a. 1993, Kali, Zed; Brita Neuhold: Feministische Ökologiekritik und –politik des Südens: Wurzeln, Wege, Widerhall, in: Eva Kreisky, Birgit Sauer (Hg.): Geschlecht und Eigensinn. Feministische Recherchen in der Politikwissenschaft. Wien 1998, Böhlau; Annabel Rodda: Women and the Environment. London 1993, Zed; Vandana Shiva: Monocultures of the Mind. Perspectives on Biodiversity and Biotechnology. London, New Jersey 1993, Zed; Vandana Shiva (Hg.): Close to Home. Women Reconnect Ecology, Health and Development Worldwide. New Delhi 1994, Kali; Christa Wichterich: Die Erde bemuttern. Frauen und Ökologie nach dem Erdgipfel in Rio. Heinrich Böll Stiftung, Köln 1992; Erika Märke: Frauen erheben ihre Stimme. Geschlechterfrage, Ökologie und Entwicklung. Frankfurt/Main 1995; Carolyn Merchant: Der Tod der Natur. Ökologie, Frauen und neuzeitliche Naturwissenschaft. München 1994, Beck; Judith Plant (Hg.): Healing the Wounds. The Promise of Ecofeminism. Philadelphia 1989, New Society Publishers.
198 Vgl. Annabel Rodda, a.a.O., S. 85 ff.

Frauen im Bereich der Medizin, der Landwirtschaft etc. anzueignen und auf diese Weise die *Biodiversität* zu zerstören. Dies betrifft vor allem indigene Frauen, die sich allerdings heftig dagegen zur Wehr setzen.[199]

2.1.3. Recht auf Arbeit, gerechte Arbeitsbedingungen und soziale Sicherheit

„Gender-Blindheit" und geschlechtsspezifische Vorurteile wirken sich dahingehend aus, dass die mehrfache Rolle der Frauen im familiären und häuslichen Bereich – Expertinnen sprechen dabei von „Für- und Vorsorgewirtschaft" (care economy) –, im informellen Sektor und in der formellen Wirtschaft nicht zur Kenntnis genommen wird, dass vor allem dieser Arbeitsaufwand und diese beträchtliche soziale und wirtschaftliche Leistung nicht gemessen, nicht statistisch bewertet und schon gar nicht gerecht entlohnt wird.

Vor allem in Ländern des Südens kämpft der Großteil der Frauen mit einem *Übermaß an Arbeit*. In Afrika südlich der Sahara rackern sie sich zum Beispiel zusätzlich zu ihrer aufreibenden Tätigkeit im „Haushalt" als unabhängige Bäuerinnen auf kleinen, meist kargen Feldern ab, die rechtlich nicht einmal ihr Eigentum sind; sie versuchen, durch Handel mit landwirtschaftlichen und handwerklichen Erzeugnissen ein spärliches, wenn auch unsicheres Einkommen zu erwirtschaften; sie sind als Lohnempfängerinnen auf Plantagen und Großgärtnereien, in kleinen Fabriken und Industriebetrieben tätig.

Der Arbeitsaufwand der Frauen dieser Region in demjenigen Bereich, der als „Alltagsarbeit" bezeichnet wird, ist um einiges höher als der der Männer. So arbeiten z. B. Mädchen in Kenia schon 3,7 Mal soviel wie Knaben.[200]

Auf dem *formalen Arbeitsmarkt* müssen sich Frauen nahezu überall in der Welt mit den schlechtest bezahlten, eintönigsten, gesundheitlich abträglichsten und unsichersten Tätigkeiten zufrieden geben – das heißt, alle Bereiche, die diese Kennzeichen tragen, sind Bereiche, in denen vor allem Frauen tätig sind. Die Gehaltsunterschiede zwischen Männern und Frauen betragen 40 bis 60 %.

Soziale Sicherheit ist für die meisten Frauen ein Fremdwort. In einer Welt immer größerer wirtschaftlicher Umwälzungen ziehen sie für gewöhnlich den Kürzeren, werden mit Arbeit überhäuft und verlieren zusehends ihre Rechte. Gleichzeitig sind Frauen mehr als Männer von Arbeitslosigkeit bedroht.

Frauen arbeiten z.B. in Südostasien und Zentralamerika vor allem in solchen Betrieben, deren Belegschaft nicht gewerkschaftlich organisiert ist. Wenn sie in Gewerkschaften organisiert sind, finden sie dort oft mit „typischen Frauenproblemen" kein Gehör und können innerhalb der männerdominierten Hierarchie nicht aufsteigen.

---

199 Vgl. Beijing Declaration of Indigenous Women. NGO Forum, UN Fourth World Conference on Women, Houairou, Beijing, People's Republic of China, in: Brita Neuhold, Birgit Henökl: Women's Rights – Human Rights: From Dream to Reality. Teil III: Dokumente. Wien 2000, ÖED.
200 Weltentwicklungsbericht der Vereinten Nationen 1995, New York 1995, S. 101.

2.1.4. Recht auf Gesundheit, reproduktive und sexuelle Rechte

Während des Weltfrauenjahrzehnts (1976-1985) konnten zwar vor allem im Bereich der Mutter-Kind-Fürsorge Fortschritte erzielt werden, seither sind aber wieder empfindliche *Einbrüche* zu verzeichnen, die auch in der ungleichen Machtverteilung zwischen Männern und Frauen wurzeln – in der simplen Tatsache, dass Frauen im Durchschnitt ärmer sind, über geringeres Ansehen und Selbstwertgefühl verfügen und ein härteres Leben haben. Darüber hinaus sind im Bereich der staatlichen Gesundheitsversorgung die Folgen der Auslandsverschuldung und der Strukturanpassungsprogramme spürbar, welche u. a. zur Schließung von für arme Frauen erschwinglichen Gesundheitszentren führen.

Vor allem in Ländern des Südens bewirkt die wachsende Armut, dass sich Frauen schlechter als je zuvor ernähren können. Ein deutlicher Indikator hiefür ist der hohe Prozentsatz von Frauen, die an *Anämie* leiden. Im Durchschnitt trifft dies auf 44 % der Frauen des Südens zu – im Vergleich zu 12 % der Frauen in entwickelten Ländern. Anämie ist eine direkte und indirekte Ursache von Müttersterblichkeit, außerdem setzt sie die Arbeitsfähigkeit und die allgemeine Widerstandsfähigkeit herab und führt zu Schwächegefühlen, Antriebslosigkeit und anhaltender Mattigkeit.[201]

Die *reproduktiven und sexuellen Rechte* von Frauen sind trotz steigenden Bewusstseins noch immer weit von der Realisierung entfernt. Überkommene Vorstellungen von der Rolle der Frau und ihre Unterordnung unter konservative, patriarchale Wertordnungen, die in letzter Zeit wieder zu erstarken beginnen, führen in allen Ländern zu mangelndem Zugang zu Möglichkeiten der Geburtenplanung und sexueller Aufklärung.[202] Andererseits werden – vor allem in Ländern des Südens – moderne Methoden der Familienplanung oft ohne gleichzeitige umfassende medizinische Information über die nicht geringen Nebenwirkungen und ohne fortlaufende Betreuung angewandt.[203]

Ein anderes grundlegendes Kapitel in diesem Zusammenhang sind die *Rechte von lesbischen Frauen*, gemäß ihrer sexuellen Orientierung zu leben. Das Verbot der Diskriminierung in Beschäftigung und Beruf aufgrund der sexuellen Ausrichtung ist zwar auf der europäischen Ebene in einer Richtlinie verankert,[204] weltweit wurde in dieser Hinsicht aber noch nicht einmal ein unverbindliches Instrument angenommen. In Europa ist die Diskriminierung verschleierter; trotzdem ist z.B. die Eheschließung für homosexuelle Paare bis auf wenige Ausnahmen (z.B. Niederlande) nicht möglich.[205]

---

201 Vgl. WHO: Women's Health 1995, Genf 1995, S. 19.
202 UNFPA: Frauen und Männer – getrennte Welten? Weltbevölkerungsbericht 2000. Göttingen.
203 Zu der diesbezüglichen Situation in Kenia siehe: Heide Mertens: Familienplanung als Entwicklungsstrategie, in: Peripherie, Nr. 36, Jg. 9, 1989, S. 41 ff. sowie dieselbe: Natürliche Umwelten und menschliche Bevölkerungen, in Journal für Entwicklungspolitik 1, 2001, S. 96 ff.
204 Vgl. Richtlinie des Rates zur Festlegung eines allgemeinen Rahmens für die Verwirklichung der Gleichbehandlung in Beschäftigung und Beruf ABl 2000 L 303/16.
205 Vgl. Joni Seager: Der Fischer Frauen-Atlas, Fischer 1997, Frankfurt/Main, S. 25 und 107.

2.1.5. Recht auf Bildung

Nach den unleugbaren Erfolgen des Weltfrauenjahrzehnts der Vereinten Nationen im Bereich von Bildung und Ausbildung[206] sind gegenwärtig wieder *Rückschläge* bei der Einschulung von Mädchen in der Elementarstufe und eine Zunahme der Zahl der Schulabbrecherinnen in Ländern des Südens zu vermerken.[207] Durch öffentliche Sparmaßnahmen als Folge von Strukturanpassungsprogrammen wird Schulbildung vielfach wieder teurer. Die Bewohnerinnen ländlicher Gebiete können sich diese Ausgaben immer weniger leisten.[208]

Das bedeutet, dass weltweit 60 Millionen Mädchen *keine Volksschulbildung* genießen und dass zwei Drittel aller Menschen, die nicht lesen, schreiben und rechnen können, Frauen sind: genauer gesagt, 65 % von 905 Millionen Menschen.[209] So sind z. B. in Guatemala 80 % der indigenen Frauen Analphabetinnen.[210]

Auf dem Niveau der Sekundär- und Tertiärstufe sowie im Bereich der Berufsbildung, vor allem im technischen Bereich, hat sich der Anteil der Mädchen und jungen Frauen nach kurzzeitigen Verbesserungen wieder verringert. Im wissenschaftlichen Bereich beginnt die Kluft zwischen Männern und Frauen nur in den Ländern des Nordens zu schrumpfen, im Süden hingegen sehen sich Frauen weitaus größeren Hindernissen gegenüber als ihre männlichen Kollegen.

2.2. Völkerrechtliche Verankerung

Die Instrumente in diesem Bereich sind zwar weniger zahlreich als die zum Themenkomplex „bürgerliche und politische Rechte", trotzdem ist mittlerweile eine beachtliche Palette vorhanden.

2.2.1. Internationaler Pakt über wirtschaftliche, soziale und kulturelle Rechte

In der *Präambel* wird hervorgehoben, dass das

„(...) *Ideal vom freien Menschen, der frei von Furcht und Not lebt, nur verwirklicht werden kann, wenn Verhältnisse geschaffen werden, in denen jeder seine wirtschaftlichen, sozialen und kulturellen Rechte ebenso wie seine bürgerlichen und politischen genießen kann.*"

Die *Artikel 2 und 3* unterstreichen, wie bereits zuvor ausgeführt wurde, dass alle im Pakt angesprochenen Rechte für Frauen und Männer gelten.[211]

---

206 Vgl. New Internationalist (Hg.): Frauen – ein Weltbericht, München 1986, Orlanda Frauenverlag, S. 79 ff.
207 Vgl. United Nations: from Nairobi to Beijing, a. a. O., S. 87.
208 Vgl. Elizabeth King, Anne Hill (Hg.): Women's Education in Developing Countries, Washington D.C. 1993, Johns Hopkins Univ. Press/IBRD; Marcella Ballara: Women and Literacy, London 1992.
209 Vgl. UNESCO: World Education Report, Paris 1993.
210 Vgl. United Nations: from Nairobi to Beijing, a. a. O., S. 89.
211 Siehe Kapitel 2.

Die *Artikel 6 – 15* befassen sich mit dem Recht auf *Arbeit* sowie auf gerechte und günstige *Arbeitsbedingungen* (Art. 6 und 7), mit dem Recht auf *soziale Sicherheit und Sozialversicherung* (Art. 9), auf angemessen *Lebensstandard,* einschließlich ausreichender Ernährung, Bekleidung und Unterbringung (Art. 11), auf *Gesundheit* (Art. 12), *Bildung* (Art. 13 und 14) und die Teilnahme am *kulturellen Leben* (Art. 15), aber auch auf das Recht auf die Gründung und die Teilnahme an *Gewerkschaften* (Art. 8), auf Schutz und Unterstützung der *Familie* und spezieller Förderungsmaßnahmen für Frauen während der Schwangerschaft und vor, während und nach einer Entbindung sowie für Kinder (Art. 10).

Leider sah der Pakt – zunächst zumindest – kein wirklich effizientes Mittel zur Überwachung und Kontrolle der Umsetzung und Durchsetzung vor. Es wird lediglich die Verpflichtung der Vertragsstaaten erwähnt, Berichte über die von ihnen getroffenen Maßnahmen und über die Fortschritte vorzulegen (Artikel 16). Diese Berichte sollen an den Generalsekretär übermittelt und von diesem an den ECOSOC zur Prüfung weitergeleitet werden.

Bis heute wird dem Pakt kein adäquater Stellenwert eingeräumt; viele Staaten, unter ihnen die USA, haben ihn unterzeichnet aber nicht ratifiziert; eine eigene Instanz zur Überprüfung der von den Staaten eingereichten Berichte, der *Ausschuss für wirtschaftliche, soziale und kulturelle Rechte* (ICESCR) wurde erst viel später, nämlich 1985, gegründet; die Individualbeschwerde fehlt bis heute (siehe weiter unten).

2.2.2. Europäische Sozialcharta (ESC)

Obwohl dieses Instrument, das 1961 angenommen und 1996 revidiert wurde, im Vergleich zum UN Pakt einen schmäleren inhaltlichen Rahmen absteckt und in der Tradition früherer ILO Konventionen nur auf die Rechte von ArbeiterInnen beschränkt ist, gewinnt die Sozialcharta in Zeiten der Globalisierung und der Aushöhlung verbriefter wirtschaftlicher Rechte erneut an Bedeutung.

Die Charta enthält in ihrer revidierten Fassung in 31 Artikeln *detaillierte Bestimmungen* u. a. zum Recht auf Arbeit, auf gerechte und gesunde Arbeitsbedingungen, auf faire Entlohnung, zum Recht, sich zu organisieren und kollektiv zu verhandeln, zu den Schutzrechten von Kindern und Jugendlichen sowie von beschäftigten Frauen, zum Recht auf Berufsberatung und Berufsausbildung, zum Recht auf gesundheitlichen Schutz, auf Sozial- und Krankenversicherung sowie Sozialhilfe, zu den Rechten von behinderten Menschen, zum Schutz der Familie sowie von Müttern und Kindern, zum Recht auf Anstellung in Ländern von Vertragsstaaten sowie zu den Rechten von migrierenden ArbeiterInnen und deren Familien, das Recht auf Chancengleichheit und Gleichbehandlung in Beschäftigung und Beruf ohne Diskriminierung aufgrund des Geschlechts, das Recht auf Unterrichtung und Anhörung im Unternehmen, das Recht auf Mitgestaltung der Arbeitsbedingungen im Unternehmen, das Recht älterer Menschen auf sozialen Schutz, das Recht von ArbeitnehmerInnen mit Familienpflichten auf Chancengleichheit und Gleichbehandlung, das Recht auf Unterrichtung und Anhörung bei Massenentlassungen, das

Recht auf Schutz gegen Armut und soziale Ausgrenzung und das Recht auf Wohnung.[212]

Die Durchsetzung der in der Sozialcharta angesprochenen Rechte ist in den letzten Jahren verbessert worden, diese Bestrebungen gehen weiter. NGOs und AktivistInnen knüpfen bei ihren Bemühungen, soziale und wirtschaftliche Rechte gegen den Globalisierungsdruck, vor allem gegenüber der WTO, zu stärken, gezielt an dieses Instrument an.[213]

2.2.3. Konvention zur Beseitigung jeder Form von Diskriminierung der Frau (CEDAW)

Wie schon hervorgehoben, ist es sehr wichtig, dass in dieser Konvention beide Gruppen von Rechten, nämlich die bürgerlichen und politischen wie auch die wirtschaftlichen, sozialen und kulturellen Rechte, gleichrangig behandelt werden. Die letztgenannten Garantien sind in *Artikel 10* (Bildung), *Artikel 11* (Arbeit) und *Artikel 12* (Gesundheit) enthalten. Äußerst wichtig ist *Artikel 14*, der die besonderen Probleme von ländlichen Frauen berücksichtigt. Er war zum Zeitpunkt der Annahme der Konvention bahnbrechend und einzigartig.[214]

Ebenso wie diese Gruppe von Rechten in der Konvention selbst großen und gebührenden Raum einnimmt, hat sich auch der *CEDAW-Ausschuss* immer wieder in seinen *General Recommendations* damit befasst.

So hat er z. B. zum Thema Arbeit die *General Recommendation No. 13: Equal Remuneration for Work of Equal Value* (1989), die *General Recommendation No. 16: Unpaid Women Workers in Rural and Urban Family Enterprises* (1991) und die *General Recommendation No. 17: Measurement and Quantification of the Unremunerated Domestic Activities of Women and Their Recognition in the Gross National Products* (1991) erarbeitet. Zum Thema Gesundheit hat der Ausschuss die *General Recommendation No. 15: Avoidance of Discrimination against Women in National Strategies for the Prevention and Control of Acquired Immunodeficiency Syndrome (AIDS)* (1990) verabschiedet.

Mit der Annahme des *Fakultativprotokolls* zu CEDAW hat auch die Durchsetzung der wirtschaftlichen, sozialen und kulturellen Rechte eine neue Dimension angenommen. Es ist anzunehmen, dass in Zukunft auch Beschwerden zu diesen Bereichen eingereicht werden.

2.2.4. Erklärung über das Recht auf Entwicklung

Diese Erklärung, die vom Geist der kollektiven Rechte geprägt ist, wurde im Jahre 1986 angenommen. Damit hatten – wenn auch verspätet – jahrelange Bemühungen der Län-

---

212 Siehe Kapitel 1 und Kapitel 2.
213 Vgl. Michèle Roth: Die Mitwirkung von Nichtregierungsorganisationen beim Europarat im Menschenrechtsbereich, a. a. O.; FIAN: Soziale Menschenrechte für Europa. Ein Aktionshandbuch zur Europäischen Sozialcharta, a. a. O.
214 Siehe die ausführliche Darstellung in Kapitel 2.

der des Südens zum Erfolg geführt. Angesichts des hartnäckigen Widerstands der industrialisierten Staaten, sich auf konkrete Verpflichtungen einzulassen, blieb es bei dieser unverbindlichen Empfehlung. Diese stellt trotzdem einen wichtigen Referenzpunkt für VerfechterInnen des Anspruchs auf Entwicklung und die Realisierung von Grundbedürfnissen dar. Auch für Frauen kann die Empfehlung als Anknüpfungspunkt für ihre Anliegen dienen, auch wenn diese nur sehr allgemein auf Frauen Bezug nimmt.

In der *Präambel* wird Entwicklung folgendermaßen definiert:

„(...) *a comprehensive economic, social, cultural and political process, which aims at the constant improvement of the well-being of the entire population and of all individuals (...)*".

Die *Artikel 1 bis 3* betonen das Recht der Völker auf *Selbstbestimmung*, die Wichtigkeit nationaler Entwicklungspläne und die Bedeutung der Schaffung zuträglicher internationaler Bedingungen.

In den *Artikeln 4 bis 7* wird wirkungsvolle *internationale Zusammenarbeit* (Art. 4), die Abschaffung aller Verletzungen der Menschenrechte und der Rechte der Völker aufgrund von Apartheid, Kolonialismus, Fremdherrschaft etc. (Art. 5), das *Diskriminierungsverbot* bei der Einhaltung der Menschenrechte und Grundfreiheiten, auch im Hinblick auf das Geschlecht (Art. 6), und die Unterstützung von Frieden und Abrüstung (Art. 7) eingefordert.

Artikel 8 ist das *Kernstück* der Erklärung, er ruft die Staaten dazu auf, auf der nationalen Ebene alle Anstrengungen zur Sicherung des Zugangs zu grundlegenden Ressourcen, zu Bildung, Gesundheitseinrichtungen, Nahrungsmitteln, Wohnmöglichkeiten, Beschäftigung und fairer Einkommensverteilung zu unternehmen. In diesem Zusammenhang wird darauf hingewiesen, dass Frauen eine aktive Rolle im *Entwicklungsprozess* spielen sollten.

„*Geeignete wirtschaftliche und soziale Maßnahmen sollten ergriffen werden, um alle sozialen Ungerechtigkeiten auszumerzen.*"

2.2.5. Afrikanische Charta der Menschenrechte und Rechte der Völker

Diese Charta, die ebenfalls ein Ausdruck der Solidaritäts- und Kollektivrechte ist, hält schon in der Präambel fest, dass

„*die bürgerlichen und politischen Rechte nicht von den wirtschaftlichen, sozialen und kulturellen getrennt werden können, weder in ihrer Konzeption noch in ihrer Universalität, und dass die Befriedigung wirtschaftlicher, sozialer und kultureller Rechte eine Garantie für den Genus bürgerlicher und politischer Rechte ist*".

In den *Artikeln 15 bis 17* wird das Recht jedes Menschen auf gerechte und befriedigende Arbeitsbedingungen und gleichen Lohn für gleiche Arbeit (Art. 15), auf Gesundheit (Art. 16), Bildung und Teilnahme am kulturellen Leben (Art. 17) bekräftigt.

Dieser Anspruch auf Verwirklichung der Grundbedürfnisse ist in weitaus *grundsätzlichere Forderungen* und Überzeugungen eingebettet. Dazu gehört das Recht auf Souveränität über natürliche Reichtümer (Art. 21), das Recht der Völker auf Entwicklung (Art. 22) und das Recht der Völker auf eine zufrieden stellende Umwelt (Art. 24).

So überzeugend der Text der Charta zu diesen Belangen auch ist, so viel lässt die *Rechtsdurchsetzung* zu wünschen übrig.[215] Die *Kommission für Menschenrechte und Rechte der Völker* ist in dieser Hinsicht nicht sehr aktiv. Die Umsetzung der wirtschaftlichen, sozialen und kulturellen Rechte von Frauen ist überdies durch *Gewohnheitsrecht* und religiöses Recht empfindlich eingeschränkt.[216] Trotzdem haben progressive und mutige afrikanische RichterInnen schon verschiedentlich Urteile im Sinn der Unterstützung von Frauenrechten, z. B. im Zusammenhang mit Landrechten, gefällt.[217]

2.2.6. Konventionen der ILO

Für Frauen sind alle Konventionen der Internationalen Arbeitsorganisation (ILO) wichtig, unter ihnen ragt die *Employment Policy Convention* (Nr. 122), die 1964 angenommen wurde, heraus. Besonders interessant sind natürlich jene, die sich mit frauen- und genderspezifischen Aspekten befassen. Dazu gehören:
- *Übereinkommen (Nr. 103) über den Mutterschutz (Neufassung vom Jahr 1952)*[218]
- *Übereinkommen (Nr. 100) über die Gleichheit des Entgelts männlicher und weiblicher Arbeitskräfte für gleichwertige Arbeit*[219]
- *Übereinkommen (Nr. 111) über die Diskriminierung in Beschäftigung und Beruf*[220]
- *Convention Concerning Equal Opportunities and Equal Treatment for Men and Women Workers: Workers with Family Responsibilities (Nr. 156, 1981)*[221]
- *Übereinkommen (Nr. 89) über die Nachtarbeit der Frauen im Gewerbe*[222]
- *Übereinkommen (Nr. 4) über die Nachtarbeit der Frauen*[223]

2.2.7. Aktivitäten von UNESCO und WHO

Die UNESCO hat ebenfalls eine speziell auf Frauen eingehende wichtige Konvention verabschiedet und zwar die *Konvention gegen Diskriminierung im Erziehungswesen* (1960).

---

215 Vgl. Chaloka Beyani, Toward a More Effective Guarantee of Women's Rights in the African Rights System, in: Rebecca Cook, 1994, a. a. O., S. 285 ff., siehe auch Kapitel 2 dieser Arbeit, Abschnitt zur Banjul Charta.
216 Vgl. Wolfgang Benedek: The Role of International Law in the Protection and Promotion of Human Rights of Women in Africa, in: Austrian Journal of Public and International Law 49 (1995), S. 273 ff.
217 Vgl. Chaloka Beyani, in: Rebecca Cook, 1994, a. a. O., S. 292 f.
218 BGBl 31/1970 idF 284/1970 (Druckfehlerberichtigung); Original: Convention (No. 103) concerning Maternity (Revised 1952).
219 BGBl 39/1954; Original: Convention (Nr. 100) concerning Equal Remuneration for Men and Women Workers for Work of Equal Value.
220 BGBl 111/1973; Original: Convention (No. 111) concerning Discrimination in Respect of Employment and Occupation.
221 Von Österreich nicht ratifiziert.
222 BGBl 229/1950. Vgl. Die Kündigung dieses Übereinkommens durch Österreich: BGBL III 209/2001.
223 BGBl 226/1924. Vgl. Die Kündigung dieses Übereinkommens durch Österreich: BGBL III 209/2001.

Die Weltgesundheitsorganisation (WHO) beschäftigt sich ebenfalls vorrangig mit *Rechten von Frauen im gesundheitlichen Bereich.* Allerdings handelt es sich hier in erster Linie um Resolutionen der Vollversammlung und um Arbeitspapiere des Sekretariats. Die gesundheitlichen Rechte von Frauen sind eng mit dem Einsatz der WHO im Hinblick auf die Sicherung der elementaren Gesundheit und der „Basic Needs" verknüpft.

2.3. Hundert Jahre Kampf um wirtschaftliche, soziale und kulturelle Rechte – Alte und neue Herausforderungen

2.3.1. Die Anfänge im Zeichen der ILO

Eigentlich sind Bemühungen, wirtschaftliche und soziale Rechte zu verankern, fast ein Jahrhundert alt. Die ersten internationalen Konventionen reichen bis zum Jahr 1906 zurück.[224] Mit der Gründung der Internationalen Arbeitsorganisation (ILO) im Jahr 1919 wurde zumindest im Bereich des Arbeitsrechts ein großer Sprung hin zur internationalen Anerkennung getan.

Die Arbeit der ILO spiegelte das Schwergewicht jener Zeit auf dem *männlichen Industriearbeiter* wider; Frauen sollten vor allem vor den Härten des Arbeitsmarktes geschützt werden.[225] Die erste Generation von Arbeitsrechten war ein Drei-Parteien-Konstrukt, das Vertreter des Staates, der Unternehmen und der Arbeiter an einen Tisch brachte. Im Prinzip gilt dieser Aufbau nach wie vor.[226] Die Tätigkeit der ILO vollzog sich vor allem in *vier Bereichen*, nämlich Arbeitsbedingungen, Sozialversicherung, Einkommensschutz und Verbot der Zwangsarbeit.

Die Staaten unterwarfen sich in einem bestimmten Maß internationaler Kontrolle, vor allem in Form von Berichten; in erster Linie aber wurde die Umsetzung als *Aufgabe der innerstaatlichen Gesetzgebung* angesehen.

ILO Konventionen jener Tage wurden meistens *breit ratifiziert*, mit Ausnahme der Konventionen im Bereich der Sozialversicherung.[227]

1944 nahm die ILO die Erklärung von Philadelphia an und reorientierte sich als Spezialorganisation der Vereinten Nationen. In dieser Erklärung ist ausdrücklich das Recht auf Arbeit, Gesundheit und Bildung enthalten. Die Umsetzung dieser Rechte wird zur Verpflichtung der Staaten erhoben, wenn die ILO selbst auch in den folgenden Jahrzehnten ihre Rolle als Mahnerin immer weniger nachdrücklich ausübte (siehe weiter unten).

---

224 Vgl. Dorothea Gaudart: Charter-based Activities Regarding Women's Rights in the United Nations and Specialised Agencies, in: Wolfgang Benedek, Ester Kisaakye, Gerd Oberleitner (Hg.): Human Rights of Women. International Instruments and African Experiences., a. a. O., S. 70 ff.
225 Lucie Lamarche: Women's Social and Economic Rights. A Case for Real Rights, in Margaret Schuler 1995, a. a. O., S. 77.
226 Vgl. Lammy Betten: The Implementation of Social and Economic Rights by ILO, in: Netherlands Quarterly of Human Rights, Vol. 6 (1988), Nr. 2, S. 29 ff.
227 Vgl. Lucie Lamarche, a. a. O., S. 78.

2.3.2. „Bedürfnisse" gegen „Rechte" – Ablenkungsmanöver und die Folgen

Seit 1945 wurde eine nicht unbeträchtliche Zahl von interessanten und aussagekräftigen Instrumenten zu den wirtschaftlichen, sozialen und kulturellen Rechten entwickelt, obwohl ihre Zahl nicht mit der im Bereich der bürgerlichen und politischen Rechte zu vergleichen ist (siehe weiter oben).

Wirtschaftliche, soziale und kulturelle Rechte führen aber trotz anspruchsvoller Strategievorschläge und intensiver theoretischer Diskussionen im Grunde bis heute ein *Schattendasein* im Kontext der internationalen Menschenrechte. Auf keiner Seite bestand sonderliche Begeisterung, sie verbindlich einzufordern.

Dieser Trend zeigte sich bereits deutlich in der Geschichte des Internationalen Pakts über wirtschaftliche, soziale und kulturelle Rechte. Die *Aufsplitterung* der Allgemeinen Erklärung der Menschenrechte in zwei getrennte Pakte[228] war eine klare Niederlage jener Gruppen, die sich für stärkere Kontroll- und Durchsetzungsmechanismen der wirtschaftlichen und sozialen Rechte eingesetzt hatten.

„Tatsächlich geschah es eher aus politischen als aus rechtlichen (legal) Gründen, dass die Staaten die ursprüngliche Allgemeine Erklärung der Menschenrechte in zwei Pakte aufsplitterten. Weder der westliche noch der östliche Block waren gewillt, die innerstaatliche Umsetzung der sozialen und wirtschaftlichen Rechte unter internationale Überwachung zu stellen. Der westliche Block behauptete, dass die sozialen und wirtschaftlichen Rechte nicht universelle Rechte wären, sondern nur durch Ratifizierung und moralische Verpflichtung der Staaten gewährt werden könnten. Der östliche Block hegte eine tiefe Abneigung gegen einen Bruch des Prinzips der nationalen Souveränität und sträubte sich gegen jede internationale Kontrolle von Rechten."[229]

Dabei ist dieser Pakt, wie gesagt, ein erstaunlich umfassendes und weitsichtiges Instrument, das auch für Frauen sehr interessant ist.

Überlagert wurden diese Haltungen durch die in den siebziger Jahren virulente Debatte um *„Grundbedürfnisse",* die letzten Endes von den Auseinandersetzungen um *„Rechte"* ablenkte.

„Soziale und wirtschaftliche ‚Rechte' wurden zu ‚menschlichen Bedürfnissen' oder – noch vager und minimalistischer – zu ‚grundlegenden menschlichen Bedürfnissen'."[230]

Dieses Konzept, das zu dieser Zeit von vielen NGOs begeistert übernommen wurde, schlug sich auch in der Politik der *ILO* nieder und schob die Schaffung einer effizienteren Kontrolle der Umsetzung immer weiter hinaus. Auch die ILO rückte zunehmend vom Beharren auf Grundrechten, vor allem im Arbeitsbereich ab und wich ganz auf das „Basic Needs"-Konzept aus. In der 1979 angenommenen *Declaration and Action Plan for Social Progress* kamen Arbeitsrechte nicht vor.

Der – auf den ersten Blick nicht augenfällige – Konflikt zwischen „Bedürfnissen" und „Rechten" führte auch zur Verschleppung jahrelanger Anliegen südlichen Länder, was zum Beispiel an der sehr späten Annahme der „Erklärung zum Recht auf Entwicklung" offensichtlich wurde (siehe weiter oben).

---

228 Siehe Kapitel 1.
229 Lucie Lamarche, in: Margaret Schuler, 1995, a. a. O., S. 80.
230 Ebenda, S. 83.

Auch der *„erste"* *Pakt* der Vereinten Nationen, der „Wirtschaftspakt", der von Anfang an einen dezidierten „Rechte-Ansatz" verfolgte[231], geriet in den Sog dieser Tendenzen. Von der Annahme des Pakts im Jahre 1966 bis zum Ende der siebziger Jahre nahm die Kontrolle der Umsetzung nur eine sehr nachgeordnete Position ein. Der in Artikel 2 enthaltene Hinweis darauf, dass der Vertragsstaat verpflichtet ist, die volle Verwirklichung der in diesem Pakt anerkannten Rechte „unter Ausschöpfung aller seiner Möglichkeiten" zu erreichen, wurde oft als Hinweis darauf verstanden, dass der Grad der Umsetzung im Ermessen des Staates liegt. Die Staaten aus Ost, West und Süd hatten unterschiedliche und vielfältige Gründe für Vorbehalte gegen effizientere Mechanismen, auch die *NGOs* erkannten durch lange Zeit hindurch vielfach nicht die Bedeutung dieser Gruppe von Rechten, sondern legten – vor dem Hintergrund des Ost-West-Konflikts – das Schwergewicht auf die Aufdeckung von Menschenrechtsverletzungen im bürgerlichen und politischen Bereich.

In diesem „rechte-freien" Raum vollzogen sich einschneidende *Veränderungen* auf der weltwirtschaftlichen Ebene, die die Abhängigkeit von Staaten des Südens und die Zunahme der Massenarmut durch ungünstige Rohstoffabkommen, die Auslagerung von Industriebetrieben aus dem Norden in den Süden, vor allem aber durch Strukturanpassungsprogramme, die ihnen zur Lösung ihrer „Schuldenprobleme" aufgezwungen wurden, beträchtlich erhöhten. Dazu zeichneten sich die ersten Umrisse der Globalisierung vor dem Hintergrund des Entstehens globaler Handelsabkommen ab.

Diese Tendenzen setzten sich, zunächst unbemerkt von weiten Teilen der Öffentlichkeit, vor allem im Norden fort. Trotz unermüdlicher Forderungen südlicher Länder nach der „Errichtung einer Neuen Internationalen Wirtschaftsordnung" und der Umsetzung des „Rechts auf Entwicklung" schritt die Eingliederung des globalen Südens in den Weltmarkt, aber auch die „Kommodifizierung" immer weiterer Lebensbereiche des Nordens voran.

Nicht nur die Finanzinstitutionen innerhalb des UN Systems, also *Weltbank* und *Währungsfonds*, sondern auch die *ILO* wirkten dabei mit und machten sich für die „entwicklungsfördernden" Effekte des Handels stark. Die ILO begrüßt zumindest in gewissem Ausmaß die Politik der *Welthandelsorganisation* (WTO).

2.3.3. Neue Anstrengungen in Zeiten der Globalisierung

Erst mit der wirtschaftlichen Rezession und dem Entstehen einer „Neuen Armut" in westlichen Ländern trat der Rechte-Aspekt wieder in den Vordergrund. Das gab den Auftakt dafür, dass 1985 der *Ausschuss über wirtschaftliche, soziale und kulturelle Rechte* endgültig installiert wurde.[232] Mit den *Prinzipien von Limburg* vom Juni

---

231 Ebenda, S. 82.
232 Von 1976 bis 1985 hatte eine Arbeitsgruppe bestanden, die so viele Beschwerden erhielt, daß sie praktisch nicht arbeiten konnte. Vgl. Lucie Lamarche, in: Margaret Schuler, 1995, a. a. O., S. 82. Zum Ausschuß siehe: Monitoring the Implementation of the Covenant: the Committee on Economic, Social and Cultural Rights. http://www.unhchr.ch/html/menu6/2/fs16.htm

1986 wurden die Verpflichtungen der Vertragsstaaten und Verletzungen des Pakts genau definiert.[233]

Dieses Komitee unternimmt viele Anstrengungen, um die Umsetzung zu verbessern. Sie konzentrierten sich zunächst auf die Verbesserung der Berichte – *General Comments* zu den einzelnen Artikeln spielen dabei eine große Rolle[234] – und deren striktere Überprüfung. Dazu werden jährliche *„general discussions"* zu einzelnen Artikeln abgehalten, wobei ExpertInnen und NGOs, die „mündliches Zeugnis" ablegen, ebenfalls eingebunden werden. Diese Aktivitäten haben sicherlich dazu beigetragen, „feministische Inhalte zu wirtschaftlichen, sozialen und kulturellen Rechten zu entwickeln" und eine solche Sichtweise in die Arbeit des Ausschusses zu integrieren.[235]

Leider sieht sich der Ausschuss in der letzten Zeit wieder großen Widerständen gegenüber. So versagt sich die *Weltbank* seit Jahren den Aufforderungen des Ausschusses, über die Auswirkungen von Strukturanpassungsprogrammen auf soziale Rechte zu berichten.[236]

Trotzdem steht der Ausschuss fest zu seiner Auffassung, dass der Respekt vor wirtschaftlichen, sozialen und kulturellen Menschenrechten ein zentraler Bestandteil aller Programme der Strukturanpassung und aller Maßnahmen im Bereich der Handelsliberalisierung sein muss.

In dem *General Comment Nr. 3* (1990) wird präzise niedergelegt, was unter *„progressive implementation"* zu verstehen ist und unterstrichen, dass die Staaten vom Moment der Ratifizierung an mit der Umsetzung beginnen müssen – wobei der Mangel an Ressourcen keine Entschuldigung für fehlendes Handeln sein darf – und dass sie verpflichtet sind, geeignete Mittel (appropriate means) inklusive der Erlassung oder Aufhebung von Gesetzen zu ergreifen.[237]

Eine andere Möglichkeit, die Umsetzung zu verbessern, ist die Einführung der *Individualbeschwerde*. Hier sind vielversprechende Ansätze vorhanden: Bei der 2. Menschenrechtskonferenz in Wien wurde die Menschenrechtskommission dazu aufgefordert, zusammen mit dem *Ausschuss für wirtschaftliche, soziale und kulturelle Rechte* die Überprüfung der Einrichtung „von Fakultativprotokollen zum ICESCR fortzusetzen."[238] NGOs spielen eine große Rolle bei der Unterstützung solcher Bemühungen. Sie haben sich in einem internationalen Netzwerk für wirtschaftliche,

---

233 http://www.law.uu.nl/english/sim/instr/limburg.asp
234 z. B. Gen. Comm. Nr. 1. zur Abfassung von Berichten durch die Vertragsstaaten (1989); Gen. Comm. Nr. 2 zu internationaler Technischer Hilfe, Artikel 22 (1990); Gen. Comm. Nr. 3 über die Verpflichtungen der Vertragsstaaten, Artikel 2, Abs. 1 (1990); Gen. Comm. Nr. 4 zu Wohnen, Artikel 11, Abs. 1 (1991); Gen. Comm. Nr. 5 zu Menschen mit Behinderungen (1994); Gen. Comm. Nr. 6 (1995) zu den wirtschaftlichen, sozialen und kulturellen Rechten älterer Menschen (1995).
235 Vgl. Rebecca Cook: Women's International Human Rights Law: The Way Forward, in: Rebecca Cook, 1994, a. a. O., S. 25.
236 Vgl. Lucie Lamarche, in: Margaret Schuler, 1995, a.a. O., S. 89.
237 Ein wichtiger Schritt auf dem Weg des Ausschusses zu höherer Verbindlichkeit des Paktes war ein ExpertInnentreffen in Maastricht im Jänner 1997, bei dem Richtlinien über Verletzungen wirtschaftlicher, sozialer und kultureller Rechte erarbeitet wurden, die die Veränderungen im Völkerrecht, aber auch in der internationalen Wirtschaft seit 1985 widerspiegeln.
238 World Conference on Human Rights. The Vienna Declaration and Programme of Action, Vienna 1993. United Nations, New York 1993, S. 65.

soziale und kulturelle Rechte (ESCR-Net) zusammengeschlossen.[239] Eine eigene Arbeitsgruppe widmet sich den wirtschaftlichen, sozialen und kulturellen Menschenrechten von Frauen. 2003 wird eine große Konferenz in Mexico City stattfinden, bei der das Netzwerk offiziell aus der Taufe gehoben werden soll.

Der wachsende Widerstand der breiten Masse in Nord und Süd gegen die Globalisierung schrankenlosen Profitstrebens und gegen die Vermarktung und Kommodifizierung aller Lebens- und Umweltbereiche zeigt den steigenden Stellenwert der zweiten, aber auch der dritten Generation der Menschenrechte, also die Verlagerung von den klassischen individuellen Arbeitsrechten zu kollektiven Umwelt- und Entwicklungsrechten.

Die Ministertreffen der WTO, Wirtschaftsgipfel der Staatschefs nördlicher Länder, Tagungen von Weltbank und Währungsfonds sind Kristallisationspunkte vielfach erschreckend heftigen Unmuts. Hinter diesen teilweise aus den Fugen geratenen, aber nicht selten medial verzerrten Einzelereignissen läuft eine beständige und um Konstruktivität bemühte Anstrengung von NGOs und Netzwerken aus Nord und Süd – in beträchtlichem Maße auch von Frauen-NGOs – zur Stärkung der menschenrechtlichen Perspektive in allen wirtschafts- und handelspolitischen Verhandlungen und Entscheidungen. Dahinter steht die Forderung nach der Anerkennung der absoluten Vorrangigkeit bestehender internationaler Menschenrechtsabkommen vor Handelsabkommen der WTO.[240]

Eine große Rolle wird in diesen Prozessen der Stärkung jener Kräfte innerhalb der ILO zukommen, die sich (erneut) für eine Stärkung der Menschenrechte vor „handelsbezogenen" Aspekten einsetzen. Abzuwarten bleibt, welche Politik diese Organisation schließlich bei der Arbeit zu *Sozialklauseln* verfolgen wird, wofür ihr das Mandat durch die WTO bereits im Jahr 1997 bei der 2. Ministerkonferenz in Singapur übertragen wurde.[241]

Frauen-NGOs und Frauen-Netzwerke spielen in diesen Zusammenhängen eine große Rolle. Die Gefährdung der sozialen Versorgung, der Verlust von Arbeitsrechten, die Zerstörung der natürlichen Lebensgrundlagen wirken sich auf Frauen, die bereits mehr zermürbender und erniedrigender Armut ausgesetzt sind als Männer, besonders hart aus. Daher sind sie besonders an einer Ver-rechtlichung der nationalen und internationalen Wirtschafts- und Handelspolitik interessiert und arbeiten

---

239 http//:www.escr-net.org
240 Wolfgang Benedek: Developing the Constitutional Order of the WTO – The Role of NGOs, in: Wolfgang Benedek, Hubert Isak, Renate Kicker: Development and Developing International and European Law – Essays in Honour of Konrad Ginther on the Occasion of his 65th Birthday, Frankfurt a. Main u. a. 1999, H. Lang, S. 228 ff.; Frank Braßel, Michael Windfuhr: Welthandel und Menschenrechte. Bonn 1995; Michael Windfuhr: Soziale Menschenrechte und Globalisierung, in: Gabriele von Arnim, Volkmar Deile, Franz Josef Hutter, Sabine Kurtenbach, Carsten Tessmer (Hg.): Jahrbuch Menschenrechte 2000, Frankfurt a. Main 1999, S. 173 ff.; European Training Center on Human Rights and Democracy (ETC): Wirtschafts- und Entwicklungsvölkerrecht. Schwerpunkt: Internationale Wirtschaft und Menschenrechte. Reader. Graz 2001; Franz Nuscheler: Globalisierung, Global Governance und Menschenrechte, in: Gabriele von Arnim, Volkmar Deile, Franz Josef Hutter, Sabine Kurtenbach, Carsten Tessmer (Hg.): Jahrbuch Menschenrechte 2000, Frankfurt a. Main 1999; Claude Welch: Taking Rights Seriously: Citizen Action through NGOs, in: Netherlands Quarterly of Human Rights, Vol. 19 (2001) 2, S. 119 ff.
241 2001, bei der 4. WTO Ministerkonferenz in Doha (Quatar), wurde dieses Mandat erneuert.

auf den verschiedensten Ebenen, von den Ausschüssen zur Kontrolle von Verträgen über Lobbying-Gruppen bei internationalen Konferenzen bis zu Basisgruppen in Weltmarktfabriken und dörflichen Produktionsgemeinschaften, intensiv daran.[242]

Überregionalen Netzwerken wie WIDE (Women in Development Europe), WICEJ (Women's International Coalition for Economic Justice) und WEDO (Women – Environment – Development – Organization)[243] kommt dabei besondere Bedeutung zu.

Das Thema nahm auch bei der *4. Weltfrauenkonferenz* in Beijing im Jahre 1995 großen Stellenwert ein. Innerhalb der in der Aktionsplattform, dem Schlussdokument der Konferenz, formulierten zwölf „strategischen Zielen und Aktionen" (strategic objectives and actions) wurde die Frage „Frauen und Wirtschaft" unter Abschnitt F ausführlich behandelt.[244]

3. Gewalt gegen Frauen – Traurige Aktualität

In vielen Ländern sind Frauen gerade dadurch, dass sie Frauen sind, entweder von vornherein des Rechts auf Leben beraubt oder werden in ihren Lebensmöglichkeiten gezielt eingeschränkt.

In diesem Zusammenhang soll das Augenmerk auf direkter/personaler, in der Regel sexueller Gewalt gegen Frauen liegen, zum Unterschied von struktureller und kultureller Gewalt, wobei die Wechselwirkung zwischen diesen drei Gewaltformen nie außer Acht gelassen werden darf.[245]

---

242 Maureen O'Neill: Economic and Policy Trends: Global Challenges to Women's Rights, in: Margaret Schuler: 1995, a. a. O., S. 59 ff.

243 Vgl. WIDE: No to Trade in Women's Human Rights! WIDE Position Paper for the 3rd Ministerial Meeting of the WTO in Seattle. November 1999, Brüssel; Brita Neuhold: Report of the ECE Regional Preparatory Meeting on the 2000 Review of Implementation of the Beijing Platform for Action. Wien Jänner 2000; Nelcia Robinson, Brita Neuhold: Evaluation – Integration – Accountability. The Commission on the Status of Women sets the course for the Beijing + 5 Special Session in June. WIDE Briefing Paper, Brüssel, März 2000. Brita Neuhold: UN General Assembly Special Session, a. a. O., Herbst 2000; WICEJ: Declaration for Economic Justice and Women's Empowerment. New York, Juli 2000.

244 Fourth World Conference on Women. Bejing, China, 4-15 September 1995, United Nations, New York 1996, S. 93 ff.

245 Vgl. Gert Kreill, Sonja Wölte: Gewalt gegen Frauen und die Menschenrechte. HSFK-Report 2/1995, Frankfurt 1995, Hessische Stiftung für Friedens- und Konfliktforschung, S. 7. Zur Einführung in die allgemeine Thematik siehe außerdem: Susan Brownmiller: Against Our Will. New York 1975, Simon and Schuster; Roxanna Carillo: Violence against Women. An Obstacle to Development. New Brunswick (NJ) 1990, CWGL; Roxanna Carillo, Charlotte Bunch: Battered Dreams. Violence against Women as a Development Issue. New York 1990, UNIFEM; Taryn Fielder u. a.: Violence against Women in the International Arena. Online Lecture and Discussion Series, Module 6 (Harvard University). http:/eon.law.harvard.edu/vaw/module6.htm; Joan Fitzpatrick: International Norm and Violence against Women, in: Rebecca Cook, 1994, a. a. O., S. 532 ff.; United Nations: Violence against Women in the Family. New York 1989; Margaret Schuler (Hg.): Freedom from Violence. Women's Strategies from Around the World. Washington 1992. Women, Law and Development; United Nations: Violence against Women, in: From Nairobi to Beijing, New York 1995, S. 125 ff.; Sonja Wölte: Der internationale Schutz der Menschenrechte von Frauen: Ansätze feministischer Kritik am UN-Menschenrechtsinstrumentarium. Diplomarbeit im Fachbereich Gesellschaftswissenschaften an der Johann Wolfgang Goethe Universität, Frankfurt am Main, Juli 1996.

Als Folge wirtschaftlicher und politischer „Krisen" nimmt in nahezu allen Ländern der Erde das Ausmaß von Frauenfeindlichkeit und nicht zuletzt die Anwendung körperlicher Gewalt, meistens sexueller Gewalt, ständig und in erschreckender Weise zu. Das geht so weit, dass Gewalt gegen Frauen weitgehend bereits als Teil der Normalität begriffen wird.

Ein besonderes Merkmal dieser Entwicklung ist das Ansteigen der Gewalt innerhalb des privaten Bereichs, *Gewalt in der Familie*, die in der überwiegenden Zahl der Länder noch immer der Kontrolle von außen, also von Seiten des Staates, weitgehend entzogen ist. Dazu gehören die Verabreichung von Schlägen und Prügeln, Vergewaltigungen und Notzucht, psychische Grausamkeit, aber auch sexueller Missbrauch minderjähriger weiblicher Verwandter.

Innerfamiliäre Gewalt gegen Frauen: Teil der „Normalität"

Die nachstehenden Beispiele stehen für zahllose andere, die überall in der Welt tagtäglich stattfinden:

- Weltweite Studien belegen, dass zwischen 20% und 50% aller Frauen bereits von einem Intimpartner geschlagen wurden.
- In Südamerika stellte eine Erhebung fest, dass 70% aller der Polizei gemeldeten Verbrechen von Frauen berichtet wurden, die von ihrem Gatten/Freund geschlagen worden waren.
- In den USA besteht ein Drittel der Notaufnahmen von Frauen in Spitälern aus Opfern innerfamiliärer Gewalt.
- In Papua-Neuguinea ergab eine Übersicht, dass über die Hälfte der verheirateten Frauen in den Städten geschlagen wurden; fast ein Drittel dieser Frauen musste in ein Spital eingeliefert werden.
- Eine Erhebung in Alexandria, Ägypten, zeigte, dass Gewalt in der Familie die Hauptursache traumatischer Störungen bei Frauen darstellt.
- Ein Bericht aus dem Kisii Bezirk in Kenia ergab, dass 42% der dort lebenden Frauen angaben, dass sie von ihren männlichen Partnern geschlagen worden waren.
- In Jamaika gaben 40% der für eine Studie befragten Mädchen zwischen 11 und 15 Jahren an, dass ihre erste sexuelle Begegnung „erzwungen" worden war.
- In einer nationalen repräsentativen Befragung kanadischer Frauen berichteten 29% der (einmal) verheirateten Frauen, dass sie von ihren (früheren oder gegenwärtigen) Partnern tätlich angegriffen worden seien.

Aus: Lori L. Heise u.a.: Violence against women. The hidden epidemic.
World Bank Discussion Papers 255, Washington D.C. 1994
Words into Action. Hrsg. v. WIDE, Brüssel, 1998, S. 24[246]

---

246 Siehe: Brita Neuhold: Frauenrechte – Menschenrechte: Vom Traum zur Wirklichkeit. Hintergrundinformation und Analyse. Wien 1999, ÖED, Teil I, S. 37.

Ebenso besorgniserregend ist die Zunahme von *Vergewaltigungen* durch Bekannte und Fremde. Daten für die USA belegen, dass

> *"möglicherweise jedes zweite Mädchen vor Erreichen der Volljährigkeit sexuelle Übergriffe erfährt, davon jedes zweite bis dritte einen körperlichen sexuellen Angriff; dass jede fünfte Frau im Erwachsenenalter mindestens eine Vergewaltigung oder einen solchen Versuch erlebt; zusätzlich ein sehr großer Prozentsatz von Frauen Opfer anderer körperlicher sexueller Übergriffe wird."*[247]

Andere Formen der direkten, sexualisierten Gewalt gegen Frauen sind *genitale Verstümmelung*, Gewalt an Frauen in *Gefängnissen*, Verbrechen an Frauen in *Kriegen*, Gewalt in Verbindung mit *Prostitution und Frauenhandel* und *"sexual harrassment"*, die sexuelle Belästigung am Arbeitsplatz.

3.1. Internationale Instrumente

3.1.1. Allgemeine Instrumente

In der *„Allgemeinen Erklärung der Menschenrechte"*, dem *„Pakt über bürgerliche und politische Rechte"* und in der *„Konvention gegen die Folter und andere Formen der grausamen, unmenschlichen und erniedrigenden Behandlung"* sind im Wesentlichen die folgenden, unabdingbaren Rechte angesprochen:
- das Recht auf Leben,
- der Schutz vor willkürlichen Gefangennahmen,
- die Freiheit von Folter,
- der Schutz vor grausamer, unmenschlicher oder erniedrigender Behandlung oder Strafe,
- das Recht, nicht versklavt zu werden,
- das Recht, nicht verschleppt zu werden,
- das Recht auf Freiheit und Sicherheit der Person.

Geschlechtsspezifische Gewalt ist aber in allen diesen Zusammenhängen nicht angesprochen. Die meisten normativen Instrumente haben nicht mehr als minimale – *geschlechtsneutrale* – Vorkehrungen zur Kontrolle und Ausrottung der Gewalt gegen Frauen getroffen. Die Tatsache, dass Frauen in anderer Form und aus anderen Gründen Gewalt ausgesetzt sind als Männer, dass Gewalt gegen Frauen *systemimmanent* ist und daher besonderer Vorkehrungen bedarf, wird nirgends berücksichtigt.

Besonders interessant ist in diesem Zusammenhang das *Übereinkommen gegen die Folter und andere Formen der grausamen, unmenschlichen und erniedrigenden Behandlung und Strafe,* das am 10. 12. 1984 angenommen wurde und 1987 in Kraft getreten ist.[248] In *Artikel 1* wird der Begriff der Folter in umfassender Weise definiert,

---

247 Gerd Kreill, Sonja Wölte, 1995, a. a. O., S. 9.
248 BGBl 1987/492.

allerdings wurde diese Definition durch einen Satz über Duldung von Schmerz oder Leiden als Folge von „lawful sanctions" verwässert. Trotzdem hat die *Anti-Folterkonvention* durch die Etablierung des Prinzips der universellen gerichtlichen Verfolgung von Folterern eminenten Wert.[249] Des Weiteren sticht sie durch die Tatsache hervor, dass sie über wirksame Mechanismen der Rechtsdurchsetzung verfügt, von denen aber nur das Untersuchungsverfahren öfter angewendet wird.[250] Angesichts der besonders grausamen Foltermethoden, die an Frauen systematisch angewendet werden, ist es mehr als befremdend, dass *keinerlei Bezug* auf Frauen und auf geschlechtsspezifische Folter genommen wird, hingegen im englischen Text des öfteren von dem Folteropfer als einem *„he"* gesprochen wird.[251]

3.1.2. CEDAW und General Recommendations

Auch in der frauenspezifischen Arbeit der Vereinten Nationen wurde das Thema der Gewalt gegen Frauen erst relativ spät berücksichtigt. So erwähnt auch das Schlüsselinstrument zur Durchsetzung von Frauenrechten, die *Konvention zur Beseitigung jeder Form von Diskriminierung der Frau* (CEDAW) den Begriff der Gewalt gegen Frauen nicht. Allerdings wurde dies bald als Makel erkannt und versucht, diese Lücke, anknüpfend an das Diskriminierungsverbot, zu schließen. Zwei wichtige *General Recommendations on Violence against Women*, Nr. 12 und Nr. 19, wurden 1989 und 1992 angenommen. Sie sollen die Vertragsstaaten bei einschlägigen Maßnahmen zur Unterbindung von Frauenfeindlichkeit und Gewalthandlungen gegenüber Frauen unterstützen bzw. Richtlinien vorgeben.[252]

General Recommendation Nr. 19 ist die umfassendere der beiden Empfehlungen. Sie geht davon aus, dass Gewalt gegen Frauen eine Diskriminierung darstellt, nennt verschiedene Formen der Gewalt gegen Frauen und verurteilt sie im Zusammenhang mit verschiedenen Artikeln der CEDAW-Konvention:

Gemäß *Artikel 2 und 3* sollen die Vertragsstaaten *Gesetze* zur Bekämpfung der Gewalt gegen Frauen erlassen, die „adäquaten Schutz für alle Frauen" gewähren und ihre „Integrität und Würde" respektieren, sie sollen *unterstützende Einrichtungen* aufbauen und *Gender-Trainings* von Gerichts- und Polizeipersonen durchführen. Die Vertragsstaaten sollen auch *Untersuchungen* über Ausmaß und Formen der Gewalt gegen Frauen durchführen.

Gemäß *Artikel 2 lit. f* sowie *Artikel 5 und 10 lit. c* sollen Staaten *verwurzelte Einstellungen* und *Stereotypen* in Bezug auf Frauen bekämpfen.

---

249 Vgl. Felix Ermacora, Manfred Nowak, Hannes Tretter: International Human Rights. Documents and Introductory Notes. Wien 1993, Law Books Europe, S.72.
250 Siehe Kapitel 1.
251 Vgl. Fn. 153.
252 Committee on the Elimination of Discrimination against Women (CEDAW): General Recommendation No. 12, 8th Session (1989), UN Doc. HRI/GEN/1/Rev.1 AT 78 (1994); Committee on the Elimination of Discrimination against Women (CEDAW): General Recommendation No. 19, 11th Session (1992), UN Doc.CEDAW/C/1992/L.1/Add. 15.

Gemäß *Artikel 12* müssen Staaten *Zentren* für Opfer von häuslicher Gewalt und Vergewaltigung aufbauen.

Gemäß *Artikel 14* müssen Einrichtungen für Frauen in *ländlichen Regionen* aufgebaut und die Arbeitsbedingungen von Dienstmädchen und Hausangestellten überwacht werden.

Gemäß *Artikel 16* müssen Staaten *häusliche Gewalt* unter Strafe stellen, die Ermordung von weiblichen Familienmitgliedern des Vorwands der „Verteidigung der Familienehre" entkleiden, Frauenhäuser u.ä. aufbauen, Einrichtungen für Opfer von sexuellem Missbrauch innerhalb der Familie und von Inzest sowie für die Behandlung von Tätern errichten.

3.1.3. Erklärung zur Beseitigung von Gewalt gegen Frauen

Mit dem Beginn der neunziger Jahre des vergangenen Jahrhunderts trat auch im Bereich der Perzeption von Frauenrechten als Menschenrechte eine entscheidende Wende ein. Diese findet ihren Niederschlag in der „Erklärung zur Beseitigung von Gewalt gegen Frauen".

Diese wichtige Erklärung wurde bereits ab Beginn der neunziger Jahre ausgearbeitet. Die Beschlussfassung wurde bei der 2. Menschenrechtskonferenz im Juli 1993 gefordert und erfolgte schließlich durch die Generalversammlung am 20. Dezember 1993.[253] Sie ist von nicht zu unterschätzender Bedeutung für den konkreten und alltäglichen Schutz von Frauen vor Gewalt und hat erhebliche Auswirkungen auf der staatlichen und regionalen Ebene.

Die *Sprache* dieser Erklärung ist offen und unmissverständlich: Gewalt gegen Frauen ist demnach als Hindernis für die Erlangung von Gleichberechtigung, Entwicklung und Frieden zu sehen, sie stellt eine Verletzung der Menschenrechte von Frauen dar und ist eine Manifestation der historisch begründeten ungleichgewichtigen Machtverhältnisse zwischen Männern und Frauen.

Bestimmte Gruppen von Frauen – indigene Frauen, weibliche Flüchtlinge, migrierende, im Elend lebende Frauen, gefangene Frauen, Frauen in ländlichen und abgelegenen Gebieten, ältere Frauen, Frauen in bewaffneten Konflikten – werden als in besonderem Maße der Gewalt ausgesetzt gesehen.

Artikel 1 definiert den Gewaltbegriff und führt aus:

„*(...) mit dem Begriff „Gewalt gegen Frauen" ist jeder Akt der geschlechtsspezifischen Gewalt, die zu physischer, sexueller oder psychologischer Verletzung oder Leid für Frauen führt oder führen kann, inklusive Drohungen im Hinblick auf solche Akte, Zwang oder willkürlicher Freiheitsentzug, ob im öffentlichen oder privaten Leben, zu verstehen.*"[254]

Artikel 2 enthält eine demonstrative Aufzählung, was unter Gewalt gegen Frauen zu verstehen ist:
- Physische, sexuelle und psychologische Gewalt in der Familie, inklusive Schlagen, sexuellem Missbrauch weiblicher Kinder, Mitgiftmorde, Vergewaltigung in der

---

253 GA Res.48/104, 20. Dezember 1993.
254 Übersetzung B. N.

Ehe, weibliche Genitalverstümmelung und andere für Frauen schädliche traditionelle Praktiken, Gewalt außerhalb der Familie, und Gewalt im Zusammenhang mit Ausbeutung.
- Physische, sexuelle und psychologische Gewalt innerhalb der Gesellschaft, inklusive Vergewaltigung, sexuellem Missbrauch und Einschüchterung am Arbeitsplatz, in Ausbildungsinstitutionen, Frauenhandel und Zwangsprostitution.
- Physische, sexuelle und psychologische Gewalt, die vom Staat verübt oder geduldet wird, wo auch immer diese vorkommt.

Aufgrund von *Artikel 3* haben Frauen ein Anrecht auf den gleichberechtigten Genuss und den *Schutz aller Menschenrechte* und Grundfreiheiten im politischen, wirtschaftlichen, sozialen, kulturellen, bürgerlichen oder jedem anderen Bereich. Diese Rechte umfassen u. a.:
- das Recht auf Leben,
- das Recht auf Gleichbehandlung,
- das Recht auf Freiheit und Sicherheit der Person,
- das Recht auf gleichberechtigten Schutz durch das Gesetz,
- das Recht auf Freiheit von allen Formen der Diskriminierung,
- das Recht auf den höchsten Standard der physischen und geistigen Gesundheit,
- das Recht auf gerechte und günstige Arbeitsbedingungen,
- das Recht, nicht der Folter oder anderen Formen der unmenschlichen oder entwürdigenden Behandlung oder Bestrafung unterworfen zu werden.

In *Artikel 4* wird eine Fülle von *Maßnahmen* aufgelistet, die dazu dienen sollen, die Gewalt gegen Frauen zu überwinden und zu unterbinden, wobei in *Artikel 4 lit. c* die Verhütung, Untersuchung und Bestrafung von diesbezüglichen Akten gefordert wird, ob sie jetzt vom Staat oder von privaten Personen begangen werden. Zu den geforderten Maßnahmen gehören strafrechtliche, zivilrechtliche, arbeitsrechtliche und administrative Sanktionen (bei gleichzeitiger Information der Frauen über diese Vorkehrungen), die Entwicklung von nationalen Aktionsplänen, Verhütungs- und Bewusstseinsbildungsmaßnahmen, Rehabilitierung, Betreuung, Beratung, inkl. der Einrichtung spezieller Zentren („Frauenhäuser"), Sammlung von Daten, Abfassung von Analysen, Forschung etc.

Artikel 5 appelliert an das System der Vereinten Nationen und ihrer Spezialorganisationen, dieses Anliegen nachdrücklich zu unterstützen und wirkungsvoll in ihre Arbeit zu integrieren.

Die Erklärung ist lediglich eine *Grundsatzerklärung*, es besteht also keine Möglichkeit, die Umsetzung einzufordern. Sie ist aber für den Gesamtprozess sehr wichtig.

3.1.4. Inter-Amerikanische Konvention über die Verhütung, Bestrafung und Ausrottung von Gewalt gegen Frauen – Konvention von Belem do Pará

Die oben genannte Erklärung löste unter lateinamerikanischen feministischen NGOs intensive Anstrengungen zur Erarbeitung eines verbindlichen Instruments für ihre Region aus, die schon im Juni 1994 zur Annahme der *Inter-Amerikanischen Kon-*

vention über die Verhütung, Bestrafung und Ausrottung von Gewalt gegen Frauen – Konvention von Belem do Pará führten.[255]

Sie zeigt starke Parallelen hinsichtlich *der Erklärung zur Beseitigung von Gewalt gegen Frauen*[256] (1994) und ist sowohl inhaltlich als auch als Faktum an sich außerordentlich wichtig.

Artikel 1 enthält die Definition des Begriffs Gewalt gegen Frauen: Sie wird als geschlechtsspezifischer Akt der Gewalt oder als Verhalten, das zum Tod, zu physischem, sexuellem oder psychologischem Leid von Frauen führt und sowohl in der Öffentlichkeit als in der Privatsphäre stattfinden kann, bezeichnet.

Artikel 2 nennt Ebenen und Formen der Gewalt gegen Frauen: Gewalt innerhalb der Familie und in anderen privaten Beziehungen (u. a. Vergewaltigung, sexueller Missbrauch sowie Schläge und Prügel); Gewalt innerhalb der Gesellschaft (u. a. Vergewaltigung, sexueller Missbrauch, Folter, Menschenhandel, erzwungene Prostitution, Entführung und sexuelle Belästigung am Arbeitsplatz); Gewalt, die vom Staat oder dessen Vollzugsorganen angewendet oder geduldet wird, ohne Rücksicht darauf, wo sie passiert.

Artikel 4 zählt die grundlegenden Menschenrechte und Freiheiten, die Frauen zugänglich und hinsichtlich deren Genusses sie geschützt sein sollten, auf: In erster Linie sind es bürgerliche Rechte wie das Recht auf Leben, auf persönliche Integrität, auf persönliche Freiheit und Sicherheit, auf Freiheit von Folter, aber es wird auch auf die Bedeutung der Versammlungsfreiheit und auf die Teilnahme von Frauen am öffentlichen Leben hingewiesen.

Artikel 5 fordert den Schutz (auch) der wirtschaftlichen, sozialen und kulturellen Menschenrechte von Frauen.

Artikel 7, 8 und 9 fassen die Pflichten der Staaten zusammen: Diese sollten alle geeigneten Maßnahmen ergreifen, um Gewalt gegen Frauen zu verhüten, aufzudecken und zu bestrafen.

Artikel 10, 11 und 12 regeln die Umsetzung: In Artikel 10 wird festgehalten, dass die Vertragsstaaten in ihren Berichten an die Inter-Amerikanische Frauenkommission Informationen über Maßnahmen zur Überwindung von Gewalt gegen Frauen aufnehmen sollten. Nach Artikel 11 sind die Vertragsparteien und die Inter-Amerikanische Frauenkommission ermächtigt, „advisory opinions" hinsichtlich der Interpretation der Konvention vom Inter-Amerikanischen Gerichtshof für Menschenrechte einzufordern. Artikel 12 regelt das Beschwerderecht.

3.1.5. Vierte Weltfrauenkonferenz

Hier wurde das Thema mit Nachdruck aufgegriffen: Innerhalb der in Kapitel IV der Aktionsplattform,[257] dem Schlussdokument der Konferenz, formulierten „strategischen Zie-

---

255 Sie wurde am 9. Juni 1994 auf der 24. Tagung der Organisation Amerikanischer Staaten (OAS) mit Akklamation angenommen. Quelle: http://www.cidh.oas.org/Basicos/basic1.3.htm
256 Vgl. 3.1.3. in diesem Kapitel.
257 Fourth World Conference on Women. Bejing, China, 4–15 September 1995, Platform for Action and Beijing Declaration. United Nations, New York 1996.

le und Aktionen" (strategic objectives and actions) ist dem Problem „Gewalt gegen Frauen" ein eigener Abschnitt D gewidmet.[258] Die Tatsache, dass diese Problematik in aller Breite bei einer Weltkonferenz erörtert wurde, wurde als Sensation gewertet, ebenso wie die Behandlung der Problematik von „Frauen in bewaffneten Konflikten" in Abschnitt E.[259] Beide Themen waren auf Druck der NGOs auf die Tagesordnung gesetzt worden.

3.2. Kulminationspunkte der Frauenfeindlichkeit und Gewalt gegen Frauen

Im Folgenden sollen die wichtigsten Formen der direkten Gewalt gegen Frauen behandelt werden. Jede dieser Formen ist Gegenstand internationaler Verträge, von Resolutionen, Debatten, Studien, etc. Zusätzlich zu diesen Formen der Gewalt, die speziell gegen Frauen gerichtet ist, gibt es noch die „normale", nicht-geschlechtsspezifische Gewalt, der Frauen ebenfalls unterworfen sind. Außerdem fordert die indirekte, strukturelle Gewalt gegen Frauen durch physische und emotionale Vernachlässigung und Marginalisierung, durch eine frauenfeindliche Wirtschafts- und Sozialpolitik zahllose Opfer. Das Recht weiblicher Wesen auf Leben wird zudem in vielen Ländern bereits vor der Geburt geleugnet und mit Füßen getreten.

3.2.1. Gewalt in der Familie – „Intimate Terror"

„Der Missbrauch von Frauen durch ihre männlichen Partner gehört zu den häufigsten und gefährlichsten Formen geschlechtsspezifischer Gewalt. Seine Opfer übersteigen jene der brutalsten Diktaturen."[260]

Diese brennende Frage wird aufgrund des Einsatzes der UN und von Frauengruppen seit Beginn der achtziger Jahre mehr und mehr offen gelegt; der erste große Schwerpunkt lag bei der 3. Weltfrauenkonferenz in Nairobi.[261] Trotzdem gibt es auf

---

258 Ebenda, S. 73 ff.
259 Ebenda, S. 82 ff.
260 Rhonda Copelon: Intimate Terror: Understanding domestic violence as torture, in: Cook, Rebecca, 1994, a. a. O., S. 116, ff. Übersetzung B. N.
261 Das Thema wurde das erste Mal bei der 1. Weltfrauenkonferenz im Zusammenhang mit Würde und Gleichberechtigung von Frauen behandelt. 1980, bei der 2. WFK in Kopenhagen wurden soziale Konsequenzen häuslicher Gewalt aufgegriffen. 1982 und 1984 wurden wichtige ECOSOC Resolutionen (Nr. 14 und 22) auf Drängen der Frauenkommission erlassen, mit dem Inhalt, dass häusliche Gewalt und Vergewaltigung Verstöße gegen die Würde der Person darstellen und Gegenmaßnahmen erfordern. Seminare und Konferenzen des Ausschusses für „Crime Prevention and Control" trugen ebenfalls zur Schärfung der Aufmerksamkeit bei. In den „Forward Looking Strategies" (FLS) der 3. Weltfrauenkonferenz wurde „Gewalt in der Familie" als eigener Schwerpunkt genannt. Die Resolution 40/36 der Generalversammlung forderte die Mitgliedsstaaten auf, schleunigst Aktionen zu setzen. 1986 fand ein ExpertInnen-Treffen in Wien (CSDHA) zur Gewalt in der Familie statt. Eine ECOSOC Resolution und zwei Decisions von 1987 definieren häusliche Gewalt gegen Frauen als prioritäres Thema im Bereich der Friedenssicherung. Drei größere Studien setzen sich mit dem Thema auseinander: Efforts to Eradicate Violence against Women within the Family and Society, U.N. Doc. E/CN. 6/1988; Vio-

der universellen Ebene keinen bindenden Vertrag, der die Beseitigung von Gewalt in der Familie fordert.

Die Hindernisse, die sich der öffentlichen Behandlung dieses Themas entgegenstellen, sind nach wie vor gewaltig: Sie hängen mit der in allen Gesellschaften anzutreffenden Dichotomie zwischen öffentlicher und privater Sphäre und der Tatsache zusammen, dass Gewalt in der Familie weitgehend nicht als Gewalt angesehen wird, sondern als „persönliche", „private", eben als „Familienangelegenheit" gewertet wird.[262]

Aber, wie die Expertin *Rhonda Copelon* es ausdrückt,

„(w)enn geschlechtsspezifische Gewalt von Privatisierung, Sexismus und Sentimentalität entkleidet ist, ist sie um nichts weniger schwerwiegend als andere Formen unmenschlicher und erniedrigender öffentlicher Gewalt, die durch Vertrags- und Gewohnheitsrecht verboten und (deren Ächtung; Zusatz B. N.) von der internationalen Gemeinschaft als ius cogens oder als kategorische Normen anerkannt wurde, die universell bindend sind und niemals verletzt werden dürfen."[263]

Gewalt in der Familie wird durch kulturelle Normen geduldet und betrifft eine große Zahl von Frauen.[264] Sie ist nicht geschlechtsneutral, sondern wird in der Mehrzahl der Fälle von Männern gegenüber Frauen angewendet.[265]

Gewalt in der Familie ist systemisch und strukturell, ein Mechanismus der patriarchalen Kontrolle der Männer gegenüber Frauen. Sie wird von der Öffentlichkeit toleriert und vom Staat aus bestimmten Gründen hingenommen:

„Gewalt (gegen Frauen) wird ermutigt und verewigt die Abhängigkeit von Frauen und ihre Enthumanisierung als das „Andere", als Dienende, als Besitz."[266]

Diese Merkmale treffen auch auf die Vergewaltigung von Frauen außerhalb der Ehe oder partnerschaftlicher Verbindungen zu.

Rhonda Copelon vergleicht die „alltägliche" Gewalt in der Familie mit der *Folter*, die in der öffentlichen Meinung geächtet ist, und fordert eine dementsprechende strafrechtliche Verfolgung.[267] Sie sieht folgende Gemeinsamkeiten zwischen Folter

---

lence against Women in the Family, UNCSDHA 1989, Publication Sales No. E.89.IV.5 (1989); Bericht des GS zu „Domestic Violence" für den 8. UN-Kongress über „Prevention of Crime and Treatment of Offenders" (U.N. Doc. A/CONF. 144/17 (1990). Am 11. Juni 1986 wurde eine Resolution des Europäischen Parlaments zu „Gewalt gegen Frauen" angenommen, in der diese als Beeinträchtigung von Menschenrechten bezeichnet wird. Siehe: Joan Fitzpatrick: The Use of International Human Rights Norms to Combat Violence against Women, in: Rebecca Cook, 1994, a. a. O., S. 536 ff.

262 Vgl. Institute for Women, Law and Development: State Responses to Domestic Violence: Current Status and Needed Improvements. Washington 1996, Women, Law and Development International.
263 Rhonda Copelon, in Rebecca Cook, 1994, a. a. O., S. 117. Übersetzung B. N.
264 Vgl. Joan Fitzpatrick, in: Rebecca Cook, 1994, a. a. O., S. 532 ff.
265 Rhonda Copelon weist darauf hin, dass manchmal Frauen in lesbischen Verbindungen gegeneinander handgreiflich werden und dass eine außergewöhnlich kleine Zahl von Frauen gewalttätig gegen ihre Männer oder Freunde wird, in: Rhonda Copelon, 1994, a. a. O., S. 120. Allerdings darf in diesem Zusammenhang nicht vernachlässigt werden, dass Frauen sehr wohl auch zu Gewaltanwendungen der verschiedensten Art fähig sind, vor allem zu Gewalt an Kindern. Auch dieses Thema ist/war bis zu einem gewissen Grad tabuisiert. Diese Feststellung tut der Brisanz und der Allgegenwärtigkeit der Gewalt von Männern gegen Frauen keinen Abbruch.
266 Rhonda Copelon, 1994, a. a. O., S. 120. Übersetzung B. N.
267 Diese Ansicht scheint sich langsam durchzusetzen. Der Menschenrechts-Ausschuss hat dieser Auffassung bereits 1982 Recht gegeben, indem er erklärte, dass es nicht nötig sei, zwischen verschiede-

und häuslicher Gewalt: die Absichtlichkeit der Handlung, die Intention, das Opfer zu Eingeständnissen zu zwingen (truth seeking), das Erzwingen von Machtlosigkeit, die Bestrafung (für oft nicht begangene Taten) und Terrorisierung.[268]

Copelon fordert die Aufnahme der häuslichen Gewalt in alle Instrumente, die Folter, grausame und unmenschliche Bestrafung und erniedrigende Behandlung verbieten. Sie setzt sich des Weiteren für die Anerkennung von häuslicher Gewalt als eigenständige Form der Verletzung internationaler Menschenrechte sowie für die Ächtung von häuslicher Gewalt, zusammen mit Folter, als *ius cogens* ein.

3.2.2. Genitale Verstümmelung

Diese „traditionelle Praktik" stellt eine der grausamsten – und vor allem in Afrika weit verbreiteten – Formen der Gewalt gegen Frauen dar, wird aber nach wie vor verharmlost und ist sehr schwer zu bekämpfen, da sie tief in herkömmliche Traditionen und Anschauungen über „anständige" Frauen verwurzelt ist. Sie führt vielfach zu schweren psychischen und physischen Beeinträchtigungen, manchmal auch zum Tod, bedroht die Integrität der weiblichen Person und wird ohne bewusste Zustimmung der Betroffenen – zunehmend im Baby- und Kleinkindalter – verübt.[269]

Die unvergesslichen Worte von *Nawal El Saadawi*, einer ägyptischen Frauenrechtskämpferin, halten – für sich selbst und andere – dieses fürchterliche Erlebnis fest, das im Alter von sechs Jahren, ohne jede Vorbereitung, ihr Leben erschütterte:

„Man brachte mich zu Bett. Ich sah, wie sie meine um zwei Jahre jüngere Schwester packten – genau in der gleichen Weise, wie sie mich vor wenigen Minuten ergriffen hatten. Ich schrie: Nein! Nein! so laut ich konnte. Zwischen den großen, groben Händen sah ich das Gesicht meiner Schwester – totenbleich, die dunklen Augen weit aufgerissen. Für den Bruchteil einer Sekunde trafen sich unsere Blicke; ich werde den Ausdruck namenlosen Schreckens in ihren Augen nie vergessen. Im nächsten Augenblick war sie fort – hinter der Tür des Badezimmers verschwunden, wo ich gerade erst gewesen war. Der Blick, den wir getauscht hatten, schien mir zu sagen: ‚Nun wissen wir es; nun wissen wir, worin unsere Tragödie besteht. Wir sind mit einem besonderen Geschlecht, dem

---

nen Formen der Gewalt und der Folter zu unterscheiden. Trotzdem tauchen immer wieder Formeln wie „Alltagsgewalt" auf, die dazu führen, daß auch häusliche Gewalt verharmlost wird.
268 Rhonda Copelon, 1994, a. a. O., S. 129-134.
269 Vgl. zwei ausführliche Berichte der Vereinten Nationen: E/CN. 4/Sub. 2/1991/5. Juli 1991 (Verf.: Warzazi, Halima) und Report of the Working Group on Traditional Practices Affecting the Health of Women and Children. E/CN. 4/Sub.2/1991/41. Awa Thiam: Die Stimme der schwarzen Frau. Vom Leid der Afrikanerinnen. Reinbek b. Hamburg 1982; Olynka Koso-Thomas: Circumcision of Women. A Strategy for Eradication. London 1987, Zed; Asma El Dareer: Woman, why do you weep? Circumcision and its Consequences. London 1983, Zed; Henny Lightfood-Klein: Das grausame Ritual. Sexuelle Verstümmelung afrikanischer Frauen. Frankfurt/Main 1992, Fischer; Brita Neuhold: Zerreißt den Mantel des Schweigens!, in: EPN 1989,2.; Waris Dirie, Cathleen Miller: Wüstenblume. 2001, Droemer und Knauer; Ester M. Kjisaakye: Women, Culture and Human Rights: Female Genital Mutilation, Polygamy and Bride Price, in: Wolfgang Benedek, Ester M. Kisaakye, Gerd Oberleitner (Hg.): Human Rights of Women. International Instruments and African Experiences., a.a. O., S. 268 ff.

weiblichen, zur Welt gekommen. Wir sind verurteilt, einen Vorgeschmack des Leidens zu bekommen: kalte, fühllos grausame Hände reißen uns ein Stück unseres Körpers heraus.'"[270]

Die Aussagen und Maßnahmen der *Vereinten Nationen* sind von der Debatte über den kulturellen Relativismus von menschenrechtlichen Überzeugungen und von der Dichotomie zwischen privatem und öffentlichem Bereich geprägt. Interventionen werden unter Hinweis auf das Bestehen festverwurzelter Bräuche abgelehnt, meistens wird von Regierungen einfach nur der Hinweis „Tradition" angegeben. Manchmal werden religiöse Aspekte herausgestrichen, auch wenn die Praktik keine eindeutige Verbindung zum Islam hat und von vielen geistlichen Würdenträgern abgelehnt wird. Das Problem ist auf internationaler Ebene deshalb schwierig anzugehen, weil einerseits nur eine relativ kleine Anzahl von Staaten davon betroffen ist und die Staaten sich andererseits auf ihre eigenständigen traditionellen Werte berufen. Das Thema wurde auf der internationalen Ebene nur sehr zögernd erörtert. Vorstöße von Seiten der Amerikanerin *Fran Hosken*, die die WHO im Jahre 1975 mobilisiert hatte, wurden von afrikanischen Regierungen und afrikanischen Frauengruppen sehr übel vermerkt. Allerdings kamen bald von der afrikanischen Seite selbst starke Signale. Dazu zählten vor allem die mutigen Aktivitäten der Senegalesin *Awa Thiam*, die gegen das Ende der siebziger Jahre die Organisation COMS (Comité contre les Mutilations Sexuelles) gründete. Sie wurde des Landes verwiesen und setzte ihren Widerstand von Paris aus fort, wobei ihr Buch „Die Stimme der Schwarzen Frau – Vom Leid der Afrikanerinnen" im Westen großes Aufsehen erregte. 1980, während der 2. Weltfrauenkonferenz, wurde diese Problematik das erste Mal in den Vereinten Nationen diskutiert. Von da an erstarkten auch die Gegenbestrebungen und der Widerstand in den afrikanischen Ländern.

Bereits 1988 bezeichnete die *Subkommission der Menschenrechtskommission* die genitale Verstümmelung als Verletzung der Rechte von Frauen.[271]

Das Kernstück der UNO Empfehlungen in dieser Hinsicht ist die *CEDAW General Recommendation Nr. 14* zu „female circumcision" (weibliche Beschneidung).[272] Sie knüpft an das Diskriminierungsverbot aufgrund des Geschlechts an und weist nicht nur auf Artikel 12 (Gesundheit) der Konvention, sondern auch auf Artikel 10 (Bildung) als Grundlage für umfassende Maßnahmen hin. Sie spricht von „Female Circumcision" als Produkt von „traditional attitudes under which women are regarded as subordinate or as having stereotyped roles". Aufschlussreich ist allerdings, dass im Titel der Begriff „female circumcision" verwendet wird, anstatt von „genital mutilation" (Verstümmelung der Geschlechtsorgane) zu sprechen, was den Tatsachen entsprechen würde.

Das einzige Verbot der weiblichen Beschneidung in internationalen Menschenrechtsinstrumenten kann aus Art. 24 Abs. 3 des *Übereinkommens über die Rechte des*

---

[270] Nawal El Sadaawi: Tschador. Frauen im Islam. Göttingen 1980, CON, S. 9 f.
[271] Sub.Comm.Res. 1988/34.
[272] Committee on the Elimination of Discrimination against Women (CEDAW): General Recommendation No. 14, 9th Session (1990), UN Doc. HRI/GEN/1/REV.1AT 79 (1994)

Kindes abgeleitet werden. Die Formulierung ist eher milde und verschlüsselt: Die Staaten werden aufgefordert,

„alle wirkungsvollen und geeigneten Maßnahmen zur Abschaffung traditioneller Praktiken zu ergreifen, die nachteilig für die Gesundheit von Kindern sind."[273]

Zu diesen Praktiken gehört auch die genitale Verstümmelung.

Wichtig in diesem Zusammenhang ist ein *Seminar* der Vereinten Nationen im Jahr 1991 zu *Traditional Practices Affecting the Health of Women and Children*, das ausdrücklich von „genitaler Verstümmelung" sprach und sowohl die Umschulung weiblicher Beschneiderinnen als auch umfassende Maßnahmen auf gesetzlicher und strafrechtlicher Ebene und im Bereich der Bewusstseinsbildung empfahl.[274]

Spezialorganisationen, die sich außerordentlich stark mit der Bekämpfung des Problems, in erster Linie mit der Unterstützung von Forschung und Bewusstseinsbildung auf internationaler, regionaler, nationaler und lokaler Ebene befassen, sind die *Weltgesundheitsorganisation* (WHO) und das *Weltkinderhilfswerk* (UNICEF).

Der *Europarat* nahm in den achtziger Jahren eine kombinierte Resolution an, die erzieherische Maßnahmen und ein Verbot der Beschneidung in Mitgliedsländern, vor allem in den Einwandererfamilien, empfahl.[275]

In den letzten Jahren ist in vielen afrikanischen Staaten ein *Verbot* der Genitalverstümmelung erlassen worden. Verschiedenste andere Strategien werden zusätzlich verfolgt, in jedem Fall kommt der Bewusstseinsbildung und der Ausbildung von Multiplikatorinnen zentrale Bedeutung zu.

Brisante Informationen brachte ein Seminar einer *Gruppe afrikanischer Frauen* in Wien im Vienna International Center im Herbst 2000 zu diesem Thema. Diese gipfelten in der Aufdeckung der Tatsache, dass in Wien Töchter von Einwandererfamilien beschnitten werden. Energische Schritte dagegen werden von der Österreichischen Ärztekammer unterstützt.[276]

3.2.3. Gewalt gegen Frauen durch Polizei und Sicherheitsorgane

Bereits ab 1984 begann sich die Kommission über die Rechtsstellung der Frau (CSW) ausdrücklich mit diesem Thema zu beschäftigen, drängte auf Verabschiedung verschiedener Resolutionen von Seiten des ECOSOC zu Frauen in Gefängnissen und forderte den Generalsekretär der Vereinten Nationen auf, einschlägige Studien in Auftrag zu geben.[277]

Trotzdem waren die anderen Menschenrechtsorgane der Vereinten Nationen lange Zeit blind für die Thematik; auch der *Special Rapporteur on Torture* äußerte sich nie über Gewalt an Frauen in Gefängnissen. Ab 1992 begannen sich Änderungen zu vollziehen, beeinflusst durch die CEDAW General Recommendation Nr. 19, die auch

---

273 U.N. Doc. A/Res.44/25 (1989). Übersetzung B. N.
274 UN Doc.E/CN.4/Sub.2/1991/48.
275 Joan Fitzpatrick, in: Rebecca Cook, 1994, a.a.O., S. 543.
276 Vgl. Profil, 6.11.2000, S. 70 ff., Der Standard, 13. 11. 2000, S. 14.
277 Joan Fitzpatrick, 1994, a. a. O., S. 544 und Fn. 96, 97 der betr. Publikation.

auf „Gewalt durch öffentliche Behörden" Bezug nimmt (gefangene Frauen allerdings nicht erwähnt). Anstöße lieferten auch wiederholte Berichte von Amnesty International.[278]

1992 ging dieser Sonderberichterstatter in seinem Bericht an die Menschenrechtskommission ausführlich auf dieses Thema ein. Allerdings ist dabei eine entlarvende Ausdrucksweise festzustellen, z.B. beschreibt ein Bericht über die Leiden einer in Kolumbien gefolterten Frau zuerst die „echten" Foltermaßnahmen, wie Essensentzug, Schläge, etc. und nennt danach nebenbei, nach einem „auch", regelmäßige Vergewaltigungen als zusätzliche Methoden der Folterung dieser Frau. Es scheint also, dass auch Vergewaltigung in Gefängnissen in gewissem Maß in die Privatheit abgeschoben und als Privatbeschäftigung der Wärter und Folterorgane gesehen wurde und wird.[279]

Der *Ausschuss über die Folter* (CAT, Committee on Torture) wird von ExpertInnen oft kritisiert, so z. B. von *Andrew Byrnes* wegen fehlender Aufmerksamkeit aus der Gender-Perspektive.[280] Die staatliche Verantwortung in diesem Fall ist eindeutig gegeben, internationale und nationale Normen verbieten dieses Verhalten, trotzdem ist Gewalt gegen Frauen in Gefängnissen und auf Polizeistationen nicht leicht zu kontrollieren.

Schwierigkeiten ergeben sich insbesondere bei der *Wahl der Ansätze*, die verschiedenen Strategien zugrunde liegen: Das *„Gender Equality"-Paradigma*, die Forderung der Gleichbehandlung von Frauen und Männern, kann dazu führen, dass die speziellen Formen der Gewalt gegen Frauen in Gefängnissen außer Acht gelassen werden.

3.2.4. Gewalt gegen Frauen in bewaffneten Konflikten

Diesem uralten Phänomen, das im Allgemeinen mit der Entstehung des Patriarchats gleichgesetzt wird, wurde im wesentlichen erst seit 1990, genauer seit dem Bosnienkrieg, internationale Aufmerksamkeit gezollt. Dabei gibt es bereits für das ganze vergangene Jahrhundert ausführliche Belege für großangelegte Feldzüge gegen Frauen und für den gezielten Einsatz von Vergewaltigungen als Kriegsstrategie.[281]

---

278 Aufgegriffen wurden diese Fragen das erste Mal in einem Bericht von Amnesty International von 1991 „Women in the Front Line" (AI Index ACT 77/01/91); Bericht von Amnesty International über Indien: „Torture, Rape and Deaths in Custody" (AI Index ASA 20/06/92).
279 Joan Fitzpatrick, in: Rebecca Cook, 1994, a. a. O., S. 544.
280 Andrew Byrnes: The Committee against Torture, in: The Human Rights Organs of the UN, ed. Philip Alston, Oxford 1991, Clarendon Press; Joan Fitzpatrick, 1994, a. a. O., S. 566.
281 Wichtigste Literatur dazu: Kelly Dawn Askin: War Crimes against Women: Prosecution in International War Crimes Tribunals. Den Haag 1997, Kluwer; Fanny Benedetti, John L. Washburn: Drafting the International Criminal Court Treaty, in: Global Governance, Vol. 5, Nr. 1 (Januar/Mai 1999), S. 1 ff. Susan Brownmiller: Gegen unseren Willen. Vergewaltigung und Männerherrschaft. Fischer TB; Rhonda Copelon: Gendered War Crimes: Reconceptualizing Rape in Time of War, in: Julie Peters, Andrea Wolper: Women's Rights as Human Rights. International feminist perspectives. New York, London 1995, Routledge, S. 197-214; Eifler Christine, Ruth Seifert (Hg.): Soziale Konstruktionen –

Internationale Instrumente äußerten sich dazu lange Zeit eher vage, in verblümter Form und mit besonderem Augenmerk auf den Begriff der „Ehre". Erst seit den neunziger Jahren wird Vergewaltigung an Frauen in Kriegen unmissverständlich verurteilt und der strafrechtlichen Verfolgung unterworfen.

Das Internationale Humanitäre Recht knüpft zunächst an die Situation von Frauen in Gefängnissen und bei Polizeiverhören etc. an und legt in Bezug auf Frauen im Allgemeinen folgendes fest:
1. Menschenwürdige Behandlung von weiblichen Kämpferinnen, vor allem als Kriegsgefangene.
2. Schutz von weiblichen Gefangenen und Zivilistinnen, die Vergehen gegen die Besatzungsmacht begangen haben (z.B. Attentate).
3. Schutz von weiblichen Gefangenen vor sexuellem Missbrauch und erniedrigender Behandlung, allerdings mit den oben erwähnten Gewichtungen.
4. Vorkehrungen für die Bedürfnisse von schwangeren Frauen und Mütter von Säuglingen.

So unkontrollierbar Vergewaltigungen von Frauen in Kriegen bis jetzt auch sind, so weit reichen Versuche, sie zu verbieten und unter Strafe zu stellen, zurück:[282]

Die ersten Gesetzeswerke, in denen Vergewaltigung an Frauen in Kriegen verboten wurden, sind die *Militärgesetze* von Richard II (1385) und Heinrich V (1419).[283] Die *Lieber Instructions* von 1863, eine Sammlung von Rechtsinstrumenten eines ame-

---

Militär und Geschlechterverhältnis. Münster 1999, Westfälisches Dampfboot; Judith Gardam: Women, Human Rights and International Humanitarian Law, in: International Review of the Red Cross, Nr. 324, S. 421 ff (September 1998); Sandra Hedinger: Frauen über Krieg und Frieden. Frankfurt/Main 2000, Campus Verlag; Susanne Kappeler, Mira Rendka, Melanie Beyer (Hg.): Vergewaltigung, Krieg, Nationalismus. Eine feministische Kritik. München 1994, Verlag Frauenoffensive; Cynthia Enloe: Does Khaki become you? The Militarization of Women's Lives. London 1988, Pandora Press; Francoise Krill: The Protection of Women in International Humanitarian Law, in: International Review of the Red Cross, Nr. 249, S. 337-363 (Dezember 1985); Medica Mondiale (Hg.): Das Kriegsverbrechertribunal in Den Haag. Sexualisierte Gewalt im Krieg vor Gericht, Köln o.J.; Julie A Mertus: War's Offensive on Women: The Humanitarian Challenge in Bosnia, Kosovo and Afganistan. Kumarian Press, 2000; Catherine Niarchos: Women, War and Rape: Challenges Facing the International Tribunal for the Former Yugoslavia, in: Human Rights Quarterly 17 (1995), S. 649-690; ICPD: Rape is a War Crime. How to Support the Survivors. Lessons from Bosnia – Strategies for Kosovo. Vienna, June 1999, Conference Report; Betty Reardon: Sexism and the War System. Syracuse (NY) 1996, Syracuse University Press; Indai Lourdes Sajor (Hg.): Common Grounds: Violence against Women in War and Armed Conflict Situations. Quezon City, Philippines 1998, ASCENT (Asian Center for Women's Human Rights); Helke Sander, Barbara Johr (Hg.): Befreier und Befreite. Krieg, Vergewaltigungen, Kinder. Fischer TB; Alexandra Stiglmayer: Massenvergewaltigung, Krieg gegen die Frauen. Fischer; Ruth Seifert: War and Rape: Analytical Approaches. Genf 1993; Maria von Welser: Am Ende wünscht Du Dir nur noch den Tod. Die Massenvergewaltigungen im Krieg auf dem Balkan. München 1993; Women, Law and Development International: Gender Violence, the Hidden War Crime. Washington D. C. 1998; Internet-Adressen: Medica Mondiale: http://www.medicamondiale.de/; Homepage des Internationalen Roten Kreuzes: http://www.icrc.org/

282 Die folgende Übersicht baut im Wesentlichen auf einer Vortragsunterlage von Jutta Zalud (Wien, Mai 2001, Institut für Politikwissenschaft) auf.
283 Theodor Meron: Rape as a Crime under International Humanitarian Law, in: AJIL 87 (1993), S. 424 ff.

rikanischen Rechtsgelehrten im amerikanischen Bürgerkrieg, die noch heute mit hohem Autoritätswert ausgestattet ist,[284] halten folgendes fest:
„*all rape (...) (is) prohibited under the penalty of death.*"[285]

Die *Haager Landkriegsordnung* von 1907 betont in *Artikel 46*: „Die Ehre und die Rechte der Familie (...) sollen geachtet werden." Nach *Meron* kann aus diesem Artikel ein Verbot der Vergewaltigung herausgelesen werden, „in der Praxis wurde er aber selten so interpretiert." [286]

Das *Genfer Abkommen von 1929* zur Behandlung von Kriegsgefangenen legt in Art. 3 fest, dass *„Frauen mit aller Rücksichtnahme auf Grund ihres Geschlechts behandelt"* werden sollten.

Vergewaltigung wurde in der Nürnberg Charta nicht erwähnt und auch bei den *Nürnberger Prozessen* nicht als Kriegsverbrechen geahndet, während dies beim *Tokioer Kriegsverbrechertribunal* sehr wohl der Fall war.[287]

Ein gewisser Fortschritt ist durch das *Control Council Law*, No. 10, hrsg. vom „Alliierten Kontrollrat", Dezember 1945, gegeben. Darin wird „rape" als Verbrechen gegen die Menschlichkeit bezeichnet.[288]

An diese Sichtweise knüpften die 4 *Genfer Abkommen von 1949* und die *2 Zusatzprotokolle (1977)* nicht an, allerdings nehmen sie sehr oft auf Frauen Bezug.

In einem gemeinsamen *Artikel 3* (Mindeststandard in nicht-internationalen Konflikten) wird u. a. grausame Behandlung und Folterung (lit. a) sowie die Beeinträchtigung der persönlichen Würde, namentlich erniedrigende und entwürdigende Behandlung verboten (lit. c).

Das *4. Genfer Abkommen* vom 12. August 1949 zum Schutz von Zivilpersonen in Kriegszeiten, hebt in Artikel 27 Abs. 2 hervor:

„Die Frauen werden vor jedem Angriff auf ihre Ehre und namentlich vor Vergewaltigung, Nötigung zur gewerblichen Unzucht und jeder unzüchtigen Handlung geschützt."[289]

Artikel 147 definiert den Tatbestand der „schweren Verletzung" und nennt u. a.:

„Folterung oder unmenschliche Behandlung, (...), vorsätzliche Verursachung großer Leiden oder schwere Beeinträchtigung der körperlichen Integrität oder Gesundheit, (...), ungesetzliche Gefangenhaltung".

Vergewaltigung ist nicht ausdrücklich genannt.

Das *Zusatzprotokoll I* von 1976[290] nennt in *Artikel 75* Abs. 2 folgende verbotene Handlungen:

---

284 Francis Lieber: Instructions for the Goverments of Armies of the United States in the Field. 1863.
285 Kelly Dawn Askin: War Crimes against Women: Prosecution in International War Crimes Tribunals. Den Haag 1997, Kluwer International, S. 36.
286 Theodor Meron, 1993, a.a.O., S. 425.
287 Theodor Meron, 1993, a.a.O., Fn. 14.
288 Im Wortlaut: „Each of the following acts is recognized as crime: (c) Crimes against humanity: Atrocities and offenses, including but not limited to murder, extermination, enslavement, deportation, imprisonment, torture, *rape*, or other inhumane acts committed against any civilan population." Zitiert aus: Kelly Dawn Askin, 1997, a. a. O., S. 124. Unter Berufung auf dieses sehr prestigereiche Instrument wurde diese Formulierung in das Statut des Jugoslawientribunals aufgenommen.
289 BGBl 1953/155.
290 BGBl 1982/527.

„*a) Angriffe auf das Leben, die Gesundheit oder das körperliche oder geistige Wohlbefinden von Personen, insbesondere (…)*
ii) Folter jeglicher Art, gleichviel ob körperlich oder seelisch,
b) Beeinträchtigung der persönlichen Würde, insbesondere entwürdigende und erniedrigende Behandlung, Nötigung zur Prostitution und unzüchtige Handlungen jeglicher Art."

In *Artikel 76* Abs 1 wird unter dem Titel „Schutz von Frauen" Folgendes normiert:
„*Frauen werden besonders geschont; sie werden namentlich vor Vergewaltigung, Nötigung zur Prostitution und jeder anderen unzüchtigen Handlung geschützt*".

Artikel 85 „Ahndung von Verletzungen" dehnt die „*schweren Verletzungen*", die in Artikel 147 des 4. Genfer Abkommens genannt wurden, aus und spricht von „*gegen (…) einzelne Zivilpersonen gerichtete Angriffe.*" Vergewaltigung und andere Formen der sexualisierten Gewalt gegen Frauen sind wieder nicht ausdrücklich genannt.

Zusätzlich zu diesen Bestimmungen sind im 3. Genfer Abkommen und in den Zusatzprotokollen eine Fülle von Schutzbestimmungen für weibliche Kriegsgefangene und Ausnahmebestimmungen für schwangere Frauen und Mütter kleiner Kinder enthalten, die nach Ansicht der Expertin *Joan Fitzpatrick* stark an der „Mütterlichkeitsschiene" orientiert und teilweise von „viktorianischen Vorstellungen" geprägt sind.[291]

Im Allgemeinen wird also durch lange Zeit hindurch mit antiquierten unrealistischen Begriffen operiert, die rund um den Begriff der „Ehre" aufgebaut sind. Dadurch, dass die Vergewaltigung in den Genfer Abkommen nicht explizit als Kriegsverbrechen genannt wird, ergeben sich Schwierigkeiten der strafrechtlichen Verfolgung.

Das *Statut des internationalen Kriegsverbrechertribunals für Jugoslawien* (ICTY)[292] – dieses wurde 1993 aufgrund einer Resolution des UN-Sicherheitsrats etabliert – stellt einen beachtlichen Fortschritt auf dem Weg zu einer verbindlichen strafrechtlichen Verfolgung von sexueller Gewalt gegen Frauen in Kriegen dar. Es zeigt den großen Sprung in der Sensibilisierung der öffentlichen Meinung seit dem Beginn des Bosnienkrieges.

In *Artikel 5* „Crimes against humanity" wird unter (lit. g) „rape" genannt, womit wieder an das Jahr 1945 angeschlossen wäre.

Das *internationale Kriegsverbrecher-Tribunal für Ruanda*[293] wurde am 8. November 1994 aufgrund einer Resolution des UN Sicherheitsrates errichtet. Im Statut dieses Tribunals ist Vergewaltigung ausdrücklich in *Artikel 3* (Verbrechen gegen die Menschlichkeit) und *Artikel 4* (Verstöße gegen den gemeinsamen Artikel 3 der Genfer Abkommen und gegen das Zusatzprotokoll II) genannt. In *Artikel 2* (Völkermord) ist Vergewaltigung nicht ausdrücklich genannt, wurde aber schon vorher in diesem Zusammenhang verurteilt (Akayesu-Urteil, siehe unten).

---

291 Siehe Joan Fitzpatrick, in: Rebecca Cook, 1994, a. a. O., S. 547 f.
292 www.un.org/icty
293 www.un.org/ictr

Urteile im Zusammenhang mit den *Jugoslawien- und Ruanda-Tribunalen* – das Celibici-Urteil[294], das Akayesu Urteil[295], und das Furundzija Urteil[296] – zeigen, dass sich die neue Sichtweise auch in der Praxis niederschlägt.

Das *Römische Statut des Internationalen Strafgerichtshofs (ICC)*[297], das am 17. Juli 1998 angenommen wurde und am 1. Juli 2002 in Kraft trat, ist nachhaltig von den Vorstellungen der an den Verhandlungen beteiligten Frauen und dem „Women's Caucus" geprägt.

Folgende *Ziele* standen bei der Ausarbeitung im Vordergrund: 1. Sexuelle Gewalt sollte *von dem Begriff der Ehre losgelöst* werden. 2. Es sollte klar niedergeschrieben werden, welche *Formen* sexuelle Gewalt umfasst, nämlich Vergewaltigung, Zwangsprostitution, Verstümmelung der Geschlechtsorgane, absichtliche Schwängerung, Verhinderung einer gewollten Abtreibung, erzwungene Abtreibung, Tötung des Neugeborenen, Zwangssterilisation, medizinische Experimente. 3. Vorher bereits bestehende *Tatbestände* sollten so interpretiert werden, dass auch Vergewaltigung und andere Formen schwerer sexueller Gewalt darunter fallen. 4. *Sexuelle Gewalt* sollte ausdrücklich in den Statuten des ICC *genannt* werden. 5. Eine frauen/gendergerechte institutionelle und prozedurale *Absicherung* wurde angestrebt, also ausreichend weibliches Vernehmungspersonal, Schulung aller RichterInnen in Bezug auf den Umgang mit Opfern sexueller Gewalt, ZeugInnenschutz und psychologische Betreuung, Schutz der Angehörigen und Entschädigung der Opfer.

In Teil 2 Artikel 7 Abs. 1 lit. g werden „Verbrechen gegen die Menschlichkeit" definiert („crime against humanity") und Vergewaltigung zusammmen mit anderen Formen der sexuellen Gewalt genannt:

„*Rape, sexual slavery, enforced prostitution, forced pregnancy, enforced sterilization, or any other form of sexual violence of comparable gravity*"

In *Teil 2 Art. 7 Abs. 1 lit. h* wird Verfolgung einer identifizierbaren Gruppe, u. a. auf der Grundlage des Geschlechts *(gender)*, als nach internationalem Recht unzulässig (impermissible under international law) eingestuft.

In *Teil 2 Art. 7 Abs. 2 lit. c* wird unter „Versklavung" („enslavement") der Menschenhandel, insbesondere von Frauen und Kindern („trafficking in persons, in particular women and children") genannt.

In *Teil 2 Art. 7 Abs. 2 lit. f* wird erzwungene Schwangerschaft („forced pregnancy") definiert.

In Teil 2 Art. 8 Abs. 2 lit. b Kriegsverbrechen (War crimes), wird unter sublit. xxii auf eine breite Palette von Formen der sexuellen Gewalt hingewiesen:

„*Committing rape, sexual slavery, enforced prostitution, forced pregnancy, as defined in article 7, paragraph 2 (f), enforced sterilization, and any other form of sexual violence*

---

294 16. November 1998; www.un.org/Icty/pressreal/statcel.html; und www.un.org/icty/pressreal/p364-e.html
295 2. September 1998; www.un.org/ictr/english/singledocs/ipa_summary.html
296 Dezember 1998; www.un.org/icty/glance/Furund.htm
297 International Legal Materials 37 (1998), S. 999 ff.; BGBL III/2002/180; http://www.un.org/law/icc/statute; der Ratifikationsstand ist abzufragen unter: http://untreaty.un.org/ENGLISH/bible/englishinternetbible/part1/chapterXVIII/treaty10.asp

also constituting a serious violation of article 3 common to the four Geneva Conventions"

In *Teil 4 Art. 36* „Qualifications, nomination and election of judges", wird in *Abs. 8 lit. a sublit. iii* auf die Notwendigkeit einer *„fairen Vertretung von weiblichen und männlichen RichterInnen"* (A fair representation of female and male judges) hingewiesen. (Damit waren allerdings die Wünsche des Women's Caucus nur teilweise erfüllt, da der ursprüngliche Wortlaut statt fair „balanced" gewesen war.)

Dieser Erfolg des Women's Caucus bei den Verhandlungen zum Internationalen Strafgerichtshof war nicht zuletzt dadurch möglich geworden, dass der Boden im Wesentlichen bereits durch Verhandlungen und Veröffentlichungen der Vereinten Nationen bereitet worden war.[298] Zentralen Anteil daran hatte die *4. Weltfrauenkonferenz in Beijing* (1995), die in ihrem Schlussdokument, der „Aktionsplattform von Beijing",[299] in Kapitel 4 einen eigenen Abschnitt E. dem Thema *„Frauen in bewaffneten Konflikten"* widmete. Ziffer 131[300] bezeichnet in unmissverständlicher Form „massive Verletzungen der Menschenrechte", wie Vergewaltigung, „namentlich die systematische Vergewaltigung von Frauen in Kriegssituationen (...)" als „verabscheuungswürdige Praktiken", „die mit aller Schärfe verurteilt werden und denen Einhalt geboten werden muss; die für solche Verbrechen Verantwortlichen sind zu bestrafen."

3.2.5. Gewalt gegen Frauen als Flüchtlinge

75% aller Flüchtlinge sind Frauen mit ihren Kindern; in manchen Lagern stellen sie 90% der Belegschaft dar.[301] Frauen flüchten zunächst aus den gleichen Gründen wie

---

298 Eine frühe Äußerung der UN zu diesem Thema war die „Declaration on the Protection of Women and Children in Emergency and Armed Conflict" von 1974 gewesen. Diese war allerdings noch sehr vage und weich formuliert gewesen und hatte sich folgendes Ziel gesetzt: „All efforts to spare women the ravage of war, including torture and degrading treatment and violence."
299 Fourth World Conference on Women. Bejing, China, 4-15 September 1995, United Nations, New York 1996, S. 83.
300 Übersetzung: Deutscher Übersetzungsdienst der Vereinten Nationen: Bericht der Vierten Weltfrauenkonferenz (Beijing, 4.-15. September 1995). Bonn 1995.
301 Literatur dazu: Amnesty International: Frauen im Blickpunkt. AI Informationen 10/91. Crawley, Heaven: Women as Asylumseekers: A Legal Handbook. London 1997, ILPA; Susan Forbes-Martin: Refugee Women. London, New Jersey 1992, Zed; Ninette Kelley: Working with Refugee Women. A Practical Guide. NGO Working Group on Refugee Women. Genf, September 1989; Lydia Krob: Frauen auf der Flucht. Eine Bestandsaufnahme der aktuellen Situation von Flüchtlingsfrauen. Wien 1993, Asylkoordination; Senada Marjanovic: Warten auf den nächsten Tag. Exil in 50 Bildern. Wuppertal, Sarajevo, Tuzla 1997, Bosanska Rijec – Bosnisches Wort; Lydia Potts, Brunhilde Prasske: Frauen – Flucht – Asyl. Eine Studie zu Hintergründen, Problemlagen und Hilfen. Bielefeld 1993, Materialien zur Frauenforschung; 18; Martina Schöttes, Monika Schuckar (Hg.): Frauen auf der Flucht. Chile, Eritrea, Iran, Libanon, Sri Lanka. 2 Bde. Berlin 1994 und 1995; UNHCR, Bundesministerin für Frauenangelegenheiten (Hg.): Flüchtling – weiblich – Österreich. Eine Bestandsaufnahme. Wien 1997; UNHCR (Hg.): Guidelines on the Protection of Refugee Women. Genf 1991; UNHCR: Sexual Violence against Refugees. Guidelines on Prevention and Response. Genf 1995; UNHCR: Sexuelle Gewalt gegen Flüchtlinge. Richtlinien zur Verbesserung, Bonn 1997; Daniela Weber: Verfolgung – Vertreibung – Überleben: Frauen in den Weltfluchtbewegungen. Berlin 1996, trafo.

Männer: aus Angst vor Verfolgung, aus politischen und religiösen Gründen, weil ihr Land oder ihre Religion in einen Krieg oder Bürgerkriege „verwickelt wurde", weil ihre wirtschaftlich-sozialen Lebensgrundlagen zerstört wurden. Es gibt aber eine Reihe von Gründen, die Frauen dazu bewegen, notfalls auch allein, ihr Land oder ihre Region zu verlassen und den Weg in die Ungewissheit zu wagen.

Frauen leiden unter mehrfacher, zumindest *doppelter Verfolgung*: einerseits aufgrund ihrer politischen Einstellung, ihrer Zugehörigkeit zu einer bestimmten Volksgruppe oder ihres religiösen Bekenntnisses, andererseits aufgrund ihres Geschlechts.

Frauenspezifische Fluchtgründe

- Sie werden verfolgt, weil sie gesellschaftliche Normen nicht befolgen, weil sie sich – oft auch nur angeblich – über Moral- und Bekleidungsvorschriften hinwegsetzen.
- Sie fliehen, weil sie in ihrem Land, ihrer Region für sie unerträglichen Zwängen wie genitalen Verstümmelungen oder Heiraten gegen ihren Willen ausgesetzt sind.
- Sie werden als Familienangehörige eines politisch aktiven Mannes verfolgt, als Geiseln benutzt, gefoltert.
- Sie werden verfolgt, gedemütigt, vergewaltigt und misshandelt, weil sie Angehörige einer bestimmten Volksgruppe sind.

Spezifische *Probleme* für eine Frau auf der Flucht ergeben sich vor allem daraus, dass ihre reproduktiven Aufgaben – vor allem, wenn sie allein die Verantwortung für ihre Kinder hat – noch schwieriger wahrzunehmen sind als vorher. Zusätzlich sind Gesundheitszustand und psychische Verfassung in der Regel besonders prekär. In einem fremden Milieu kommt ihre traditionelle Rolle, die ihr wenig Eigenständigkeit zugesteht, mit neuen, für sie ungewohnten Aufgaben in Konflikt.

Frauen erfahren auch auf der Flucht, im Flüchtlingslager und im Asylland noch zahlreiche Formen von *Gewalt und Diskriminierung*, die speziell gegen sie gerichtet sind. Die Kontrolle männlicher Verwandter bzw. anderer Kontrollinstanzen und konservativer (religiöser) Gruppierungen wird stärker. Frauen sind auch während der Flucht und auch in Flüchtlingslagern sexueller Gewalt und Erpressung ausgesetzt. In Flüchtlingslagern werden sie oft erneut marginalisiert und in ihrer traditionellen Hausfrauenrolle bestärkt und erhalten nicht den gleichen Zugang zu Förderung und Weiterbildung. Aspekte der Schamhaftigkeit, die mit ihrer jeweiligen Kultur zusammenhängen, werden oft nicht beachtet (z. B. mit Männern gemeinsame Unterkünfte, fehlende Umkleidemöglichkeiten).

Frauen haben auch bei der Erlangung von Asyl größere Schwierigkeiten als Männer, weil in den bestehenden Instrumenten nicht auf Frauen als Flüchtlinge eingegangen wird und sie hinter einem an Männern orientierten Flüchtlingsbegriff „verschwinden".

Die *Genfer Flüchtlingskonvention* der Vereinten Nationen (1951), das Kernstück und die Grundlage der internationalen Flüchtlingspolitik, hat bereits von vornherein einen sehr eingeschränkten Flüchtlingsbegriff und geht nicht auf weibliche Flüchtlinge ein. Ein Flüchtling ist gemäß Art. 1 lit. A. Ziffer 2:

> „Wer (...) sich aus wohlbegründeter Furcht, aus Gründen der Rasse, Religion, Nationalität, Zugehörigkeit zu einer bestimmten sozialen Gruppe oder der politischen Gesinnung verfolgt zu werden, außerhalb seines Heimatlandes befindet und nicht in der Lage oder im Hinblick auf diese Furcht nicht gewillt ist, sich des Schutzes dieses Landes zu bedienen."[302]

Der Kern dieser Konvention ist ein *Rückschiebeverbot* (non-refoulement). Allerdings ist damit nur der Schutz vor Verfolgung und kein Recht auf Asyl konstituiert; die Feststellung der Flüchtlingseigenschaft obliegt den Staaten. Probleme ergeben sich daraus, dass die GFK auf den größten Teil der tatsächlichen Fluchtgründe – vor allem handelt es sich um das Ursachenbündel der wirtschaftlich-politischen Verfolgung[303] – nicht anwendbar ist. Trotzdem machen gegenwärtig viele Staaten Anstalten, diesen Flüchtlingsbegriff als zu umfassend zu attackieren und die GFK zu demontieren.

Auf Frauen bezogen, ist die Genfer Konvention *„genderblind",* was sich schon darin äußert, dass im englischen Originaltext von einem „he" gesprochen wird. Der Großteil der Fluchtgründe, die auf Frauen zutreffen, ist darüber hinaus nicht darin genannt. Außerdem stellen Frauen oft keinen eigenen Asylantrag und haben daher nur ein abgeleitetes Aufenthaltsrecht, dieses ist also mit dem Asylrecht des Mannes verbunden. Vergewaltigungen, die zumindest in manchen Ländern unter Umständen einen Grund für Asylgewährung darstellen können, werden von Frauen oft aus Gründen der Scham, zumindest nicht gleich, zugegeben; in den meisten Ländern wird dieses Verbrechen gar nicht als Fluchtgrund angesehen.

Allerdings gab und gibt es zahlreiche Versuche auf internationaler Ebene, diese Situation zu verändern, sowohl, was die Möglichkeiten der Frauen betrifft, Asyl zu bekommen, als auch was ihre Situation in den Lagern angeht. Eine zentrale Rolle dabei spielen der/die Hochkommissar/in für Flüchtlinge (UNHCR) und NGOs.[304] Auch das Europäische Parlament hat eine wichtige Funktion. Die Bemühungen, Asyl für Frauen zu erleichtern, kreisen vor allem um den Begriff der *„Sozialen Gruppe".*

1985 erließ der *UNHCR* eine *Resolution,* die es den Regierungen frei stellt,

> „sich die Interpretation zu eigen zu machen, dass weibliche Asylsuchende, die harte und unmenschliche Behandlung zu erwarten haben, weil sie gegen den sozialen Sittenkodex der Gesellschaft, in der sie leben, verstoßen haben, eine ‚besondere soziale Gruppe' im Sinne von Art. 1 A (2) der UN Flüchtlingskonvention von 1951 darstellen".[305]

---

302 BGBl 1955/55 idF BGBl 1974/78.
303 Dieser Begriff wurde von Daniela Weber eingeführt und bezeichnet den Entzug der Lebensgrundlagen von Menschen durch gezieltes oder fahrlässiges Verhalten bestimmter Regierungen, politischer Gruppierungen etc. Vgl. Daniela Weber: Verfolgung – Vertreibung – Überleben: Frauen in den Weltfluchtbewegungen. Berlin 1996, trafo, S. 20.
304 Vgl. dazu insbesondere: Ninette Kelley: Working with Refugee Women. A Practical Guide. NGO Working Group on Refugee Women. Genf, September 1989.
305 Executive Committee of the UNHCR: Conclusion No. 39 (XXXIV): „States in the exercise of their sovereignty, are free to adopt the interpretation that women asylum-seekers who face harsh or inhuman treatment due to their having transgressed the social mores of the society in which they live may

Diese Resolution war zwar nur optional, füllte aber eine Lücke und half zumindest, die Problematik ins Licht zu rücken. Sie hat langsam dazu geführt, dass in einigen Staaten weibliche Fluchtgründe in den Asylverfahren berücksichtigt werden.

1986 wurde auf Initiative von *Ninette Kelly* eine *NGO Working Group on Refugee Women* gegründet, die eine wichtige Studie in Zusammenarbeit mit dem UNHCR erstellte.[306] Sie arbeitete die gesamte Problematik der systematischen Benachteiligung von weiblichen Flüchtlingen auf.

1987 erließ der UNHCR *Richtlinien für den Schutz von Flüchtlingsfrauen* (Guidelines for the Protection of Refugee Women).[307] Die Guidelines empfehlen u. a. eine sorgfältigere Interviewmethode für flüchtende Frauen und die Ausbildung von weiblichem Personal. Trotz vieler guter Ansätze stellt sich allerdings nur geringer Erfolg ein.

1988 wurde das *UNHCR Steering Committee on Refugee Women* gegründet, das den Prozess der Überprüfung des Flüchtlingswesens aus der Genderperspektive überwachen und gestalten sollte.

1989 wurde eine *Flüchtlingskoordinatorin* zur Sensibilisierung der MitarbeiterInnen bestellt.

1990 wurde das Dokument *UNHCR Policy on Refugee Women* veröffentlicht. Damals wurde bereits die bewusste Integration der Genderperspektive in alle Stadien der Flüchtlingsbetreuung angestrebt.

1991 erschienen weitere *Guidelines on the Protection of Refugee Women*, die bis heute einen maßgeblichen Leitfaden darstellen.

1991 wurde eine Resolution der *Kommission über die Rechtstellung der Frau* (CSW) zu Flüchtlingsfrauen erlassen. Sie forderte unter anderem individuelle ID-Karten und Registrierungsdokumente, um die Abhängigkeit von den Männern zu verringern.[308]

1997 brachte der UNHCR eine weitere Richtlinie zum Thema „*Sexuelle Gewalt gegen Flüchtlinge*" heraus.

3.2.6. Gewalt in Verbindung mit Prostitution und Frauenhandel

Bemühungen zum Schutz von Frauen und Kindern vor erzwungener *Prostitution*, die schon 1904 begannen, kulminierten 1950 in der *Konvention zur Unterdrückung des Menschenhandels und der Ausbeutung von Prostituierten*.[309] Sie ist nach wie vor der *einzige internationale Vertrag* über Menschenhandel und unter allen UN-Konventionen diejenige mit der geringsten Zahl von Unterzeichnungen und Ratifikationen. Sie ver-

---

be considered as a ‚particular social group' within the meaning of Article 1(A)(2) of the 1951 United Nations Refugee Convention." Genf 1985.
306 Ninette Kelley, 1989, a. a. O..
307 Jan Burgess: New UNHCR Guidelines for The Protection of Refugee Women, in: Refugees 1987 (Oct. 91), S.40-41.
308 U.N. Doc. E/1991/28.E/CN.6/1991/14, 1991.
309 Internationale Quelle: UNTS Bd. 96, S. 271. Deutscher Text in: Bruno Simma, Ulrich Fastenrath, 1992, a. a. O., S. 136 ff.

körpert das „*abolitionist model*": Prostitution an sich ist verboten, der Zuhälter und der Unternehmer, werden bestraft, die Frauen selbst (in der Theorie) nicht. Dahinter steht die Annahme, dass alle Prostitution erzwungen ist. Frauen werden als hilflose, verletzliche Wesen begriffen, die es vor dem „Übeln der Prostitution" zu schützen gilt.[310]

Die Staaten selbst neigen eher zu „*prohibitionist approaches*" – diese umfassen ein radikales Verbot und gewaltsame Unterdrückung – oder zu „*regulationalist models*", in deren Rahmen Prostituierte in lizensierten Bordellen, Rotlichtbezirken etc. *kanalisiert* werden.[311]

Seit ca. 10 Jahren wird der „*empowerment approach*" ventiliert, der davon ausgeht, dass Prostitution auch freiwillig sein kann und freiwillig sein können soll. Frauen sollen dabei unterstützt und vor Gewalt geschützt werden, sie sollen polizeilichen Schutz und Bürgerrechte genießen und Kontrolle über ihre Einnahmen haben. Ein Netzwerk, das davon ausgeht, dass Frauen auch Gründe haben können, als Sexarbeiterinnen tätig zu sein, ist das *Network of Sexwork Projects*, es wird unterstützt von *Anti-Slavery International*. Es hat ausgefeilte Vorschläge zur Änderung der Definition und grundlegende Instrumente im Bereich von Prostitution und Frauenhandel erarbeitet. Dies soll auch der Erarbeitung einer neuen Konvention dienen.[312] Ein anderes Netzwerk, das in diesem Bereich tätig ist, ist das „*Global Survival Network*".

Der *Frauenhandel*, eines der größten Probleme der globalisierten Welt, wird von den bestehenden Instrumenten nur unzureichend erfasst. Besonders kritikwürdig ist in diesem Zusammenhang die *Konvention von 1950,* weil sie Menschenhandel nicht definiert, nicht auf verschiedene Formen des Frauenhandels eingeht und „trafficking" nur in Verbindung mit Prostitution sieht. Auf diese Weise sind unzählige Frauen vom Schutz vor Menschenhandel ausgeschlossen.[313] Darüber hinaus werden Frauen durch ihre Abhängigkeit von den Zuhältern durch Verbote erst recht getroffen und sind nicht vor Abschiebung geschützt. Die beiden oben genannten Netzwerke sind sehr aktiv im Hinblick auf Reformen im Sinn der betroffenen Frauen.

Auf den Frauenhandel wird auch in *Art. 6 der CEDAW* eingegangen:

„Die Vertragsstaaten treffen alle geeigneten Maßnahmen, einschließlich der Verabschiedung von Rechtsvorschriften, zur Unterdrückung jeder Form des Frauenhandels und der Ausbeutung der Prostitution von Frauen".

---

310 Commission on Human Rights: Integration of the Human Rights of Women and the Gender Perspective. Report of the Special Rapporteur on violence against women, its causes and consequences, Mrs. Radhika Coomaraswamy, on trafficking in women, women's migration and violence against women, 29. 2. 2000, E/CN.4/2000/68, S. 11.
311 Joan Fitzpatrick, in: Rebecca Cook, 1994, a. a. O., S.552.
312 Vgl.: Jo Bindman (Anti-Slavery International), Jo Doezema (Network of Sex Work Projects): Redefining Prostitution as Sex Work on the International Agenda, 1997, in: http://www.walnet.org/csis/papers/redefining.html. Die Analyse enthält auch eine sehr ausführliche Übersicht über alle Stadien der Entwicklung des „trafficking framework" und eine genaue Aufarbeitung der Auswirkungen der Gesetzgebung in verschiedenen Ländern.
313 Commission on Human Rights, 56th session. Agenda item 12 (a) of the provisional agenda: Integration of the Human Rights of Women and the Gender Perspective. Violence against Women. Report of the Special Rapporteur on violence against women, its causes and consequences, Ms. Radhika Coomaraswamy, on trafficking in women, women's migration and violence against women. E/CN.4/2000/68; 29. 2. 2000, S. 11.

Die *CEDAW General Recommendation Nr. 19* weist darauf hin, dass es durch die wachsende Armut und Arbeitslosigkeit zu neuen Formen des Menschenhandels wie Sextourismus, Anwerbung von Haushaltspersonal aus südlichen Ländern für Haushalte im globalen Norden und organisierten Eheschließungen zwischen Frauen aus „armen" und Männern aus „reichen" Ländern komme, Trends, die Frauen in vermehrtem Umfang der Gewalt und dem Missbrauch aussetzen.

„*Poverty and unemployment increase opportunities for trafficking in women. In addition to established forms of trafficking there are new forms of sexual exploitation such as sex tourism, the recruitment of domestic labour from developing countries to work in developed countries and organized marriages between women from developing countries and foreign nationals. These practices are incompatible with the equal enjoyment of rights by women and with respect for their rights and dignity. They put women at special risk of violence and abuse.*"

Die *Erklärung zu Gewalt gegen Frauen* nennt in Artikel 2 lit. b unter den Formen der Gewalt gegen Frauen auch Frauenhandel und Zwangsprostitution.

„*Physical, sexual and psychological violence occurring within the general community, including rape, sexual abuse, sexual harassment and intimidation at work, in educational institutions and elsewhere, trafficking in women and forced prostitution.*"

Das *Römische Statut des Internationalen Strafgerichtshofs* schließt in Teil 2 Artikel 7 Abs. 2 lit. c den Handel mit Menschen, besonders mit Frauen und Kindern, in den Begriff der Versklavung („Enslavement"), die ein Verbrechen gegen die Menschlichkeit darstellt, ein.[314]

Die *Menschenrechtskonferenz in Wien* (1993) bezeichnete die Frage des „international trafficking" als Form der geschlechtsspezifischen Gewalt und rief die nationale Gesetzgebung zur Beseitigung durch internationale Zusammenarbeit auf.[315] Die *4. Weltfrauenkonferenz in Beijing* (1995) setzte sich in ihrem Schlussdokument in Kapitel 4 Abschnitt D (Gewalt gegen Frauen) ausführlich mit dem Phänomen des Frauenhandels, mit Zwangsehen und Zwangsarbeit und mit Methoden zu deren Bekämpfung auseinander.[316]

Ein wichtiger Schritt besteht auch in der Annahme eines *Protokolls*, das den Menschenhandel, vor allem mit Frauen und Kindern, „verhüten, unterdrücken und bestrafen" soll. Dieses ergänzt eine Ende 2001 in Palermo angenommene *Konvention der Vereinten Nationen gegen transnationales organisiertes Verbrechen*.[317]

Abgesehen von diesen Instrumenten wird die Problematik auch in den beiden *UN Pakten* von 1966 (ICESCR und ICCPR), in der „*Convention on the Rights of the Child*" (CRC), in zwei Resolutionen der WHO zur Bekämpfung von AIDS[318], in der

---

314 Siehe den vorhergehenden Abschnitt zu Frauen in bewaffneten Konflikten.
315 World Conference on Human Rights: The Vienna Declaration and Programme of Action. Vienna, June 1993. United Nations, New York 1993.
316 Fourth World Conference on Women, Beijing, China, 4.-15. September 1995, United Nations New York 1996, S. 81 f.
317 UN Doc.A/55/383; GA Res. 55/25, annex I, 55 UN GOAR Supp. (no. 49), UN Doc. A/45/49 (Vol. 1) 2001.
318 WHA 41.24, 1988 und WHA 45.35, 1992.

"Supplementary Convention on the Abolition of Slavery, the Slave Trade, and Institutions and Practices Similar to Slavery" (1956) sowie in der *"International Convention on the Protection of the Rights of all Migrant Workers and their Families"* (1990) und in zahlreichen ILO Konventionen und Empfehlungen behandelt.

Frauenhandel, der nach dem bereits zitierten Bericht der Sonderberichterstatterin zu Gewalt gegen Frauen aus einer „Vielzahl von ausbeuterischen Zielen, zu denen die Opfer nicht zugestimmt haben"[319], besteht, hat bereits astronomische Ausmaße angenommen, die UN sprechen von mindestens 4 Millionen „trafficked persons", wobei die Dunkelziffer hoch ist.[320] Frauenhandel wird zunehmend als Problem wahrgenommen und es werden auch Maßnahmen dagegen ergriffen. Aus einer Perspektive der Menschenrechte sind allerdings viele dieser Strategien zweifelhaft, vor allem konservative Kampagnen der Bewusstseinsbildung, gewaltsame Aufdeckungsmaßnahmen wie Razzien und die Zerstörung von Rotlichtbezirken, aber auch Immigrationspolitiken, die mit Visabeschränkungen und drohender Abschiebung die Situation der betroffenen Frauen weiter erschweren. Positive Maßnahmen sind die Schulung von Polizeiorganen, wie sie z. B. im Rahmen der STOP-Programme der EU[321] durchgeführt werden, in die auch mittel- und osteuropäische Länder einbezogen sind. Auch Österreich ist in dieser Hinsicht aktiv geworden.[322]

3.2.7. Gewalt am Arbeitsplatz – „Sexual Harassment"

Dieses Problem wurde mit der 2. Weltfrauenkonferenz in Kopenhagen (1980) in den Blickpunkt der Öffentlichkeit gerückt.

Das Anliegen ist indirekt bereits in Art. 11 (Arbeit) der CEDAW-Konvention, insbesondere in Artikel 11 Ziffer 1 lit. c[323] enthalten. Die bereits mehrmals erwähnte *CEDAW General Recommendation Nr. 19* (Violence against Women) von 1992 sieht Belästigung am Arbeitsplatz nicht nur als Gesundheits- und Sicherheitsproblem, sondern vor allem als Diskriminierung der Frau im Hinblick auf ihre Entfaltungsmöglichkeiten, Aufstiegschancen etc.

Die General Recommendation zu Art. 11 der CEDAW-Konvention hat folgenden Wortlaut:

---

319 Commission on Human Rights, 56th Session, a. a. O., S. 8.
320 Ebenda, S. 24.
321 Vgl. dazu Teil II Pkt 3.2.1.
322 Österreich veranstaltete von 1996-1998 eine Reihe von Fachtagungen und Seminaren zu diesem Thema, beteiligte sich an Aktivitäten der EU, auch im Rahmen der oben erwähnten STOP-Programme, und arbeitete, zusammen mit der Organisation LEFÖ (Lateinamerikanische Exilierte Frauen in Österreich) ein Zeuginnenschutzprogramm aus. Zwei wichtige Studien erschienen zu diesem Thema: Helga Konrad, Bundesministerin für Frauenangelegenheiten/LEFÖ (Hg.): Frauenhandel. Wien 1996. Bundeskanzleramt, Schriftenreihe, Band 4.; Angelika Kartusch, Katharina Knaus, Gabriele Reiter: Bekämpfung des Frauenhandels nach internationalem und österreichischem Recht. Wien 2000. Band 9 der Studienreihe des Ludwig Boltzmann Instituts für Menschenrechte, hg. von Manfred Nowak und Hannes Tretter.
323 Hier wird u. a. auf das Recht auf Arbeitsplatzsicherheit hingewiesen.

„17. Equality in employment can be seriously impaired when women are subjected to gender-specific violence, such as sexual harrassment in the workplace.

18. Sexual harassment includes such unwelcome sexually determined behaviour as physical contact and advances, sexually coloured remarks, showing pornography and sexual demand, whether by words or actions. Such conduct can be humiliating and may constitute a health and safety problem; it is discriminatory when the woman has reasonable grounds to believe that her objection would disadvantage her in connection with her employment, including recruitment or promotion, or when it creates a hostile working environment."

Die Regierungen sind angehalten, über Maßnahmen zur Unterbindung und Eindämmung dieses Problems zu berichten.

Die *Erklärung zur Beseitigung von Gewalt gegen Frauen*[324] (1993) definiert den Gewaltbegriff sehr weit: „sexual harassment" ist Teil physischer, sexueller und psychologischer Gewalt (Artikel 2 lit. b) in der Gesellschaft.

*„Physical, sexual and psychological violence occurring within the general community, including rape, sexual abuse, **sexual harassment** and intimidation at work, in educational institutions and elsewhere, trafficking in women and forced prostitution."*

Die *Inter-Amerikanische Konvention über die Verhütung, Bestrafung und Ausrottung von Gewalt gegen Frauen* (1994) nennt in der Definition des Gewaltbegriffs ebenfalls explizit *„sexual harassment"* (Artikel 2 lit. b):

*„Violence against women shall be understood to include physical, sexual and psychological violence (...) that occurs in the community and is perpetrated by any person, including, among others, rape, sexual abuse, torture, trafficking in persons, forced prostitution, kidnapping and **sexual harassment** in the workplace as well as in educational institutions, health facilities and any other place."*

Auch die Europäische Union hat zu diesem Problem Stellung genommen und Maßnahmen zur Beseitigung von sexueller Belästigung entwickelt.[325]

4. Zusammenfassung

Aus den bisherigen Ausführungen sollte deutlich werden, dass die Probleme einerseits immer brisanter werden, dass andererseits die Bereitschaft der internationalen Gemeinschaft in den letzten Jahren signifikant gestiegen ist, die internationalen Instrumente zu schärfen und auf deren Umsetzung zu drängen. Entscheidenden Anteil an diesen Veränderungen hatten die internationale Frauenbewegung und internationale und nationale Frauen-NGOs.

---

324 GA Res.48/104, 20. Dezember 1993.
325 Vgl. dazu Teil II, 3.2.2.

Kapitel 4
Unterstützung der internationalen Bewegung für Frauenrechte durch die Vereinten Nationen

1. Frühes Engagement

Das frauenpolitische Engagement der Vereinten Nationen ist so alt wie diese selbst, wobei die Organisation ihrerseits bereits an frühere Bestrebungen anknüpfen konnte.[326]

In der *Charta der Vereinten Nationen*, in der *Allgemeinen Erklärung der Menschenrechte* sowie in den beiden *UN Pakten* von 1966 ist das Bekenntnis zur Gleichberechtigung zwischen Mann und Frau sowie das Diskriminierungsverbot – auch im Hinblick auf das Geschlecht – festgeschrieben.[327] Die *Kommission für die Rechtsstellung der Frau* (CSW) stellte mit der Ausarbeitung wichtiger Konventionen[328] entscheidende Weichen.

Mit dem Beginn der sechziger Jahre des vergangenen Jahrhunderts und dem Eintritt des Großteils ehemaliger Kolonien in die Unabhängigkeit begann eine neue Phase. Die CSW weitete ihren Themenkreis aus und bezog mehr und mehr Aspekte aus der Lebensrealität von Frauen der sogenannten „Entwicklungsländer"[329], vor allem aus den ländlichen Regionen, ein, wobei der Begriff der „Frauendiskriminierung" täglich neue Dimensionen annahm. Fragen wie Grundbedürfnisse, Ernährungsfragen, Mutter-Kind-Gesundheit, Community Development, Bevölkerungsprobleme sowie, ganz allgemein, Aspekte der wirtschaftlichen und sozialen Entwicklung von Frauen in Afrika, Asien und Lateinamerika gewannen an Bedeutung.

---

326 Auch im Völkerbund waren Frauenrechte bereits wahrgenommen worden. Dieser erörterte schon im Jahre 1935, auf Drängen von lateinamerikanischen Ländern, ausführlich die Rechtsstellung der Frau und beschloss 1937 die Durchführung einer umfassenden Studie über die diesbezügliche Lage in den Mitgliedsländern. Allerdings wurde vor Ausbruch des 2. Weltkriegs nur ein Abschnitt über privatrechtliche Aspekte fertiggestellt. Das Anliegen der Gleichberechtigung von Frauen war außerdem bereits vorher von der Interamerikanischen Frauenkommission der Organisation amerikanischer Staaten (OAS) aufgegriffen worden. Siehe Presseaussendung der Vereinten Nationen, UNIS/WOM/85.
327 Vgl. Kapitel 2.
328 Vgl. Kapitel 1 und Kapitel 2.
329 Dieser abwertende Ausdruck ist leider bis heute üblich. Zu Beginn der 70er Jahre bürgerte sich der Ausdruck „Dritte Welt" ein, der der politischen Realität des Kalten Krieges entsprach und seinen Niederschlag in den Verhandlungsgruppen der UN fand: Die „erste Welt", die westlichen Industrieländer hießen im UN Jargon die Gruppe B, die „zweite" Welt, östliche Länder, firmierte unter dem Ausdruck „sozialistische Staaten" und die Länder des Südens, eben die „Dritte Welt", waren (und sind bis heute) unter dem Titel „Gruppe der 77" (nach der Anzahl der Gründungsmitglieder dieser Bewegung im Jahre 1964 in Algier) zusammengeschlossen. Progressive entwicklungspolitische Gruppen verwen-

Die Frauen in der CSW waren dabei großteils auf sich allein gestellt, die UNO als Gesamtorganisation war völlig desinteressiert.[330] Ein Beispiel dafür stellte die Internationale Entwicklungsstrategie für die Jahre 1960-1970 dar, die keinerlei Hinweis auf Frauen und Geschlechterverhältnisse enthielt. Wenn Frauen des Südens in irgendwelchen Arbeitspapieren oder Programmen vorkamen, dann höchstens im Zusammenhang mit Mutter-Kind-Programmen. Dahinter stand eine verhängnisvolle Vernachlässigung des landwirtschaftlichen Sektors, die Konzentration auf Männer als Ansprechpersonen und Empfänger der Entwicklungshilfe – auch in Fragen der Landwirtschaft, in denen sie, vor allem in Afrika, oft nur sehr geringe Erfahrungen hatten –, und eine allgemeine Ausklammerung und Verdrängung der Frauen von wichtigen Positionen. Damit wurde die Politik der Kolonialzeit gegenüber Frauen fortgesetzt.[331] Der Entwicklungsansatz jener Zeit war der der *Modernisierungsstrategien*,[332] auf Frauen bezogen war dies der *Wohlfahrtsansatz*, der Frauen nur als schutzbedürftige, verletzliche Wesen und als passive Rezipientinnen sah, sie nur in ihrer Rolle als abhängige Hausfrauen und Mütter ansprach und das nahezu ausschließliche Schwergewicht auf Unterstützungen im reproduktiven Bereich legte.[333] Diese Politik bewirkte nicht nur eine Verschlechterung der Stellung der Frauen in südlichen Regionen und eine Verringerung ihres Ansehens, sondern legte den Grundstein für spätere Hungersnöte und die wirtschaftliche Verarmung vor allem der afrikanischen Länder.[334]

---

deten vielfach bewußt den Ausdruck Dritte Welt unter Berufung auf das revolutionäre Potential des „Dritten Standes" im Frankreich von 1789. Heute sind für diese Region Ausdrücke wie „Süden", „globaler Süden", „südliche Länder" üblich.

330 Vgl. Hilkka Pietilä, Jeanne Vickers: Making Women Matter. The Role of the United Nations. London 1990, Zed; Arvonne Fraser: The UN Decade for Women. Documents and Dialogue. Boulder 1987, Westview Press.

331 Aus der Fülle der Literatur seien folgende Werke herausgegriffen: Ester Boserup: Die wirtschaftliche Rolle der Frau in Afrika, Asien, Lateinamerika. Stuttgart 1982, Ed. Cordeliers; Scarlett T. Epstein: The Role of Women in the Development of Third World Countries, in: Internationale Entwicklung, Wien 1975, III, S. 10 ff., ÖFSE; Nancy Hafkin (Hg.): Women in Africa. Studies in Social and Economic Change. Stanford 1976, Stanford University Press; Jean M. Hay, Sharon Stichter (Hg.): African Women South of the Sahara. New York 1986, LonGman; Maguire Patricia: Women in Development. An Alternative Analysis. Amherst (Mass.) 1984, Univ. of Massachusetts; Kabeer, Naila: Reversed Realities. Gender hierarchies in Development Thought. New Delhi 1994; Caroline Moser: Gender Planning and Development. Theory, Practice and Training. London, New York 1993, Routledge; New Internationalist (Hg.): Frauen – ein Weltbericht. München 1986, Orlanda; Tinker, Irene, Bramsen Michelle: Women and Development. Washington D. C. 1976, Overseas Development Council.

332 Siehe zu den Entwicklungsstrategien jener Zeit insbesondere: Commission on International Development: Partners in Development (The Pearson Report) Ottawa 1969; Manfred Wöhlcke, Peter von Wogau, Waltraud Mertens: Die neuere entwicklungstheoretische Diskussion. Frankfurt/Main 1977, Edition der Ibero-Amerikaner; Franz Nuscheler: Lern-und Arbeitsbuch Entwicklungspolitik. Bonn 1985, Verlag Neue Gesellschaft. F. Fröbels, J. Heinrichs, O. Kreye: Die neue internationale Arbeitsteilung. Reinbek b. Hamburg 1977, Rowohlt; Rudolf H. Strahm: Warum sie so arm sind. Arbeitsbuch zur Entwicklung der Unterentwicklung in der Dritten Welt. Wuppertal 1986, Peter Hammer; Dag Hammarskjöld Foundation: What now? The 1975 Dag Hammarskjöld Report, in: Development Dialogue 1975, Uppsala.

333 Vgl. Caroline Moser, 1993, a. a. O., S. 58ff

334 Siehe dazu vor allem New Internationalist, 1986, a. a. O., S. 25-39.

Zu Beginn der siebziger Jahre wurde von Seiten der CSW ein neuer Anlauf genommen. Den Hintergrund dafür bildete das Erstarken der zweiten Frauenbewegung in westlichen Ländern und die Enttäuschung über die mangelhafte Umsetzung der „Frauen-Konventionen". Außerdem war zu diesem Zeitpunkt ein Buch von *Ester Boserup* mit dem Titel „Die wirtschaftliche Rolle der Frau in Afrika, Asien. Lateinamerika"[335] erschienen, das sich, zumindest unter Expertinnen, als wahrer „Augenöffner" erwies und einen Aktionsschub unter weiblichen Wissenschafterinnen und Frauenrechts-Aktivistinnen auslöste.

Auf der offiziellen Ebene wurde die „Frauenfrage" allerdings weiterhin vernachlässigt; auch in der 2. Entwicklungsstrategie (1970-1980) wurde sie nicht erwähnt, im prestigereichen „*Pearson Report*"[336], in dem das „Human Development" im Vordergrund stand, wurde auch nur in einem Absatz zur Familienplanung darauf Bezug genommen.

Dies alles bestärkte die Frauen in der und um die CSW darin, dass rasches Handeln angesagt war. 1972 wurde daher ein *Resolutionsentwurf* über die Ausrufung eines „*Internationalen Jahrs der Frau*" im Jahre 1975 ausgearbeitet, wobei die NGOs eine wichtige Rolle spielten: Die Vertreterin einer finnischen NGO formulierte nämlich einen Resolutionsentwurf, der schließlich von der Regierungsvertreterin von Rumänien bei der CSW eingebracht[337] und von der Generalversammlung der Vereinten angenommen wurde.[338] Das ging allerdings nicht ohne Widerstände vor sich. Zum Beispiel äußerte sich der Vertreter Saudiarabiens folgendermaßen:

„*Frauen haben bereits mehr Gleichheit als Männer, weil sie von diesen unterstützt werden und diese beerben(...).*"[339]

Ein entscheidender Wendepunkt trat 1974 mit der Ernennung der Finnin *Helvi Sippilä* zur Stellvertretenden Generalsekretärin der Vereinten Nationen und zur Leiterin des *Center for Social Development and Humanitarian Affairs* (CSDHA) ein. Damit begann in gewissem Sinn eine „*Frauenära*", wobei sofort – zumindest leichte – Veränderungen spürbar waren: Zwei große Konferenzen, die *Weltbevölkerungskonferenz in Bukarest* (August 1974) und der *Welternährungskongress* (Rom 1974) befassten sich eingehend mit Frauenfragen, was gegenüber früher einen eindeutigen Fortschritt darstellte. Gleichzeitig wurde ein weiblicher „Think Tank" rund um die Kommission und die *Society for International Development* (SID) aufgebaut. Dieser entwickelte das vor allem in den Vereinten Nationen sehr einflussreiche frauenspezifische „*Women in Development*" *(WID)-Konzept*, das das Fehlen von Frauen in entwicklungspolitischen Entscheidungen anprangerte und Strategien zur umfassenden Integration von Frauen in den Entwicklungsprozess formulierte. Dieser WID Ansatz ist mittlerweile stark „unter Beschuss" geraten, da er Veränderungen nur im Hinblick auf die Gruppe der Frauen postuliert und das zugrunde liegende Entwicklungsmodell sowie die bestehenden Geschlechterverhältnisse unangetastet lässt. Was im Rah-

---

335 Vgl. Ester Boserup 1982, a. a. O.
336 Siehe Fußnote 332 zu Entwicklungsstrategien.
337 Hilkka Pietilä, Jeanne Vickers, 1990, a. a. O, S. 73.
338 A Res. 3010 (XXVII), 18. 12. 1972.
339 Arvonne Fraser, 1987, a. a. O., S. 18.

men dieses Ansatzes kritisiert wurde, war im Wesentlichen das Fehlen der Frauen. Trotzdem war dieses Konzept unschätzbar wichtig und stellte den Beginn des Widerstands gegen die Verleugnung und Ausgrenzung der Frauen in der Entwicklungspolitik dar.

2. 1975: Auftakt für zahlreiche Aktivitäten und eine turbulente Konferenz

Das „Internationale Jahr der Frau", das 1975 veranstaltet wurde, war das weitaus erfolgreichste unter allen UN Jahren. Die *Frauen* der Welt erwiesen sich dabei als einzigartige *Pressure Group*, die ein offizielles Anliegen immer mehr zu ihrer ureigenen Angelegenheit machten.

Bereits damals waren alle Spezialorganisationen der Vereinten Nationen eingebunden. Auch in südlichen und östlichen Ländern begannen Diskussionen, Konfrontationen und Aktionen unter Frauen. Es stellte den Anstoß für eine Flut von Gesetzen in vielen Ländern dar, wobei dies in vielen südlichen Regionen überhaupt erst den Beginn bedeutete. Das „Internationale Jahr der Frau" gab den Anstoß für den Aufbau von Frauenorganisationen und für die Errichtung von Strukturen zur Durchsetzung von Frauenanliegen, die später „National Machineries" genannt wurden.[340] Es war auch für Österreich von unschätzbarer Bedeutung, da damit die große Familienrechtsreform (1976) und die Ablöse der patriarchalen Versorgungsehe durch partnerschaftliche Konzepte begann.

Das wichtigste Ereignis dieses Jahres war die *Weltfrauenkonferenz in Mexico City*. Die Entscheidung dazu kam relativ spät, daher war sie nicht sehr gut vorbereitet. Die Verhandlungsgrundlage, der „Weltaktionsplan",[341] eine Zusammenstellung aller Erkenntnisse der letzten Jahre, wurde in kürzester Zeit aus dem Boden gestampft. Er war zwar ein engagiertes, mutiges Dokument, er war aber – nicht von ungefähr – eindeutig westlich dominiert und berücksichtigte die Ideen und die Lage von Frauen im Osten und Süden der Welt nur ungenügend.

Von Anfang an war klar, dass diese Weltfrauenkonferenz – wie auch alle anderen nach ihr – ein *hochpolitisches Ereignis* werden sollte. Um „Frauen" ging es zwar im Titel und in den Verhandlungspapieren, an den Verhandlungstischen saß aber noch eine erkleckliche Zahl von Männern. Die Frauen in den Delegationen waren – selbstverständlich – Sprachrohre ihrer männlich dominierten Regierungen.[342]

---

340 Siehe dazu die Schwerpunkthefte der UNESCO (UNESCO Kurier, 3/1975, 8-9 1975, der FAO (CERES, März-April 1975) und der WHO (World Health, Jänner 1975).
341 World Plan of Action for the Implementation of the Objectives of the International Women's Year, in: United Nations: Report of the World Conference of the International Women's Year, Mexico City, 19 June-2 July 1975. New York 1976.
342 Details dazu siehe in: Brita Neuhold: Von „Equal Rights" zu „Gender Justice". Der mühsame Weg der Vereinten Nationen zum „Empowerment" von Frauen, in: Österreichische Zeitschrift für Politikwissenschaft (ÖZP), 24 (1995), 4, S. 377 ff.; dieselbe: „Keep on Moving Forward!" Hintergründe, Verlauf

Dahinter standen massive Spannungen und Differenzen zwischen den politischen Machtblöcken, also dem Norden einerseits und dem Süden und Osten andererseits.[343] Es ging dabei nicht nur um Machtpolitik, sondern auch um Wissenschafts- und Wirtschaftspolitik: Während der Westen im Sinn der liberalen Entwicklungstheorien nur Reformen innerhalb des bestehenden Systems anstrebte und, auch was Frauen betraf, den Schlüssel zur Lösung aller Probleme in erster Linie in einer Modernisierung der Gesellschaften und in einer Verbesserung von Gesetzen sah, stellte für den Osten und den Großteil der Länder des Südens die Überwindung der ungleichen Verteilung von wirtschaftlicher und politischer Macht auf internationaler Ebene die Voraussetzung für eine Besserstellung (auch) der Frauen in ihren Ländern dar.

Die jeweiligen Schwerpunktsetzungen liefen entlang den Teilzielen des Mottos dieser und aller folgenden Weltfrauenkonferenzen, das *„Gleichberechtigung, Entwicklung und Frieden"* lautete. Zwischen diesen drei Teilzielen, die ursprünglich grundsätzlich gleichwertig nebeneinander stehen und einander wechselseitig bedingen sollten, tobte ein Kampf um die Vorrangigkeit des von jedem Block bevorzugten (oder auch ihm nur zugeordneten) Zieles. Während der Westen mit dem Ziel der „Gleichberechtigung" identifiziert wurde, stand für die Länder des Südens „Entwicklung" und für den Osten „Frieden" im Vordergrund. Verschärft wurde dieser Schlagabtausch im Zeichen des *Kalten Krieges* durch die von jeder Gruppe regelmäßig vorgebrachte Ablehnung oder auch die vehemente Befürwortung der „Vermischung" von Politik und „Frauenfragen". Diese Spannungen sollten durch lange Jahre hindurch die UN-Weltfrauenkonferenzen bis zur Zerreißprobe prägen.

In Mexico City schlugen sich diese Differenzen zunächst darin nieder, dass über den *„Weltaktionsplan"* ein heftiger Kampf entbrannte und in kürzester Zeit 900(!) Amendments eingebracht wurden.[344] Noch viel erbitterter waren allerdings die Auseinandersetzungen um die in sehr scharfem und anti-westlichem Ton abgefasste *Erklärung von Mexico City*, die Forderungen nach internationalen wirtschaftlichen und politischen Neuordnungen und die Verurteilung von Zionismus[345] und Apartheid mit der „Frauenfrage" verband. Beide Dokumente wurden zwar mit der Stimmenmehrheit sozialistischer und Dritte Welt-Länder angenommen, die industrialisierten Länder enthielten sich aber der Stimme oder stimmten überhaupt – allen voran die USA und Israel – dagegen.[346]

---

und Perspektiven der 2. UN Weltfrauenkonferenz in Beijing. Wien 1996, ÖFSE, S. 11 ff. Außerdem: Hilkka Pietilä, Jeanne Vickers, 1990, a. a. O., und Arvonne Fraser 1987, a. a. O.

343 Diese Blöcke waren umso deutlicher voneinander abgegrenzt, als sie in der Praxis der Vereinten Nationen bereits als solche gekennzeichnet waren. Der „Gruppe B" – den westlichen industrialisierten Ländern – standen die Gruppe der „Sozialistischen Länder" und die „Gruppe der 77", die Staaten der Dritten Welt, gegenüber.

344 Hilkka Pietilä, Jeanne Vickers, 1990, a. a. O., S. 76.

345 Der „Zionismusparagraph", also die Gleichsetzung von Zionismus mit Rassismus, bildete durch alle Weltfrauenkonferenzen hindurch den Stein des Anstoßes. Unglückseligerweise wurde er im Jahre 2001 bei der Rassismuskonferenz der Vereinten Nationen in Durban wieder eingesetzt und führte zur Abreise der israelischen und der US Delegation.

346 Siehe zu den Details: Brita Neuhold, 1995, a. a. O., Fn. 29.

Bei der Parallelveranstaltung der NGOs zur offiziellen Konferenz, der „*Tribune of Mexico*", waren die Gegensätze noch deutlicher. Das zeigte sich schon bei den Diskussionen zum „Thema" *Feminismus*, den – mit Ausnahme asiatischer Frauen – ein großer Teil der Frauen aus nicht-westlichen Ländern in vielfach undifferenzierter Weise ablehnte. *Domitila de Chungara*, Gewerkschafterin aus Bolivien, sprach dabei in pointierter Weise die Ansichten ihrer Mitstreiterinnen – wenn auch in verkürzter Weise – aus:

„*Ich sehe zwei Arten der Befreiung. Die erste betrifft die, die glauben, dass Frauen nur frei sein können, wenn sie Männer in ihren Lastern nachahmen. Das wird Feminismus genannt. Das bedeutet, dass sie gegen Männer kämpfen müssen um das Recht, zu rauchen und zu trinken wie sie (...). Die andere Art der Befreiung besteht darin, dass Frauen als intelligente menschliche Wesen respektiert werden, dass sie fähig sind, Probleme zu lösen und an allen Aktivitäten (....) teilzunehmen.*"[347]

Diese Kritik von Frauen aus südlichen Ländern am westlichen Feminismus schlug sich auch in einer sehr spektakulären Aktion nieder, in der lateinamerikanische Bäuerinnen und Arbeiterinnen unter der Führung der genannten *Domitila de Chungara* ihrem Ärger über die westliche Konferenz Luft machten: Diese Gruppe drang in das streng bewachte Gebäude der offiziellen Konferenz ein und warf den Anwesenden vor, nichts von den Problemen der Frauen der „Basis" in den von ihnen vertretenen Ländern zu verstehen. Insbesondere bezeichneten sie das Drängen von Frauen des Westens auf „Gleichberechtigung" und „Frauenbefreiung" als nachgerade lächerlich angesichts der Nöte von Frauen in Ländern, die erst vor kurzem das Joch des Kolonialismus abgeschüttelt haben oder noch im Befreiungskampf stehen.[348]

Diese Art der Definition des Feminismus und der Verkürzung der gesamten Debatte stieß auf wenig Gegenliebe bei den westlichen Frauen, abgesehen davon war auch ihr Verständnis für die Kapitalismus- und Imperialismuskritik der „anderen Seite" großteils gering. Verstimmung und gelegentlich leicht spöttische Fassungslosigkeit des westlichen „Lagers" – eine der prominenten Wortführerinnen war *Betty Friedan*, die berühmte Autorin des Buchs „Der Weiblichkeitswahn" – angesichts eines solchen Mangels an „Frauenbewusstsein" waren die vorrangigen Reaktionen. Der Mythos einer allumfassenden Schwesterlichkeit zeigte also deutliche Brüche und Brüchigkeiten.[349]

Trotz dieser Zwistigkeiten war die „*Tribune*" wichtig, da sie über den staatspolitischen Aspekt der offiziellen Konferenz hinausging und feministische Sichtweisen zumindest diskutierte, daneben aber auch die trotz allem vorhandenen *Gemeinsamkeiten* zwischen Frauen in verschiedenen Gesellschaftssystemen positiv bewertet wurden.

---

347 Miranda Davies: Third World, Second Sex. London, New York 1992, Zed Books, S. IV.
348 Ester Boserup: IWY Conference in Mexico City, in: Development Forum, Vol 3 (Aug-Sept 1975), No. 6, S. 1.
349 Betty Friedan: Der Weiblichkeitwahn oder: Die Selbstbefreiung der Frau. Ein Emanzipationskonzept. Reinbek 1966; Francesca Miller: Latin American Women and the Search for Social Justice. Hanover and London 1991, S. 198 ff.

Auch die fehlende Übereinstimmung bei der offiziellen Konferenz bedeutet nicht, dass diese tatsächlich scheiterte.[350] Der „Weltaktionsplan", der vor allem in der letztlich zur Abstimmung vorgelegten Form ein mutiges und zukunftsweisendes Dokument ist, enthält eine Fülle von wichtigen Vorschlägen für konkrete Verbesserungen und bildet die Grundlage für das *„Weltfrauenjahrzehnt der Vereinten Nationen"*, das kurz nach der Konferenz von der Generalversammlung für die Jahre von 1976 bis 1985 propagiert wurde.[351]

3. Fünf entscheidende Jahre

In dieser ersten Hälfte des Weltfrauenjahrzehnts wurden entscheidende Verbesserungen für die Situation von Frauen, vor allem auf der *gesetzlichen Ebene*, erreicht. Was 1975 zaghaft begonnen hatte, wurde mit immer größerem Nachdruck fortgeführt, auf der staatlichen, auf der nicht-staatlichen und auf der internationalen Ebene.

Der Höhepunkt der Bestrebungen auf der internationalen Ebene lag in der Ausarbeitung der *Konvention zur Beseitigung jeder Form von Diskriminierung der Frau* (CEDAW) durch die *Kommission für die Rechtsstellung der Frau* (CSW).[352]

In dieser Zeit entwickelte sich aber auch die *feministische und frauenorientierte Forschung* und als Teil davon die feministische oder frauenorientierte *Entwicklungswissenschaft und Entwicklungspolitik*. Zunächst lag ihr Schwerpunkt in Amerika und stand im Zeichen von *„Women in Development"* (siehe oben). Eine der wichtigsten Protagonistinnen war *Irene Tinker*. Sie schloss an Ester Boserup an und stellte drei *Irrtümer* der Entwicklungspolitik der sechziger und siebziger Jahre fest: 1. den Irrtum aufgrund von *Ausklammerung* oder mangelnder Wahrnehmung und Nutzung der produktiven Rollen von Frauen; 2. den Irrtum durch *Verstärkung* von konservativen Werten, welche Frauen auf Haushalt, Geburt und Erziehung von Kindern festlegten; und 3. den Irrtum durch *Hinzufügung* westlicher Werte.[353]

In der westlichen entwicklungspolitischen Frauenforschung, die zunächst von *Amerika* dominiert war, machte sich innerhalb des Sammelbeckens von „Women in Development" in diesen Jahren der *Equality Ansatz* stark bemerkbar, also eine Richtung, die auf Gleichstellung pochte; ihre bevorzugten Instrumente waren Gesetze oder internationale Konventionen wie CEDAW.

Auch in *südlichen Ländern* entwickelte sich in diesen Jahren die *Frauenforschung*: Ein Beispiel dafür ist die Gründung der Organisation *AAWORD* (Association of African Women for Research and Development), die sich die Vernetzung der afrikanischen Frauenforschung zur Aufgabe stellte und eine Zeitschrift *Echo* herausbrachte bzw. nach wie vor herausbringt. In Indien hatte frauenorientiertes bzw. feministisches

---

[350] Siehe dazu den Bericht der Leiterin der offiziellen österreichischen Delegation: Elfriede Karl: Themen und Bedeutung der internationalen Frauenkonferenz in Mexico City, in: Internationale Entwicklung (1975), Nr. 3, S. 22 ff.
[351] A Res. 3250 (XXX), 15. 12. 1975.
[352] Siehe Kapitel 2.
[353] Irene Tinker, Michelle Bramsen: Women and World Development. Washington D. C. 1976, S. 5.

Engagement, dessen Angelpunkte der Frauenverlag *Kali* und die Zeitschrift „*Manushi*" waren, schon längere Tradition. Auch in Lateinamerika entwickelte sich im Zuge des „Internationalen Jahrs der Frau" ein breites Spektrum von Forschungs- und Informationszentren und Zeitschriften wie *FEMPRESS.*

In dieser Zeit bildeten sich auch in vielen Ländern des Südens starke Frauenbewegungen heraus, wobei die indische Frauenbewegung ein besonders markantes Beispiel darstellt.[354]

Den Angelpunkt der *Europäischen feministischen Entwicklungsforschung* bildete der *Verein Sozialwissenschaftliche Forschung und Praxis für Frauen,* der 1979 durch die Bielefelder Entwicklungssoziologinnen *Maria Mies, Claudia von Werlhof* und *Veronika Bennholdt Thomsen* gegründet wurde.[355] Ihre zahlreichen Publikationen, angeführt von der bis heute regelmäßig erscheinenden Zeitschrift *Beiträge zur feministischen Theorie und Praxis,* enthielten die Gegenposition zur „Women in Development"-Ideologie und sind ein Ausdruck des *sozialistischen Feminismus,* eine Haltung, die marxistisch-sozialistisches Gedankengut mit feministischen Zielen verbindet.[356]

Bei der Vorbereitung für die 2. Weltfrauenkonferenz in Kopenhagen wurden noch mehr als bisher alle Organe der Vereinten Nationen und deren Spezialorganisationen einbezogen. Im Mittelpunkt dieser Arbeit stand dabei die *Sichtbarmachung* des bisher unbeachteten wirtschaftlichen Beitrags der Frau. Dieses Ziel kristallisierte sich in einem der bekanntesten UN Zitate heraus:

„*Frauen leisten nahezu zwei Drittel aller Arbeitsstunden, erhalten nur ein Zehntel des Welteinkommens und verfügen über weniger als ein Hundertstel des Weltbesitzes.*"[357]

4. Politische Schaukämpfe und Brückenschläge in Kopenhagen

Auch 1980 in Kopenhagen ging das politische Tauziehen ebenso weiter wie die Standortbestimmungen unter Frauen verschiedener Kulturen. Die Halbzeit-Konferenz wurde in noch schärferem Maße als Mexico City zum Schauplatz des Ringens zwischen „Equality" einerseits und „Development and Peace" andererseits. Heftiger als zuvor drängten hier Regierungen des Südens und des Ostens auf die Errichtung einer Neuen Internationalen Wirtschaftsordnung und die Lösung des Palästina- und Apartheidproblems. Noch kategorischer als vorher bezeichneten die USA diese Anliegen als eine „Verpolitisierung" der Konferenz und wollten sich auf Fragen der

---

354 Siehe Kapitel 5.
355 Vgl. Veronika Bennholdt-Thomsen, Maria Mies, Claudia von Werlhof: Frauen, die letzte Kolonie. Frankfurt 1980, rororo.
356 Diese Richtung wurde auch von vielen südlichen Wissenschafterinnen unterstützt.
357 United Nations: Report of the World Conference of the United Nations Decade for Women: Equality, Development and Peace. Copenhagen, 14 to 30 July 1980. New York 1980.

Gleichstellung und Frauenförderung im engeren Sinn konzentrieren. Dieser Konflikt wurde des Öfteren auf einen *Konflikt zwischen Frauenfragen und Politik* verkürzt.

Die Stimmung war beispiellos *aufgeheizt*. Es wurden alle Mittel eingesetzt, um den Konflikt zu schüren und auszudrücken. Die Palette reichte von Walkouts – so verließ beispielsweise die ganze Corona der arabischen Staaten den Saal, als die israelische Delegierte das Wort ergriff – bis zu Kampfabstimmungen und Roll Calls (länderweise Bekanntgabe des Votums).

Das Konferenzdokument, das *Aktionsprogramm von Kopenhagen*, wurde schließlich aufgrund der gleichen Konfliktpunkte wie in Mexico City von den USA, Australien, Kanada und Israel abgelehnt. Ihre Gegnerschaft und die Tatsache, dass 22 Staaten – darunter Österreich – sich der Stimme enthielten, war vor allem auf einen Absatz in dem Dokument zurückzuführen, der den *Zionismus* mit Rassismus und Apartheid gleichsetzte und dessen Bekämpfung als Voraussetzung für Frieden und Entwicklung bezeichnete (Absatz 5). Konflikte rief auch ein Abschnitt im Aktionsprogramm über notwendige Unterstützung für *palästinensische Frauen* hervor. Zusätzlich zum Aktionsprogramm wurde noch über neunundzwanzig neu erarbeitete Resolutionen abgestimmt. Zu diesen gehörten „heiße Eisen" wie die Forderung nach der „Errichtung einer Neuen Internationalen Wirtschaftsordnung", die Teilnahme von Frauen am Kampf gegen „Kolonialismus, rassische Diskriminierung, ausländische Aggression und Besetzung und alle Formen von Fremdherrschaft", das Thema „Apartheid und Frauen in Südafrika und Namibia" sowie eine ebenfalls heiß umstrittene Resolution zur Unterstützung von sahaurischen Frauen (hier stimmte Österreich übrigens zu, während es sich sonst in allen diesen Fragen der Stimme enthielt).[358]

Vor der eigentlichen, äußerst konfliktreichen und erregten Abstimmung war aber der Abschnitt über die *Aktionen auf Länderebene* mit Konsens angenommen worden, was die Bedeutung der praxisorientierten Arbeit unterstrich und ein wichtiger Schritt war.

Die Einschätzung des Konferenzergebnisses war erwartungsgemäß unterschiedlich: *Lucille Mair* aus Jamaika, die Generalsekretärin der Konferenz, sprach mit Befriedigung davon, dass sich Frauen für die „Befreiung ihres Landes", gleichzeitig aber auch für die „Verbesserung ihrer Lebensbedingungen" einsetzen konnten. Die offiziellen Vertreterinnen der USA bezeichneten das Resultat schlichtweg als Fehlschlag.[359]

Trotzdem war bei dieser offiziellen Konferenz – zumindest stellenweise – schon eine *Aufweichung* der starren Fronten zu spüren. So wurden interessante Themen besprochen, die bis dahin sozusagen unerhört waren: Dazu gehörte eine intensive Diskussion über den Begriff *Sexismus*. Das Ergebnis war, dass der Begriff in das Schlussdokument aufgenommen wurde.[360] Dazu gehörte aber auch die Erörterung des

---

358 United Nations: Report of the World Conference of the United Nations Decade for Women: Equality, Development and Peace. Copenhagen, 14 to 30 July 1980. New York 1980.
359 Forum 80 (Konferenzzeitung der NGOs), 30. 7. 1980, S. 4.
360 Siehe Aktionsprogramm von Kopenhagen, Fußnote zu Ziffer 12.

Problems der *genitalen Verstümmelung*, wogegen sich afrikanische Frauen bis dahin immer vehement gewehrt hatten.[361]

Bei der Parallelveranstaltung zur offiziellen Konferenz, dem *NGO-Forum*, waren vordergründig die Fronten fast schärfer als fünf Jahre zuvor. Prominente Frauen des Südens wie *Nawal el Sadaawi* räumten gesellschaftlichen Veränderungen den eindeutigen Vorrang vor frauenpolitischen Weichenstellungen ein. Mit folgender Feststellung traf sie für viele den Nagel auf den Kopf:

„*Wir können nicht von Gleichberechtigung für Frauen sprechen, wenn viele Menschen kein Land haben, wenn sie wie in Palästina ihre Heimat, ihre Kultur und ihre Geschichte verloren haben, wenn die meisten Frauen in Armut leben und kein sauberes Wasser und nichts zu essen haben, den ganzen Tag hart arbeiten und Kinder gebären, von denen viele im ersten Lebensjahr sterben. Wir können nicht von Gleichberechtigung sprechen, wenn die natürlichen Ressourcen der Entwicklungsländer von imperialistischen Mächten und multinationalen Konzernen ausgebeutet werden.*"[362]

Andererseits hatten sich seit 1975 bereits entscheidende Veränderungen innerhalb der Frauenbewegungen des Südens vollzogen. Feministische Positionen ergänzten die Forderungen nach wirtschafts- und außenpolitischen Veränderungen. In vieler Hinsicht erfolgten bereits Annäherungen und Brückenschläge. *Peggy Antrobus* von der Organisation WAND (Women and Development) aus Jamaika setzte sich für ein neues feministisches Konzept von Entwicklung und die Veränderung patriarchaler Strukturen und Herrschaftsbeziehungen ein und nahm Bezug auf die gemeinsamen Probleme von Frauen in allen Teilen der Welt. Sie nahm bereits die Überzeugungen des später entstandenen Empowerment-Ansatzes vorweg, indem sie feststellte:

„*Wir müssen die Kontrolle über unser eigenes Leben haben!*"

Auch von der indischen und von Teilen der lateinamerikanischen Frauenbewegung erfolgten Signale im Hinblick auf eine Stärkung feministischer Sichtweisen und Strategien. Kopenhagen war also bereits ein Schritt hin zu *Selbstbestimmung und Solidarität,* wie ein Artikel in der täglich erscheinenden Konferenzzeitschrift feststellte, zu Selbstbestimmung von und zu Solidarität zwischen Frauen.[363]

5. 1980-1985: Arbeitsames Intermezzo

Die Bemühungen der Vereinten Nationen, die „Frauenfrage" in allen ihren Organen und Spezialorganisationen in den Mittelpunkt zu stellen, lief in diesen Jahren auf Hochtouren.

Großen Raum nahm dabei die *Entwicklungspolitik* ein. So war 1975 der *Voluntary Fund for the UN Decade for Women* gegründet worden, später in *UNIFEM* umbenannt, der Projekte in Ländern des Südens unterstützte.[364] Mit INSTRAW (Interna-

---

361 Forum 80, 17. 7. 1980, S. 4.
362 Forum 80, 18. 7. 1980, S. 5
363 Forum 80, 29. 7. 1980, S. 4.
364 1985 wurde dieser Fonds in *UNIFEM* umbenannt. Seither stieg der Bekanntheitsgrad und das Prestige dieser Institution rapide an.

tional Research and Training Institute for the Advancement of Women) war ein wichtiges Forschungs- und Ausbildungsinstitut für Frauen geschaffen worden.

Das *UNDP* (United Nations Development Programme) widmete ebenfalls zunehmend der Förderung von Frauenprojekten und Frauenanliegen großen Raum. Bahnbrechend war eine Studie dieser Organisation aus dem Jahr 1985 unter dem Titel *„Participation of Women in Development".*

Die *OECD* brachte bereits 1983 *Guidelines on the Role of Women in Development* heraus, die inzwischen wiederholt neu aufgelegt wurden[365] und den Konsens der westlichen Industrieländer zum Thema Frauen – Gender – Entwicklung widerspiegeln.

Dahinter stehen verschiedene *neue Auffassungen* zu diesem Thema: Seit 1980 hatte sich in der Weltbank immer mehr die Ansicht durchgesetzt, dass zwar Anliegen der Gleichberechtigung oder gar des Feminismus nichts in ihrer Arbeit zu suchen hätten, dass aber die Frauen eine wichtige Wirtschaftsressource darstellten und ihre weitere Verelendung eine Senkung der Wirtschaftskraft der betroffenen Länder zur Folge hätte. Frauen waren also als Wirtschaftskraft zu entdecken und im Hinblick auf Einkommensbildung zu fördern. Dieser Ansatz, der bis heute innerhalb der Weltbank ungebrochen ist und bei der OECD und vielen Industrieländern nach wie vor zumindest durchschimmert, ist der *Effizienzansatz*.[366] Dieses Denken, das dem Wirtschaftswachstum und dem Profit der Industrieländer ziemlich unverblümt den Vorrang einräumt, wirkte sich sehr zum Nachteil der Frauen aus und verstärkte die negativen Konsequenzen westlicher Entwicklungspolitik.

Ein ganz anderer Ansatz war der *Anti-Armutsansatz*, der unter dem Eindruck der Grundbedürfnis-Strategie hauptsächlich von kirchlichen Kreisen forciert wurde. Er setzte zwar an der Basis an und baute auf endogenen Konzepten auf, ordnete aber trotzdem die Bedürfnisse der Frauen denen der Gesellschaft unter.[367]

Alle diese Ansätze flossen in verschiedene Papiere der Vereinten Nationen ein, ohne dass wirklich Stellung bezogen wurde, im großen und ganzen lag das Schwergewicht auf dem Konzept *„Integration der Frau in den Entwicklungsprozess",* was bedeutet, dass eigenständige Beiträge und Ansichten von Frauen unerwünscht sind und in (wachstumsorientierter) „Entwicklung" aufgehen müssen. Allerdings bestehen Unterschiede zwischen verschiedenen UN Organisationen und Organen: UNDP, UNICEF, UNIFEM, die *Division on the Advancement of Women* (DAW) und auch die WHO und die ILO stellen basisorientierte Entwicklung und Self-Reliance von Frauen in den Vordergrund, während die Weltbank und die FAO die Integration von Frauen in den Status Quo forcieren.

Die bevorstehende 3. Weltfrauenkonferenz wurde von den Vereinten Nationen sehr gut und akribisch vorbereitet. Zu den wichtigsten Grundlagen gehörte der Bericht *World Survey on Women in Development*,[368] der inzwischen zu einer Institution geworden ist. Er entsprach dem dringenden Bedürfnis nach Daten über den wirtschaftlichen Beitrag von Frauen in Ländern des Südens. Er machte das erste Mal auf

---

365 Die letzte Fassung heißt „DAC Guidelines for Gender Equality and Women's Empowerment in Development Co-operation". Paris 1998.
366 Siehe dazu: Caroline Moser, 1993, a. a. O., S. 69 ff.
367 Siehe dazu: Caroline Moser 1993, a.a.O., S. 66 ff.
368 A/CONF.116/4.

breiter Ebene Phänomene wie das der unbezahlten Arbeit von Frauen, der hohen Kosten des Patriarchats für die Landwirtschaft der Länder des Südens, der negativen Auswirkungen der industriellen Veränderungsprozesse auf Frauen und der männlichen Dominanz im Bereich der Industrie und Technologie bewusst.

Außerdem schickte das UN Sekretariat einen Fragebogen über die Ergebnisse des Weltfrauenjahrzehnts an die Regierungen aus, der in einem sehr umfangreichen *Bericht zur Überprüfung und Bewertung der Ergebnisse des Weltfrauenjahrzehnts* zusammengefasst wurde und einen Teil der Konferenzunterlagen darstellte. Den anderen Teil bildeten die *Forward Looking Strategies on the Advancement of Women*, ein Strategiepapier bis zum Jahr 2000.

6. Erfolgreicher Hürdenlauf bei der dritten Weltfrauenkonferenz in Nairobi

Angesichts der großen inneren und äußeren Veränderungen im Vorfeld war es für viele umso schwieriger, mit ansehen zu müssen, wie sich auch die Weltfrauenkonferenz in Nairobi, die 1985 den Schlusspunkt des Weltfrauenjahrzehnts setzte, zunächst wieder zu einem politischen Kräftemessen besonderer Härte gestaltete. Bereits bei der Vorbereitungskonferenz dafür hatte jeder Block seine eigene Version für das zentrale Strategiepapier, die „Zukunftstrategien" oder „Forward Looking Strategies", die die Politik bis zum Jahr 2000 bestimmen sollten.[369]

Bei der Konferenz selbst wurden alle früheren „*Zankäpfel*" wieder aufgetischt, Palästina, Apartheid und die Forderung nach einer „Neuen Internationalen Wirtschaftsordnung" erhitzten die Gemüter; auch diese Konferenz drohte zu scheitern. Und dieses Scheitern wäre nicht nur ein Misserfolg auf diplomatischer und politischer Ebene gewesen, sie hätte, wie die damalige österreichische Frauenministerin *Johanna Dohnal* sagte, unmittelbar und sofort zu katastrophalen Rückschlägen in der Frauenpolitik geführt. Es stand also viel auf dem Spiel. Die allgemeine Erleichterung war umso größer, als die Konferenzpräsidentin, *Margaret Kenyatta*, durch die Entscheidung, die strittigen Punkte gesondert abstimmen zu lassen, den Konsens über die *„Zukunftsstrategien"* sicherstellte und die Konferenz „rettete". Diese „Zukunftsstrategien" sind nicht nur ein äußerst gründliches und umfassendes Dokument, das neben schon in früheren Konferenzpapieren angesprochenen Schritten im Bereich von Wirtschaft, Politik, Gesundheit und Bildung ganz neue Themen wie Gewalt an Frauen und Gewalt in der Familie aufzeigt, sie räumen auch weiblichen Perspektiven für die gesamte menschliche Entwicklung große Bedeutung ein. Andererseits fehlt – wie nicht weiter erstaunlich – eine genaue Strukturanalyse der Ursachen von Unterentwicklung im Allgemeinen und der Armut von Frauen im Besonderen.

Auch in Nairobi fand selbstverständlich ein *NGO Forum* statt; es war dies unbestritten ein Ereignis, bei dem sich trotz harter Konfrontationen der erträumte Geist

---

369 Vgl. UN Chronicle (1985), Nr. 3, S. 25.

der Schwesterlichkeit Bahn zu brechen begann. Mit der spürbaren Aufbruchstimmung hatten afrikanische Frauen viel zu tun: Sie waren zu Hunderten in Autobussen aus ihren Dörfern angereist und hatten ihr lebhaftes Interesse an dem Konferenzgeschehen bekundet, hatten damit ausgedrückt, dass auch ein Konferenzdokument etwas mit ihrem Leben zu tun haben könnte. Entscheidend für die weitere Strategiebildung der internationalen Frauenbewegung und insbesondere der Frauenbewegung aus südlichen Ländern war darüber hinaus das berühmte Manifest des Dritte Welt-Netzwerkes DAWN (Development Alternatives for Women in a New Era), das den Feminismus – allerdings einen Feminismus, der von Region zu Region, von Gruppe zu Gruppe unterschiedlich ist – ausdrücklich als politische Bewegung und als zentralen Angelpunkt für Entwicklung anerkannte.[370]

Damit ist bereits der *„Empowerment"-Ansatz* deutlich angesprochen, der nach „Machtbildung in der Hand von Frauen" strebt und deren gesellschaftliche Mitbestimmung und die Stärkung ihres Selbstwertgefühls in den Vordergrund stellt. Nicht zuletzt damit war innerhalb des Kreises von drei Weltfrauenkonferenzen die künstliche Konkurrenz zwischen „Gleichberechtigung" und „Entwicklung" zugunsten echter Gleichberechtigung der Ansätze entschieden: Die Frauenfrage war auch in Regionen der Dritten Welt nicht mehr nur als ein Nebenwiderspruch abzutun.

7. Rückblick auf das Weltfrauenjahrzehnt

Die Bedeutung dieses „Frauenjahrzehnts" der Vereinten Nationen liegt in der ungeheuren *Breitenwirkung*, die in nahezu allen Ländern Aktionen auf sehr vielen Ebenen, aus den verschiedenartigsten Sichtweisen und zu einer breiten Palette von Themen auslöste. Es ist in seiner Art einmalig in der Geschichte der „Jahre", „Jahrzehnte" und sonstigen Informationskampagnen der Vereinten Nationen. Es war, wie eine indische Journalistin es ausdrückte, eine der großen Revolutionen unserer Zeit, ja der Geschichte überhaupt:

„Die Geschichte der menschlichen Entwicklung ist von Perioden gekennzeichnet, wo eine Idee gleichzeitig die Menschen der ganzen Welt bewegt. Die Förderung der Frauen ist eine von ihnen."[371]

Das zentrale Ereignis innerhalb dieses Jahrzehnts ist das *Erwachen der Frauen*, ihr Bewusstwerden, das sicher nicht von den Vereinten Nationen allein ausging, aber doch durch die von ihnen ermutigte und unterstützte Vernetzung von Frauen aus den verschiedensten Regionen sehr stark angekurbelt wurde. Das trifft vor allem auf die *Frauen des Südens* zu, die in einer ungeheuren Anspannung der Kräfte Initiativen in den verschiedensten Bereichen aufzubauen und ihre bisherigen Lebensbedingungen in Frage zu stellen begannen. Das Selbstbewusstsein der Frauen stieg

---

370 Dieses Manifest ist in der folgenden Publikation wiedergegeben: Gita Sen, Caren Grown: Development, Crises and Alternative Visions. Third World Women's Perspectives. London 1987, Earthscan.
371 Neerja Chowdhury: The Women's Decade. No Reform without Political Battle, in: The Statesman, 17.9.1985. New Delhi 1984. Zit. in: Brita Neuhold: unser thema 1/1991, Frauenwiderstand und Frauenbewegungen in Indien, S. 34.

sprunghaft an, sie begannen sich auf den verschiedensten Ebenen „einzumischen", vor allem aber nahm die Solidarität und das Gefühl der Zusammengehörigkeit unter Frauen – auch über die Grenzen von Politik und Kultur hinweg – zu.

> **Ergebnisse des Weltfrauenjahrzehnts der Vereinten Nationen, 1976-1985**
>
> Die größten Erfolge liegen zweifellos im Bereich der *„Gleichberechtigung"*: Die Grundlage dafür lieferte die *„Konvention zur Beseitigung jeder Form von Diskriminierung der Frau",* die während des Jahrzehnts ausgearbeitet, angenommen und von einer außerordentlich hohen Anzahl von Ländern ratifiziert worden war. Gesetze zur Gleichstellung und Förderung von Frauen wurden erlassen, Gleichstellungsorgane („National Machineries"), also eigene Ministerien, Staatssekretariate, Abteilungen etc., die sich der Aufgabe der Förderung der Frauen gewidmet hatten, wurden gegründet, erweitert oder aufgewertet; in einer hohen Anzahl von Ländern fanden Bewusstseinsänderungen hinsichtlich der Rollen und Aufgaben, der Rechte und Pflichten von Frauen und Männern aufgrund gezielter Aktionen statt.
>
> In einem Bereich innerhalb der Palette der „Gleichberechtigung" musste allerdings völliges Scheitern eingestanden werden. Es war dies der Bereich der *politischen Mitbestimmung.* Von Australien bis Zaire war der Befund der gleiche: es war nicht gelungen, den Anteil der Frauen an der politischen Mitbestimmung zu erhöhen und ihre Stellung in Positionen der Entscheidungsfindung zu verbessern.
>
> Noch widersprüchlicher waren die Ergbnisse in dem zweiten großen Schwerpunktbereich *„Entwicklung".* Die allgemeine Situation der Frauen in den Regionen der Dritten Welt hatte sich seit Beginn des Jahrzehnts zweifellos verschärft. Zugegebenermaßen waren – sowohl von den Regierungen und internationalen und nationalen entwicklungspolitischen Organisationen, als auch von privaten Frauenorganisationen und -gruppen – große Anstrengungen auf dem Gebiet der *Gesundheit* und der *Bildung* unternommen worden, die auch Früchte gezeigt hatten. Andererseits war im Bereich der *„Arbeit"* die Verschärfung der weltwirtschaftlichen Bedingungen deutlich zutage getreten und hatte zu einer Erhöhung der Arbeitslosigkeit von Frauen und zu einer allgemeinen Verhärtung und Verschlechterung ihrer Arbeitsbedingungen geführt. Alles in allem bedeutete die „Integration der Frauen in den Entwicklungsprozess" ihre Integration in die Ausbeutung.
>
> Im dritten Schwerpunktbereich *„Frieden"* hatten Frauen zwar eine wichtige Rolle in den Friedensbemühungen und -bewegungen zu spielen begonnen, hatten aber durch ihren völligen Ausschluss von politischen Entscheidungsfunktionen keinen Beitrag zu einer friedlicheren Welt leisten können.[372]

---

372 Vgl. New Internationalist (Hg.): Frauen – ein Weltbericht. München 1986, Orlanda Frauenverlag; Brita Neuhold, 1985, a. a. O.; dieselbe: 1995, a.a.O.; dieselbe: Keep on Moving Forward! Hintergünde, Ver-

Im Schlussdokument, den *Zukunftsstrategien zur Förderung der Frau,* sind die wichtigsten Ziele der internationalen Gemeinschaft im Frauenbereich bis zum Jahr 2000 zusammengefasst.[373]

8. Schwerpunktverschiebungen durch die Menschenrechtskonferenz in Wien

Nach 1985 wurde immer deutlicher, dass Frauen den Rahmen von „Frauengruppen", „Frauenkonventionen" und „Frauenprojekten" verlassen mussten, um wirkungsvoll arbeiten zu können. Sie mussten in die größere Arena der Politik eintreten und die grundlegenden *Machtverhältnisse* auf allen Ebenen in Frage stellen.

Vor diesem Hintergrund begannen Frauen, ihre Rechte als Menschenrechte einzufordern und deren weltweite Verletzung als immanente Merkmale von patriarchalen Systemen anzuprangern. Die dahinter stehende Wandlung in der Interpretation von Frauenrechten innerhalb der letzten zwanzig Jahre beschreibt *Charlotte Bunch* folgendermaßen:

„Als wir begannen,(...) unsere Rechte begrifflich zu fassen, bezeichneten wir unsere Anstrengungen als „Frauenrechte" oder „Feminismus". Wir dachten nicht in Bezeichnungen wie „Menschenrechte", weil wir zu verstehen versuchten, was das Besondere an der Erfahrung von Frauen war. Nachdem wir definiert haben, was die „Rechte von Frauen" sind, wissen wir nun, was in der „offiziellen"[374] Definition von Menschenrechten fehlt. Unsere Forderung, dass „Frauenrechte Menschenrechte sind", bedeutet eine Rückkehr in die „offizielle"[375] Politik, aber nicht um uns zu den alten Bedingungen einzufügen, sondern um die Definition von Menschenrechten an sich zu verändern."[376]

Zu Beginn der neunziger Jahre begannen Frauen mit dieser Veränderung, mit der Re-Vision von Menschenrechten. Führend in diesen Bemühungen war und ist das *Center for Women's Global Leadership* an der Universität von Rutgers in New Jersey (USA), das im Jahre 1992 eine beispiellose internationale Kampagne ankurbelte, um sicherzustellen, dass bei der *UN-Weltkonferenz über Menschenrechte* im Juni 1993 in Wien die Sicherung der Menschenrechte von Frauen auch gebührend verankert würde.[377]

---

lauf und Perspektiven der 4. UN-Weltfrauenkonferenz in Beijing. Wien 1996, ÖFSE Edition, Nr. 3; Arvonne Fraser: The United Nations Decade for Women. Documents and Dialogue. Boulder 1987; Hilkka Pietilä: Making Women Matter in the United Nations. Genf 1990.

373 United Nations: Forward Looking Strategies on the Advancement of Women, Nairobi 1985. New York 1986.
374 Dieser Begriff wurde gewählt, um den englischen Terminus „mainstream" zu übersetzen. Im Original: „...the mainstream definition of human rights."
375 Originaltext: „...return to the mainstream".
376 Center for Women's Global Leadership (Hg.) (1991) a. a. O. S. 14.
377 Zu den einzelnen Etappen dieses Weges siehe: Verena Kaselitz, Barbara Kühhaas: Frauenrechte – Menschenrechte. Bestandsaufnahme nach der UN Konferenz über Menschenrechte im Juni 1993 in Wien. Wien 1993.

Bei dieser – auch im Sinn der Frauen – als „historisch" zu bezeichnenden Konferenz wurde ausdrücklich festgestellt:

„Die Menschenrechte von Frauen und Mädchen sind unveräußerliche, integrale und unteilbare Bestandteile der universellen Menschenrechte. (...) Geschlechtsspezifische Gewalt und alle Formen sexueller Belästigung und Ausbeutung, einschließlich jener, die von kulturellen Vorurteilen und internationalem Frauenhandel herrühren, sind unvereinbar mit der Würde der menschlichen Person und müssen bekämpft werden."[378]

Außerdem wurde ausdrücklich die Verletzung der Menschenrechte von Frauen in bewaffneten Konflikten verurteilt.

Wichtige zukunftsorientierte Forderungen, die im Schlussdokument erhoben wurden, sind im folgenden Kasten festgehalten:

Frauenrechte bei der Menschenrechtskonferenz Wien 1993

Die DelegiertInnen einigten sich u. a. auf folgende Maßnahmen zur Unterstützung der Menschenrechte von Frauen:
- Integration (mainstreaming) der Frage der Gleichbehandlung und der Sicherung der Menschenrechte von Frauen in das gesamte System der Vereinten Nationen (Teil I, Abschnitt A, Ziffer 37)
- Annahme des Entwurfes einer Erklärung zu Gewalt gegen Frauen (Teil I, Abschnitt A, Ziffer 38)
- Universelle Ratifikation der *Konvention gegen die Beseitigung jeder Form von Diskriminierung der Frau* (CEDAW) und die Zurückziehung aller Vorbehalte, die mit deren Zielen unvereinbar sind (Teil I, Abschnitt A, Ziffer 39)
- Ausarbeitung eines *Fakultativprotokolls* zur CEDAW, um einzelne Frauen und Frauengruppen in die Lage zu versetzen, konkrete Menschenrechtsverletzungen an Frauen aufzuzeigen und einzuklagen (Teil I, Abschnitt A, Ziffer 40)

Der Großteil dieser konkreten Forderungen wurde inzwischen umgesetzt: So wurde unmittelbar nach der Konferenz eine *Sonderberichterstatterin* über Gewalt an Frauen in Gestalt der hervorragenden Expertin *Radhika Coomaraswamy* aus Sri Lanka ernannt; ihr Mandat ist allerdings zeitlich begrenzt. Die Verabschiedung einer *Erklärung zur Beseitigung von Gewalt gegen Frauen*[379] im Herbst 1993 durch die Generalversammlung der UN bildet eine wichtige Grundlage für ein umfassendes Umdenken in der Gesellschaft. Ein historisches Ereignis stellte die Annahme eines *Fakultativprotokolls zu CEDAW* dar, das im Oktober 1999 von der Generalversammlung verabschiedet wurde und im Dezember 2000 in Kraft trat. Trotzdem werden

---

378 United Nations: World Conference on Human Rights. Vienna Declaration and Programme of Action. Teil I, Ziffer 18, New York 1993, S. 33 f. Übersetzung B. N.
379 A/Res./48/629.

wohl immer wieder Kämpfe notwendig sein, um die universelle Gültigkeit des Prinzips *„Frauenrechte – Menschenrechte"* durchzusetzen, wie sich in aller Deutlichkeit an dem ungelösten Problem der konventionswidrigen *Vorbehalte* zeigt.[380]

9. Vierte Weltfrauenkonferenz in Beijing: Eröffnung neuer Horizonte

Bei der *4. Weltfrauenkonferenz der Vereinten Nationen* im September 1995 in Beijing stand das Thema der Menschenrechte von Frauen im Vordergrund. Die Universalität und Unteilbarkeit der Menschenrechte (auch) von Frauen wurde unmissverständlich festgehalten. Darüber hinaus stellte das Schlussergebnis auch in anderen Punkten ein eindeutiges Bekenntnis zu progressiven Positionen innerhalb der Frauenpolitik dar.[381]

Beijing unterschied sich von anderen Konferenzen dadurch, dass so gut wie alle Regierungen Verpflichtungen zu „frauenfreundlichen" Veränderungen innerhalb der Politik ihrer Länder eingingen. Deshalb wurde die Konferenz als „Conference of Commitments" gefeiert. Auch Österreich machte konkrete Zugeständnisse.

Österreichische Zusagen bei der 4. Weltfrauenkonferenz

Die österreichische Frauenministerin Dr. *Helga Konrad* machte zu Beginn der Konferenz folgende Zusagen:
- Verabschiedung eines Gesetzes gegen Gewalt in der Familie; Einrichtung von Interventionsstellen zur Betreuung von Gewaltopfern; Unterstützung einer weltweiten Kampagne gegen Gewalt an Frauen;
- Erweiterung des Gleichheitsgrundsatzes in der Verfassung durch ein Bekenntnis zur De-facto-Gleichstellung von Frauen und Männern.[382]
- Aufnahme einer Verpflichtung zur *partnerschaftlichen Aufteilung* von Hausarbeit, Kinderbetreuung und Pflegearbeit in das Ehe- und Familienrecht; die Nichtbeachtung durch einen Ehepartner soll als Eheverfehlung gelten.
- Bindung eines Teils der Budgetmittel für die *Entwicklungszusammenarbeit* für Frauenprojekte. Setzung von Maßnahmen, die den Aufbau von Frauenprojekten in den jeweiligen Ländern erleichtern und unterstützen.
- Gewährung von *Asyl* für Frauen, die *wegen sexueller Gewalt* fliehen mussten.

---

380 Siehe Kapitel 2.
381 Ausführliche und umfassende Informationen dazu in: Brita Neuhold: Keep on Moving Forward. Hintergründe, Verlauf und Perspektiven der 4. UN-Weltfrauenkonferenz in Beijing, September 1995. UN-Konferenz und NGO Forum '95. Wien 1996, ÖFSE; Anja Ruf: Weltwärts Schwestern! Von der Weltfrauenkonferenz in die globale Zukunft. Bonn 1996; Christa Wichterich: Wir sind das Wunder, durch das wir überleben! Köln 1996, Heinrich Böll Stiftung.
382 Vgl. zur Änderung des Gleichheitsgrundsatzes Teil III.

Das Schlussdokument dieser UN-Konferenz, die „*Aktionsplattform*" von Beijing, hat zwar nur Empfehlungscharakter und ist also völkerrechtlich nicht bindend, hat aber durch die große mediale Resonanz und das weltweite Echo sehr starken grundsätzlichen und symbolischen Wert

In 12 „*Hauptproblembereichen*" (Areas of Critical Concern) wurden teilweise bahnbrechende Maßnahmen empfohlen. Die wichtigsten Fortschritte bestanden in der Bekräftigung der *Universalität der Menschenrechte* von Frauen, in der Anerkennung *der sexuellen Rechte* und der neuerlichen Hervorhebung der *reproduktiven Rechte*, in sehr deutlichen Aussagen zu *Gewalt* gegen Frauen, auch im Zusammenhang mit *bewaffneten Konflikten*, und vor allem in Vorschlägen zu Änderungen des *Erbrechts*. Enttäuschung rief die Zugeknöpftheit der Industriestaaten im Zusammenhang mit der Bereitstellung *zusätzlicher Ressourcen* zur Finanzierung der Frauenförderung in südlichen Ländern hervor, auf Empörung stieß ihr Verhalten zu Fragen der *Umwelt*, das von Profit- und Ausbeutungsdenken gekennzeichnet war. Ein weiterer Wermutstropfen war die unbeugsame Ablehnung des Rechts von Frauen, zu ihrer *sexuellen Orientierung* zu stehen und diese zu leben.

Trotz mancher Einschränkungen ist die Konferenz als *Meilenstein* auf dem Weg zum Streben nach echter Gendergerechtigkeit zu sehen. Sollten Frauen im Rahmen früherer „*Women in Development*"-Strategien Anschluss an „Entwicklung" finden und in einen von außen definierten „Entwicklungsprozess" integriert werden, stand und steht jetzt ein eindeutiges Bekenntnis zur Veränderung gesellschaftlicher – nicht nur geschlechtsspezifischer – Machtstrukturen, also zu „*Gender and Development*", im Vordergrund.

> „*Beijing definierte den Feminismus neu.*"
> Mandy Macdonald, englische Journalistin[383]
>
> „*(Beijing bedeutet) eine Schwerpunktverschiebung von einer ‚women's agenda', die der Brennpunkt von Mexiko und Nairobi war, zu einer ‚gender agenda'.*"
> Fatma Baldeh, Gambia[384]
>
> „*Wir wollen nicht nur unser Stück vom Kuchen, sondern wir wollen auch seine Form und seinen Geschmack bestimmen!*"
> Ela Bhatt, Indien[385]
>
> „*Frauen müssen eine dritte Option einbringen (...), eine Alternative zur Dämonisierung der Differenz (...), Frauen müssen zeigen, wie Solidarität inmitten der Vielfalt (diversity) gelebt werden kann.*"
> Charlotte Bunch, Frauenrechtsexpertin, Amerika[386]

---

383 Mandy Macdonald: Words into Action: Initiatives by Women in the ACP Countries to Follow up Commitments undertaken at the Fourth World Conference on Women. WIDE Bulletin, Brüsssel Juni 1998, S. 4.
384 TANGO Talks, 1996/7, No. 1/2, S. 1.
385 Forum 95 (Daily of the NGO Forum on Women, Beijng 95), 4.Sept. 95.
386 Ebenda, 2. Sept. 95.

Ebenso wichtig ist, dass regionale und kulturelle Unterschiede zwischen Frauen nicht mehr als Hindernis, sondern als Quelle der Inspiration empfunden wurden. Mit dem Ruf „Let's celebrate our diversity" gab die Frauenrechtskämpferin Charlotte Bunch wohl den Ton dieses Festes der *internationalen Frauensolidarität* an. Vor allem Frauen des Südens konnten sich hier in eindrucksvoller Weise einbringen; ihre Einschätzung dieses Ereignisses ist demnach auch sehr hoch:

„Für diejenigen von uns, die das Privileg hatten, in Beijing dabei zu sein, war die Konferenz eine Feier zu Ehren der Leistungen von Frauen. Es war faszinierend, Teil der vibrierenden Energie und der Entschlossenheit der Teilnehmerinnen zu sein, die in einem Geist der Solidarität zusammengekommen waren, um zu teilen, sich auszutauschen und den gemeinsamen Faden, der Frauen in aller Welt verbindet, zu stärken (...). Die Konferenz in Beijing war ein entscheidender Moment."[387] *Fatma Baldeh, Gambia, TANGO*

10. Beijing+5 und der drohende „Backlash"

Seit Beijing hat allerdings auf Regierungsebene der Elan deutlich nachgelassen. Wieder liegt es an den Frauen in den einzelnen Ländern, sich die konkrete Umsetzung zu erkämpfen und – wie ein beliebter Slogan unter NGO-Frauen in Beijing lautete – aus „Worten Taten zu machen". Überzeugende Beispiele für Aktionen, die die Öffentlichkeit für die Anliegen von Beijing mobilisieren, haben Frauen aus Afrika sowie der karibischen und pazifischen Region geliefert.[388] Im Juni 2000 fand in New York eine außerordentliche Generalversammlung unter dem Motto *„Beijing + 5"* statt, bei der die Erfolge und Hindernisse zur Verwirklichung der „Aktionsplattform" erhoben wurden.[389]

Diese Konferenz konnte zwar gerade noch das Gerüst von dem retten, was in Beijing fünf Jahre früher erreicht worden war, weitergehende Verpflichtungen wurden aber nicht erzielt. Die Atmosphäre war überdies eine völlig andere. Die religiöse Rechte, verstärkt durch „allgemein konservative" Gruppen aus vieler Herren Länder, hatte seit Beijing Stellung bezogen und war bestens vorbereitet. Sie lieferte den liberalen und progressiven Positionen einen heftigen und hartnäckigen Kampf. Der „Backlash" kam zwar nicht ganz überraschend, war in dieser Form aber doch erschreckend.[390]

Diese enttäuschenden Ergebnisse beeinflussen auch das Nachdenken über zukünftige frauenpolitische Großveranstaltungen. Viele NGOs plädieren für die Abhaltung einer *fünften Weltfrauenkonferenz* mit einem großen NGO-Forum. Sie hoffen, dass ein solches Ereignis mit seiner spektakulären, von den Medien überhöhten Aura genug Druck auf die Politik erzeugen wird, um Ergebnisse im Sinn des Empowerment der Frauen durchsetzen zu können. Andere fürchten wiederum, dass in

---

387 TANGO Talks, 1996/7, No. 1/2, S. 1.
388 Einen ausgezeichneten Einblick gewährt: Mandy Macdonald, 1998, a. a. O.
389 Eine ausführliche Darstellung in: Brita Neuhold: Meagre results of a difficult Beijing+5 process. Brüssel, Juli 2000, WIDE.
390 Siehe dazu Kapitel 3.

dem gegenwärtig herrschenden konservativen und aggressiven Klima nicht nur nichts erreicht, sondern das bisher Erreichte sogar verloren gehen kann.

Der Überprüfungsprozess wird zwar in jedem Fall in irgendeiner Form weitergehen, vermutlich wird es zumindest ein Beijing+10 Treffen im Jahr 2005 geben, das Format dieses Treffens ist aber ganz entscheidend. Das im Juni 2000 praktizierte Modell einer UNO Sondergeneralversammlung ist jedenfalls das denkbar unglücklichste, da diese Sondergeneralversammlungen aus logistischen und anderen traditionell bedingten Gründen wenig partizipatorisch angelegt sind und den NGOs wenig Mitbestimmung ermöglichen. Außerdem sind in einem solchen Fall die Delegationen vielfach mit den DiplomatInnen der Ständigen Vertretungen und nicht mit den in der jeweiligen Fachfrage eingearbeiteten und engagierten ExpertInnen besetzt. Der Überprüfungsprozess an sich, der, wie es eine hohe Beamtin des österreichischen Außenministeriums formulierte, im Grunde eine Verhandlung über die Evaluierung dessen ist, was passiert *ist*, hat sich in seiner Schwerfälligkeit und teilweisen Spitzfindigkeit überholt. Es gilt jetzt neue Formen zu finden. Bei diesen Überlegungen sollten die Worte der NGOs nicht vergessen werden, mit denen sie am Ende der Beijing+5 Konferenz Konservatismen aller Art entgegentraten:

„It is women's movements that have placed women's empowerment and rights on the world's agenda over the past 25 years. Once more women have come to this review in record numbers as we did for the Conference in Beijing. And it is women who will continue to take the leadership in working for these goals. We will not be turned back."[391]

---

391 Siehe: Brita Neuhold, 2000, a. a. O., S. 20.

Kapitel 5
Veränderungen und Perspektiven

Alle frauenpolitischen Bemühungen auf der Ebene der Vereinten Nationen, die Ereignisse des Weltfrauenjahrzehnts, vor allem aber die Entwicklungen seither sind nicht denkbar ohne die internationale Frauenbewegung. Oder besser: ohne die Vielfalt der Frauenbewegungen, die sich nach 1975 überall in der Welt sprunghaft zu entfalten begannen.[392]

1. Aufbau einer vielfältigen Bewegung

Hatte zunächst die westliche Frauenbewegung, ausgehend von Nordamerika, die Entwicklung mit ihren Anliegen nach politischer Gleichberechtigung, wirtschaftlicher Unabhängigkeit und sexueller Freiheit sehr stark dominiert, so begannen sich im Verlauf des Weltfrauenjahrzehnts immer lebendigere und vielfältigere Frauenbewegungen in den *Ländern des Südens* zu entfalten, wobei diese mehr und mehr eine von ihren Regierungen unabhängige Politik verfolgten.

Ganz wichtige Anstöße kommen seit Beginn der neunziger Jahre aus den früheren sozialistischen Ländern in Ost- und Südosteuropa, die jetzt meist als *Transitionsländer* bezeichnet werden. Hier kämpfen Frauen sehr stark gegen ihre politische Marginalisierung und wirtschaftliche Entrechtung an.

1.1. Grundsätzliche Standortbestimmung

Eine zentrale Rolle in diesen Entwicklungen spielte dabei die Einstellung von Frauenbewegungen und Frauengruppen zum *Feminismus*: In Amerika selbst setzte bereits um die Mitte der siebziger Jahre eine heftige Debatte ein, wobei Afro-Amerikanerinnen erbittert gegen den *Rassismus* weißer Feministinnen, gegen die vereinnahmende Wirkung des Bildes einer allumfassenden und gleichwertigen Unterdrückung *aller* Frauen durch den Sexismus *aller* Männer und gegen die Forderung nach automatischer Solidarität innerhalb der „Frauenwelt" kämpften. Diese sehr scharfe Kontroverse erschütterte zwar durch Jahre hindurch die als einheitlich unterstellte Front der „Schwesterlichkeit", führte aber letzten Endes dazu, dass auf die Dauer Brücken zwischen unterschiedlichen feministischen Erfahrungswelten errichtet werden konnten.[393]

---

392 Dieses Kapitel ist eine stellenweise leicht abgeänderte, erweiterte und aktualisierte Fassung von: ÖED (Hg.): Vom Traum zur Wirklichkeit. Wien 1999, Teil I, S. 49-63. (Mit freundlicher Genehmigung des Verlages).
393 Vgl. dazu: beiträge zur feministischen theorie und praxis: Geteilter Feminismus. Rassismus, Antisemitismus, Fremdenhaß. Jg. 13, Nr. 27; Kum-Kum Bhavani, Ann Phoenix: Shifting Identities, Shifting

Allerdings sind in den letzten Jahren – vor allem durch die Entwicklung in Osteuropa und durch den Auftrieb nationalistischer und fundamentalistischer Bewegungen überall in der Welt – wieder Gräben, auch unter Frauen, aufgebrochen.

In *Afrika* wiesen Wissenschafterinnen nachdrücklich darauf hin, dass westlichfeministische Ansätze das unterschiedliche Ausmaß der Unterdrückung von Frauen des Südens und des Nordens verschleierten und Aspekte der Rasse und der Klasse negierten.[394] Sie stellten vielfach Ziele der nationalen Befreiung und der wirtschaftlichen und sozialen Gesamtentwicklung über die der Veränderung des Loses von Frauen. So äußerte sich z.B. *Marie-Angelique Savané*, die Begründerin des Netzwerkes afrikanischer Frauenforscherinnen AAWORD (Association of African Women for Research and Development), noch 1982 äußerst skeptisch gegenüber dem feministischen Ansatz:

„*Feminismus als eine Bewegung befindet sich (...) in Afrika, Asien und Lateinamerika noch in einer formativen Phase. Versuche, eine umfassende theoretische Untermauerung des Dritte-Welt-Feminismus herauszuarbeiten, haben sich als schwierig erwiesen, da die Unterordnung der Frau teilweise auf traditionelle, teilweise auf moderne Faktoren zurückzuführen und Teil eines Zusammenhangs ökonomischer und wirtschaftlicher Abhängigkeit ist. Das wirft die Frage der politischen Prioritäten auf: Sollte Frauenfragen im engeren Sinn Priorität zugesprochen werden, oder sollten diese in einen umfassenden politischen Kampf integriert werden?*"[395]

Für Frauen in *Asien* bestanden in dieser Hinsicht andere Traditionen, deren Wurzeln bereits bis in das 19. Jahrhundert zurück reichten. In diesem Raum mehrten sich während der zweiten Halbzeit des Frauenjahrzehnts die Stimmen von Frauen, die nicht nur die negativen Auswirkungen wachstumsorientierter Entwicklungs- und Wirtschaftspolitik auf Frauen geißelten, sondern auch das Fehlen feministischer Sichtweisen angriffen. So sprach sich z.B. die indische Wissenschafterin und Aktivistin *Anita Anand* ganz eindeutig und nachdrücklich für eine „Entwicklungsstrategie" aus, „die sich die Anliegen des Feminismus zu eigen macht".

„*Der Feminismus stellt für Theorie und Praxis von Entwicklung Herausforderungen dar, die angenommen werden müssen, wenn ein wirkungsvoller Prozess der Veränderung in Gang kommen soll. Er enthält die Forderung, dass die Erfahrungen von*

Racisms. A Feminism and Psychology Reader. London 1994, Sage; Patricia Hill Collins: Black Feminist Thought. Knowledge, Consciousness, and the Politics of Empowerment. New York, London 1990, Routledge; Feminist Review: Thinking through Ethnicities. Nr. 45, Herbst 1993; Frankenberg, Ruth: White Women, Race Matters: The Social Construction of Whiteness. London 1993, Routledge; Frankenberg Ruth: Growing up White: Feminism, Racism and the Social Geography of Childhood, in: Feminist Review Nr. 45, Herbst 1993; bell hooks: Ain't I a Woman? Black Women and Feminism. Boston 1981, South End Press; bell hooks: Schwesterlichkeit: Politische Solidarität unter Frauen, in: beiträge zur feministischen theorie und praxis, 13. Jg., Nr. 27(1990), S. 77ff.; Marion Kraft: Feministische Kultur und Ethnizität in Amerika und Europa, in: Beiträge zur feministischen Theorie und Praxis, Nr. 27, S. 25-45; Marion Kraft: Feminismus und Frauen afrikanischer Herkunft in Europa. in: Marion Kraft (Hg.): Schwarze Frauen der Welt, S. 171 ff.; Tobe R. Levin: U.S. Feminismus: Schwarz auf Weiß. Beiträge Nr. 27, S. 59-67.

394 Vgl. Zenebworke Tadesse: Bringing Research Home, in: Development – Seeds of Change, Vol. 15 (1984), No. 4, S. 50 ff.

395 Marie Angelique Savané, in: Development Dialogue, 1982, Nr. 1, S. 3. Übersetzung B.N.

Frauen in allen Anstrengungen, die mit Veränderung zu tun haben, als gültig anerkannt werden."[396]

In *Lateinamerika* war es in der „Linken" zu Mitte der siebziger Jahre noch strengstens verpönt, Frauenfragen gesondert anzusprechen. Die „Frauenunterdrückung" galt eindeutig als „Nebenwiderspruch" des Klassenkampfes. Frauen wie *Virginia Vargas* und *Ana Maria Portugal*, die sich in ihrem Centro de la Mujer Peruana Flora Tristan für eine umfassende „*revindication*" (Rückgewinnung[397]) von Frauenrechten einsetzten, kämpften aber bereits in den siebziger Jahren um die Selbstfindung und Selbstbehauptung von Frauen in linken Parteien und trugen dadurch – nicht zuletzt auf den *Feministischen Kongressen Lateinamerikas und der Karibik* – entscheidend zur Entwicklung einer eigenständigen feministischen Bewegung bei. Langsam vollzog sich auch hier ein Sinneswandel.[398] In diesem Zusammenhang knüpften mehr und mehr Frauen dieses Kontinents an – teilweise – verschüttete Bilder weiblicher Stärke an, die in früheren Kulturen verankert waren, oder auch noch heute in indigenen Gesellschaften gegenwärtig sind:

„*(...), dass der Feminismus eine soziale Bewegung darstellt, die sich dem Kampf um die Veränderung des Systems verschreibt. Ein Kampf, in dem unsere Besonderheit als Frauen zum Ausdruck kommt, und der deshalb revolutionär ist. Der Klassenkampf und der feministische Kampf sind zwei Bewegungen, die in einem gemeinsamen historischen Ziel, der grundlegenden Veränderung des Systems, übereinstimmen; aber, in vielen Fällen wird der feministische Kampf sich nicht notwendigerweise mit den kurzfristigen Zielen des Klassenkampfes decken. Daher können wir auch nicht den unrichtigen Slogan ‚es gibt keinen Feminismus ohne Sozialismus' akzeptieren. Der Feminismus besteht bereits, er ist ein Kampf, der durch Jahrhunderte hindurch geführt wurde und der solange weiter bestehen wird, als noch Frauen leben, die unterdrückt werden, ob es jetzt innerhalb des Kapitalismus oder innerhalb des Sozialismus ist."*[399]

Wie schon im vorhergehenden Kapitel beschrieben, wurden durch Jahre hindurch bei den Weltfrauenkonferenzen Frauen aus verschiedenen Regionen entlang politischer Verhandlungsstrategien aufgespalten, und Feminismus galt vielfach als „nördliches" Konzept, das angeblich mit dem Leben des Großteils der Frauen wenig zu tun hatte. Bei der 3. Weltfrauenkonferenz in Nairobi sprach schließlich das asiatische Frauennetzwerk DAWN erlösende Worte aus, indem es den Feminismus zur politischen Kraft erklärte, der in allen Gesellschaften der Erde zwar ein unterschiedliches Gesicht, aber zentrale Gültigkeit innerhalb aller Erneuerungsbewegungen habe.

„*Unser Verständnis des Feminismus strukturiert unsere Visionen für die Gesellschaft und für die Frauen. (...) Der Feminismus ist eine politische Bewegung, er kann*

---

[396] Anita Anand: Rethinking women and development. The Case for Feminism, in: ISIS (Hg.): Women in Development. A Resource Guide for Organization and Action. Genf 1983, S. 5ff.
[397] Der Terminus spielt mit dem Wortlaut des Titels der zentralen Streitschrift von Mary Wollstonecraft, „The Vindication of the Rights of Women" (1789) und bedeutet also auch „erneute Rechtfertigung".
[398] Francesca Miller: Latin American Women and the Search for Social Justice. Hanover and London 1991, University Press of New England.
[399] Fietta Jarque: 650 feministas en El Bosque. El Observador, 20 July 1983, in: Francesca Miller: Latin American Women and the Search for Social Justice. Hanover, London 1991, University Press of New England, S. 219.

sich in seinen Anliegen, kurzfristigen Zielen und Methoden unterscheiden. Aber hinter dieser Verschiedenartigkeit verfolgt der Feminismus sein unverbrüchliches Ziel, das darin besteht, die Strukturen der geschlechtsspezifischen Unterwerfung zu stürzen und eine Vision für Frauen als anerkannte und gleichberechtigte Partnerinnen von Männern auf allen Ebenen des gesellschaftlichen Lebens zu verwirklichen."[400]

1.2. Veränderungen in Kopf und Herz

Vor diesem Hintergrund wurde zwischen 1975 und 1995 eine Fülle von feministischen Forschungs- und Beratungsinstituten, Informations-Netzwerken, Medien und Agenturen gegründet, die vor allem in Ländern des Südens wichtige neue Anstöße setzten und *Bewusstseinsänderungen* einleiteten.[401] In diesen Prozessen boten das internationale feministische Informations-Netzwerk *ISIS* und das *International Women's Tribune Center*, die zu Beginn des Weltfrauenjahrzehnts gegründet wurden, entscheidende Hilfestellungen und Anstöße.

Ein wichtiges Beispiel für solche alternativen Medien in *Afrika* ist die *Tanzania Media Women Association* (TAMWA), die seit 1987 die Zeitschrift *Sauti ya Siti* herausgibt. Diese spricht „einfache Frauen" in Stadt und Land an und versucht, diesen die Grundlagen zu vermitteln, um ihre Probleme selbst bewältigen zu können. Fragen wie sexuelle Gewalt, Arbeitslosigkeit, AIDS und Säuglingssterblichkeit, Ernährungsfragen und Bildungsprobleme werden in verständlicher und ansprechender Weise aufbereitet. Durch Gedichte und Illustrationen im Stil der Region ist die Zeitschrift auch ein Beitrag zur Stärkung der kulturellen Identität. TAMWA betreibt auch ganz gezielt Menschenrechtserziehung, das heißt sie ermutigt Frauen dazu, ihre Rechte zu erkennen und zu verteidigen.

Auf einer anderen Ebene widmet sich die *Vereinigung afrikanischer Frauen für Forschung und Entwicklung* (AAWORD/AFARD) der Information und Bewusstseinsbildung afrikanischer Frauen. Sie wurde 1978 als Forschungsnetzwerk gegründet und versucht, frauenorientierte Forschungen und Aktionen in Afrika zu koordinieren und zu stärken. Ihre „Occasional Papers" und ihre Zeitschrift „Echo" sind wichtige Stellungnahmen zu brennenden afrikanischen (Frauen)Problemen.

FEMNET, eine feministische Nachrichtenagentur in Kenia (Nairobi) und APAC, die *Association des Professionelles Africaines de la Communication* im Senegal (Dakar), sind Beispiele für panafrikanische Frauenorganisationen, die das Bild der Frauen in den Medien verändern wollen.

Darüber hinaus ist die Liste medialer Frauen-Netzwerke in Afrika lang und wächst ständig.[402]

---

400 Gita Sen/Caren Grown: Development, Crises and Alternative Visions. Third World Women Perspectives. London 1988, DAWN/Earthscan.
401 Vgl. insbes.: United Nations: From Nairobi to Beijing, a.a.O., S. 249 ff; Margaret Gallagher, Lilia Quindoza-Santiago (Hg.): Women Empowering Communication. A Resource Book on Women and the Globalisation of the Media. London, New York 1994.
402 Dazu gehören z.B.: Die Federation of African Media Women – Southern African Development Community (FAMW – SADC); die Uganda Women Media Association; die Federation of Media Women

In den Ländern *Nordafrikas* und *Westasiens* stellt sich nach den Worten von Frauen aus diesem Raum der Kampf um die „Modifizierung der Frauenbilder in den Medien als zähes Ringen" dar.[403] Beispiele dafür sind die ägyptische feministische Zeitschrift *Noun*, die nach einem Protest gegen den Golfkrieg eingestellt wurde, die pan-arabische feministisch-wissenschaftliche Zeitschrift *Al-Raida*, die mit langen Unterbrechungen erscheint, sowie die Netzwerke *Women under Muslim Laws* und *Women against Fundamentalism*, die sich die schwierige Aufgabe gestellt haben, für Frauen einen Platz außerhalb ihrer traditionellen Rollen zu erobern. Das Frauenkollektiv *Tamania Mars* in Marokko konnte immerhin mit seiner gleichnamigen Zeitschrift einen großen Wirkungskreis unter ländlichen Frauen aufbauen und ihre Probleme in einer für sie sinnvollen Weise in Angriff nehmen.

In vielen islamischen Ländern kämpfen Frauen im Untergrund gegen die herrschende Macht. Schlagartig bekannt wurde durch den Krieg in Afghanistan das Netzwerk *Revolutionary Association of Women in Afganistan* (RAWA), das jahrelang einen zähen und gefährlichen Kampf gegen die unbeschreibliche Frauenunterdrückung durch die Taliban geführt hatte.[404]

In *Asien* ist die feministische entwicklungspolitische Nachrichtenagentur *Women's Feature Service* (WFS), die 1990 als Teil der alternativen Nachrichtenagentur *Interpress Service* (IPS) gegründet wurde, von herausragender Bedeutung. Mit den Worten seiner Direktorin *Anita Anand* wurde WFS gegründet, „um die Erfahrungen, Träume und Hoffnungen von Frauen in einem entwicklungspolitischen Zusammenhang wahrheitsgetreu wiederzugeben."[405]

Ein sehr bekanntes eindrucksvolles Beispiel im Zeitschriftenbereich ist die indische Zeitschrift *Manushi*, die 1979 gegründet wurde und eine äußerst wichtige feministische Stimme gegen Unterdrückung und Ausgrenzung von Frauen darstellt, die erstaunlicherweise überall im Land gehört und auch von einer großen Zahl von Männern ernst genommen wird.[406]

Vergleichbar ist *Asmita*, eine Zeitschrift für Frauen, die 1988 in Nepal gegründet wurde, den direkten Kontakt zur Dorfbevölkerung herstellt und Artikel aus deren Lebenswirklichkeit bringt.

Wie *Manushi* und *WFS* ist auch der berühmte *Frauenverlag Kali* in Indien/New Delhi beheimatet. Schon sein Name, jener der Göttin der Zerstörung und des Aufbruchs, ist ein Programm. *Genderpress* ist eine Initiative ähnlicher Zielsetzung in Thailand, hat aber zum Unterschied von *Kali* keine Verbreitung über Thailand hinaus, da die Publikationen nur in Thai erscheinen.

---

in Zambia; der Women in Communication Trust in Kenia; die Association of Media Women in Kenya (AMWK); das Zimbabwe Women's Resource Centre and Network etc.
403 Julinda Abu Nasr, Randa Abul-Husi: Among Veils and Walls. Women and Media in the Middle East, in: Margaret Gallagher, Lilia Quindoza-Santiago, 1994, a. a. O., S. 156.
404 http://www.rawa.org
405 Margaret Gallagher, Lilia Quindoza-Santiago, 1994, a. a. O, S. 53. Zur Arbeit von WFS siehe Women's Feature Service: The Power to Change. New Delhi 1992, Kali.
406 Vgl. Brita Neuhold: Stärkung des Zusammenhalts der Frauenbewegung. Interview mit Madhu Kishvar, Redakteurin von Manushi, in: unser thema, 1/1991, S. 14f.

Das *Mediastorm Collective* ist ein Zusammenschluss indischer Filmemacherinnen, die versuchen, Frauen in einer von der Filmindustrie abweichenden Weise darzustellen und aktuelle Fragen aufzugreifen.

In *Lateinamerika* wurde 1981 in Mexiko die feministische Kommunikationsagentur *FEMPRESS* gegründet. Sie hat Korrespondentinnen in 15 Ländern in ganz Lateinamerika und gibt monatlich die Zeitschrift *mujer fempress* heraus, die einen Überblick über die Probleme und Aktivitäten von Frauen am Kontinent vermittelt. *FEMPRESS* versorgt überdies ca. 300 Medien über einen eigenen Nachrichtendienst – mit Erfolg, da 95% der gelieferten Informationen von der lokalen Presse gebracht werden.[407] Initiativen wie *Radio Tierra* in Chile und *Feminist International Radio Endeavour* in Costa Rica (FIRE) wenden sich direkt an die marginalisierte weibliche Bevölkerung.

In den Ländern der *Karibik* sind es vor allem Netzwerke wie die *Carribean Association for Feminist Research and Action* (CAFRA) und das *Women and Development Unit* (WAND), die die Frauen zur Übernahme nicht-konventioneller Rollen ermutigen. In dieser Region wird Bewusstseinsbildung hauptsächlich über das Theater zu erreichen versucht: Ein sehr bekanntes Beispiel dafür ist die Frauen-Theatergruppe *SISTREN* aus Jamaika.

1.3. Geographie weiblichen Widerstands in Ländern des Südens

Obwohl Frauen aller Regionen des Südens in praktisch allen Bereichen der politischen, bürgerlichen, wirtschaftlichen, sozialen und kulturellen Rechte aktiv sind, lässt sich doch – vereinfacht ausgedrückt – eine gewisse „Geographie weiblichen Widerstands" erkennen:

Danach lag der Schwerpunkt in *Afrika* zwar lange Zeit hindurch auf Anliegen der Entwicklungsförderung, Armutsbekämpfung und eher unpolitischen Selbsthilfegruppen, trotzdem begannen sich schon ab Beginn der achtziger Jahre vereinzelte Initiativen des gezielten Kampfes gegen Gewalt an Frauen zu entwickeln. So war z.B. bereits ab 1983 das Kollektiv *Femmes et Sociétés* und die *Commission pour l'abolition des mutilations sexuelles* (CAMS), beide unter der Leitung von *Awa Thiam*, gegen genitale Verstümmelung, Polygamie und andere Formen der Verletzung weiblicher Integrität aktiv.

In Afrika waren und sind Frauen aber auch im Kampf um politische Rechte tätig, um Freiheit „an sich" ebensosehr wie um ihre politischen Freiheiten im Speziellen. So waren Frauen in Südafrika wesentlich am Sturz des Apartheid-Regimes beteiligt und konnten bei der Textierung der Verfassung und bei der Zusammensetzung der Regierung Erfolge verzeichnen. Allerdings müssen Frauen in diesem Land wie auch in Namibia, wo der Zugang der Schwarzen Bevölkerung zu politischen Rechten schon früher eröffnet wurde, sehr hart daran arbeiten, nicht wieder aus der politischen und wirtschaftlichen Arena verdrängt zu werden. Ein anderes positives Beispiel der jüngeren Vergangenheit ist in diesem Zusammenhang Uganda, wo Frauen dank geziel-

---

407 Margaret Gallagher, Lilia Quindoza-Santiago, 1994, a. a. O., S. 139.

ter Bemühungen eine sehr hohe Beteiligung im Parlament und in den lokalen Regierungen erringen konnten.

In *Asien* liegt ein wichtiger Schwerpunkt auf dem Kampf der Frauen um die Erhaltung und Wiederherstellung ihrer Menschenwürde und auf Bemühungen zur Stärkung ihres Selbstbewusstseins, wobei die Freilegung verschütteter Frauenbilder in Kunst und Religion eine große Rolle spielt. Als beispielgebend kann hier *Indien* gelten, wo bereits ab Beginn der siebziger Jahre Bäuerinnen und Arbeiterinnen in spektakulären Aktionen begonnen hatten, um ihre Rechte zu kämpfen: gegenüber Grundherren, Regierung, Arbeitgebern, Polizei und Militär – aber auch gegenüber den eigenen Männern. Zu Ende des Jahrzehnts entstand endgültig eine starke, autonome indische Frauenbewegung mit einem breit gefächerten Spektrum des Einsatzes für Frauenrechte.

> **Indische Frauenbewegung der 70er und 80er Jahre
> führend im Kampf um ein neues Frauen-Bewusstsein**
>
> Bereits 1972 wurde eine Organisation gegründet, die völlig neue Weichen für die Selbstbestimmung von Frauen stellte und seither zahllose Nachahmerinnen in armen Ländern gefunden hat. Es ist dies die *Self Employed Women's Association* (SEWA), eine Vereinigung von (Klein-) Unternehmerinnen. Ihre Gründerin *Ela Bhatt* strebte nicht nur eine Stärkung der wirtschaftlichen Basis, sondern vor allem des Selbstvertrauens der zahllosen Frauen an, die mit handwerklichen und gewerblichen Tätigkeiten, wie die Herstellung von Bidis (Zigaretten), Papiersammeln, Nähen, Stoffdrucken, Schnitzen etc. ihr Leben fristeten.
>
> Ab 1974 war die *Progressive Women's Organisation* aktiv, die vor dem Hintergrund der Kämpfe der Arbeiterinnen und Bäuerinnen die Frage der Unterdrückung und Diskriminierung von Frauen als spezielles Problem und nicht bloß als Teil der Ungerechtigkeit gegenüber den Armen zu sehen begann. Ab dem *Internationalen Jahr der Frau* setzte ein intensiver Austausch zwischen Akademikerinnen und Aktivistinnen auf den verschiedensten Ebenen ein. Zentren der Bewegung wurden Poona und Bombay.
>
> 1978 errang die seither legendäre *Chipko-Bewegung* in den Wäldern des Himalaja ihren ersten dauerhaften Erfolg, indem sie durch konsequenten, wenn auch völlig gewaltlosen Widerstand – die Menschen umarmten die Bäume, die gefällt werden sollten („chipko" heißt umarmen) – ihr Land dem Zugriff der Holzfäller und Minenarbeiter entzogen. Genauso wichtig wie diese konkreten Erfolge war die Tatsache, dass Frauen bei Chipko ein ganz neues Selbstbewusstsein entwickelten und ihr Verhalten den Männern gegenüber zu verändern begannen. Ungefähr ein Jahrzehnt später begann eine zweite von Frauen geleitete, große Widerstandsbewegung gegen ökologische Zerstörung und soziale Verelendung, nämlich die um den Narmada-Staudamm.[408]

---

408 Vgl. Lyla Mehta: Frauen wehren sich gegen das Ertrinken… Die Auswirkungen eines gigantischen Wasserkraftprojekts im Narmadatal, in: unser thema, 1/1992, S. 36 ff.

Ab 1979 griff die bis heute viel gelesene Frauenzeitschrift *Manushi* unter der Leitung von *Madhu Kishvar* und *Ruth Vanita* die bis dahin tot geschwiegenen Themen im Zusammenhang mit Frauen und Gesellschaft auf. 1977 löste die Vergewaltigung des 14 Jahre alten indigenen Mädchens *Mathura* durch Vertreter der Polizei einen Aufschrei im ganzen Land aus und rief das *Forum against Rape*, das später in *Forum against the Oppression of Women* umbenannt wurde, auf den Plan, das sich auch für eine Änderung des Strafrechts im Sinn der betroffenen Frauen einsetzte.

In weiterer Folge nahmen Themen wie Abtreibung weiblicher Föten, Mitgiftmorde und Witwenverbrennungen breiten Raum ein. Frauenhäuser, wie *Saheli* (Freundin) in New Delhi, wurden als Zufluchtsstätten und Widerstandszentren für Frauen gegründet.

Im Zusammenhang mit diesem Kampf gegen die gewalttätige Ausgrenzung von Frauen entstand in diesen Jahren ein vielfältiges Netz von Initiativen zur Überwindung des Bildes von der untergeordneten, unterwürfigen und abhängigen Frau. Ein 1975 erstmalig von der Organisation *Stree Mukti Sangathana* aufgeführtes Stück mit dem Titel „Ein Mädchen ist geboren", das seither zur festen Institution wurde, löste – vor allem in den ländlichen Gebieten – weitreichende Diskussionen zwischen jung und alt, Frauen und Männern aus. In einer Flut von Gedichten, Liedern, Theaterstücken, aber auch in Malerei und Kunsthandwerk, wurde der Widerstandsgeist von Frauen beschworen. Das *Frauennetzwerk DAWN*, das sich seither zur führenden Stimme des feministischen Widerstands in der Dritten Welt entwickelt hat, wurde zu Beginn der achtziger Jahre von der indischen Wissenschafterin *Devaki Jain* gegründet. Ab 1982 begann sich die engagierte Wissenschafterin *Kamla Bhasin* in einem eigenen Institut der Analyse und Veränderung des Frauenbildes in den Medien zu widmen. Außerdem erarbeitete sie einen Fragenkatalog für Frauengruppen im ländlichen Raum über die Bedeutung, die der Feminismus für alle Frauen hat. Weitreichende Bedeutung hat seit seiner Gründung im Jahre 1984 der *Frauenverlag Kali* in New Delhi erlangt, der sowohl „akademische" Bücher als auch Gedichte, Märchen, Kinderbücher und Materialien für die Praxis herausbringt.[409]

In *Südostasien* begann sich ab 1980 ein Schwerpunkt in Bezug auf den Kampf gegen Prostitution und Sextourismus herauszukristallisieren. Ein markantes Beispiel dafür sind die Philippinen, wo die Dachorganisation *GABRIELA* sich nachdrücklich für das Recht der Frauen auf Selbstbestimmung über den eigenen Körper und den Schutz vor Vergewaltigungen und sexuellen Belästigungen – vor dem Hintergrund eines nachdrücklichen Kampfes um wirtschaftliche und politische Gerechtigkeit – einsetzte.

---

409 Genauere Informationen dazu: Brita Neuhold: „Sie stehen immer wieder auf!" Frauenbilder, Frauenbewegungen in Indien, in: unser thema 1991/1, S.35 ff.

In *Lateinamerika* stellte und stellt der Einsatz für politische Gerechtigkeit innerhalb der gesamten Gesellschaft einen zentralen Schwerpunkt der Frauenbewegung dar. Ein eindrucksvolles aktuelles Beispiel sind die Bemühungen indigener Frauen bei den Chiapas in Mexico und in Guatemala um die Schaffung anhaltender Voraussetzungen für Frieden und Demokratie.[410] In Erinnerung ist noch immer der heroische Kampf von Frauen in Chile gegen die Diktatur: Diese waren wesentlich am Sturz von Pinochet beteiligt und versuchten auch in der Zeit „danach", sich in den Wiederaufbau demokratischer Strukturen einzubringen und die Aufbruchstimmung lebendig zu erhalten.[411] Andere brennende Anliegen sind der Kampf gegen Armut und wirtschaftliche Ungerechtigkeit, vor allem im Zusammenhang mit Deregulierungen und Strukturanpassungen, sowie das Eintreten für den großen Themenkreis der reproduktiven Rechte.

Seit Mitte der achtziger Jahre kämpfen Frauen in allen Regionen des Südens energisch gegen die negativen Auswirkungen von *Strukturanpassungsprogrammen* und versuchen eine Änderung der Politik von Weltbank und Währungsfonds durchzusetzen.

Ebenso ist in südlichen Regionen seit Beginn der achtziger Jahre ein verstärkter Einsatz von Frauen im *Ökologiebereich* festzustellen – bahnbrechende Beispiele sind die bereits genannte indische *Chipko-Bewegung* und das *Green-Belt-Movement*,[412] das bereits die Begrünung weiter Landstriche erreicht hat, oder die *Kenyan Water for Health Organisation* (KWAHO), die beiden letztgenannten in Kenia.[413] Auftrieb und Ansporn erhielt diese Bewegung durch den *Erdgipfel* der Vereinten Nationen in Rio (1992). Im Vorfeld zu dieser Konferenz begann sich unter der Koordination der *Women Environment Development Organization* (WEDO) eine starke internationale Gruppierung zu formieren, in der auch Frauen aus südlichen Ländern prominent vertreten waren und sind.[414] Bei der 4. Weltfrauenkonferenz in Beijing erregten u. a. indigene Frauen mit einer eigenen Erklärung mit dem Titel „*Die Erde ist unsere Mutter*" großes Aufsehen.

Ein anderer durchgehender Schwerpunkt liegt in der *Stärkung von Kleinunternehmerinnen*, vor allem beim Zugang zu Krediten. SEWA in Indien, das Vorbild, wur-

---

410 In diesem Zusammenhang sind zwei sehr interessante Arbeiten junger österreichischer Wissenschafterinnen zu nennen: Barbara Kühhaas: Die indigene Frau Guatemalas. Ihre Beteiligung am Fiedensprozess und ihre gegenwärtige Beteiligung an der Umsetzung an Abkommen über die Identität und Rechte indigener Völker. Dissertation, Universität Wien, 1998. Petra Purkharthofer: Der politische Diskurs über kulturelle Identität und Autonomie in Chiapas, 1994-1996. Diplomarbeit, ÖFSE Publikationen, Forum 7, Wien 1998, Südwind Verlag.
411 Vgl. Eda Cleary: Frauen in der Politik Chiles. Zur Emanzipation chilenischer Frauen während der Militärdiktatur Pinochets. Aachen 1988.
412 Wanjiru Kamau: The work of the Green Belt Movement, in: Annabel Rodda: Women in the Environment in the Third World. London 1988, Earthscan, S. 111.
413 Brita Neuhold: Wir wollen mitentscheiden. Empowerment von Frauen in der österreichischen Entwicklungszusammenarbeit. Wien 1994, vidc, S. 50ff
414 WEDO organisierte 1991 einen viel beachteten „Weltfrauenkongress für einen gesunden Planeten" in Miami, vgl. u. a. Christa Wichterich: Die Erde bemuttern. Frauen und Ökologie nach dem Erdgipfel in Rio. Köln 1992, Heinrich Böll Stiftung.

de bereits genannt, es hat in allen ländlichen Regionen Asiens Nachahmung gefunden. Eine wichtige Koordinationsfunktion hat hier die Organisation *Women's World Banking* inne.

1.4. Frauen in Ost- und Südosteuropa wehren sich

Während der fast fünfundvierzig Jahre währenden Herrschaft kommunistischer Regime in dieser Region wurden in allen betroffenen Ländern – wenn auch in unterschiedlichem Ausmaß – Systeme der Bildung und Ausbildung von Frauen, der sozialen Absicherung, des Ausbaus von Kinderkrippen und Kindergärten forciert, wodurch die massive Integration von Frauen in den *Arbeitsmarkt* ermöglicht wurde.

„Während die Details und das Ausmaß an Unterstützung von Land zu Land äußerst stark variierten, stellten diese Politiken insgesamt einen Bestandteil der allgemeinen wirtschaftlichen und sozialen Agenda des Osteuropäischen Kommunismus dar, der auch die Unterstützung für sozial schwächere Schichten und Klassen einschloss. Sie stimmten auch mit sozialistischen Ideen zu Geschlechterbeziehungen seit Engels überein (...).[415]

Auf diese Weise nahmen selbst Mütter kleiner Kinder am Arbeitsleben teil und waren „außer Haus" aktiv; Frauen waren in die formalen politischen Institutionen und Prozesse eingegliedert. Jedes Land hatte seine frauenpolitische Struktur mit staatlichen Frauenorganisationen, auf der internationalen Ebene traten die Regierungen sozialistischer Staaten mit dem Anspruch auf, dass nur sie die volle *Emanzipation der Frau* gewährleisten könnten. Der Weg dorthin führte über die Abschaffung der Klassengesellschaft und die volle Eingliederung der Frau in die Lohnarbeit.[416] Die doppelte Belastung der Frau, die sowohl theoretisch als auch praktisch nie angesprochene Frage der *Hausarbeit,* bildete den „blinden Fleck" sozialistischer frauenorientierter Strategien und machte deutlich, dass die „Frauenfrage nie die ‚feministische Frage'" war.[417]

Nach der Wende wurden trotz vielfacher positiver Demokratisierungsansätze Frauen nicht nur nicht entsprechend ihrem Potential in den Aufbau der neuen Gesellschaften einbezogen, sondern in den überwiegenden Fällen aus politischen Positionen verdrängt. Außerdem erlebten sie durch unüberlegte Marktreformen, Strukturanpassungs- und Privatisierungsstrategien eine dramatische *Erosion* ihrer wirtschaftlichen und sozialen Rechte und eine dramatische Zunahme genderspezifischer *Gewalt.*

„Osteuropa – die Armut ist weiblich!" lautet die Überschrift einer Zeitschrift zur Situation in der Region[418], und zahlreiche Befunde von Expertinnen bestätigen die-

---

415 Marilyn Rüschemeyer (Hg.): Women in the Politics of Postcommunist Eastern Europe. London 1989, Sharpe, S. 5 (Übersetzung B. N); siehe auch: Rebecca P. Sewall: Reconstructing Social and Economic Rights in Transitional Economies, in: Margaret A. Schuler (Hg.), 1995, a. a. O., S. 155 ff..
416 Maxine Molyneux: Women's Emancipation under Socialism: A Model for the Third World?, in: World Development, Vol. 9, Nr.9/10, S. 1019 ff.
417 Heidi Hartmann: The Unhappy Marriage of Marxism and Feminism, in: Lydia Sargent (Hg.): Women and Revolution. Boston 1981, S. 3.
418 Osteuropakomitee Graz, 1/2000

se Aussage.[419] Aber hinter diesen Verallgemeinerungen verbergen sich auch Unterschiede; Frauen sind nicht überall gleich negativ betroffen; überall aber arbeiten sie daran, ihre Situation zu verbessern.

Eine wichtige Rolle spielt dabei das Netzwerk *KARAT*, eine Koalition von Frauen in mittel- und osteuropäischen Ländern, das sich zum Ziel gesetzt hat, das Bewusstsein für Gendergerechtigkeit in ihren Ländern zu stärken, für die Anliegen von Frauen in der Region einzutreten und die Mitbestimmung von Frauen in Schlüsselpositionen in Wirtschaft und Politik zu verwirklichen. Die Vertretung ihrer Ziele auf der internationalen Ebene, vor allem im Rahmen der Vereinten Nationen und der Europäischen Union, sowie die Kontrolle der Umsetzung internationaler Abkommen nehmen breiten Raum ein. Gegenwärtig stellt die Einschaltung von Frauen in den Prozess der *Osterweiterung* der Europäischen Union einen besonderen Schwerpunkt dar.

2. Menschenrechte als Angelpunkt

Seit Ende der achtziger Jahre entstanden überall in der Welt zahlreiche Institutionen, die sich zum Ziel gesetzt haben, die internationalen Instrumente und Organe im Menschenrechtsbereich einer genauen Prüfung zu unterziehen, Schwachstellen aus weiblicher Sicht zu enthüllen, Vergehen an Frauen aufzudecken, eine möglichst breite Öffentlichkeit über diese Sachverhalte zu informieren, insbesondere aber das Bewusstsein von Frauen zu schärfen und diese in konkreten Anliegen zu beraten. Es geht aber nicht nur um einen zusätzlichen, wenn auch wichtigen Schwerpunkt, sondern um *Entwicklung und Empowerment* im weitesten Sinn aus einer Perspektive der Menschenrechte, wie es im Englischen heißt, *„from a rights approach"*.

2.1. Ein wachsendes Netzwerk

Zunächst ging es darum, eine tragfähige *internationale Struktur* zu entwickeln. Den Anfang machte die *International Women's Rights Action Watch* (IWRAW), die nach der 3. Weltfrauenkonferenz in Nairobi unter der Koordination von *Arvonne Fraser* gegründet wurde, um den CEDAW-Ausschuß, der die Umsetzung der Konvention gegen Frauendiskriminierung überwachen soll, mit Zeugnissen und Erfahrungen aus verschiedenen Regionen und Ländern zu unterstützen. IWRAW gibt regelmäßig die Zeitschrift *The Women's Watch* mit Informationen über CEDAW heraus. Ebenfalls seit Nairobi entstanden drei regionale Netzwerke, die die neuesten Erkenntnisse im Bereich der Forschung und Praxis der Menschenrechte von Frauen verbrei-

---

419 Vgl. WIDE: EU Eastern Enlargement: Empowerment or Marginalisation? Chances for Women in the Economic Field. Meeting with women from Eastern Europe, emphasis on members of EU-Accession Countries. März 2001, Dokumentation. Siehe dazu auch: International Helsinki Federation: Women 2000. An Investigation into the Status of Women's Rights in the former Soviet Union and Central and South-Eastern Europe. New York und Wien, November 2000. *www.int-hr.org*

ten. Diese sind das *Lateinamerikanische Komitee zur Verteidigung der Rechte von Frauen* (CLADEM), das *Asia-Pacific Forum on Women, Law and Development* (APWLD), und *Women in Law and Development in Afrika* (WILDAF), unter der Leitung von *Florence Butegwa*. Von zentraler Bedeutung für islamische Regionen ist das Netzwerk *Women Living Under Muslim Laws* (WLUML), das 1986 gegründet wurde.[420] Sie alle sind deshalb sehr wichtig, weil sie die Erfahrungen und die Sichtweise von Frauen des Südens einbringen.

Einflussreiche Institute im Norden sind das *Institute for Women, Law and Development* in Washington unter der Leitung von *Margaret Schuler*, das wesentlich am Aufbau der drei oben genannten regionalen Netzwerke beteiligt war; das *Centre for Women's Global Leadership* an der Rutgers Universität, das von *Charlotte Bunch* aufgebaut wurde und eine zentrale Rolle bei der 2. Menschenrechtskonferenz in Wien sowie während der 4. Weltfrauenkonferenz in Beijing spielte. Des weiteren ist das *Women Rights Project* unter der Leitung von *Dorothy Thomas* zu nennen, das ebenfalls Vertretungen in allen Kontinenten hat.

All diese internationalen Zusammenschlüsse haben eine große Zahl von *Initiativen auf der lokalen Ebene* stimuliert, vor allem Zentren für *Rechtsberatung, Menschenrechtserziehung* und *politische Bildung* sowie Organisationen, die sich um die *Revision* von frauenfeindlichen Gesetzen bemühen. Diese versuchen in erster Linie in Ländern des Südens, wo demokratische Strukturen im Aufbau begriffen sind, die Frauen über ihre Rechte aufzuklären und ihnen den Rücken zu stärken.

Ebenfalls sehr aktiv sind Gruppierungen, die versuchen, anderen Frauen die konkrete Bedeutung von wichtigen Menschenrechtsinstrumenten, vor allem der *Konvention gegen die Beseitigung jeder Form von Diskriminierung der Frau,* für ihr tägliches Leben nahezubringen.

Nach Beijing ist eine Fülle von Initiativen zur Popularisierung und Verbreitung des Schlussdokuments der Vierten Weltfrauenkonferenz entstanden. So wurde dieses Dokument in leicht fasslicher, ansprechender und illustrierter Form für einen breiten Personenkreis zusammengefasst, es wurden Radiosendungen gemacht, Videos angefertigt und Symposien und Workshops veranstaltet.

In diesem Zusammenhang ist auch ein *Internationaler Lehrgang für Menschenrechte von Frauen* zu nennen, der 1993 das erste Mal in Schlaining (Burgenland) stattfand. Der Lehrgang wurde aus Mitteln der Österreichischen Entwicklungszusammenarbeit finanziert. Diese Initiative war äußerst erfolgreich und findet mittlerweile in Uganda als ständige Einrichtung statt. 1998 wurde in Kamerun bei Limbe ein ähnlicher Lehrgang für das frankophone Afrika veranstaltet. Im Juni 2000 wurde bei einem ähnlichen, ebenfalls von Österreich finanzierten Lehrgang in Ghana ein vorwiegend junges Publikum angesprochen. Ein anderes aus Mitteln der österreichischen EZA unterstütztes vielversprechendes Projekt ist eine *Serie von Videos* über die Menschenrechte von Frauen in verschiedenen Ländern.[421]

---

420 Vgl. Marie-Aimé Helie-Lucas: Women Living Under Muslim Laws, in: Joanna Kerr, Ours by Right. Women's Rights as Human Rights. London u.a. 1993, Zed Books, North-South-Istitute, S. 52 ff.
421 Women hold up the sky. Frauen tragen den Himmel. Eine Reihe von acht Videofilmen mit Trainingsmaterial über die Konvention zur Beseitigung jeder Form von Diskriminierung der Frau (CE-

2.2. Wirtschaftliche und soziale Menschenrechte von Frauen im Vordergrund

2.2.1. Aktivitäten in Nord und Süd

Innerhalb der Verteidigung der Menschenrechte von Frauen nehmen in letzter Zeit die wirtschaftlichen und sozialen Menschenrechte einen immer größeren Raum ein. Der Anlass dafür ist die immer offensichtlichere *Verelendung* eines großen Teils von Frauen – vor allem in Ländern des *Südens*, aber auch in den östlichen *Transformationsländern* – als Folge von Strukturanpassungsprogrammen, von Verschuldungsproblemen und von internationalen Abkommen zur Deregulierung und Liberalisierung der Wirtschaft.

In diesem Zusammenhang hinterfragen immer mehr Frauen die Auswirkungen von *Entwicklungs- und Wirtschaftspolitik*. So engagierten sich in dieser Hinsicht Frauen in den AKP-Ländern, also jenen 71 Ländern der Region Afrika-Karibik-Pazifik, mit denen die EU seit 1975 Verträge über Entwicklungszusammenarbeit und handelspolitische Hilfe – die sogenannten *Lomé-Konventionen* – abschloss. Sie untersuchten die Auswirkungen dieser Verträge auf Frauen der Region und brachten ihre Ansichten in die Verhandlungen zu einem Lomé-Nachfolgevertrag, die gerade angelaufen sind, ein. So hat sich z.B. CAFRA in einer ausführlichen Stellungnahme, die unter Mitarbeit von Frauen aus der Region verfasst wurde, dazu geäußert.[422]

Eine führende Rolle spielt hier das Internationale Frauen-Netzwerk *Women in Development Europe* (WIDE), das 1985 in Nairobi gegründet wurde und den Zusammenschluss zwischen entwicklungspolitischen Frauenorganisationen des Nordens und des Südens aktiv fördert. WIDE besteht aus Plattformen in verschiedenen europäischen Ländern, darunter auch in Österreich. Sein Schwerpunkt liegt auf der Verwirklichung der wirtschaftlichen und sozialen Rechte von Frauen.

WIDE hat vor und während der 4. Weltfrauenkonferenz in Beijing eine tragende Rolle gespielt – Wirtschaftsfragen figurierten unter den „Top-Themen" beim Forum der nicht-staatlichen Organisationen; bei der offiziellen Konferenz organisierte WIDE einen schlagkräftigen „Wirtschafts-Caucus". Nach Beijing unterstützte WIDE mit einem eigenen Fonds Projekte in Ländern des Südens zur Umsetzung der Aktionsplattform, des Schlussdokuments der Konferenz.[423] 1998 veranstaltete WIDE aus Anlass des 50jährigen Jubiläums der *Allgemeinen Erklärung der Menschenrechte* eine internationale Konferenz zu den wirtschaftlichen und sozialen Menschenrechten von Frauen.[424]

DAW-Konvention). Produzentin: Shulamith König. Vertrieb in Österreich: Wiener Institut für Entwicklungsfragen (VIDC), 1040 Wien, Möllwaldplatz.

422 Dieses Positionspapier wurde Anfang 1998 ausgearbeitet und liegt bei WIDE (Brüssel) auf.

423 Vgl. Mandy Macdonald: Words into Action. Brüssel 1998.

424 Vgl. Brita Neuhold: Women's Economic and Social Rights, in. WIDE Bulletin, Februar 1998, Brüssel; Brita Neuhold: Wirtschaftliche und Soziale Menschenrechte von Frauen. Eine Dokumentation der Jahreskonferenz des Netzwerkes Women in Development Europe (WIDE), 11-14. Juni 1998 in Wien. Wien 1998, WIDE Österreich, Frauenbüro des Magistrats der Stadt Wien.

Abgesehen davon liegt der inhaltliche Schwerpunkt von WIDE auf der kritischen Analyse der europäischen Entwicklungs-, Wirtschafts- und Handelspolitik. WIDE unterstützte nachdrücklich das Engagement von Frauen der AKP-Länder bei den Verhandlungen über einen neuen Lomé-Vertrag.[425] Auch zum endgültigen Lomé Nachfolge-Vertrag, dem Abkommen von *Cotonou*, wurde ein Positionspapier verfasst.[426]

Ein großes Projekt, das im Herbst 2001 abgeschlossen wurde, ist die Analyse der Auswirkungen der Handelsabkommen zwischen der Europäischen Union und Lateinamerika.[427] Ein durchgehender Interessenschwerpunkt ist auch die Hinterfragung der *Politik der WTO*.[428] Bei allen diesen Aktionen arbeitet WIDE eng mit Expertinnen und Netzwerken in Ländern des Südens zusammen.

Außerdem beschäftigt sich WIDE eingehend mit dem Thema der *„Economic Literacy"*, also der Erweiterung des Verständnisses von „einfachen" Frauen für Wirtschaftsfragen, und hat ein Handbuch dazu herausgebracht.[429]

Eine andere internationale Organisation, die sich zunächst stark in Umweltfragen engagierte, sich aber mehr und mehr gegen wirtschaftliche Entrechtung wendet, ist die schon erwähnte *Women Environment Development Organization* (WEDO). Sie wurde von der berühmten nordamerikanischen Politikerin und Aktivistin *Bella Abzug* gegründet und hat sich stark in die Debatte um die Veränderung der Strukturen von Weltbank und Währungsfonds eingeschaltet. Des weiteren unterstützt sie den Widerstand von Frauen gegen die WTO und transnationale Konzerne.[430]

Eine wichtige Rolle kommt auch transatlantischen Netzwerken wie der *Women's International Coalition for Economic Justice* (WICEJ) zu, die im März 2000 in New York gegründet wurde, und Netzwerke und Organisationen aus dem Norden, Osten und Süden zu einem engagierten Einsatz für Wirtschaftsrechte aus der Genderperspektive verbindet. Die Vertretung dieser Anliegen bei allen großen einschlägigen Konferenzen der Vereinten Nationen, aber auch bei Treffen der WTO und anderen großen Tagungen zu Wirtschaftsthemen, andererseits aber auch die Qualifizierung von Frauen in Wirtschaftsfragen ist Teil des Programms.

2.2.2. Bedeutung der Themenkonferenzen der Vereinten Nationen

Diese leisteten und leisten einen äußerst wichtigen Beitrag zur Schärfung des Bewusstseins für die Bedeutung der wirtschaftlichen, sozialen und kulturellen Rechte im Allgemeinen und von *Frauen* im Besonderen.

---

425 WIDE: The Future of EU-ACP Development Cooperation – a Gender Position. April 1997, Brüssel; WIDE: WIDE Position Paper on EU Negotiations with ACP Countries from a Gender Perspective. Februar 1998, Brüssel.
426 Karin Arts: The Agreement of Cotonou. A Gender Position. Brüssel 2000, WIDE.
427 WIDE/GEM/CISCSA: International Trade and Gender Inequality. A gender analysis of the trade agreements between the European Union and Latin America: Mexico and Mercosur. Brüssel, September 2001.
428 WIDE: No to Trade in Women's Human Rights. WIDE Position Paper on the WTO. November 1999.
429 WIDE: Women in the Market. A Manual for Popular Economic Literacy. Brüssel 1998. Dieses Handbuch wurde mittlerweile ins Finnische, Arabische, Spanische, Französische und Deutsche übersetzt.
430 Vgl. WEDO: Understanding the Impact of the Global Economy on Women. 6 Primers. New York 1995.

Hier ist, der Chronologie nach, zunächst der *Earth Summit von Rio* (1992) zu nennen, wo der Zusammenhang zwischen Erhaltung der Umwelt und Entwicklung sehr deutlich gemacht wurde. Frauen waren hier vor, während und nach der Konferenz äußerst aktiv, nicht nur in einer eigenen Platea Femina, sondern auch innerhalb der offiziellen Konferenz. Das Frauennetzwerk *Women Environment Development Organization* (WEDO) stellte hier mit seinem vor der Konferenz veranstalteten Weltkongress der Frauen für einen gesunden Planeten (Miami 1992) entscheidende Weichen. Auch nach der Konferenz ließ das Engagement der Frauen nicht nach und löste vielfache Aktivitäten auf der nationalen Ebene aus.[431]

Die *Konferenz über Bevölkerung und Entwicklung* in Kairo (1994) fand in einem Klima der höchsten Spannung zwischen BefürworterInnen und GegnerInnen der Geburtenkontrolle statt. In diesem Zusammenhang entbrannte ein heftiger Streit um die reproduktiven Rechte von Frauen vor dem Hintergrund ihres Empowerment. Trotz großen Widerstands von Seiten des Vatikan und islamischer Staaten unterschiedlich konservativer bis fundamentalistischer Ausprägung wurde schließlich Konsens über diese Grundrechte von Frauen erreicht, was einem sehr großen Erfolg gleichkam. Der „Gleichstellung der Geschlechter und dem Empowerment von Frauen" wird im gesamten Dokument, vor allem aber im Kapitel 4 große Aufmerksamkeit gewidmet.[432] Besondere Bedeutung kommt in diesem Zusammenhang dem Dokument über „Reproduktive Rechte und Reproduktive Gesundheit" zu.[433]

Der *Sozialgipfel* im März 1995 in Kopenhagen befasste sich mit der gesamten Bandbreite der sozialen Rechte vor dem Hintergrund der zunehmenden Massenarmut. Auch hier waren Frauen aktiv. Das Schlussdokument ist allerdings nicht sehr aussagekräftig.[434]

Die *4. Weltfrauenkonferenz* in Beijing (1995)[435] befasste sich eingehend mit den wirtschaftlichen, sozialen und kulturellen Rechten von Frauen, die hier angenommenen Empfehlungen sind von großer grundsätzlicher Bedeutung.[436]

Das Thema der sozialen und wirtschaftlichen Rechte beherrschte weitgehend die Diskussionen beim NGO Forum, das zum Teil parallel zur offiziellen Konferenz ablief.[437]

---

431 Vgl. Christa Wichterich: Die Erde bemuttern. Frauen und Ökologie nach dem Erdgipfel in Rio. Köln 1992, Heinrich Böll Stiftung.

432 Programme of Action of the United Nations International Conference on Population and Development 1994, Chapter IV: Gender Equality, Equity and Empowerment of Women. UN DOC A/CONF. 171/13, 18. Oktober 1994.

433 Programme of Action of the United Nations International Conference on Population and Development 1994, Reproductive Rights and Reproductive Health. UN Doc. A/CONF. 171/13, 18. Oktober 1994.

434 Report on The United Nations Social Summit, Copenhagen 1995.

435 Siehe Brita Neuhold: „Keep on Moving Forward!", a. a. O., 1996, insbes. S. 107-114 und S. 143-161; Brita Neuhold: Umfassende Veränderung angesagt, in: ÖED (Hg.): Frauenrechte – Menschenrechte. Vom Traum zur Wirklichkeit, Wien 1999, Teil I, S. 32-34.

436 Diese wurden in den Critical Areas of Concern in Kapitel 4, Abschnitte A (Armut), B (Bildung), C (Gesundheit), F (Frau in der Wirtschaft), J (Frauen und Medien), K (Frauen und Umwelt), L (Mädchen) behandelt. Weitere Informationen siehe die Zusammenfassung der Ergebnisse der 4. Weltfrauenkonferenz in: ÖED (Hg.) 1999 und 2000, a. a. O., Teil III, S. 32 ff. und 36 ff.

437 Siehe Brita Neuhold: „Keep on Moving forward!", a. a. O., S. 107-114.

Hier war das Thema der Globalisierung und deren Auswirkungen auf Frauen das erste Mal sehr deutlich präsent, vor allem durch die Aktivitäten der Frauennetzwerke DAWN und WIDE. Des Weiteren wurde die Politik der Weltbank und des IWF sehr kritisch unter die Lupe genommen. Im Vordergrund stand dabei eine aus afrikanischen, lateinamerikanischen und asiatischen Frauen bestehende Gruppe, die sich *Women's Eyes on the World Bank* nannte. Sie brachte Weltbank Generaldirektor Wolfensohn dazu, sich in der Folge nachdrücklich mit Genderfragen zu beschäftigen und NGO Frauen als Beraterinnen in Projekte und Programme einzubeziehen. Eine andere aufsehenerregende Gruppe war das *International Women Count Network*, das die Aufmerksamkeit auf die Problematik der unbezahlten und statistisch nicht erfassten Frauenarbeit im Bereich von Haushalt und Familie legte.

Das Thema der Ökologie und der Biodiversität war ebenfalls äußerst präsent. Dazu veranstaltete WEDO einen großen 2. „Weltkongress der Frauen für einen gesunden Planeten" innerhalb des Forums mit prominenten Sprecherinnen wie *Vandana Shiva* und Vertreterinnen des Netzwerkes indigener Frauen, die eine „Erklärung der Indigenen Frauen" vorlegten.[438]

NGOs waren aber auch bei der offiziellen Konferenz sehr aktiv und beeinflussten dort nachdrücklich die Verhandlungen im Hinblick auf einen progressiven Abschluss. Allerdings konnten sie gerade in Fragen der Armutsbekämpfung, die sie weitgehend mit der Mobilisierung zusätzlicher Ressourcen verknüpften, und im Ökologiebereich ihre Positionen leider nicht durchsetzen. Einen nicht unbeachtlichen, wenn auch punktuellen, Erfolg konnten sie im Zusammenhang mit der Messung und Bewertung der unbezahlten Arbeit von Frauen erringen.[439]

3. Visionen für die Zukunft

Im Folgenden sollen kurz und beispielhaft einige der grundsätzlichen Veränderungen aufgezeigt werden, die nötig sind, um das Anliegen der Menschenrechte von Frauen mit Leben zu erfüllen und weltweit zur Alltagspraxis werden zu lassen.

Im Vordergrund müsste eine *Neuorientierung des Völkerrechts* stehen, sowohl als universitäres Unterrichtsfach als auch als wissenschaftliche Disziplin, – „*aus einer Perspektive, die gender als wichtig erscheinen lässt.*"[440] Eine solche Neuorientierung bedeutet auch, dass eurozentrische Sichtweisen nicht mehr als allgemein gültiger Maßstab empfunden, dass der Schutz vor struktureller Gewalt ernst genommen und die Verpflichtungen der Staaten zur Umsetzung international anerkannter Normen stärker als bisher eingemahnt werden.

Daran müssten konsequente Bemühungen zur *Veränderung bestehender Menschenrechtsinstrumente* aus der Genderperspektive anknüpfen, um Rechtsansprüche

---

438 Siehe: Brita Neuhold, Birgit Henökl: Women's Rights – Human Rights. from Dream to Reality. Wien 2000, ÖED, Teil III, S. 39 f.
439 Vgl. Brita Neuhold, ÖFSE 1996, a. a. O., S. 152 ff.
440 Hilary Charlesworth, Christine Chinkin, Shelley Wright: Feminist Approaches to International Law, in: The American Journal of International Law, Vol. 85, S. 643.

von Frauen explizit und umfassend zu verankern und effiziente Mechanismen der Überwachung und Rechtsdurchsetzung zu etablieren. Dazu gehört auch die Ausarbeitung und Annahme neuer frauen/genderorientierter Konventionen wie z.B. einer *Konvention gegen Gewalt an Frauen* – auf der Basis der bereits bestehenden Erklärung.

Ein nächster Schritt wäre die ständige Einmahnung der *Umsetzung* dieser Instrumente auf der nationalen Ebene, unter vorrangiger Berücksichtigung der Genderperspektive. Eine stärkere Vernetzung und wechselseitige Unterstützung von engagierten WissenschafterInnen, AktivistInnen und StaatenvertreterInnen in Nord und Süd ist nötig, um zu erreichen, dass das Prinzip der *Universalität* von Menschenrechten – in unserem Zusammenhang die Ausweitung auf Frauen in allen Regionen und Kulturen – von allen Staaten akzeptiert und nicht unter Berufung auf kulturelle Unterschiede und Wertvorstellungen außer Kraft gesetzt werden kann.

Die *universelle Ratifikation von Menschenrechtsinstrumenten* – vor allem die Ratifikation der *Konvention zur Beseitigung jeder Form von Diskriminierung der Frau* – sowie die Unterbindung und Aufhebung aller *Vorbehalte*, die dem Geist dieser Instrumente widersprechen, sind des Weiteren unentbehrliche Voraussetzungen für die Effektuierung des internationalen Schutzes der Menschenrechte – nicht nur aus der Sicht von Frauen. Eine weitere Voraussetzung ist das Eintreten für wirksame Mechanismen der *Rechtsdurchsetzung*. Damit in Zusammenhang steht aber auch die gender-gerechte Anpassung und Abänderung *nationaler Rechtsvorschriften*, auch auf der lokalen Ebene. Das gilt z. B. für Regionen wie das ländliche Afrika, für viele islamische Länder, aber auch für Indien und Pakistan, wo traditionelle Rechtssprechungssysteme existieren, die vor allem in frauenrelevanten Zusammenhängen hartnäckig angewendet werden.

Ebenfalls dazu gehören vielfältige Bemühungen der *Bewusstseinsbildung und der Bewusstseinsveränderung*, durch die neue Rollenbilder von Frauen und Männern entstehen und frauenfeindliche Traditionen – eines der Stichworte könnte „genitale Verstümmelung" lauten – als solche entlarvt und überwunden werden können.

Dazu gehören auch eine intensive und gezielte *Aufklärung der Frauen über ihre Rechte* sowie Informationen über bestehende Instrumente, insbesondere darüber, was diese Instrumente für die Frauen bedeuten und wie sie diese zur Veränderung ihrer Stellung nützen können. Da hier schon viele Anknüpfungspunkte bestehen und Frauen selbst Wege gewiesen haben, gilt es jetzt, diese Initiativen – auch aus Mitteln der Entwicklungszusammenarbeit – zu unterstützen.

Letzten Endes geht es aber um eine verstärkte und gerechte *Beteiligung genderbewusster und entwicklungspolitisch orientierter Frauen* in den internationalen und nationalen wissenschaftlichen, politischen und administrativen Strukturen und Entscheidungsgremien.

Dies betrifft nicht nur den Bereich des Menschenrechtsschutzes im engeren Sinn, sondern auch und vor allem die Ebene der *internationalen politischen Rahmenbedingungen*, also Verhandlungen über Frieden, Konfliktlösung und Abrüstung. Die Einbeziehung von Frauen in die Beratungen der *Kriegsverbrechertribunale* zu Jugoslawien und Ruanda, aber auch über das Statut zu einem *Internationalen Strafgerichtshof* sind bereits positive Beispiele. Die Teilnahme von Frauen an der Übergangsregierung für die Bildung eines „*Neuen Afghanistan*" lässt zwar keine endgültigen Prognosen zu, übertrifft aber alle zuvor gehegten Erwartungen.

Ebenso wichtig ist der Zugang von Frauen zu Verhandlungs- und Entscheidungsgremien im *Wirtschaftsbereich*, also im Rahmen der *Europäischen Union*, der *Welthandelsorganisation*, der *Weltbank* und des *Internationalen Währungsfonds*. Dabei ist keineswegs lediglich die bloße Erhöhung der quantitativen Präsenz von Frauen gemeint, sondern die Stärkung von *ganzheitlichen Visionen*, die der vorherrschenden Haltung der Kommerzialisierung aller Lebensbereiche und der Zerstörung und Aneignung der Natur entgegentreten und partnerschaftlichen, sozial gerechten und ökologisch nachhaltigen Lebens- und Wirtschaftsformen Geltung verschaffen.

„Die Welt mit den Augen von Frauen sehen", das Motto des NGO-Forums der 4. Weltfrauenkonferenz, ist demnach keineswegs als Romantizismus oder als „Blauäugigkeit" abzutun, sondern ist als grundlegende Weichenstellung für einen behutsamen Umgang mit unseren Mitmenschen und unseren Lebensgrundlagen zu verstehen.

Teil II
Europarechtliche Dimensionen

Renate Pirstner

1. Die Entwicklung des „Gendergemeinschaftsrechts"

1.1. Art 119 EWGV als Ausgangspunkt

Der erste Ansatzpunkt für eine Vorschrift der Gemeinschaft zur Gleichbehandlung von Frauen und Männern und Chancengleichheit von Frauen (Gendergemeinschaftsrecht) findet sich bereits in den Gründungsverträgen.[1] Es handelte sich um Art 119 EWGV, der folgendes vorsah:

> Jeder Mitgliedstaat wird während der ersten Stufe den Grundsatz des gleichen Entgelts für Männer und Frauen bei gleicher Arbeit anwenden und in der Folge beibehalten.
> Unter „Entgelt" im Sinne dieses Artikels sind übliche Grund- oder Mindestlöhne und Gehälter sowie alle sonstigen Vergütungen zu verstehen, die der Arbeitgeber aufgrund des Dienstverhältnisses dem Arbeitnehmer mittelbar oder unmittelbar in Bar oder in Sachleistungen zahlt.
> Gleichheit des Arbeitsentgelts ohne Diskriminierung auf Grund des Geschlechts bedeutet,
> a) daß das Entgelt für eine gleiche nach Akkord bezahlte Arbeit auf Grund der gleichen Maßeinheit festgesetzt wird;
> b) daß für eine nach Zeit bezahlte Arbeit das Entgelt bei gleichem Arbeitsplatz gleich ist.

Durch diese Bestimmung wurde die *Entgeltgleichheit für Frauen und Männer* in den Vertrag eingeführt. Insbesondere Frankreich drängte auf die Festlegung einer derartigen Vorschrift, weil in diesem Mitgliedstaat nationale Rechtsvorschriften bereits die Entgeltgleichheit von Männern und Frauen vorsahen und deshalb Wettbewerbsnachteile gegenüber Mitgliedstaaten, in denen das nicht der Fall war, befürchtet wurden. Der Grund für die Einführung dieser Bestimmung war daher wettbewerbspolitischer[2] und nicht sozialpolitischer Natur.

Art 119 EWGV trat zwar mit dem 1.1.1958 in Kraft, musste aber aufgrund des Abs 1 von den Mitgliedstaaten erst nach Ablauf der ersten Stufe zur Umsetzung des Gemeinsamen Marktes angewendet werden. Die erste Stufe ist nach vier Jahren, also mit Ende 1961 abgelaufen. Daher sollte Art 119 EWGV ab dem 1.1.1962 voll angewendet werden. Da in den Mitgliedstaaten Ende 1961 aber noch große Umsetzungsdefizite

---

[1] Zu den Gründungsverträgen zählen der Vertrag über die Gründung der Europäischen Gemeinschaft für Kohle und Stahl (EGKSV, in Kraft seit 23.7.1952), der Vertrag zur Gründung der Europäischen Atomgemeinschaft (EuratomV, in Kraft seit 1.1.1958) und der Vertrag der Europäischen Wirtschaftsgemeinschaft (EWGV, in Kraft seit 1.1.1958).

[2] *Hörburger*, Europas Frauen fordern mehr[2] (1991) 25.

bestanden, versuchten diese mittels Entschließung,³ den Geltungsbeginn des Art 119 EWGV hinauszuschieben. Auch der 1975 erlassenen *Entgeltgleichheitsrichtlinie*[4] kann diese Intention unterstellt werden. Letztlich konnten jedoch weder die Entschließung, noch die Richtlinie den Geltungsbeginn des Art 119 EWGV tatsächlich ändern.[5]

Eine Weiterentwicklung des Normenbestandes im Bereich der Entgeltgleichheit erfolgte durch den *Vertrag von Maastricht*[6]. Im Rahmen dieser Vertragsänderung wurde der EWGV in EGV[7] unbenannt.

Eine wesentliche inhaltliche Änderung resultierte aus der Tatsache, dass dem EGV ein Protokoll und ein Abkommen über die Sozialpolitik angefügt wurde. Die „Protokollkonstruktion" wurde gewählt, weil Großbritannien und Nordirland zum damaligen Zeitpunkt keine Fortentwicklung der gemeinschaftsrechtlichen Sozialrechtsstandards mittragen wollten.

Art 6 des nur für die übrigen Mitgliedstaaten geltenden Abkommens über die Sozialpolitik entsprach im wesentlichen Art 119 EGV. Als wichtige Neuerung wurde allerdings in Abs 3 des Art 6 eine Frauenförderungsvorschrift eingeführt. Diese Bestimmung hatte folgenden Wortlaut:

> Dieser Artikel hindert einen Mitgliedstaat nicht daran, zur Erleichterung der Berufstätigkeit der Frauen oder zur Verhinderung bzw. zum Ausgleich von Benachteiligungen in ihrer beruflichen Laufbahn spezifische Vergünstigungen beizubehalten oder zu beschließen.

Durch diese Bestimmung wurde die Zulässigkeit von nationalen Förderungsvorschriften für Frauen im Entgeltbereich im Vertrag selbst verankert. Für Förderungsvorschriften außerhalb des Entgeltbereiches (zB beim Zugang zum Beruf) gab es zum Zeitpunkt des In-Kraft-Tretens des Vertrages von Maastricht bereits Art 2 Abs 4 der *Gleichbehandlungsrichtlinie*[8].

Eine weitere Neuerung durch den *Vertrag von Maastricht* erfolgte durch das Protokoll zu Art 119 EGV. Dieses Protokoll beschränkt die rückwirkende Geltendmachung von sozialrechtlichen Ansprüchen, insbesondere der Betriebspensionen, welche auf-

---

3   Vgl die Entschließung der Konferenz der Mitgliedstaaten über die Lohngleichheit für Männer und Frauen vom 30.12.1961 1676/61 (SOC 156).
4   Richtlinie des Rates zur Angleichung der Rechtsvorschriften der Mitgliedstaaten über die Anwendung des Grundsatzes des gleichen Entgelts für Männer und Frauen RL 75/117/EWG ABl 1975 L 45/19.
5   Vgl dazu die Ausführungen unter Pkt 2.3.
6   Der Vertrag von Maastricht ist am 1.11.1993 in Kraft getreten.
7   Europäischer Gemeinschafts-Vertrag; im folgenden wird aus Gründen der Einfachheit stets die Abkürzung EGV verwendet. Die Bezeichnung EWGV wird nur dann verwendet, wenn es aus Verständnisgründen unumgänglich ist.
8   Richtlinie des Rates zur Verwirklichung des Grundsatzes der Gleichbehandlung von Männern und Frauen hinsichtlich des Zugangs zur Beschäftigung, zur Berufsbildung und zum beruflichen Aufstieg sowie in bezug auf die Arbeitsbedingungen RL 76/207/EWG ABl 1976 L 39/40 – vgl dazu die Ausführungen unter Pkt 3.1. und 3.3.

grund der Judikatur[9] des Europäischen Gerichtshofes (im folgenden EuGH) Art 119 EGV unterfallen. Das Protokoll wurde trotz der Tatsache abgeschlossen, dass sich der EuGH bereits in der Barber-Entscheidung für eine Rückwirkungsbeschränkung bei der Geltendmachung von betrieblichen Pensionen ab dem Urteilszeitpunkt (dem 17.5.1990) ausgesprochen hatte. Die Mitgliedstaaten wollten mit dem Protokoll diese Beschränkung – erweitert auf alle von Art 119 EGV erfassten betrieblichen Leistungen der sozialen Sicherheit – auf der Ebene des primären Rechtes (dazu gehören die Gemeinschaftsverträge und Protokolle) verankern und somit mehr Rechtssicherheit schaffen.

Die nächste Neuerung im Hinblick auf Art 119 EGV erfolgte schließlich durch den *Vertrag von Amsterdam*, welcher am 1.5.1999 in Kraft getreten ist. Durch diese Vertragsänderung wurde Art 119 EGV in Art 141 EGV unbenannt und die Förderungsbestimmung des Art 6 Abs 3 (wie auch die anderen Vorschriften) des Abkommens über die Sozialpolitik in den EGV eingefügt. Art 6 Abs 3 des Abkommens wurde dabei als Abs 4 dem 141 EGV angefügt und wie folgt modifiziert:

> Im Hinblick auf die effektive Gewährleistung der vollen Gleichstellung von Männern und Frauen im Arbeitsleben hindert der Grundsatz der Gleichbehandlung die Mitgliedstaaten nicht daran, zur Erleichterung der Berufstätigkeit des unterrepräsentierten Geschlechts oder zur Verhinderung bzw. zum Ausgleich von Benachteiligungen in der beruflichen Laufbahn spezifische Vergünstigungen beizubehalten oder zu beschließen.

Ein wesentlicher Unterschied zur Bestimmung des Art 6 besteht nun darin, dass diese Förderungsvorschrift auf die „effektive Gewährleistung der vollen Gleichstellung von Männern und Frauen im Arbeitsleben" abstellt und damit auch für Förderungsvorschriften außerhalb des Entgeltbereiches Geltung erlangt. Eine volle Gleichstellung von Frauen und Männern kann nämlich nur erreicht werden, wenn nicht nur bei der Entlohnung sondern auch in den anderen Benachteiligungsbereichen (zB beim Zugang zum Beruf) Maßnahmen gesetzt werden.[10] Davon abgesehen ergibt sich ein weiterer Unterschied zu Art 6 Abs 3 des Abkommens über die Sozialpolitik daraus, dass Art 141 Abs 4 EGV von der „Gleichstellung von Männern und Frauen" und dem „unterrepräsentierten Geschlecht(s)" spricht und damit nicht nur die Förderung von Frauen sondern im Falle der Unterrepräsentation auch die Förderung von Männern zulässt. Die Erklärung Nr. 28 zu Art 141/119 EGV stellt allerdings klar, dass mit dieser Bestimmung primär Frauen gefördert werden sollen.[11]

---

9 Ausgangspunkt für diese Judikaturlinie bildete die Entscheidung des EuGH in der Rechtssache Barber – vgl EuGH 17.5.1990 Rs C-262/88 Slg 1889.
10 *Pirstner*, Die Quote im Gemeinschaftsrecht, DRdA 1997, 461 (468).
11 Die Erklärung lautet wie folgt: „Maßnahmen der Mitgliedstaaten nach Art 119 Abs 4 des Vertrages zur Gründung der Europäischen Gemeinschaft sollten in erster Linie der Lage der Frauen im Arbeitsleben dienen."

Als weitere Änderung des Art 141 EGV gegenüber dem Protokoll ist anzuführen, dass dieser im Abs 1 nun ausdrücklich nicht nur die Entgeltgleichheit für gleiche Arbeit, sondern auch für gleichwertige Arbeit sicherstellt. Inhaltlich bringt dieser Aspekt allerdings keine wirkliche Neuerung, da der EuGH sich bereits in seiner Worringham-Entscheidung[12] für die Anwendbarkeit des Art 119 EWGV auf „gleichwertige Arbeit" aussprach.

Die jüngsten Verhandlungen zur Änderung der Gemeinschaftsverträge mündeten in den Abschluss des Vertrages von Nizza. Bei diesen Verhandlungen stand die Institutionenreform im Vordergrund. Eine Änderung des Art 141 EGV ist nicht erfolgt. Dennoch ist der *Vertrag von Nizza* für die Entgeltgleichheit und Frauenförderung von Bedeutung, weil auch eine „Charta der Grundrechte der Europäischen Union"[13] abgeschlossen wurde. Die Charta findet allerdings nicht auf Vertragsebene Eingang in das Gemeinschaftsrecht, sondern wird als Anhang dem Vertrag angefügt. Damit wird sie auch für die Mitgliedsstaaten nicht auf Vertragsebene verbindlich. Ihre Inhalte könnten allerdings im Auslegungswege Eingang in den Vertrag finden. Die für die Gleichbehandlung von Frauen und Männern maßgebliche Vorschrift ist in Art 23 geregelt. Dieser hat folgenden Wortlaut:

> Die Gleichheit von Männern und Frauen ist in allen Bereichen, einschließlich der Beschäftigung, der Arbeit und des Arbeitsentgelts, sicherzustellen.
> Der Grundsatz der Gleichheit steht der Beibehaltung oder der Einführung spezifischer Vergünstigungen für das unterrepräsentierte Geschlecht nicht entgegen.

Der Vertrag von Nizza bildet den bisherigen Endpunkt hinsichtlich der Entwicklung des ehemaligen Art 119 EWGV und nunmehrigen Art 141 EGV. Eine Konkurrenzsituation zwischen Art 141 EGV und Art 23 der Charta kann mangels der Vertragsqualität der Charta nicht entstehen. Sollte die Charta im Zuge der nächsten Vertragsverhandlungen in den Vertrag Eingang finden, dann würden sich zwei vertragliche Vorschriften gegenüberstehen. Der kurz gefasste, allgemein gehaltene Art 23 würde dabei wohl als Generalnorm und die ausführlichere Bestimmung des Art 141 EGV als Spezialnorm anzusehen sein.

1.2. Geschlechtergleichstellung als Gemeinschaftsaufgabe

In den Gründungsverträgen findet sich keine ausdrückliche Festlegung der Geschlechtergleichstellung als Gemeinschaftsaufgabe. Erst durch den Vertrag von Amsterdam wird in Art 2 EGV die Förderung der Gleichstellung von Männern und Frauen in den Aufgabenkatalog eingefügt. Damit steht diese Aufgabe den übrigen

---

12 EuGH 11.3.1981 Rs 69/80 Worringham Slg 767 RdN 21.
13 ABl 2000 C 364/1.

Gemeinschaftsaufgaben wie beispielsweise der Wettbewerbsförderung oder der Umweltschutzförderung völlig gleichrangig gegenüber. Ergänzt wird die Gleichstellungsförderung durch die Gemeinschaftsaufgabe der Förderung eines hohen Beschäftigungsniveaus und eines hohen Maßes an sozialem Schutz und der Hebung der Lebenshaltung und der Lebensqualität. Art 136 Abs 1 EGV gibt diesbezüglich auch die sozialen Ziele der Gemeinschaft vor:

> Die Gemeinschaft und die Mitgliedstaaten verfolgen eingedenk der sozialen Grundrechte, wie sie in der am 18.10.1961 in Turin unterzeichneten Europäischen Sozialcharta und in der Gemeinschaftscharta der sozialen Grundrechte der Arbeitnehmer von 1989 festgelegt sind, folgende Ziele: die Förderung der Beschäftigung, die Verbesserung der Lebens- und Arbeitsbedingungen, um dadurch auf dem Wege des Fortschritts ihre Angleichung zu ermöglichen, einen angemessenen sozialen Schutz, den sozialen Dialog, die Entwicklung des Arbeitskräftepotentials im Hinblick auf ein dauerhaft hohes Beschäftigungsniveau und die Bekämpfung von Ausgrenzungen.

Die Gemeinschaft ist bei der Geschlechtergleichstellung aber nicht nur durch die ausdrückliche Erklärung zur Gemeinschaftsaufgabe gebunden, sondern auch bei ihren konkreten Tätigkeiten zur Aufgabenerfüllung. Dies ergibt sich aus Art 3 Abs 2 des EGV:

> Bei allen in diesem Artikel genannten Tätigkeiten wirkt die Gemeinschaft darauf hin, Ungleichheiten zu beseitigen und die Gleichstellung von Männern und Frauen zu fördern.

Durch diese Vorschrift ist das von der Kommission entwickelte Konzept des *„Gender Mainstreaming"* in den Vertrag eingeführt worden. Dieses Konzept bedeutet, dass die Geschlechtergleichstellung bei allen Politiken der Gemeinschaft berücksichtigt werden soll.[14] Damit wird ein umfassender Ansatz zur Bekämpfung der Frauenbenachteiligung eingeführt, der deshalb von wesentlicher Bedeutung ist, da der Frauenbenachteiligung nicht nur durch spezielle arbeitsrechtliche Maßnahmen (wie zB Quotenregelungen) sondern auch beispielsweise im Rahmen der Verkehrspolitik (etwa durch Vorschreibung „kinderwagenfreundlicher" öffentlicher Verkehrsmittel) oder der Wettbewerbspolitik (etwa durch Vorschreibung von Frauenförderungsplänen in Unternehmen, welche bei öffentlichen Aufträgen berücksichtigt werden möchten) bekämpft werden kann.

Der Motor für die Umsetzung des Gender Mainstreamings war auf Kommissionsebene der damalige Kommissionspräsident *Jacques Santer*, der eine Gruppe von

---

14 Vgl dazu ausführlich Pkt 3.3.3.

Kommissarinnen und Kommissaren einsetzte, welche zuerst den Stand der Geschlechtergleichstellungsvorschriften und -aktionen innerhalb der Tätigkeitsbereiche aller Generaldirektionen erheben sollte. In weiterer Folge sollten schließlich konkrete Strategien zur Umsetzung des Gender Mainstreaming-Konzeptes entwickelt werden. Die Initiative Santers mündete schließlich in der Mitteilung der Kommission zur Einbindung der Chancengleichheit in sämtliche politischen Konzepte und Maßnahmen der Gemeinschaft.[15] Aufbauend auf dieser Mitteilung erstellte die Kommission 1998 einen Fortschrittsbericht.[16] Im Juni 2000 folgte schließlich eine weitere Mitteilung für eine Rahmenstrategie der Gemeinschaft zur Förderung der Gleichstellung von Frauen und Männern (2001-2005).[17] Aufgrund dieser Rahmenstrategie beschloss der Rat im Dezember 2000 ein (fünftes) mittelfristiges Aktionsprogramm betreffend die Gemeinschaftsstrategie für die Gleichstellung von Frauen und Männern.[18]

Mit dieser Gemeinschaftsstrategie soll nun ein „Mainstreaming-Ansatz" bei den Geschlechtergleichstellungsmaßnahmen verfolgt werden. Als konkrete Tätigkeitsbereiche werden die Förderung der Gleichstellung im Hinblick auf das Wirtschaftsleben, die gleiche Beteiligung und Vertretung, die sozialen Rechte, die Rechte der Bürgerinnen und Bürger und die Geschlechterrollen und Stereotype genannt.[19] Unterstützt werden diesbezüglich beispielsweise Sensibilisierungsmaßnahmen, Maßnahmen der Analyse und Bewertung und Maßnahmen zur Entwicklung von Handlungskompetenzen.

1.3. Die Kompetenzvorschriften

Unter Kompetenzvorschriften versteht man Bestimmungen, welche die Organe der Gemeinschaft ermächtigen, Gemeinschaftsrechtsakte zu erlassen. Rechtsakte zur Geschlechtergleichbehandlung wurden ehemals auf Art 100 EGV (nun Art 94 EGV), Art 235 EGV (nun 308 EGV) und Art 118a EGV[20] gestützt, wobei zur Erlassung der jeweiligen Vorschriften bei Art 100 EGV und Art 235 EGV Einstimmigkeit im Rat er-

---

15 Mitteilung der Kommission über die Einbindung der Chancengleichheit in sämtliche Konzepte und Maßnahmen der Gemeinschaft KOM (96) 67.
16 Fortschrittsbericht der Kommission über Folgemaßnahmen zur Mitteilung: „Einbindung der Chancengleichheit in sämtliche politische Konzepte und Maßnahmen der Gemeinschaft" KOM (1998) 122.
17 Vgl die Mitteilung der Kommission an den Rat, das Europäische Parlament, den Wirtschafts- und Sozialausschuß und den Ausschuß der Regionen für eine Rahmenstrategie der Gemeinschaft zur Förderung der Gleichstellung von Frauen und Männern (2001-2005) KOM (2000) 335.
18 Entscheidung des Rates über ein Aktionsprogramm der Gemeinschaft betreffend die Gemeinschaftsstrategie für die Gleichstellung von Frauen und Männern (2001-2005) ABl 2001 L 17/22; vgl auch die Mitteilung der Kommission an den Rat und das Europäische Parlament über die Gleichstellung der Geschlechter als Querschnittaufgabe für die Entwicklungszusammenarbeit der Gemeinschaft – Ein Aktionsprogramm KOM (2001) 295.
19 Entscheidung des Rates über ein Aktionsprogramm der Gemeinschaft betreffend die Gemeinschaftsstrategie für die Gleichstellung von Frauen und Männern (2001-2005) ABl 2001 L 17/22, 27.
20 Diese Vorschrift ermöglichte die Erlassung von Richtlinien zur Verbesserung der Arbeitsumwelt und des Schutzes der Sicherheit und Gesundheit der Arbeitnehmerinnen und Arbeitnehmer. Diese Bereiche werden nun von Art 137 EGV erfasst.

forderlich war. Dies führte schließlich zu Problemen bei der Weiterentwicklung der Gleichstellungsvorschriften, weil bereits ein Mitgliedstaat – insbesondere Großbritannien und Nordirland – die Erlassung eines Rechtsaktes verhindern konnte.

Durch Art 2 Abs 2 und Art 4 Abs 2 des Abkommens über die Sozialpolitik wurde schließlich für weite Teile des Sozialrechtsbereiches vom Einstimmigkeitserfordernis abgegangen. Beide Vorschriften sind durch den Vertrag von Amsterdam in den EGV (Art 137 und 139 Abs 2 EGV) eingefügt worden.[21] Werden nun Vorschriften auf diese EGV-Bestimmungen gestützt, dann gelten sie auch für Großbritannien und Nordirland.

Art 137 EGV ermöglicht die Erlassung von Richtlinien im Bereich der „Chancengleichheit von Männern und Frauen auf den Arbeitsmarkt und Gleichbehandlung am Arbeitsplatz". Ausgenommen von dieser Kompetenz sind aufgrund von Art 137 Abs 6 EGV Gleichbehandlungsvorschriften, welche das Arbeitsentgelt betreffen. Dies ist aber nicht besonders bedeutsam, weil durch Art 141 EGV ohnehin eine weitreichende Regelung für diesen Rechtsbereich getroffen wurde.

Art 138 und Art 139 EGV regeln das Zustandekommen von Vereinbarungen der Sozialpartner. Vor der Unterbreitung von Vorschlägen im Bereich der Sozialpolitik – und dazu gehören die arbeitsrechtlichen Rechtsakte zur Geschlechtergleichstellung – hört die Kommission die Sozialpartner zuerst zu den Grundsätzen und in der Folge – falls zweckmäßig – zum Inhalt der Gemeinschaftsaktion. Bei der zweiten Anhörung können die Sozialpartner bekannt geben, dass sie ein Vereinbarungsabschlussverfahren nach Art 139 EGV in Gang setzen möchten. Kommt es schließlich zum Abschluss einer Sozialpartnervereinbarung, dann könnte diese auf Antrag der Unterzeichnerparteien und auf Vorschlag der Kommission durch einen Ratsbeschluss zum Gemeinschaftsrecht[22] „erhoben" werden.

Eine völlig neue Kompetenzvorschrift wurde schließlich durch den Vertrag von Amsterdam mittels Art 141 Abs 3 EGV eingeführt. Diese Bestimmung hat folgenden Wortlaut:

> Der Rat beschließt gemäß dem Verfahren des Artikel 251 und nach Anhörung des Wirtschafts- und Sozialausschußes Maßnahmen zur Gewährleistung der Anwendung des Grundsatzes der Chancengleichheit und der Gleichbehandlung von Männern und Frauen in Arbeits- und Beschäftigungsfragen, einschließlich des Grundsatzes des gleichen Entgelts bei gleicher oder gleichwertiger Arbeit.

Nach dieser Bestimmung können vom Rat Maßnahmen zur Gewährleistung des Grundsatzes der Chancengleichheit und der Gleichbehandlung von Männern und

---

21 Vgl dazu *Steinmeyer*, Der Vertrag von Amsterdam und seine Bedeutung für das Arbeits- und Sozialrecht, RdA 2001, 10.
22 Trotz der Bezugnahme auf Art 137 EGV – der nur zur Erlassung von Richtlinienvorschriften ermächtigt – sind alle Handlungsformen des Art 189 EGV erlaubt. Vgl dazu die Ausführungen von Kliemann zu Art 4 Abs 2 des Abkommens über die Sozialpolitik – *Kliemann*, Die Europäische Sozialintegration nach Maastricht (1997) 133.

Frauen in Arbeits- und Beschäftigungsfragen nach dem *Mitentscheidungsverfahren* (also auch mit qualifizierter Mehrheit) erlassen werden. Im Gegensatz zu Art 137 Abs 2 kann der Rat mit dieser Bestimmung auch andere Vorschriften als Richtlinien (zB Verordnungen) beschließen. Darüberhinaus ist auch die Erlassung von Bestimmungen zur Entgeltgleichheit von Frauen und Männern möglich.

Abgesehen von Art 141 Abs 3 EGV wurde durch den Vertrag von Amsterdam auch Art 13 EGV in den Vertrag neu eingefügt. Diese Vorschrift hat folgenden Wortlaut:

> Unbeschadet der sonstigen Bedingungen des Vertrags kann der Rat im Rahmen der durch den Vertrag auf die Gemeinschaft übertragenen Zuständigkeiten auf Vorschlag der Kommission und nach Anhörung des Europäischen Parlaments einstimmig geeignete Vorkehrungen treffen, um Diskriminierungen aufgrund des Geschlechts, der Rasse, der ethnischen Herkunft, der Religion oder der Weltanschauung, einer Behinderung, des Alters oder der sexuellen Ausrichtung zu bekämpfen.

Das Zustandekommen eines Rechtsaktes erfordert nach dieser Bestimmung eine einstimmige Entscheidung des Rates. Das Europäische Parlament hat dabei – anders als im Rahmen des Mitentscheidungsverfahrens – lediglich ein Anhörungsrecht. Bisher wurden auf diese Vorschrift die *Richtlinie gegen die Rassendiskriminierung*[23] und die *Richtlinie zur Verwirklichung Gleichbehandlung in Beschäftigung und Beruf*[4] gestützt.

1.4. Die Richtlinienvorschriften

Die Kompetenzvorschriften befähigen die Organe der Gemeinschaft, insbesondere den Rat, Rechtsakte zu verabschieden. Im Bereich der „Gendergemeinschaftsrechte" gibt es zahlreiche vom Rat erlassene einschlägige Richtlinien. Richtlinien sind hinsichtlich ihres Zieles verbindlich. Die Wahl der Form und Mittel zur Umsetzung dieser Richtlinie obliegt den Mitgliedstaaten. Die Mitgliedstaaten sind zur Umsetzung der Richtlinien verpflichtet. Unter gewissen Voraussetzungen können sich vom Anwendungsbereich der Richtlinie erfasste Personen sogar unmittelbar[25] auf die Richtlinienvorschriften berufen.

Der Grund für die Verabschiedung der „Gendergemeinschaftsrichtlinien" lag darin, dass sich bald herausstellte, dass die in Art 119 EGV geregelte Entgeltgleichheit zur Herstellung einer Geschlechtergleichheit nicht ausreicht. Die Kommission er-

---

23 Richtlinie zur Anwendung des Gleichbehandlungsgrundsatzes ohne Unterschied der Rasse oder der ethnischen Herkunft ABl 2000 L 180/22
24 Richtlinie zur Festlegung eines allgemeinen Rahmens für die Verwirklichung der Gleichbehandlung in Beschäftigung und Beruf ABl 2000 L 303/16
25 Vgl dazu die Ausführungen unter Pkt 2.3.

stellte daher 1975 ein Memorandum,[26] das schließlich zur Verabschiedung von 5 Richtlinien führte.

Als erste Richtlinie wurde 1975 die bereits erwähnte *Entgeltgleichheitsrichtlinie*[27] erlassen, welche Art 119 EGV konkretisieren sollte. 1976 kam es schließlich zur Verabschiedung der *Gleichbehandlungsrichtlinie*[28]. Diese Richtlinie sieht die Geschlechtergleichbehandlung beim Zugang zur Beschäftigung, beim beruflichen Aufstieg, bei der Berufsausbildung und -weiterbildung, bei den Arbeitsbedingungen und bei der Beendigung des Arbeitsverhältnisses vor. Sie erfasst damit Diskriminierungen außerhalb des Entgeltbereiches. Eine Änderung dieser Richtlinie wurde im Juni 2002 vom Rat beschlossen und im Oktober 2002 im Amtsblatt der Europäischen Gemeinschaften publiziert.[29]

Für den Bereich der sozialen Sicherheit einigte man sich 1978 im Rat über die *Richtlinie zu den gesetzlichen Systemen der sozialen Sicherheit.*[30] Diese Richtlinie findet Anwendung auf gesetzliche Systeme der sozialen Sicherheit, welche Leistungen bei Krankheit, Invalidität, Alter, Arbeitsunfall, Berufskrankheit und Arbeitslosigkeit vorsehen. In Art 3 Abs 3 dieser Richtlinie wurde auch die *Richtlinie zu den betrieblichen Systemen der sozialen Sicherheit* angekündigt. Diese Richtlinie wurde 1986 erlassen[31] und betrifft dieselben Leistungsbereiche wie die Richtlinie zu den gesetzlichen Systemen der sozialen Sicherheit, allerdings werden die von Betrieben und nicht die vom Staat finanzierten Leistungssysteme erfasst.

Da mit der Barber-Entscheidung des EuGH und den Folgeurteilen nun klargestellt wurde, dass insbesondere Betriebspensionen von Art 119 EWGV (nun Art 141 EGV) abgedeckt werden, wurden weite Teile der Richtlinie zu den betrieblichen Systemen der sozialen Sicherheit obsolet. Dies führte schließlich 1996 zu einer Änderung der Richtlinie.[32]

1986 wurde nicht nur die Richtlinie zu den betrieblichen Systemen der sozialen Sicherheit, sondern auch die *Richtlinie zur selbständigen Erwerbstätigkeit* erlassen.

---

26 Mitteilung der Kommission an den Rat zur Gleichbehandlung von Männern und Frauen im Arbeitsleben KOM (75) 36
27 Richtlinie des Rates zur Angleichung der Rechtsvorschriften der Mitgliedstaaten über die Anwendung des Grundsatzes des gleichen Entgelts für Männer und Frauen RL 75/117/EWG ABl 1975 L 45/19
28 Richtlinie des Rates zur Verwirklichung des Grundsatzes der Gleichbehandlung von Männern und Frauen hinsichtlich des Zugangs zur Beschäftigung, zur Berufsbildung und zum beruflichen Aufstieg sowie in bezug auf die Arbeitsbedingungen RL 76/207/EWG ABl 1976 L 39/40.
29 Richtlinie 2002/73/EG des Europäischen Parlamentes und des Rates zur Änderung der Richtlinie 76/207/EWG des Rates zur Verwirklichung des Grundsatzes der Gleichbehandlung von Männern und Frauen hinsichtlich des Zugangs zur Beschäftigung, zur Berufsbildung und zum beruflichen Aufstieg sowie in Bezug auf die Arbeitsbedingungen ABl 2002 L 269/15.
30 Richtlinie des Rates zur schrittweisen Verwirklichung des Grundsatzes der Gleichbehandlung von Männern und Frauen im Bereich der sozialen Sicherheit RL 79/7/EWG ABl 1979 L 6/24.
31 Richtlinie des Rates zur Verwirklichung des Grundsatzes der Gleichbehandlung von Männern und Frauen bei den betrieblichen Systemen der sozialen Sicherheit RL 86/378/EWG ABl 1986 L 225/40 – beachte die Berichtigung im ABl 1987 L 51/56.
32 Richtlinie des Rates zur Änderung der Richtlinie 86/378/EWG zur Verwirklichung des Grundsatzes der Gleichbehandlung von Männern und Frauen bei den betrieblichen Systemen der sozialen Sicherheit RL 96/97/EG ABl 1997 L 46/20.

Diese Richtlinie sollte vorwiegend der Verbesserung der Situation der in Privatbetrieben mitarbeitenden Ehegattinnen dienen.[33]

Mit dem Erlass der Richtlinie zur selbständigen Erwerbstätigkeit war die erste Rechtsetzungsphase im Bereich des sekundären Gemeinschaftsrechtes beendet. Die Verabschiedung weiterer Rechtsakte erwies sich als schwierig, weil gemäß Art 100 (nun Art 94) EGV und Art 235 (nun Art 308) EGV im Rat Einstimmigkeit erzielt werden musste.

Erst 1992 kam es zur Verabschiedung der *Mutterschutzrichtlinie*[34], welche auf den (durch die Einheitliche Europäische Akte)[35] eingeführten Art 118a EGV gestützt wurde und daher auch mit qualifizierter Mehrheit beschlossen werden konnte. Die Mutterschutzrichtlinie sieht unter anderem ein Kündigungsverbot für schwangere Arbeitnehmerinnen und einen Mindestanspruch auf Mutterschaftsurlaub von 14 Wochen vor.

Einen vom Mutterschutz getrennten Elternurlaub garantiert die 1996 erlassene *Elternurlaubsrichtlinie*.[36] Nach dieser Richtlinie haben die Mitgliedstaaten einen Elternurlaub im Ausmaß von mindestens drei Monaten pro Elternteil vorzusehen. Die inhaltlichen Vorschriften dieses Rechtsaktes finden sich in der Rahmenvereinbarung der Sozialpartner, welche der Richtlinie als Anhang angefügt ist. Dieser Richtlinienbeschluss des Rates beruht auf dem Abkommen über die Sozialpolitik. Durch ihn erhielt die Sozialpartnervereinbarung Gemeinschaftsrechtsqualität, ausgenommen waren davon allerdings Großbritannien und Nordirland. Erst durch die Ausdehnungsrichtlinie[37] zur Elternurlaubsrichtlinie erhielt diese Richtlinie gemeinschaftsweite Verbindlichkeit.

Eine weitere Richtlinie, welche auf einer Rahmenvereinbarung der Sozialpartner beruht, ist die 1997 beschlossene *Richtlinie zur Teilzeitarbeit*.[38] Diese Richtlinie soll die Beseitigung der Diskriminierungen der Teilzeitbeschäftigten sicherstellen. Auch sie beruht auf dem Abkommen über die Sozialpolitik und galt daher vorerst nicht für alle Mitgliedstaaten. Erst durch die Ausdehnungsrichtlinie[39] von 1998 wurden Großbritannien und Nordirland in den Geltungsbereich einbezogen.

---

33 Richtlinie zur Verwirklichung des Grundsatzes der Gleichbehandlung von Männern und Frauen, die eine selbständige Erwerbstätigkeit – auch in der Landwirtschaft – ausüben, sowie über den Mutterschutz ABl 1986 L 359/56.
34 Richtlinie des Rates über die Durchführung von Maßnahmen zur Verbesserung der Sicherheit und des Gesundheitsschutzes von schwangeren Arbeitnehmerinnen, Wöchnerinnen und stillenden Arbeitnehmerinnen am Arbeitsplatz RL 92/85/EWG ABl 1992 L 348/1.
35 Diese Vertragsänderung trat am 1.7.1987 in Kraft.
36 Richtlinie des Rates zu der von UNICE, CEEP und EGB geschlossenen Rahmenvereinbarung über Elternurlaub RL 96/34/EG ABl 1996 L 145/4.
37 Richtlinie des Rates zur Änderung und Ausdehnung der Richtlinie 96/34/EG zu der von UNICE, CEEP und EGB geschlossenen Rahmenvereinbarung über Elternurlaub auf das Vereinigte Königreich RL 97/75/EG ABl 1998 L 10/24.
38 Richtlinie des Rates zu der von UNICE, CEEP und EGB geschlossenen Rahmenvereinbarung über Teilzeitarbeit ABl 1998 L 14/9.
39 Richtlinie des Rates zur Ausdehnung der Richtlinie 97/81/EG zu der von UNICE, CEEP und EGB geschlossenen Rahmenvereinbarung über Teilzeitarbeit auf das Vereinigte Königreich Großbritannien und Nordirland RL 98/23/EG ABl 1998 L 131/10.

Die Richtlinie zur Teilzeitarbeit stellt nicht auf das Geschlecht der teilzeitbeschäftigten Person ab und ist damit keine klassische „Gleichbehandlungsrichtlinie". Sie ist dennoch für die Gleichstellung von Frauen von Bedeutung, da Teilzeitbeschäftigungen überwiegend von Frauen ausgeübt werden. Dasselbe gilt für die *Richtlinie zu den befristeten Arbeitsverhältnissen,*[40] welche 1999 verabschiedet wurde. Durch sie soll die Qualität befristeter Arbeitsverhältnisse verbessert werden. Auch dieser Richtlinie liegt eine Rahmenvereinbarung der Sozialpartner zugrunde. Anders als die Richtlinien zur Teilzeitarbeit und zum Elternurlaub gehört sie von Beginn an zum Rechtsbestand aller Mitgliedstaaten, da sie bereits auf Art 139 EGV gestützt werden konnte.

Eine klassische Richtlinie zur Geschlechtergleichbehandlung ist die *Beweislastrichtlinie.*[41] Auch diese Richtlinie beruht auf dem Abkommen über die Sozialpolitik. Die Erstreckung des Anwendungsbereiches auf Großbritannien und Nordirland erfolgte 1998 mit einer Ausdehnungsrichtlinie.[42] Die Beweislastrichtlinie soll die gerichtliche Geltendmachung von Gleichstellungsansprüchen erleichtern, indem die Diskriminierungstatsachen von den Beschwerdeführerinnen (oder den Beschwerdeführern) lediglich glaubhaft gemacht werden müssen und schließlich die beklagte (und nicht die klagende) Partei beweisen muss, dass keine Verletzung des Gleichbehandlungsgrundsatzes vorliegt.

Die Beweislastrichtlinie stammt aus dem Jahre 1997 und stützt sich auf das Abkommen über die Sozialpolitik. Eine Sozialpartnervereinbarung wurde von der Kommission ins Auge gefasst, konnte aber mangels Bereitschaft der Sozialpartner ein entsprechendes Verfahren einzuleiten, nicht als Sozialpartnervereinbarung abgeschlossen werden.

Die bisher jüngste für das Gendergemeinschaftsrecht bedeutsame *Richtlinie* betrifft die *Verwirklichung der Gleichbehandlung in Beschäftigung und Beruf*[43]. Diese Richtlinie erfasst Diskriminierungen aufgrund der sexuellen Ausrichtung, Weltanschauung, Religion, Behinderung oder des Alters.[44] Auch sie ist damit keine klassische Gleichbehandlungsrichtlinie,[45] betrifft aber Bereiche,[46] welche im Zusammenhang mit einer „Geschlechtergleichbehandlung" eine Rolle spielen können.

---

40 Richtlinie zu der EGB-UNICE-CEEP-Rahmenvereinbarung über befristete Arbeitsverträge ABl 1999 L 175/43.
41 Richtlinie des Rates über die Beweislast bei Diskriminierung aufgrund des Geschlechts RL 97/80/EG ABl 1998 L 14/6.
42 Richtlinie des Rates zur Ausdehnung der Richtlinie 97/80/EG zur Beweislast in Fällen geschlechtsbedingter Diskriminierung auf das Vereinigte Königreich Großbritannien und Nordirland RL 98/52/EG ABl 1998 L 205/66.
43 Richtlinie zur Festlegung eines allgemeinen Rahmens für die Verwirklichung der Gleichbehandlung in Beschäftigung und Beruf ABl 2000 L 303/16.
44 Zum Tatbestand der Diskriminierung aufgrund des Alters vgl *Marlene Schmidt/Senne*, Das gemeinschaftsrechtliche Verbot der Altersdiskriminierung und seine Bedeutung für das deutsche Arbeitsrecht, RdA 2002, 80; vgl auch *Urlesberger*, Von Gleichen und Gleicheren, ZAS 2001, 72 (77).
45 Als Anknüpfungspunkt für die Diskriminierung gilt nicht das Kriterium Frau oder Mann, sondern ein geschlechtsneutrales Kriterium wie zB die Religion.
46 Beispielsweise bei Diskriminierungen aufgrund der sexuellen Ausrichtung oder der Weltanschauung.

2. Das gemeinschaftsrechtliche System zur Rechtsdurchsetzung

2.1. Der Europäische Gerichtshof

Über die Durchsetzung des „Gendergemeinschaftsrechtes" wacht der Europäische Gerichtshof. Der Gerichtshof hat seinen Sitz in Luxemburg und besteht aus 15 Richterinnen[47] und Richtern und 8 GeneralanwältInnen[48], welche von den Regierungen der Mitgliedstaaten im gegenseitigen Einvernehmen ernannt werden. Dem Gerichtshof ist ein Gericht erster Instanz beigeordnet, das ebenfalls aus 15 Richterinnen[49] und Richtern besteht. Dieser Spruchkörper hat allerdings nur eine eingeschränkte Rechtsprechungsfunktion. Er hat keine Zuständigkeit für das häufigste Gemeinschaftsverfahren, das Vorabentscheidungsverfahren[50] und das Vertragsverletzungsverfahren.

2.2. Die Verfahrensarten

2.2.1. Das Vorabentscheidungsverfahren

Geschlechtergleichbehandlungsaspekte wurden am häufigsten über das Vorabentscheidungsverfahren an den EuGH herangetragen. Dieses Verfahren ist in Art 234 EGV geregelt. Der Wortlaut dieser Vorschrift lautet wie folgt:

> Der Gerichtshof entscheidet im Wege der Vorabentscheidung
> a) über die Auslegung dieses Vertrags,
> b) über die Gültigkeit und die Auslegung der Handlungen der Organe der Gemeinschaft und der EZB,
> c) über die Auslegung der Satzungen der durch den Rat geschaffenen Einrichtungen, soweit diese Satzungen dies vorsehen.
> Wird eine derartige Frage einem Gericht eines Mitgliedstaats gestellt und hält dieses Gericht eine Entscheidung darüber zum Erlaß seines Urteils für erforderlich, so kann es diese Frage dem Gerichtshof zur Entscheidung vorlegen.
> Wird eine derartige Frage in einem schwebenden Verfahren bei einem einzelstaatlichen Gericht gestellt, dessen Entscheidungen selbst nicht mehr mit Rechtsmitteln des innerstaatlichen Rechts angefochten werden können, so ist dieses Gericht zur Anrufung des Gerichtshofes verpflichtet.

---

47 Es gibt zwei Richterinnen am Europäischen Gerichtshof. Es handelt sich dabei um die Irin *Fidelma O'Kelly Macken* und die Deutsche *Ninon Colneric* (Stand Februar 2003).
48 Unter den GeneralanwältenInnen befindet sich eine Frau. Es handelt sich um die Österreicherin *Dr. Christine Stix-Hackl* (Stand Februar 2003).
49 In diesem Gremium befinden sich zwei Richterinnen und zwar die Finnin *Virpi E. Tiilli* und die Schwedin *Pernilla Lindh* (Stand Februar 2003).
50 Nach dem In-Kraft-Treten des Vertrages von Nizza kann gemäß Art 225 Abs 3 EGV das Gericht erster Instanz mittels Satzung für besondere Sachgebiete auch für Vorabentscheidungsverfahren zuständig gemacht werden.

Eine Vorabentscheidung muss demnach ein nationales Gericht beim Gerichtshof beantragen. Beschwerdeführerinnen bzw. Beschwerdeführer können diesen Antrag lediglich anregen. In diesem Bereich fehlt daher die Möglichkeit einer Individualbeschwerde, wie sie in der Frauenantidiskriminierungskonvention[51] (CEDAW[52]) und auch in der Europäischen Menschenrechtskonvention[53] vorgesehen ist.

Durch Art 234 EGV können Zweifel über die Auslegung des Gemeinschaftsrechts vom EuGH geklärt werden. Das nationale Gericht stellt diesbezüglich Fragen an den Gerichtshof. Der Gerichtshof ist dabei nur befugt Gemeinschaftsrecht auszulegen. Die Beurteilung der nationalen Vorschriften obliegt dem nationalen Gericht.

Gerichte der unteren Instanzen müssen allerdings keine Anträge auf Auslegung beim Gerichtshof stellen. Nur Gerichte, deren „Entscheidungen selbst nicht mehr mit Rechtsmitteln des innerstaatlichen Rechts angefochten werden können" sind zur Anrufung des EuGH verpflichtet.

In Österreich besteht daher für die Höchstgerichte, das sind der Verfassungsgerichtshof, der Verwaltungsgerichtshof und der Oberste Gerichtshof, jedenfalls eine Vorlagepflicht. Untergerichte und sogar Behörden mit Gerichtsqualität sind nach der Auffassung des VfGH zur Anrufung des EuGH verpflichtet, wenn noch ein Rechtszug zum VfGH, aber kein Rechtszug zum VwGH offensteht.[54] Neben den klassischen nationalen Gerichten sind auch Unabhängige Verwaltungssenate und Kollegialbehörden mit richterlichem Einschlag vorlageberechtigt.[55]

Stellt ein nationales Gericht (oder eine nationale Behörde mit Gerichtsqualität im Sinne des Art 234 EGV) Fragen zur Auslegung des Gemeinschaftsrechts an den EuGH, dann beantwortet er diese mittels Urteil. Das vorlegende nationale Gericht und die weiteren mit dem Rechtsstreit befassten nationalen Gerichte sind dabei an die Auslegung des Gerichtshofes gebunden. Für ähnlich gelagerte Rechtssachen ist die Entscheidung als Richtschnur heranzuziehen.

2.2.2. Das Vertragsverletzungsverfahren

Ein weiteres Verfahren, mit dem die Einhaltung des Gendergemeinschaftsrechtes kontrolliert werden kann, ist das Vertragsverletzungsverfahren. Dieses Verfahren kann gemäß Art 226 und 227 EGV entweder von der Kommission oder von einem Mitgliedstaat ausgehen. Üblicherweise wird es gemäß Art 226 EGV von der Kommission angestrengt. Gerügt werden in diesem Vertragsverstöße. Dazu gehören nicht

---

51 Konvention zur Beseitigung jeder Form von Diskriminierung der Frau samt Vorbehalten BGBl 1982/443; vgl dazu die Ausführungen im Teil I Kapitel 2 unter Pkt 1.5.
52 Convention on the elimination of all forms of discrimination against women.
53 Konvention zum Schutze der Menschenrechte und Grundfreiheiten BGBl 1958/210 idF BGBl III 1998/30; vgl dazu die Ausführungen im Teil I Kapitel 1 unter Pkt 2.2.1.1.
54 Vgl VSlg 14.891/1997.
55 Vgl dazu Öhlinger, Verfassungsrecht[4] (1999) 108; auch Öhlinger/Potacs, Gemeinschaftsrecht und staatliches Recht[2] (2001) 162.

nur Verstöße gegen Bestimmungen des Vertrages selbst, wie zB gegen Art 141 des EGV, sondern auch Verstöße gegen Richtlinienvorschriften.[56]

Art 226 EGV hat folgenden Wortlaut:

> Hat nach Auffassung der Kommission ein Mitgliedstaat gegen eine Verpflichtung aus diesem Vertrag verstoßen, so gibt sie eine mit Gründen versehene Stellungnahme hierzu ab; sie hat dem Staat zuvor Gelegenheit zur Äußerung zu geben. Kommt der Staat dieser Stellungnahme innerhalb der von der Kommission gesetzten Frist nicht nach, so kann die Kommission den Gerichtshof anrufen.

Nach dieser Vorschrift hat die Kommission dem Mitgliedstaat zweimal die Möglichkeit zu geben, den Vorwurf der Vertragsverletzung zu entkräften oder diese abzustellen (Äußerungsmöglichkeit, Antwort auf begründete Stellungnahme der Kommission). Wird die (vermeintliche) Vertragsverletzung nicht beseitigt, dann kann die Kommission den EuGH anrufen. Dieser stellt dann allenfalls eine Vertragsverletzung fest, welche der Mitgliedstaat beseitigen muss. Tut er das nicht, dann kann von der Kommission gemäß Art 228 EGV ein weiteres Vertragsverletzungsverfahren eingeleitet werden. In diesem Verfahren benennt die Kommission die Höhe eines Zwangsgeldes oder Pauschalgeldes, das sie – im Falle einer Verurteilung des jeweiligen Mitgliedstaates – für angemessen hält. Stellt der Gerichtshof fest, dass der Mitgliedstaat dem Urteil nicht nachgekommen ist, dann kann er den Mitgliedstaat zur Zahlung des jeweiligen Betrages verurteilen. Als erster Mitgliedstaat wurde Griechenland zur Zahlung einer derartigen Geldstrafe verurteilt.[57]

2.2.3. Die Nichtigkeitsklage

Das Nichtigkeitsverfahren ist in Art 230 EGV geregelt. Es kommt zur Anwendung, wenn Handlungen der Gemeinschaftsorgane, also deren Rechtsakte, mangelhaft sind. Die Nichtigkeitsklage muss binnen zwei Monaten ab Kenntnis des betreffenden Rechtaktes erfolgen.

Hinsichtlich der aktiven Klagslegitimation ist zwischen privilegierten und nicht privilegierten Klagsbefugten zu unterscheiden.

Nichtprivilegierte Klagsbefugte wie das Europäische Parlament und die Europäische Zentralbank haben eine eingeschränkte Klagslegitimation. Dies zeigt sich darin, dass ihre Klagen nur dann zulässig sind, wenn sie auf die Wahrung ihrer Rechte abzielen. Darüber hinaus zählen zu den nicht privilegierten Klagsbefugten auch

---

56 Vgl dazu Art 10 EGV iVm Art 249 EGV.
57 Über Griechenland wurde ein Zwangsgeld von 2000 Euro pro Tag Verzug bei der Umsetzung der Abfallrichtlinie verhängt – vgl EuGH 4.7.2001 Rs C-387/97 KOM/Griechenland Slg 5092.

natürliche und juristische Personen, deren Klagslegitimation eine an sie gerichtete Entscheidung oder gegen andere ergangene Entscheidungen oder Verordnungen voraussetzt, von denen sie unmittelbar und individuell betroffen sind.[58]

Die privilegierten Klagsbefugten brauchen demgegenüber keine besondere Betroffenheit durch einen Rechtsakt nachweisen. Zu ihnen gehören die Mitgliedstaaten, der Rat und die Kommission.

Die Nichtigkeitsklage kann wegen
- Unzuständigkeit des handelnden Organs,
- der Verletzung wesentlicher Formvorschriften (zB der Geschäftsordnung der Kommission beim Zustandekommen des Beschlusses – wesentlich ist die Formvorschrift dann, wenn sie zumindest potentiell den Inhalt der Entscheidung beeinflusst),
- der Verletzung des primären oder sekundären Gemeinschaftsrechts (zB Stützung eines Rechtsaktes auf eine falsche Rechtsgrundlage) oder
- Ermessensmissbrauch (das handelnde Organ hat sein Ermessen überschritten oder von diesem nicht im Sinn von Ziel und Zweck des Vertrages Gebrauch gemacht) erhoben werden.

Im Falle der Begründetheit der Klage erklärt der EuGH die angefochtene Handlung für nichtig.

2.2.4. Die Untätigkeitsklage

Die Untätigkeitsklage kann wegen rechtswidriger Säumnis bestimmter Gemeinschaftsorgane erhoben werden. Konkret wendet sich die Klage gegen das Unterlassen der Beschlussfassung trotz gemeinschaftsrechtlicher Verpflichtung.

Auch bei der Untätigkeitsklage unterscheidet man zwischen privilegierten und nicht privilegierten Klagsberechtigten. Zu den nicht privilegierten Klagsberechtigten zählen wiederum die natürlichen und juristischen Personen. Sie können nur rügen, dass es ein Gemeinschaftsorgan unterlassen hat, an sie einen anderen Akt als eine Empfehlung oder Stellungnahme zu richten. Zu den privilegiert Klagsberechtigten zählen die Mitgliedstaaten und die Organe (Rat, Kommission, Europäisches Parlament). Die Europäische Zentralbank ist in ihrem Zuständigkeitsbereich klagsbefugt.

Voraussetzung für eine Klagsbefugnis ist eine Aufforderung an das säumige Organ tätig zu werden. Hat das jeweilige Organ auch 2 Monate nach der Aufforderung nicht Stellung genommen, dann kann innerhalb einer weiteren Frist von 2 Monaten Klage erhoben werden.

---

58 Vgl dazu auch die Entscheidung des Gerichts erster Instanz zur Elternurlaubsrichtlinie: EuG 17.6.1998 Rs T-135/96 UEAPME Slg 2335 RdN 68 ff.

2.2.5. Die Amtshaftungsklage

Mit der Amtshaftungsklage (Art 235 EGV iVm 288 EGV) können Schäden geltend gemacht werden, welche die Gemeinschaftsorgane oder ihre Bediensteten in Ausübung ihrer Funktion bzw. Amtstätigkeit Dritten zugefügt haben. Klaglegitimiert sind der betroffene Staat sowie die geschädigten natürlichen und juristischen Personen. Die Klage ist gegen das Gemeinschaftsorgan zu richten, das bzw. dessen Bedienstete/r angeblich den Schaden verursacht hat. Beurteilt der Gerichtshof die Klage als begründet, weil tatsächlich ein Schaden durch rechtswidriges Handeln eingetreten ist und zwischen dem fehlerhaften Handeln und dem Schaden ein kausaler Zusammenhang besteht, dann spricht er einen bestimmten Schadenersatz zu.

2.3. Die Wirkungsweise des Gendergemeinschaftsrechts

Das Gemeinschaftsrecht ist durch das Prinzip des Anwendungsvorranges und seine unmittelbare Wirkung gekennzeichnet. *Anwendungsvorrang* bedeutet, daß das Gemeinschaftrecht dem nationalen Recht vorgeht. Anwendungsvorrang bedeutet allerdings nicht, dass das Gemeinschaftsrecht auch unmittelbar auf die konkrete Rechtssache anzuwenden ist. Dies ist nur dann der Fall, wenn dem jeweiligen Gemeinschaftsrecht auch unmittelbare Wirkung zukommt.[59]

Art 141 EGV hat unmittelbare Wirkung und zwar in vertikaler als auch in horizontaler Richtung. Das heißt, dass die Entgeltgleichheit sowohl gegenüber dem Staat als Arbeitgeberin oder Arbeitgeber (Vertikalverhältnis) als auch dem privaten Arbeitgeber oder der privaten Arbeitgeberin gegenüber (Horizontalverhältnis) geltend gemacht werden kann.

Bei *Richtlinienvorschriften* können sich Beschwerdeführerinnen und Beschwerdeführer nicht generell auf deren Bestimmungen berufen. Gemäß Art 249 EGV sind sie nur hinsichtlich ihres Zieles für die Mitgliedstaaten verbindlich. Steht im Rechtsstreit der beschwerdeführenden Person allerdings der Staat oder eine staatliche Behörde als Arbeitgeber (oder Arbeitgeberin) gegenüber, dann kann eine Richtlinienvorschrift eine unmittelbare Wirkung entfalten, wenn die Frist zur Umsetzung der Richtlinie abgelaufen und die konkreten Bestimmung zudem hinreichend bestimmt und unbedingt ist.[60] Ob eine derartige hinreichende Bestimmtheit und Unbedingtheit vorliegt, entscheidet letztlich der EuGH. Dieser hat beispielsweise Art 3, 4 und 5 der Gleichbehandlungsrichtlinie als hinreichend bestimmt und unbedingt qualifiziert.[61]

Abgesehen von der unmittelbaren Wirkung von Richtlinien ist auch deren Wirkungsweise im Verhältnis zu (konkurrenzierenden) Vorschriften des Vertragsrech-

---

59 *Isak*, Europracht I (Strukturen – Institutionen – Verfahren)[2] 2000, 95.
60 Vgl dazu auch *Arndt*, Europarecht[5] (2001) 69.
61 Vgl dazu EuGH 26.22.1986 Rs 152/84 Marshall Slg 723 RdN 52 und EuGH 15.5.1986 Rs 222/84 Johnston Slg 1651 RdN 54, 55, 57, Spruch Pkt 5.

tes zu klären. Diesbezüglich hat der Gerichtshof entschieden, das Richtlinien – im konkreten Fall handelte es sich um die Entgeltgleichheitsrichtlinie – Vorschriften des Vertragsrechtes – wie Art 119 (nun 141) EGV – nicht ändern können, weil dazu ein Vertragsänderungsverfahren notwendig wäre.[62] Dasselbe gilt für die bereits genannte Entschließung der Konferenz der Mitgliedstaaten über die Lohngleichheit.[63]

Neben Art 141 EGV und den einschlägigen Richtlinien sind im Zusammenhang mit dem Gendergemeinschaftsrecht auch *Verordnungen* von (geringer)[64] Bedeutung. Verordnungen haben laut 249 EGV allgemeine Geltung. Sie sind in all ihren Teilen verbindlich und gelten unmittelbar in jedem Mitgliedstaat. Verordnungen entfalten daher eine Direktwirkung, ohne dass ein Mitgliedstaat einen Umsetzungsakt setzen müsste.

Bedeutsam sind für den Genderbereich des Weiteren auch *Empfehlungen*, da sowohl die Kommission als auch der Rat diesbezüglich zahlreiche einschlägige Dokumente[65] erlassen haben. Gemäß Art 249 EGV letzter Satz sind Empfehlungen aber nicht verbindlich. Sie können jedoch dann Wirkungen entfalten, wenn sie bestehendes Gemeinschaftsrecht ergänzen oder nationale Bestimmungen aufgrund der Gemeinschaftsempfehlung erlassen werden.[66] In diesem Fall sind Empfehlungen zur Auslegung der Gemeinschaftsrechtsvorschriften bzw der nationalen Bestimmungen heranzuziehen.

3. Ausgewählte Bereiche des Gendergemeinschaftsrechts

3.1. Frauen und wirtschaftliche und soziale Rechte

Die vorangehenden Ausführungen zeigen, dass Gendergemeinschaftsrecht vorwiegend für den arbeitsrechtlichen Bereich geschaffen wurde, dem allerdings für die wirtschaftliche und soziale Stellung der Frauen eine bedeutsame Rolle zukommt.

Demnach haben Frauen gemäß *Art 141 Abs 1 und 2 EGV*[67] das Recht, für gleiche oder gleichwertige Arbeiten gleich entlohnt zu werden wie ihre männlichen Kollegen. Erhält beispielsweise eine Frau für eine Tätigkeit, welche zuvor von einem Mann ausgeführt wurde, eine geringere Entlohnung als der Mann, dann widerspricht dies

---

62 EuGH 8.4.1976 Rs 43/75 Defrenne II RdN 56/58, 60.
63 Vgl dazu die Ausführungen unter Pkt 1.1.
64 Vgl dazu die bisher einzige Verordnung des Rates zum Gendergemeinschaftsrecht, nämlich die Verordnung über die Berücksichtigung der Geschlechterperspektive bei der Entwicklungszusammenarbeit – vgl dazu auch die Ausführungen unter Pkt 3.3.
65 Beispielsweise die Empfehlung des Rates über die ausgewogene Mitwirkung von Frauen und Männern am Entscheidungsprozeß ABl 1996 L 319/11 – vgl dazu die Ausführungen unter Pkt 3.3.
66 EuGH 13.12.1989 Rs 322/88 Grimaldi Slg 4407 RdN 18, Spruch.
67 Vgl zum Art 141 Abs 1 und 2 (ex 119 Abs 1 und 2) EGV ausführlich *Schlachter*, Grundsatz des gleichen Entgelts nach Art 119 EG-Vertrag und der Richtlinie 75/117/EWG in *Oetker/Preis* (Hrsg), Europäisches Arbeits- und Sozialrecht (Teil B 4100, Stand April 1998) und *Pirstner*, Geschlechtergleichbehandlung und Chancengleichheit im Gemeinschaftsrecht (Dissertation, Universität Graz, 1999) 45.

den Vorgaben des Art 141 EGV.[68] Frauen dürfen gemäß Art 2 Abs 1 iVm Art 3 der *Gleichbehandlungsrichtlinie*[69] auch bei der Bewerbung bei einer privaten Firma oder im Öffentlichen Dienst nicht benachteiligt werden. Nach diesen Vorschriften ist es beispielsweise unzulässig, dass eine Frau trotz Bestqualifikation einen Posten wegen des Vorliegens einer Schwangerschaft nicht erhält.[70]

Art 2 Abs 1 der Gleichbehandlungsrichtlinie:

> Der Grundsatz der Gleichbehandlung im Sinne der nachstehenden Bestimmungen beinhaltet, dass keine unmittelbare oder mittelbare Diskriminierung auf Grund des Geschlechts – insbesondere unter Bezugnahme auf den Ehe- oder Familienstand – erfolgen darf.

Art 3 Abs 1 der Gleichbehandlungsrichtlinie:

> Die Anwendung des Grundsatzes der Gleichbehandlung beinhaltet, dass bei den Bedingungen des Zugangs – einschließlich der Auswahlkriterien – zu den Beschäftigungen oder Arbeitsplätzen – unabhängig vom Tätigkeitsbereich oder Wirtschaftszweig – und zu allen Stufen der beruflichen Rangordnung keine Diskriminierung auf Grund des Geschlechts erfolgt.

Auch bei der Beendigung des Arbeitsverhältnisses dürfen Frauen nicht benachteiligt werden. So widerspricht es Art 2 Abs 1 iVm Art 5 der Gleichbehandlungsrichtlinie, wenn Frauen, welche noch länger im Arbeitsprozess verbleiben wollen, nur deshalb gekündigt werden, weil sie das gesetzliche Pensionsalter[71] erreicht haben. Dieser Tatbestand fällt unter den weit auszulegenden Begriff der „Entlassungsbedingungen" des Art 5.

---

68 Vgl EuGH 27.3.1980 Rs 129/79 Macarthys Slg 1275 RdN 16, Spruch Pkt 2.
69 Richtlinie des Rates zur Verwirklichung des Grundsatzes der Gleichbehandlung von Männern und Frauen hinsichtlich des Zugangs zur Beschäftigung, zur Berufsbildung und zum beruflichen Aufstieg sowie in bezug auf die Arbeitsbedingungen RL 76/207/EWG ABl 1976 L 39/40; zu dieser Richtlinie vgl ausführlich *Pirstner*, Geschlechtergleichbehandlung und Chancengleichheit im Gemeinschaftsrecht (Dissertation, Universität Graz, 1999) 99 und *Eichinger*, Grundsatz der Gleichbehandlung hinsichtlich des Zugangs zur Beschäftigung, zur Berufsausbildung und zum beruflichen Aufstieg sowie in bezug auf die Arbeitsbedingungen (Richtlinie 76/207/EWG) in *Oetker/Preis* (Hrsg), Europäisches Arbeits- und Sozialrecht (Teil B 4200, Stand Jänner 1999).
70 Vgl dazu EuGH 8.11.1990 Rs C-177/88 Dekker Slg 3941 RdN 2, 12, Spruch Pkt 1
71 Welches im gegenständlichen Fall bei Frauen 60 Jahre betrug und damit niedriger war als bei Männern; vgl EuGH 26.2.1986 Rs 152/84 Marshall I Slg 723 RdN 7

Art 5 Abs 1 der Gleichbehandlungsrichtlinie:

> Die Anwendung des Grundsatzes der Gleichbehandlung hinsichtlich der Arbeitsbedingungen einschließlich der Entlassungsbedingungen beinhaltet, dass Männern und Frauen dieselben Bedingungen ohne Diskriminierung auf Grund des Geschlechts gewährt werden.

Art 5 der Gleichbehandlungsrichtlinie schreibt demnach die Anwendung des Grundsatzes der Gleichbehandlung bei der Beendigung der Arbeitsverhältnisse aber auch bei den Arbeitsbedingungen vor. Hinsichtlich der Arbeitsbedingungen hat der EuGH entschieden,[72] dass das Verbot der Nachtarbeit für Frauen dem Art 5 der Richtlinie entgegensteht, wenn es kein Nachtarbeitsverbot für Männer gibt. In diesem Bereich gab es in Österreich einen Anpassungsbedarf,[73] da aufgrund des *Bundesgesetzes über die Nachtarbeit der Frauen*[74] Nachtarbeit von Frauen grundsätzlich verboten war. Dieses Gesetz war Resultat der völkerrechtliche Verpflichtungen, welche Österreich aufgrund der ILO-Übereinkommen Nr. 4[75] und Nr. 89[76] eingegangen ist. Diese Übereinkommen sind am 26.7.2001 von Österreich gekündigt worden.[77] Die Kündigungen haben mit dem 26.7.2002 Wirksamkeit erlangt.

Österreich hatte sich bei den Beitrittsverhandlungen aufgrund der völkerrechtlichen Verpflichtungen bis zum Jahr 2001 eine Ausnahmevorschrift[78] ausverhandeln können. Durch das EU-Nachtarbeits-Anpassungsgesetz[79] ist das Bundesgesetz über die Nachtarbeit der Frauen mit dem 31.7.2002 außer Kraft getreten. Notwendig wurde allerdings auch eine Änderung des Arbeitszeitgesetzes, da die Arbeitszeitrichtlinie[80] der Gemeinschaft für NachtarbeiterInnen Arbeitszeitbeschränkungen vorsieht.

Zu den genannten Art 2, 3 und 5 der Gleichbehandlungsrichtlinie ist des Weiteren hinzuzufügen, dass diese Vorschriften durch eine Änderungsrichtlinie[81] geändert

---

72 Vgl dazu EuGH 25.7.1991 Rs C-345/89 Stoeckl Slg 4047 Spruch.
73 Vgl dazu ausführlich *Pirstner*, Geschlechtergleichbehandlung und Chancengleichheit im Gemeinschaftsrecht (Dissertation, Universität Graz, 1999) 139.
74 BGBl 237/169.
75 Übereinkommen über die Nachtarbeit der Frauen BGBl 226/1924.
76 Übereinkommen über die Nachtarbeit der Frauen im Gewerbe BGBl 229/1950.
77 BGBl III 208/2001 und BGBl III 209/2001.
78 Vgl den Anhang XV – V. Sozialpolitik der Beitrittsakte zur Europäischen Union in *Hummer/Obwexer*, Österreich in der Europäischen Union, Band 1; Beitrittsvertrag – Beitrittsakte – Schlussakte (1995) 441.
79 BGBl I 122/2002; vgl zum Entwurf *Höfle/Klein*, Entwurf eines EU-Nachtarbeits-Anpassungsgesetz, ASoK 2002, 202.
80 Richtlinie des Rates über bestimmte Aspekte der Arbeitszeitgestaltung RL 93/104/EG ABl 1993 L 307/18.
81 Richtlinie 2002/73/EG des Europäischen Parlamentes und des Rates zur Änderung der Richtlinie 76/207/EWG des Rates zur Verwirklichung des Grundsatzes der Gleichbehandlung von Männern und Frauen hinsichtlich des Zugangs zur Beschäftigung, zur Berufsbildung und zum beruflichen Aufstieg sowie in Bezug auf die Arbeitsbedingungen ABl 2002 L 269/15.

werden. Durch diese Änderungsrichtlinie werden im Art 2 Abs 2 unter anderem die Begriffe der unmittelbaren und mittelbaren Diskriminierung definiert:

> Im Sinne dieser Richtlinie bezeichnet der Ausdruck:
> - „unmittelbare Diskriminierung": wenn eine Person aufgrund ihres Geschlechts in einer vergleichbaren Situation eine weniger günstige Behandlung erfährt, als eine andere Person erfährt, erfahren hat oder erfahren würde;
> - „mittelbare Diskriminierung": wenn dem Anschein nach neutrale Vorschriften, Kriterien oder Verfahren Personen, die einem Geschlecht angehören, in besonderer Weise gegenüber Personen des anderen Geschlechts benachteiligen können, es sei denn, die betreffenden Vorschriften, Kriterien oder Verfahren sind durch ein rechtmäßiges Ziel sachlich gerechtfertigt und die Mittel sind zur Erreichung dieses Ziels angemessen und erforderlich;

Darüberhinaus werden die Inhalte des Art 3, Art 4 und 5 in Art 3 zusammengeführt und Art 4 und 5 gestrichen. Der in unserem Zusammenhang maßgebliche Teil des geänderten Art 3 hat folgenden Wortlaut.

> (1) Die Anwendung des Grundsatzes der Gleichbehandlung bedeutet, dass es im öffentlichen und privaten Bereich einschließlich öffentlicher Stellen in Bezug auf folgende Punkte keinerlei unmittelbare oder mittelbare Diskriminierung aufgrund des Geschlechts geben darf:
> a) die Bedingungen – einschließlich Auswahlkriterien und Einstellungsbedingungen – für den Zugang zu unselbständiger oder selbständiger Erwerbstätigkeit, unabhängig von Tätigkeitsfeld und beruflicher Position, einschließlich des beruflichen Aufstiegs;
> b) den Zugang zu allen Formen und allen Ebenen der Berufsberatung, der Berufsausbildung, der beruflichen Weiterbildung und der Umschulung, einschließlich der praktischen Berufserfahrung;
> c) die Beschäftigungs- und Arbeitsbedingungen, einschließlich der Entlassungsbedingungen, sowie das Arbeitsentgelt nach Maßgabe der Richtlinie 75/117/ EWG;
> d) die Mitgliedschaft und Mitwirkung in einer Arbeitnehmer- oder Arbeitgeberorganisation oder einer Organisation, deren Mitglieder einer bestimmten Berufsgruppe angehören, einschließlich der Inanspruchnahme der Leistungen solcher Organisationen.

Die Änderungsrichtlinie zur Gleichbehandlungsrichtlinie muss von den Mitgliedstaaten bis zum 5.10.2002 umgesetzt werden. Sie ist am 5.10.2002 – am Tag ihrer Veröffentlichung im Amtsblatt der Europäischen Gemeinschaften – in Kraft getreten.

Abgesehen vom Entlohnungsbereich, dem Zugangs- und Beendigungsbereich sowie dem Bereich der Arbeitsbedingungen bestehen für Frauen auch besondere gemeinschaftsrechtliche Schutzrechte, wenn es um ihre Rechtsposition als schwangere Frauen oder Mütter geht. Die bereits erwähnte *Mutterschutzrichtlinie*[82] schützt allerdings nur Frauen, die in einem Arbeitsverhältnis stehen. Für Frauen, welche sich im Bewerbungsstadium befinden, ist die Gleichbehandlungsrichtlinie heranzuziehen. Darüber hinaus wird durch die Änderungsrichtlinie zur Gleichbehandlungsrichtlinie für Frauen nach Beendigung des Mutterschaftsurlaubes nun ausdrücklich das Recht auf Rückkehr an den früheren oder einen gleichwertigen Arbeitsplatz festgelegt.[83]

Die Mutterschutzrichtlinie selbst enthält Tätigkeits- und Beschäftigungsverbote für Arbeiten, bei denen eine Gefährdung für schwangere oder stillende Arbeitnehmerinnen anzunehmen ist.[84] Insbesondere dürfen diese Arbeitnehmerinnen nicht für Nachtarbeiten eingesetzt werden, sofern ein ärztliches Attest eine diesbezügliche Gesundheitsgefährdung bestätigt.[85]

Darüber hinaus haben die Rechtsordnungen der Mitgliedstaaten einen Mutterschaftsurlaub von mindestens 14 Wochen vorzusehen, von denen 2 Wochen verpflichtend in Anspruch genommen werden müssen.

Art 8 Abs 1 und 2 der Mutterschutzrichtlinie – Mutterschutzurlaub:

> Die Mitgliedstaaten treffen die erforderlichen Maßnahmen, um sicherzustellen, dass den Arbeitnehmerinnen im Sinne des Artikels 2 ein Mutterschaftsurlaub von mindestens 14 Wochen ohne Unterbrechung gewährt wird, die sich entsprechend den einzelstaatlichen Rechtsvorschriften und/oder Gepflogenheiten auf die Zeit vor und/oder nach der Entbindung aufteilen.
> Der Mutterschaftsurlaub gemäß Absatz 1 muss einen obligatorischen Mutterschaftsurlaub von mindestens zwei Wochen umfassen, die sich entsprechend den einzelstaatlichen Rechtsvorschriften und/oder Gepflogenheiten auf die Zeit vor und/oder nach der Entbindung aufteilen.

Zusätzlich besteht gemeinschaftsrechtlich für die Zeit von Beginn der Schwangerschaft bis zum Ende des Mutterschaftsurlaubes ein Kündigungsverbot, es sei denn

---

82 Vgl dazu Art 1 Abs 1 iVm Art 2 der Richtlinie des Rates über die Durchführung von Maßnahmen zur Verbesserung der Sicherheit und des Gesundheitsschutzes von schwangeren Arbeitnehmerinnen, Wöchnerinnen und stillenden Arbeitnehmerinnen am Arbeitsplatz RL 92/85/EWG ABl 1992 L 348/1.
83 Vgl dazu Art 2 Abs 7 der Richtlinie 2002/73/EG des Europäischen Parlamentes und des Rates zur Änderung der Richtlinie 76/207/EWG des Rates zur Verwirklichung des Grundsatzes der Gleichbehandlung von Männern und Frauen hinsichtlich des Zugangs zur Beschäftigung, zur Berufsbildung und zum beruflichen Aufstieg sowie in Bezug auf die Arbeitsbedingungen ABl 2002 L 269/15.
84 Vgl Art 5 und 6 der Richtlinie des Rates über die Durchführung von Maßnahmen zur Verbesserung der Sicherheit und des Gesundheitsschutzes von schwangeren Arbeitnehmerinnen, Wöchnerinnen und stillenden Arbeitnehmerinnen am Arbeitsplatz RL 92/85/EWG ABl 1992 L 348/1.
85 Vgl Art 7 Richtlinie des Rates über die Durchführung von Maßnahmen zur Verbesserung der Sicherheit und des Gesundheitsschutzes von schwangeren Arbeitnehmerinnen, Wöchnerinnen und stillenden Arbeitnehmerinnen am Arbeitsplatz RL 92/85/EWG ABl 1992 L 348/1.

die Kündigung beruht auf Gründen, welche nicht mit der Schwangerschaft in Verbindung stehen.

Art 10 der Mutterschutzrichtlinie – Verbot der Kündigung:

> Um den Arbeitnehmerinnen im Sinne des Artikels 2 die Ausübung der in diesem Artikel anerkannten Rechte in bezug auf ihre Sicherheit und ihren Gesundheitsschutz zu gewährleisten, wird folgendes vorgesehen:
> 1. Die Mitgliedstaaten treffen die erforderlichen Maßnahmen, um die Kündigung der Arbeitnehmerinnen im Sinne des Artikels 2 während der Zeit vom Beginn der Schwangerschaft bis zum Ende des Mutterschaftsurlaubs nach Artikel 8 Absatz 1 zu verbieten; davon ausgenommen sind die nicht mit ihrem Zustand in Zusammenhang stehenden Ausnahmefälle, die entsprechend den einzelstaatlichen Rechtsvorschriften und/oder Gepflogenheiten zulässig sind, wobei gegebenenfalls die zuständige Behörde ihre Zustimmung erteilen muss.
> 2. Wird einer Arbeitnehmerin im Sinne des Artikels 2 während der in Nummer 1 genannten Zeit gekündigt, so muss der Arbeitgeber schriftlich berechtigte Kündigungsgründe anführen.
> 3. Die Mitgliedstaaten treffen die erforderlichen Maßnahmen, um Arbeitnehmerinnen im Sinne des Artikels 2 vor den Folgen einer nach Nummer 1 widerrechtlichen Kündigung zu schützen.

Für die Zeit eines Beschäftigungsverbotes bzw des Mutterschaftsurlaubes sieht die Richtlinie auch vor, dass die mit dem Arbeitsvertrag verbundenen Rechte, einschließlich der Fortzahlung des Entgelts und bzw oder der Anspruch auf eine angemessene Sozialleistung, gewährleistet sein müssen.[86] Wird für die Entstehung des Entgeltfortzahlungsanspruches bzw der Sozialleistung eine gewisse Dauer der Erwerbstätigkeit vor der Geburt des Kindes gefordert, dann darf diese maximal 12 Monate betragen.[87]

In engem Zusammenhang mit dem Mutterschaftsurlaub steht der Elternurlaub. Dieser ist als individuelles Recht für Männer und Frauen in der *Elternurlaubsrichtlinie*[88] festgelegt. Im Gegensatz zum Mutterschaftsurlaub der Mutterschutzrichtlinie steht der Elternurlaub nicht nur Frauen sondern auch Männern zu. Diese Regelung soll es Männern ermöglichen, sich für Kinderbetreuungszeiten beurlauben zu lassen

---

[86] Vgl Art 11 Z 1-2 der Richtlinie des Rates über die Durchführung von Maßnahmen zur Verbesserung der Sicherheit und des Gesundheitsschutzes von schwangeren Arbeitnehmerinnen, Wöchnerinnen und stillenden Arbeitnehmerinnen am Arbeitsplatz RL 92/85/EWG ABl 1992 L 348/1.

[87] Vgl Art 11 Z 4 der Richtlinie des Rates über die Durchführung von Maßnahmen zur Verbesserung der Sicherheit und des Gesundheitsschutzes von schwangeren Arbeitnehmerinnen, Wöchnerinnen und stillenden Arbeitnehmerinnen am Arbeitsplatz RL 92/85/EWG ABl 1992 L 348/1.

[88] Vgl Paragraph 2 Z 1 der Richtlinie des Rates zu der von UNICE, CEEP und EGB geschlossenen Rahmenvereinbarung über Elternurlaub RL 96/34/EG ABl 1996 L 145/4.

und familiäre Verantwortung zu übernehmen, was schließlich die Vielfachbelastung der Frauen (Kindererziehungsarbeit, Altenbetreuungsarbeit, Hausarbeit, berufliche Tätigkeit) verringern sollte.

Ein Recht auf Elternurlaub besteht nach dieser Richtlinie im Falle der Geburt und der Adoption eines Kindes. Die Mitgliedstaaten haben gemäß Paragraph 2 Ziffer 1 der Richtlinie pro Elternteil eine Mindestdauer von 3 Monaten vorzusehen, was bedeutet, dass die gemeinschaftsrechtlichen Vorgaben insgesamt eine Mindestdauer von 6 Monaten festlegen.

Paragraph 2 Ziffer 1 und 2 der Elternurlaubsrichtlinie – Elternurlaub:

> 1. Nach dieser Vereinbarung haben erwerbstätige Männer und Frauen nach Maßgabe des Paragraphen 2 Nummer 2 ein individuelles Recht auf Elternurlaub im Fall der Geburt oder Adoption eines Kindes, damit sie sich bis zu einem bestimmten Alter des Kindes – das Alter kann bis zu acht Jahren gehen – für die Dauer von mindestens drei Monaten um dieses Kind kümmern können. Die genauen Bestimmungen sind von den Mitgliedstaaten und/oder Sozialpartnern festzulegen.
> 2. Um Chancengleichheit und Gleichbehandlung von Männern und Frauen zu fördern, sind die Unterzeichnerparteien der Meinung, dass das in Paragraph 2 Nummer 1 vorgesehene Recht auf Elternurlaub prinzipiell nicht übertragbar sein soll.

Auch der Anspruch auf Elterurlaub kann von einer bestimmten Beschäftigungsdauer oder Betriebszugehörigkeit abhängig gemacht werden. Dieser Zeitraum darf allerdings höchstens ein Jahr betragen.[89]

Arbeitnehmerinnen und Arbeitnehmer, welche den Elternurlaub in Anspruch nehmen, haben das Recht, im Anschluss an den Elternurlaub wieder auf ihren früheren Arbeitplatz zurückzukehren. Sollte dies nicht möglich sein, dann ist der Arbeitskraft entsprechend ihrem Arbeitsvertrag eine gleichwertige oder ähnliche Tätigkeit zu übertragen.[90] Außerdem sind die Arbeitnehmerinnen und Arbeitnehmer vor Entlassungen zu schützen, welche aufgrund der Inanspruchnahme des Elternurlaubes erfolgen.[91]

Die Mutterschutzrichtlinie und die Elternurlaubsrichtlinie dienen der besseren Vereinbarkeit von Beruf und Familie.[92] Nicht zuletzt wegen der größeren familiären

---

89 Vgl Paragraph 2 Z 3 lit b der Richtlinie des Rates zu der von UNICE, CEEP und EGB geschlossenen Rahmenvereinbarung über Elternurlaub RL 96/34/EG ABl 1996 L 145/4
90 Vgl Paragraph 2 Z 5 der Richtlinie des Rates zu der von UNICE, CEEP und EGB geschlossenen Rahmenvereinbarung über Elternurlaub RL 96/34/EG ABl 1996 L 145/4
91 Vgl Paragraph 2 Z 4 der Richtlinie des Rates zu der von UNICE, CEEP und EGB geschlossenen Rahmenvereinbarung über Elternurlaub RL 96/34/EG ABl 1996 L 145/4
92 Zum Verhältnis dieser Richtlinien zur Gleichbehandlungsrichtlinie in der neuen Fassung vgl Art 2 Abs 7 letzter Unterabsatz Richtlinie 2002/73/EG des Europäischen Parlamentes und des Rates zur Än-

Belastungen befinden sich Frauen häufiger als Männer in Teilzeitarbeitsverhältnissen wie auch in Arbeitsverhältnissen mit befristeten Arbeitsverträgen. Die im Gemeinschaftsrecht zu diesen Bereichen existierende *Teilzeitarbeitsrichtlinie*[93] und *Richtlinie zu den befristeten Arbeitsverträgen*[94] sehen für teilzeitbeschäftigte oder befristet beschäftigte Arbeitnehmerinnen und Arbeitnehmer den Grundsatz der Nichtdiskriminierung vor.

Dieser Grundsatz besagt, dass Teilzeitbeschäftigte bzw befristet beschäftigte Arbeitskräfte gegenüber den Vollzeitbeschäftigten bzw Dauerbeschäftigten nicht schlechter behandelt werden dürfen. Aus sachlichen Gründen kann allerdings eine unterschiedliche Behandlung gerechtfertigt[95] werden.

Paragraph 4 Ziffer 1 der Teilzeitarbeitsrichtlinie – Grundsatz der Nichtdiskriminierung:

> 1. Teilzeitbeschäftigte dürfen in ihren Beschäftigungsbedingungen nur deswegen, weil sie teilzeitbeschäftigt sind, gegenüber vergleichbaren Vollzeitbeschäftigten nicht schlechter behandelt werden, es sei denn, die unterschiedliche Behandlung ist aus sachlichen Gründen gerechtfertigt.

Die Teilzeitarbeitsrichtlinie und die Richtlinie zu den befristeten Arbeitsverträgen gehören – abgesehen von der Richtlinie zur Verwirklichung der Gleichbehandlung in Beschäftigung und Beruf – zu den jüngsten Richtlinien. Tiefgreifende Änderungen sind durch diese Richtlinie allerdings nicht zu erwarten, da sie kaum verbindliche Bestimmungen vorsehen, und dort, wo dies der Fall ist, wiederum Ausnahmemöglichkeiten[96] bestehen.[97]

Während die bisher besprochenen Rechtsvorschriften primär auf die Verbesserung der Situation der Frauen als Arbeitnehmerinnen abzielen, hat die *Richtlinie zur selbständigen Erwerbstätigkeit*[98] die Verbesserung der Situation der selbständigen

---

derung der Richtlinie 76/207/EWG des Rates zur Verwirklichung des Grundsatzes der Gleichbehandlung von Männern und Frauen hinsichtlich des Zugangs zur Beschäftigung, zur Berufsbildung und zum beruflichen Aufstieg sowie in Bezug auf die Arbeitsbedingungen ABl 2002 L 269/15.

93 Richtlinie des Rates zu der von UNICEF, CEEP und EGB geschlossenen Rahmenvereinbarung über Teilzeitarbeit ABl 1998 L 14/9 und beachte die Berichtigung der Richtlinie durch ABl 1998 L 128/71.

94 Richtlinie zu der EGB-UNICEF-CEEP-Rahmenvereinbarung über befristete Arbeitsverträge ABl 1999 L 175/43.

95 Vgl dazu Paragraph 4 Z 1 der Richtlinie des Rates zu der von UNICE, CEEP und EGB geschlossenen Rahmenvereinbarung über Teilzeitarbeit ABl 1998 L 14/9 und beachte die Berichtigung der Richtlinie in Paragraph 4 durch ABl 1998 L 128/71.

96 Beispielsweise greift der Grundsatz der Nichtdiskriminierung nicht, wenn die Schlechterbehandlung sachlich gerechtfertigt werden kann.

97 Vgl dazu auch *Marlene Schmidt*, Die neue EG-Richtlinie zur Teilzeitarbeit, NZA 1998, 576.

98 Richtlinie zur Verwirklichung des Grundsatzes der Gleichbehandlung von Männern und Frauen, die eine selbständige Erwerbstätigkeit – auch in der Landwirtschaft – ausüben, sowie über den Mutterschutz ABl 1986 L 359/56.

Frauen, insbesondere der in einem Betrieb mitarbeitenden Ehegattinnen, im Auge. Konkret wird der persönliche Anwendungsbereich in Art 2 der Richtlinie umschrieben.

Art 2 der Richtlinie zur selbständigen Erwerbstätigkeit:

> Diese Richtlinie betrifft:
>
> a) die selbständigen Erwerbstätigen, d. h. alle Personen, die zu den Bedingungen des einzelstaatlichen Rechts eine Erwerbstätigkeit für eigene Rechnung ausüben, einschließlich der in der Landwirtschaft Tätigen und der Angehörigen der freien Berufe;
> b) deren Ehegatten, die weder als abhängig Beschäftigte noch als Gesellschafter gelten und zu den Bedingungen des einzelstaatlichen Rechts gewöhnlich an der Tätigkeit des selbständigen Erwerbstätigen beteiligt sind, indem sie dieselben Arbeiten oder damit verbundene Arbeiten ausführen.

Verboten sind nach dieser Richtlinie Benachteiligungen bei der Gründung, Ausrüstung oder Erweiterung von Unternehmen sowie bei den finanziellen Fazilitäten. Letzteres bedeutet, dass die Kreditaufnahme für Frauen und für Männer unter den gleichen Bedingungen möglich sein muss.

Vgl dazu Art 4 der Richtlinie zur selbständigen Erwerbstätigkeit:

> Hinsichtlich der selbständigen Erwerbstätigen ergreifen die Mitgliedstaaten die erforderlichen Maßnahmen, damit alle Bestimmungen beseitigt werden, die dem Grundsatz der Gleichbehandlung im Sinne der Richtlinie 76/207/EWG zuwiderlaufen, namentlich was die Gründung, Ausrüstung oder Erweiterung eines Unternehmens bzw. die Aufnahme oder Ausweitung jeder sonstigen Tätigkeitsform der selbständigen Erwerbstätigen und auch die finanziellen Fazilitäten betrifft.

Des Weiteren sieht Art 5 der Richtlinie vor, dass die Gründung einer Gesellschaft unter Ehepartnern nicht schwieriger sein darf als die Gründung einer Gesellschaft unter nicht verheirateten Personen. Dies verbessert insbesondere die Situation der mitarbeitenden Ehegattinnen, da die Gesellschafterinnenposition auch Ansprüche auf eine vermögenswerte Gegenleistung und Einlage verleiht.[99]

---

[99] Vgl den Vorschlag für eine Richtlinie des Rates zur Verwirklichung des Grundsatzes der Gleichbehandlung von Männern und Frauen, die eine selbständige Erwerbstätigkeit, einschließlich in der Landwirtschaft, ausüben sowie über den Mutterschutz KOM (84) 57, 4.

Art 5 der Richtlinie zur selbständigen Erwerbstätigkeit:

> Unbeschadet der in gleicher Weise für beide Geschlechter geltenden besonderen Bedingungen für den Zugang zu bestimmten Tätigkeiten ergreifen die Mitgliedstaaten die notwendigen Maßnahmen, damit die Bedingungen für die Gründung einer Gesellschaft zwischen Ehegatten nicht restriktiver sind als die Bedingungen für die Gründung einer Gesellschaft zwischen nicht verheirateten Personen.

Eine Diskriminierung von selbständig erwerbstätigen Personen verbietet auch die *Richtlinie zur Verwirklichung der Gleichbehandlung in Beschäftigung und Beruf*[100]. Diese Richtlinie hat gemäß Art 1 folgenden Zweck:

> Zweck dieser Richtlinie ist die Schaffung eines allgemeinen Rahmens zur Bekämpfung der Diskriminierung wegen der Religion oder der Weltanschauung, einer Behinderung, des Alters oder der sexuellen Ausrichtung in Beschäftigung und Beruf im Hinblick auf die Verwirklichung des Grundsatzes der Gleichbehandlung in den Mitgliedstaaten.

Die Richtlinie betrifft also Diskriminierungen aufgrund der Religion, Behinderung, des Alters[101] oder der sexuellen Ausrichtung, nicht aber jene zwischen Frauen und Männern.

Damit gehört sie – wie bereits erwähnt – nicht zum „klassischen" Gendergemeinschaftsrecht, sie kann allerdings zur Verbesserung der Stellung der Frauen beitragen, soweit diese beispielsweise aus religiösen Gründen oder aus Gründen der sexuellen Ausrichtung diskriminiert werden.

Konkret betrifft die Richtlinie gemäß Art 3 die Zugangsbedingungen zu unselbständiger und selbständiger Erwerbstätigkeit, zur Berufsausbildung und die Arbeitsbedingungen, wobei letztere auch die Entlassungs- und Entlohnungsbedingungen einschließen. Die Richtlinie gilt gemäß Art 3 Abs 3 allerdings nicht für die staatlichen Systeme der sozialen Sicherheit.

Die sozialrechtliche Situation der Frauen für die staatlichen Systeme der sozialen Sicherheit wird durch die *Richtlinie zu den gesetzlichen Systemen der sozialen Sicherheit*[102]

---

100 Richtlinie zur Festlegung eines allgemeinen Rahmens für die Verwirklichung der Gleichbehandlung in Beschäftigung und Beruf ABl 2000 L 303/16.
101 Zum Tatbestand der Diskriminierung aufgrund des Alters vgl *Marlene Schmidt/Senne*, Das gemeinschaftsrechtliche Verbot der Altersdiskriminierung und seine Bedeutung für das deutsche Arbeitsrecht, RdA 2002, 80; vgl auch *Urlesberger*, Von Gleichen und Gleicheren, ZAS 2001, 72 (77).
102 Richtlinie des Rates zur schrittweisen Verwirklichung des Grundsatzes der Gleichbehandlung von Männern und Frauen im Bereich der sozialen Sicherheit RL 79/7/EWG ABl 1979 L 6/24.

geregelt. Regelungen bezüglich den Betriebssozialsystemen legt die *Richtlinie zu den betrieblichen Systemen der sozialen Sicherheit*[103] fest.

Beide Richtlinien betreffen im Wesentlichen die gleichen Versorgungsleistungen, wie Leistungen für Krankheit, Invalidität, Alter, Arbeitsunfälle und Berufskrankheiten und die Arbeitslosigkeit.

Art 3 Abs 1 der Richtlinie zu den gesetzlichen Systemen der sozialen Sicherheit:

---

(1) Diese Richtlinie findet Anwendung

    a) auf die gesetzlichen Systeme, die Schutz gegen folgende Risiken bieten:
- Krankheit,
- Invalidität,
- Alter,
- Arbeitsunfall und Berufskrankheit,
- Arbeitslosigkeit;

    b) auf Sozialhilferegelungen, soweit sie die unter Buchstabe a) genannten Systeme ergänzen oder ersetzen sollen.

Der Unterschied zwischen diesen Richtlinien besteht darin, dass die Richtlinie zu den gesetzlichen Systemen der sozialen Sicherheit staatliche Sozialleistungen betrifft, während die Richtlinie zu den betrieblichen Systemen der sozialen Sicherheit die von einem Betrieb gezahlten Sozialleistungen erfasst.

Da nun – wie seit der EuGH-Entscheidung zur Rechtssache Barber klargestellt wurde – betriebliche Sozialleistungen von Art 141 Abs 1 und 2 (ex 119 Abs 1 und 2) EGV erfasst werden, verbleibt der Richtlinie zu den betrieblichen Systemen kaum ein eigenständiger Anwendungsbereich. Im Wesentlichen erstreckt sich der Anwendungsbereich der Richtlinie noch auf die Regelungen betreffend die Sozialsysteme für selbständig Erwerbstätige, da diese Personen nicht von Art 141 Abs 1 und 2 EGV erfasst werden.[104]

Die Richtlinie zu den gesetzlichen Systemen der sozialen Sicherheit verbietet gemäß Art 4 die Diskriminierungen der Frauen beim Anwendungsbereich, dem Zugang, der Beitragspflicht und der Leistungsberechnung der Systeme.

---

103 Richtlinie des Rates zur Verwirklichung des Grundsatzes der Gleichbehandlung von Männern und Frauen bei den betrieblichen Systemen der sozialen Sicherheit RL 86/378/EWG ABl 1986 L 225/40 – beachte die Berichtigung im ABl 1987 L 51/56.
104 Vgl Art 2, 8 und 9 der Richtlinie des Rates zur Änderung der Richtlinie 86/378/EWG zur Verwirklichung des Grundsatzes der Gleichbehandlung von Männern und Frauen bei den betrieblichen Systemen der sozialen Sicherheit RL 96/97/EG ABl 1997 L 46/20.

Art 4 der Richtlinie zu den gesetzlichen Systemen der sozialen Sicherheit:

> (1) Der Grundsatz der Gleichbehandlung beinhaltet den Fortfall jeglicher unmittelbaren oder mittelbaren Diskriminierung aufgrund des Geschlechts, insbesondere unter Bezugnahme auf den Ehe- oder Familienstand, und zwar im besonderen betreffend:
> - den Anwendungsbereich der Systeme und die Bedingungen für den Zugang zu den Systemen,
> - die Beitragspflicht und die Berechnung der Beiträge,
> - die Berechnung der Leistungen, einschließlich der Zuschläge für den Ehegatten und für unterhaltsberechtigte Personen, sowie die Bedingungen betreffend die Geltungsdauer und die Aufrechterhaltung des Anspruchs auf die Leistungen.
>
> (2) Der Grundsatz der Gleichbehandlung steht den Bestimmungen zum Schutz der Frau wegen Mutterschaft nicht entgegen.

Abweichende Regelungen vom Gleichbehandlungsstandard der Richtlinie sind allerdings als zulässig anzusehen, wenn sie unter die Ausnahmevorschrift des Art 7 der Richtlinie subsumiert werden können. Diese Bestimmung ermöglicht den Mitgliedstaaten unter anderem, bei den staatlichen Pensionsalterssystemen ein unterschiedliches Pensionsalter für Frauen und Männer beizubehalten,[105] ohne dass diesbezüglich ein Verstoß gegen die Richtlinie zu den gesetzlichen Systemen der sozialen Sicherheit vorliegen würde.

Art 7 Abs 1 lit a der Richtlinie zu den gesetzlichen Systemen der sozialen Sicherheit:

> (1) Diese Richtlinie steht nicht der Befugnis der Mitgliedstaaten entgegen, folgendes von ihrem Anwendungsbereich auszuschließen:
> a) die Festsetzung des Rentenalters für die Gewährung der Altersrente oder Ruhestandsrente und etwaige Auswirkungen daraus auf andere Leistungen;

---

[105] Vgl EuGH 7.7.1992 C-9/91 Equal Opportunities Commission Slg 427 RdN 13, Spruch; In einem vom österreichischen Obersten Gerichtshof beantragten Vorabentscheidungsverfahren hat der EuGH allerdings entschieden, dass ein unterschiedliches Rentenalter für Frauen und Männer für den Anspruch auf eine vorzeitige Alterspension wegen Erwerbsunfähigkeit nicht unter diese Ausnahmebestimmung fällt – EuGH 23.5.2000 Rs C-104/98 Buchner Slg 3625 Spruch – vgl dazu *Wolfsgruber*, Pensionsalter und Europäisches Sozialrecht, DRdA 2001, 81 und *Mayr*, Pensionsversicherung – mittelbare Diskriminierung, DRdA 2002, 334 (338).

3.2. Frauen und Gewalt

3.2.1. Gewaltschutzmaßnahmen der Europäischen Union

Das wichtigste Aktionsprogramm der Gemeinschaft zum Schutz von Frauen vor Gewalt hat seine Wurzeln in der DAPHNE-Initiative, welche 1997 ins Leben gerufen und bis 1999 durchgeführt wurde. Der Begriff Gewalt ist in diesem Zusammenhang weit zu interpretieren. Er erfasst Gewalthandlungen jeglicher Art, wie
- sexueller Mißbrauch,
- Gewalt in der Familie,
- Ausbeutung zu kommerziellen Zwecken,
- Tyrannisieren und Aggression in der Schule,
- Menschenhandel und
- Gewalttaten gegen häufig diskriminierte Personen (Behinderte, Minderheiten, MigrantInnen und sonst gefährdete Personen).

Im Jahr 1997 wurden 47, in den Jahren 1998, 1999 und 2000 49, 53 bzw 47 Projekte finanziell unterstützt. Die Projekte sind in einer eigenen DAPHNE-Projektdatenbank gespeichert und können im Internet[106] studiert werden.

Auf die DAPHNE-Initiative folgte im Jänner 2000 der Beschluss des Europäischen Parlaments und des Rates zum *Aktionsprogramm der Gemeinschaft (DAPHNE-Programm)*[107] *über vorbeugende Maßnahmen – also Präventivmaßnahmen – zur Bekämpfung von Gewalt gegen Kinder, Jugendliche und Frauen.*

Rechtliche Grundlage für dieses Programm ist der Art 152 EGV, durch welche Maßnahmen zum Gesundheitsschutz von der Gemeinschaft gesetzt werden können. In diesem Zusammenhang hält die Gemeinschaft fest, dass Gewalttaten schwerwiegende Auswirkungen auf die Gesundheit haben und hohe soziale und wirtschaftliche Kosten mit sich bringen.

Die Laufzeit des Programms dauert gemäß Art 1 des Beschlusses vier Jahre (2000-2003). Der Finanzierungsrahmen für diese Zeit beträgt 20 Millionen Euro (Art 3). Jährlich werden 5 Millionen Euro bewilligt. Von der Gemeinschaft werden maximal 80 Prozent der Kosten finanziert (Art 3 Abs 3).

---

106 http://europa.eu.int/comm/justice_home/project/daphne/de/index.htm; Beispielhafte Projekte: Forschungsarbeit zu Vorgehensweisen, die sich in Europa zur Prävention häuslicher Gewalt bewährt haben; Studie über die Kriterien zur systematischen und genauen Erfassung von Daten über die Gewalt in der Familie; Studie über den Wissensstand und Umgang in den Schulen mit dem Thema häusliche Gewalt; Bestandsaufnahme zur Genitalverstümmelung bei Frauen – rechtliche, medizinische und soziokulturelle Aspekte; Basisdaten über die Vergewaltigungsproblematik; Bewusstseinsbildung bei der Polizei für den Schutz von Frauen; Schulungsprogramme für Streetworker, die weibliche Opfer betreuen; Studie über die gesundheitlichen bzw medizinischen Bedürfnisse von Frauen und Mädchen in der EU, die Opfer von Menschenhändlern sind.

107 Beschluss Nr. 293/2000/EG des Europäischen Parlaments und des Rates vom 24.1.2000 zur Annahme eines Aktionsprogramms der Gemeinschaft (DAPHNE-Programm) (2000 bis 2003) über vorbeugende Maßnahmen zur Bekämpfung von Gewalt gegen Kinder, Jugendliche und Frauen ABl 2000 L 34/1

Mit dem Programm sollen[108] folgende Maßnahmen gefördert bzw durchgeführt werden (Art 1 Abs 2; Anhang):

- Grenzübergreifende Maßnahmen zur *Errichtung multidisziplinärer Netze und zur Sicherstellung des Austausches von Informationen und bewährten Praktiken.*
Konkret soll ein einheitlicher gemeinsamer Rahmen für die Analyse von Gewalt und deren Ursachen und Auswirkungen festgelegt sowie die verschiedenen Arten von Gewalt definiert werden. Weiters sollen die verschiedenen Auswirkungen der Gewalt auf ihr Opfer beurteilt werden, damit in entsprechender Weise darauf reagiert werden kann. Darüber hinaus soll eine Bewertung der Maßnahmen und Praktiken auch hinsichtlich ihrer Effizienz zur Verhütung und Aufdeckung von Gewalt erfolgen, damit letztlich gewalttätige Handlungen verhindert werden können.

- Grenzübergreifende Maßnahmen zur *Sensibilisierung der Öffentlichkeit.*
Das bedeutet, dass Informationskampagnen in Zusammenarbeit der Mitgliedstaaten insbesondere für Kinder und Jugendliche, AusbilderInnen und die Medien bezüglich potentieller Gewaltrisken und den Vermeidungsmöglichkeiten gefördert werden.

Diese Maßnahmen können schließlich durch
- *ergänzende Maßnahmen* begleitet werden.

Diesbezüglich kann die Kommission beispielsweise Seminare, Kolloquien, und ExpertInnentreffen zur Erleichterung der Programmumsetzung durchführen.

Zur Antragstellung[109] sind alle (öffentlichen oder privaten) Einrichtungen und Organisationen berechtigt, die im Bereich des Schutzes vor Gewalt gegen Kinder, Jugendliche und Frauen und im Bereich der Unterstützung der Opfer tätig sind. Für Projekte müssen Partnerschaften von mindestens zwei Organisationen oder Einrichtungen aus zwei Ländern gebildet werden, wobei auch die EFTA/EWR-Länder und Beitrittsländer teilnehmen können. Für eine Förderung[110] kommen allerdings nur die Mitgliedstaaten und die EFTA/EWR-Länder[111] in Frage. Die Beteiligung der Beitrittsländer ist ohne Finanzierung durch die Gemeinschaft möglich.

---

108 Vlg dazu Art 1 Abs 2 und Anhang des Beschlusses Nr. 293/2000/EG des Europäischen Parlaments und des Rates vom 24.1.2000 zur Annahme eines Aktionsprogramms der Gemeinschaft (DAPHNE-Programm) (2000 bis 2003) über vorbeugenden Maßnahmen zur Bekämpfung von Gewalt gegen Kinder, Jugendliche und Frauen ABl 2000 L 34/1 sowie den Jahresarbeitsplan 2002 einschließlich der haushaltsmäßigen Auswirkungen und Auswahlkriterien zu diesem Beschluss.

109 Vgl DAPHNE-Programm 2000-2003, Vorbeugende Maßnahmen zur Bekämpfung von Gewalt gegen Kinder, Jugendlich und Frauen; beachte auch die Aufforderung zur Einreichung von Vorschlägen und den „Leitfaden für Antragsteller – 2003": Anträge für das Jahr 2003 waren bis zum 10.2.2003 einzureichen – beachte die männliche Formulierung „Antragsteller", welche auf eine mangelnde Sensibilität der Kommission hinsichtlich der Verwendung einer geschlechtergerechten Sprache hinweist.

110 Der Förderungsbetrag beträgt jährlich mindestens 30.000 Euro und maximal 125.000 Euro.

111 Das sind Island, Liechtenstein und Norwegen.

Als weitere Maßnahmen der Kommission zum Schutz gegen Gewalt gegen Frauen sind auch die *Vorschläge für einen Rahmenbeschluss*[112] *des Rates zur Bekämpfung des Menschenhandels und der Bekämpfung der sexuellen Ausbeutung von Kindern und Kinderpornographie* anzusehen. Diese Instrumente sind Nachfolgeprodukte der Gemeinsamen Maßnahme betreffend die Bekämpfung des Menschenhandels und der sexuellen Ausbeutung von Kindern[113], welche zwar Verbesserungen im Bereich des Menschenhandels und der sexuellen Ausbeutung von Kindern gebracht haben, aber zur Problembeseitigung nicht ausreichen, weil dem Strafrecht der Mitgliedstaaten keine gemeinsam festgelegten Definitionen, Straftatbestände und Sanktionen zu Grunde liegen. Auf Programmebene werden im Rahmen des Programms STOP[114] Maßnahmen gegen den Menschenhandel gesetzt.

Als Folge der Vorschläge der Kommission hat der Rat nunmehr am 19.7.2002 den *Rahmenbeschluss zur Bekämpfung des Menschenhandels* angenommen.[115] Nach diesem Beschluss müssen alle Mitgliedstaaten verpflichtend Menschenhandel zum Zwecke der Ausbeutung der Arbeitskraft und zum Zwecke der sexuellen Ausbeutung unter Strafe stellen.[116] Auch die Anstiftung und Beihilfe zu diesen Straftaten sind zu ahnden.[117] Als Sanktionen haben die Mitgliedstaaten wirksame, angemessene und abschreckende Maßnahmen vorzusehen. Im Falle erschwerender Umstände (vorsätzliche oder leichtfertige Gefährdung des Lebens des Opfers, besondere Schutzwürdigkeit des Opfers, Anwendung schwerer Gewalt, im Rahmen einer kriminellen Vereinigung begangen) ist eine Freiheitsstrafe im Höchstausmaß von mindestens acht Jahren vorzusehen.[118]

Auch die Beteiligung juristischer Personen am Menschenhandel ist ausdrücklich unter Strafe zu stellen.[119] Es sind wiederum wirksame, angemessene und abschreckende Maßnahmen vorzusehen, zu denen strafrechtliche und nicht strafrechtliche Geldsanktionen gehören können, als auch ein vorübergehendes oder ständiges Verbot der Ausübung einer Handelstätigkeit, den Ausschluss von öffentlichen Zuwendungen oder die vorübergehende oder endgültige Schließung von Einrichtungen, die zur Begehung der Straftat genutzt wurden.

---

112 Vgl die Mitteilung der Kommission an den Rat und das Europäische Parlament zur Bekämpfung des Menschenhandels und Bekämpfung der sexuellen Ausbeutung von Kindern und der Kinderpornographie und den Vorschlag für einen Rahmenbeschluss des Rates zur Bekämpfung des Menschenhandels sowie den Vorschlag für einen Rahmenbeschluss des Rates zur Bekämpfung der sexuellen Ausbeutung von Kindern und der Kinderpornographie KOM (2000) 854.
113 ABl 1997 L 63/2 vom 4.3.1997.
114 Gemeinsame Maßnahme – vom Rat aufgrund von Art K. 3 des Vertrags über die Europäische Union angenommen – zur Aufstellung eines Förder- und Austauschprogramms für Personen, die für Maßnahmen gegen den Menschenhandel und die sexuelle Ausbeutung von Kindern zuständig sind (STOP I) ABl 1996 L 322/7; Beschluss des Rates vom 28.6.2001 über die Durchführung der zweiten Phase des Programmes für die Förderung, den Austausch, die Aus- und Fortbildung sowie die Zusammenarbeit von Personen, die für Maßnahmen gegen den Menschenhandel und die sexuelle Ausbeutung von Kindern zuständig sind (STOP II) ABl 2001 L 186/7.
115 Rahmenbeschluss vom 19.7.2002 zur Bekämpfung des Menschenhandels ABl 2002 L 203/1.
116 Vgl Art 1 des Rahmenbeschlusses vom 19.7.2002 zur Bekämpfung des Menschenhandels ABl 2002 L 203/1.
117 Vgl Art 2 des Rahmenbeschlusses vom 19.7.2002 zur Bekämpfung des Menschenhandels ABl 2002 L 203/1.
118 Vgl Art 3 des Rahmenbeschlusses vom 19.7.2002 zur Bekämpfung des Menschenhandels ABl 2002 L 203/1.
119 Vgl Art 5 des Rahmenbeschlusses vom 19.7.2002 zur Bekämpfung des Menschenhandels ABl 2002 L 203/1.

Auf der Vollziehungsebene wird eine erleichterte Gerichtszuständigkeit („Begehungsland" der Straftat, Staatsangehörigkeit und Niederlassungsland einer juristischen Person) eingeführt, damit sich Täter und Täterinnen nicht der Strafverfolgung entziehen können.[120] Darüber hinaus haben die Mitgliedstaaten – bei Begehung der Straftat im eigenen Hoheitsgebiet – festzulegen, dass die Strafverfolgung nicht von der Anzeige oder Anklage des Opfers abhängig ist.[121] Umzusetzen sind die Inhalte des Rahmenbeschlusses gemäß Art 10 bis zum 1.8.2004.

Hinsichtlich des *Vorschlages der Kommission für einen Rahmenbeschluss des Rates zur sexuellen Ausbeutung von Kindern und der Kinderpornographie* ist auszuführen, dass dieser nicht vom Rat beschlossen wurde. Gewisse Aspekte dieses Vorschlages wurden allerdings in den Rahmenbeschluss zur Bekämpfung des Menschenhandels aufgenommen.[122]

Die Zuständigkeit der EU im Bereich des Menschenhandels und der sexuellen Ausbeutung von Kindern ergibt sich aus Art 29 iVm Art 31 EU-Vertrag. Rechtsakte in diesem Bereich können gemäß Art 34 Abs 2 lit b EGV in Form von Rahmenbeschlüssen getroffen werden. Diese Rahmenbeschlüsse können mit den Richtlinien des EG-Vertrages (Art 249 EGV) verglichen werden.[123] Sie sind auch hinsichtlich des zu erreichenden Zieles verbindlich, die Wahl der Form und Mittel verbleibt aber bei den Mitgliedstaaten. Ein wesentlicher Unterschied zu Richtlinien besteht allerdings darin, dass Rahmenbeschlüsse nicht unmittelbar wirksam sein können. Das bedeutet, dass sich Einzelne nicht unmittelbar auf den Rahmenbeschluss berufen können, um die dort geregelten Rechte durchzusetzen. Darüber hinaus ist die Anrufung des EuGH gemäß Art 35 EU-Vertrag nur unter erschwerten Voraussetzungen möglich.

3.2.2. Die sexuelle Belästigung am Arbeitsplatz

Sexuelle Belästigung am Arbeitsplatz ist nach einem Bericht der Europäischen Kommission aus dem Jahr 1999 innerhalb der Gemeinschaft ein weit verbreitetes Phänomen. Studien zeigen, dass im Durchschnitt 30 bis 50 Prozent der Frauen in irgend einer Form sexuell belästigt wurden.[124] Von der schwersten Form der sexuellen Belästigung, der Vergewaltigung, berichteten 1 bis 6 Prozent der Frauen.[125] Die in diesem Zusammenhang in Österreich durchgeführte Studie ergab, dass 80 Prozent der Frauen auf ihrem Arbeitsplatz bereits mit einer sexuellen Belästigung konfrontiert wurden.[126] Diese Studie ergab auch, dass hinsichtlich des „Täters" die sexuelle Belästi-

---

120 Vgl Art 6 des Rahmenbeschlusses vom 19.7.2002 zur Bekämpfung des Menschenhandels ABl 2002 L 203/1.
121 Vgl Art 7 des Rahmenbeschlusses vom 19.7.2002 zur Bekämpfung des Menschenhandels ABl 2002 L 203/1.
122 Vgl beispielsweise Art 1 Abs 3 und 4 des Rahmenbeschlusses vom 19.7.2002 zur Bekämpfung des Menschenhandels ABl 2002 L 203/1.
123 Vgl dazu *Oppermann*, Europarecht² (1999) RdN 1576; zu den Richtlinien vgl die Ausführungen unter Pkt 2.3.
124 Europäische Kommission GDV/D5, Sexual Harassment at workplace 1999, 14.
125 Europäische Kommission GDV/D5, Sexual Harassment at workplace 1999, 20.
126 Europäische Kommission GDV/D5, Sexual Harassment at workplace 1999, 48.

gung kein Einzelfall ist. 90 Prozent der belästigten Frauen gaben an, dass die „Belästiger" auch andere Frauen sexuell belästigt haben.[127]

Sexuelle Belästigungen belasten nicht nur die betroffenen Frauen, sie haben auch für die ArbeitgeberInnenseite nachteilige Folgen.[128] Zum einen sinkt die Produktivität der Beschäftigten, wenn diese sexuellen Belästigungen ausgesetzt sind, zum anderen entstehen erhöhte Personalkosten, wenn (gut eingearbeitete) Arbeitnehmerinnen aufgrund von sexuellen Belästigungen kündigen oder wegen Krankheit fehlen.

Zum Begriff sexuelle Belästigung wird von *Plodgstedt/Degen*[129] ausgeführt: „Sexuelle Belästigung meint nicht den Flirt am Arbeitsplatz, sie ist keine Annäherung, die auf Gegenseitigkeit beruht. Als sexuelle Belästigung zählt allein, was für eine der beiden Seiten unfreiwillig geschieht. Sie ist eine Form der sexuellen Gewalt und des Missbrauchs von Frauen. Sie bedeutet psychische wie auch physische Gewalt. Der Belästiger begeht einen Übergriff, um seine Macht zu demonstrieren. Damit verletzt er seine Opfer zutiefst."

In der Europäischen Gemeinschaft hat der Rat bereits 1990 in seiner Entschließung zum Schutz der Würde von Frauen und Männern am Arbeitsplatz[130] den Begriff sexuelle Belästigung am Arbeitsplatz definiert. In einer Empfehlung der Kommission[131] zu diesem Thema wurde die vom Rat vorgegebene Begriffsbestimmung noch näher präzisiert. Art 1 dieser Empfehlung hat folgenden Wortlaut:

> Es wird den Mitgliedstaaten empfohlen, Maßnahmen zur Förderung des Bewusstseins zu treffen, dass ein Verhalten sexueller Natur oder ein sonstiges Verhalten aufgrund der Geschlechtszugehörigkeit, das die Würde von Frauen und Männern am Arbeitsplatz beeinträchtigt, einschließlich des Verhaltens von Vorgesetzten und Kollegen, unannehmbar ist, wenn
>
> a) ein solches Verhalten für die betroffene Person unerwünscht, unangebracht und anstößig ist;
> b) die Tatsache, daß die betroffene Person ein solches Verhalten seitens Arbeitgebern/Arbeitgeberinnen oder Arbeitnehmern/Arbeitnehmerinnen (einschließlich der Vorgesetzten und Kollegen) zurückweist oder duldet, ausdrücklich oder stillschweigend zur Grundlage einer Entscheidung mit Auswirkungen auf den Zugang dieser Person zur Berufsausbildung, Beschäftigung, Weiterbeschäftigung, Beförderung oder Entlohnung oder zur Grundlage irgendeiner anderen Entscheidung über das Arbeitsverhältnis gemacht wird, und/oder

---

127 Europäische Kommission GDV/D5, Sexual Harassment at workplace 1999, 49.
128 Vgl dazu Schutz der Würde von Frauen und Männern am Arbeitsplatz. Praktische Verhaltensregeln und Maßnahmen zur Bekämpfung sexueller Belästigungen ABl 1992 L 49/3.
129 *Plodstedt/Degen*, Nein heißt nein! DGB-Ratgeber gegen sexuelle Belästigung am Arbeitslatz (1992) 14.
130 Vgl Z I der Entschließung des Rates zum Schutz der Würde von Frauen und Männern am Arbeitsplatz ABl 1990 C 157/3.
131 Empfehlung der Kommission zum Schutz von Frauen und Männern am Arbeitsplatz ABl 1992 L 49/1.

> c) ein derartiges Verhalten ein einschüchterndes, feindseliges oder demütigendes Arbeitsklima für die betroffene Person schafft, und daß ein derartiges Verhalten unter Umständen gegen den Grundsatz der Gleichbehandlung im Sinne der Artikel 3, 4 und 5 der Richtlinie 76/207/EWG verstoßen kann.

Basierend auf der Entschließung des Rates und der Empfehlung der Kommission wurden von der Kommission *Verhaltensregeln*[132] zur Bekämpfung sexueller Belästigungen und ein *Leitfaden*[133] zur Umsetzung dieser Verhaltensregeln erstellt. Nach den Verhaltensregeln der Kommission kann sexuelle Belästigung durch körperliche, verbale aber auch durch nichtverbale Verhaltensweisen erfolgen.[134] Zur Bekämpfung sexueller Belästigungen am Arbeitsplatz unterscheiden die Verhaltensregeln der Kommission zwischen Maßnahmen zur Vermeidung von sexuellen Belästigungen und der Einführung eines Verfahrens im Falle des tatsächlichen Stattfindens von sexuellen Übergriffen.

Zu den *Vermeidungsmaßnahmen* gehören die Herausgabe einer Grundsatzerklärung der Direktion, dass sexuelle Belästigung im Unternehmen nicht erlaubt ist und nicht geduldet wird. In der Erklärung sollte auch erläutert werden, wie belästigte Personen vorgehen sollten, um Hilfe zu bekommen. Führungskräfte (einschließlich Aufsichtspersonen) sind besonders verpflichtet in ihren Zuständigkeitsbereichen dafür zu sorgen, dass es zu keiner sexuellen Belästigung kommt. Diese Personen sind auch hinsichtlich des Problems der sexuellen Belästigung speziell zu schulen. Insbesondere sind ihnen jene Faktoren aufzuzeigen, welche zu einer sexuellen Belästigung in der Arbeitsumwelt beitragen.

Das *Verfahren* zur Vorgehensweise im Falle einer sexuellen Belästigung ist eindeutig und klar festzulegen. Als erster Schritt sollte eine informelle Problemlösung versucht werden, wobei der belästigenden Person klargemacht werden soll, dass ihr Verhalten unerwünscht ist. Bei der informellen Problemlösung sollte eine von den ArbeitgeberInnen benannte Vertrauensperson mitwirken. Diese Vertrauensperson sollte generell im Betrieb belästigten Personen Beratung und Unterstützung anbieten.[135] Ist eine Untersuchung notwendig, dann sollte die belästigte und die belästigende Person ein Recht auch Begleitung und/oder Vertretung (zB GewerkschaftsvertreterIn, Kollege/in, Freundin oder Freund) haben. Sexuelle Belästigungen sollten im Unternehmen durch Disziplinarverfahren geahndet werden.

---

132 Schutz der Würde von Frauen und Männern am Arbeitsplatz. Praktische Verhaltensregeln und Maßnahmen zur Bekämpfung sexueller Belästigungen ABl 1992 L 49/3.
133 Europäische Kommission GDV/A (Hg), Was tun gegen sexuelle Belästigung am Arbeitsplatz 1993.
134 Schutz der Würde von Frauen und Männern am Arbeitsplatz. Praktische Verhaltensregeln und Maßnahmen zur Bekämpfung sexueller Belästigungen ABl 1992 L 49/4.
135 Vgl Schutz der Würde von Frauen und Männern am Arbeitsplatz. Praktische Verhaltensregeln und Maßnahmen zur Bekämpfung sexueller Belästigungen ABl 1992 L 49/3; Europäische Kommission GDV/A (Hg), Was tun gegen sexuelle Belästigung am Arbeitsplatz 1993, 72; vgl dazu auch die Entschließung des Europäischen Parlamentes zur Benennung einer Vertrauensperson in den Unternehmen ABl 1994 C 61/246 und *Segarra*, Bericht des Ausschußes für die Rechte der Frau über die Benennung einer Vertrauensperson in den Unternehmen A3-0043/94.

Wird eine sexuelle Belästigung im Zuge eines solchen Verfahrens festgestellt, dann sollte die belästigte Person wählen können, ob sie ihren Arbeitsplatz beibehalten möchte oder versetzt werden will. Darüberhinaus müssen die ArbeitgeberInnen die Arbeitssituation im Auge behalten und sich davon überzeugen, dass die Belästigung nicht fortgesetzt wird.

Ein weiterer Vorstoß der Kommission zur Verbesserung des gemeinschaftsrechtlichen Schutzes gegen sexuelle Belästigung am Arbeitsplatz bestand 1996 in der Einleitung eines Sozialpartnerverfahrens gemäß Art 3 des Abkommens über die Sozialpolitik.[136] Dieses Verfahren ist allerdings ergebnislos eingestellt worden, weil die Sozialpartner keine Einigkeit über die Notwendigkeit der Aushandlung einer Vereinbarung erzielt haben.[137]

Konkrete Rechtsvorschriften,[138] mit welchen Benachteiligungen von Frauen und Männern im Bereich der sexuellen Belästigung am Arbeitsplatz geltend gemacht werden können, sind Art 3, Art 4 und Art 5 der Gleichbehandlungsrichtlinie.[139] Art 3 und 4 der Richtlinie betreffen Sachverhalte, in denen „sexuelle Leistungen" von der ArbeitgeberInnenseite als Gegenleistung für die Einstellung, die Beförderung oder die Teilnahme an einer Weiterbildungsveranstaltung verlangt werden und/oder deren Verweigerung für die Frauen eine negative Personalentscheidung nach sich zieht. Von einem Verstoß gegen Art 5 ist dann auszugehen, wenn die Verweigerung sexueller Gefälligkeiten die Verschlechterung der Arbeitsbedingungen bzw die Beendigung des Arbeitsverhältnisses zur Folge hätte.

Eine Definition des Begriffes der sexuellen Belästigung am Arbeitsplatz findet sich bereits im Art 1a des Vorschlages der Kommission zur Änderung der Gleichbehandlungsrichtlinie.[140] Im Geänderten Vorschlag[141] der Kommission zu diesem Vor-

---

136 Nun Art 139 EGV.
137 Vgl dazu den Vorschlag für eine Richtlinie des Europäischen Parlamentes und des Rates zur Änderung der Richtlinie 76/207/EWG des Rates zur Verwirklichung des Grundsatzes der Gleichbehandlung von Männern und Frauen hinsichtlich des Zugangs zur Beschäftigung, zur Berufsbildung und zum beruflichen Aufstieg sowie in bezug auf Arbeitsbedingungen KOM (2000) 334, 6.
138 Zur völkerrechtlichen Situation vgl Teil I Kapitel 3 Pkt 3.2.7.
139 Vgl den ersten Erwägungsgrund der Entschließung des Rates zum Schutz der Würde von Frauen und Männern am Arbeitsplatz ABl 1990 C 157/3; vgl auch den ersten Erwägungsgrund und (den oben angeführten) Art 1 lit c der Empfehlung der Kommission zum Schutz von Frauen und Männern am Arbeitsplatz ABl 1992 L 49/1.
140 Vgl den Vorschlag für eine Richtlinie des Europäischen Parlamentes und des Rates zur Änderung der Richtlinie 76/207/EWG des Rates zur Verwirklichung des Grundsatzes der Gleichbehandlung von Männern und Frauen hinsichtlich des Zugangs zur Beschäftigung, zur Berufsbildung und zum beruflichen Aufstieg sowie in bezug auf Arbeitsbedingungen KOM (2000) 334, 18.
141 Vgl auch den geänderten Vorschlag für eine Richtlinie des Europäischen Parlamentes und des Rates zur Änderung der Richtlinie 76/207/EWG des Rates zur Verwirklichung des Grundsatzes der Gleichbehandlung von Männern und Frauen hinsichtlich des Zugangs zur Beschäftigung, zur Berufsbildung und zum beruflichen Aufstieg sowie in bezug auf Arbeitsbedingungen KOM (2001) 321, 4, 5, 13; vgl dazu auch die Stellungnahme der Kommission gemäß Art 251 Absatz 2 Unterabsatz 3 Buchstabe c) EG-Vertrag, zu den Abänderungen des Europäischen Parlaments an dem Gemeinsamen Standpunkt des Rates betreffend den Vorschlag für eine Richtlinie des Europäischen Parlamentes und des Rates zur Änderung der Richtlinie 76/207/EWG des Rates zur Verwirklichung des Grundsatzes der Gleichbehandlung von Männern und Frauen hinsichtlich des Zugangs zur Beschäftigung, zur Berufsbildung und zum beruflichen Aufstieg sowie in bezug auf Arbeitsbedingungen KOM (2001) 689, 3.

schlag wird diese Definition umformuliert und im Art 1b ein ausdrückliches Verbot der sexuellen Belästigung am Arbeitslatz eingefügt. Darüber hinaus enthält Art 1b des Geänderten Vorschlages auch eine ausdrückliche Pflicht der Mitgliedstaaten zur Einleitung von Maßnahmen zur Verhütung der sexuellen Belästigung am Arbeitsplatz.

Eine Definition des Begriffes[142] und ein ausdrückliches Verbot der sexuellen Belästigung am Arbeitsplatz ist in der Änderungsrichtlinie zur Gleichbehandlungsrichtlinie verankert. Zudem haben nach diesem Rechtsakt die Mitgliedstaaten die ArbeitgeberInnen und die für die Berufsbildung zuständigen Personen aufzufordern, Maßnahmen zu ergreifen, um sexuellen Belästigungen am Arbeitsplatz vorzubeugen.

Art 2 (geänderte Fassung):

> (2) Im Sinne dieser Richtlinie bezeichnet der Ausdruck:
>   ...
>   - „Belästigung": wenn unerwünschte geschlechtsbezogene Verhaltensweisen gegenüber einer Person erfolgen, die bezwecken oder bewirken, dass die Würde der betreffenden Person verletzt und ein von Einschüchterungen, Anfeindungen, Erniedrigungen, Entwürdigungen oder Beleidigungen gekennzeichnetes Umfeld geschaffen wird;
>   - „sexuelle Belästigung": jede Form von unerwünschtem Verhalten sexueller Natur, das sich in unerwünschter verbaler, nicht-verbaler oder physischer Form äußert und das bezweckt oder bewirkt, dass die Würde der betreffenden Person verletzt wird, insbesondere wenn ein von Einschüchterungen, Anfeindungen, Erniedrigungen, Entwürdigungen und Beleidigungen gekennzeichnetes Umfeld geschaffen wird.
> (3) Belästigung und sexuelle Belästigung im Sinne dieser Richtlinie gelten als Diskriminierung aufgrund des Geschlechts und sind daher verboten.
> Die Zurückweisung oder Duldung solcher Verhaltensweisen durch die betreffende Person kann nicht als Grundlage für eine Entscheidung herangezogen werden, die diese Person berührt.
> (4) Die Anweisung zur Diskriminierung einer Person aufgrund des Geschlechts gilt als Diskriminierung im Sinne dieser Richtlinie.
> (5) Die Mitgliedstaaten fordern im Rahmen ihrer nationalen Rechtsvorschriften, Tarifverträge oder tariflichen Praktiken die Arbeitgeber und die für Berufsbildung zuständigen Personen auf, Maßnahmen zu ergreifen, um alle Formen der Diskriminierung aufgrund des Geschlechts und insbesondere Belästigung und sexueller Belästigung am Arbeitsplatz vorzubeugen.

---

142 Vgl Art 2 Abs 2 vierter Gedankenstrich Richtlinie 2002/73/EG des Europäischen Parlamentes und des Rates zur Änderung der Richtlinie 76/207/EWG des Rates zur Verwirklichung des Grundsatzes der Gleichbehandlung von Männern und Frauen hinsichtlich des Zugangs zur Beschäftigung, zur Berufsbildung und zum beruflichen Aufstieg sowie in Bezug auf die Arbeitsbedingungen ABl 2002 L 269/15.; vgl dazu auch Punkt 3.1.

Zur Durchsetzung dieser Vorschriften ist im neu formulierten Art 6 Abs 3 der Änderungsrichtlinie ua auch erstmals vorgesehen, dass die Mitgliedstaaten sicherstellen müssen, dass „Verbände, Organisationen oder andere juristische Personen" rechtliche Schritte zugunsten der Opfer setzen können. Diese „Verbandsklage" darf (auf nationaler Ebene) nach den gemeinschaftsrechtlichen Vorgaben allerdings nur mit der Zustimmung der beschwerten Personen (also der Opfer) erhoben werden.

3.2.3. Exkurs: Frauen im Heeres- und Polizeidienst

Frauen sind, wie insbesondere im internationalen Teil bereits gezeigt wurde, sehr oft Opfer von Gewaltausübungen, insbesondere in bewaffneten Konflikten.[143] Hier soll nun ein anderer Bereich des Themas „Frauen und Gewalt", nämlich die gemeinschaftsrechtliche Situation der Frauen in gewaltbetonten Berufen, wie dem Heeres- und Polizeidienst, dargestellt werden.

Gemäß dem bereits erwähnten Art 2 Abs 1 iVm Art 3 der Gleichbehandlungsrichtlinie sind Frauen und Männer beim Zugang zur Beschäftigung gleich zu behandeln. Zugangsbenachteiligungen der Frauen beim Heeres- und Polizeidienst sind daher aufgrund der Richtlinie unzulässig, es sei denn, die konkreten Sachverhalte fallen unter die Ausnahmebestimmungen der Richtlinie. In Frage kommen diesbezüglich Art 2 Abs 2 und Art 2 Abs 3 der Richtlinie. Diese Bestimmungen haben folgenden Wortlaut:

Art 2 Abs 2 der Gleichbehandlungsrichtlinie:

> Diese Richtlinie steht nicht der Befugnis entgegen, solche beruflichen Tätigkeiten und gegebenenfalls die dazu jeweils erforderliche Ausbildung, für die das Geschlecht auf Grund ihrer Art oder der Bedingungen ihrer Ausübung eine unabdingbare Voraussetzung darstellt, von ihrem Anwendungsbereich auszuschließen.

Art 2 Abs 3 der Gleichbehandlungsrichtlinie:

> Diese Richtlinie steht nicht den Vorschriften zum Schutz der Frau, insbesondere bei Schwangerschaft und Mutterschaft, entgegen.

Der Einsatz von Gewalt kann beim Polizeiberuf nicht ausgeschlossen werden. Die Frage ist nun, ob für Einsätze, welche den Einsatz von Gewalt (insbesondere Waffengewalt) erfordern, aus besonderen Schutz- bzw Geeignetheitserwägungen ausschließlich Männer herangezogen werden können.

---

[143] Vgl dazu die Ausführungen im Teil I Kapitel 3 Pkt 3.2.4.

Der EuGH hat sich mit dieser Problematik in der Rechtssache Johnston[144] auseinander gesetzt. Frau *Johnston* war bereits sechs Jahre im Polizeidienst in Nordirland tätig, als beschlossen wurde, ihren Vertrag nicht mehr zu verlängern. Aufgrund vermehrter Unruhen in Nordirland sollte die Polizei beim allgemeinen Dienst mit Schußwaffen ausgestattet werden. Im Zuge dessen sollten Frauen nicht für den Schußwaffendienst herangezogen und auch nicht im Schußwaffengebrauch ausgebildet werden.

Grund für die Einführung dieser Regel war, Frauen davor zu schützen, zur Zielscheibe von Anschlägen zu werden. Der Gerichtshof stellte hinsichtlich der Ausnahmevorschrift des Art 2 Abs 3 klar, dass dieser die körperliche Verfassung der Frau und die besondere Beziehung zwischen Mutter und Kind schützen will.[145] Ein besonderes, frauenspezifisches Risiko für schußwaffentragende Frauen war für den Gerichtshof nicht erkennbar.[146] Vielmehr sind Frauen bei der Ausübung des Dienstes denselben Risiken und Gefahren ausgesetzt wie Männer.[147] Die Anwendung des Art 2 Abs 3 kam daher nicht in Betracht.

Im Zusammenhang mit Art 2 Abs 2 der Richtlinie (Ausübungsbedingungen der Tätigkeit) hielt der EuGH eine erhöhte Anschlagsgefahr auf Schußwaffen tragende Frauen – also ein frauenspezifisches Risiko – (erstaunlicherweise) für möglich, welche letztlich der öffentlichen Sicherheit zuwiderlaufen würde.[148] Hier scheinen Überlegungen bezüglich der körperlichen Überlegenheit des Mannes durchgeschlagen zu haben. Soziologische Argumente, dass in der Öffentlichkeit die Bewaffnung von Frauen schlecht aufgenommen würde und bewaffnete Frauen für Aufgaben im sozialen Bereich (zB beim Kontakt mit Frauen und Kindern) weniger wirksam eingesetzt werden können,[149] hat der Gerichtshof nicht anerkannt.

Unberücksichtigt gelassen hat der Gerichtshof auch die Tatsache, dass eine Verringerung bzw Beseitigung der vermeintlichen erhöhten Anschlagsgefahr auf weibliche Polizeikräfte durch eine besonders intensive Schußwaffenausbildung möglich gewesen wäre. Die Hintanhaltung der Gefährdung der öffentlichen Sicherheit könnte somit durch ein für die Frauen weniger eingriffsintensives Mittel – also durch eine bessere Berufsausbildung – erreicht werden. Da der EuGH dem nationalen Gericht ausdrücklich eine Verhältnismäßigkeitsprüfung[150] auferlegt, könnte dieses Argument auf nationaler Ebene durchschlagen.

Abgesehen vom Einsatz von Frauen im Polizeidienst ist auch deren Einsatz im Heeresdienst umstritten. Die Teilnahme von Frauen an kriegerischen Auseinandersetzungen wird aus allgemeinen Schutzerwägungen (durchschnittliche körperliche Unterlegenheit)[151], Ritterlichkeitsidealen (Frauen sollte die Beteiligung am bewaff-

---

144 EuGH 15.5.1986 Rs 222/84 Johnston Slg 1651.
145 EuGH 15.5.1986 Rs 222/84 Johnston Slg 1651 RdN 44; zu Art 2 Abs 3 auch *Götz*, Anmerkung zu EuGH 26.10.1999 Rs C-273/97 Sirdar und EuGH 11.1.2000 Rs C-285/98 Kreil, JZ 2000, 411 (413).
146 EuGH 15.5.1986 Rs 222/84 Johnston Slg 1651 RdN 45, 46.
147 EuGH 15.5.1986 Rs 222/84 Johnston Slg 1651 RdN 45.
148 EuGH 15.5.1986 Rs 222/84 Johnston Slg 1651 RdN 36.
149 EuGH 15.5.1986 Rs 222/84 Johnston Slg 1651 RdN 35.
150 EuGH 15.5.1986 Rs 222/84 Johnston Slg 1651 RdN 38, 39.
151 Vgl auch *Stahn*, Streitkräfte im Wandel – Zu den Auswirkungen der EuGH-Urteile Sirdar und Kreil auf das deutsche Recht, EuGRZ 2000, 121 (134).

neten Kampf – auch gegen ihren Willen – erspart bleiben) oder auch Überlegungen zur Erhaltung der Nation (ausreichende Zahl gebärfähiger Frauen) abgelehnt.[152]

In Deutschland durften aufgrund des Art 12a des Bonner Grundgesetzes[153] Frauen nur für Tätigkeiten beim Militärmusikdienst und Sanitätsdienst eingesetzt werden.[154] Gemäß Art 12a Abs 4 dieser Bestimmung war Frauen der Dienst mit der Waffe verwehrt. Der EuGH entschied in diesem Zusammenhang, dass der generelle Ausschluss von Frauen vom Heersdienst – aus den bereits oben erwähnten Gründen – nicht von Art 2 Abs 3 erfasst wird.[155] Auch der Art 2 Abs 2 kann im Falle eines allgemeinen Ausschlusses nicht angewendet werden,[156] da dies jedenfalls als unverhältnismäßig[157] anzusehen ist.

Während nun der generelle Ausschluss von Frauen vom Heeresdienst gegen Art 2 Abs 1 iVm Art 3 der Gleichbehandlungsrichtlinie verstößt, weil diese Fälle nicht unter die Ausnahmebestimmungen fallen, sind Vorschriften, welche Tätigkeiten für spezielle Kampfeinheiten innerhalb des Heeres nur für Männer reservieren,[158] von Art 2 Abs 2 der Richtlinie gedeckt.

In der hier maßgeblichen Rechtssache ging es um die Stelle „eines Koches" bei den Royal Marines, welche irrtümlich einer Frau namens *Angela Maria Sirdar* angeboten wurde.[159] Der EuGH hob in dieser Rechtssache die besondere Eigenschaft der Royal Marines hervor, eine Truppe von geringer Personalstärke und die „Speerspitze" des britischen Heeres zu sein.[160] Alle Angehörigen dieser Kampftruppe müssen an vorderster Front eingreifen können. Daher müssen auch Köche in der Kampftruppe („allseitige Verwendbarkeit") dienen und werden zu diesem Zweck eingestellt und ausgebildet.[161] Einen Ausschluss der Frauen von dieser speziellen Kampfeinheit sieht der EuGH daher aufgrund von Art 2 Abs 2 der Gleichbehandlungsrichtlinie als gerechtfertigt an.[162]

Insgesamt bleibt festzuhalten, dass der Ausschluss von Frauen für bestimmte Heerestätigkeiten hinsichtlich Art 2 Abs 2 und 3 der Gleichbehandlungsrichtlinie zulässig ist. Hier dürfte die Sidar-Entscheidung in Richtung Kampftruppen mit direktem Einsatz gegen Bodentruppen weisen.[163] Eine Pflicht zum Ausschluss der Frauen von derartigen Tätigkeiten besteht nach der Gleichbehandlungsrichtlinie allerdings nicht.

---

152 Vgl dazu auch *Kämmerer*, Gleichberechtigung am Gewehr, EuR 2000, 103 (106, 114, 115).
153 Beim Bonner Grundgesetz handelt es sich um die deutsche Verfassung.
154 EuGH 11.1.2000 Rs C-258/98 Kreil Slg 69 RdN 6.
155 Vgl zu Art 2 Abs 3 auch *Götz*, Anmerkung zu EuGH 26.10.1999 Rs C-273/97 Sirdar und EuGH 11.1.2000 Rs C-285/98 Kreil, JZ 2000, 411 (413).
156 EuGH 11.1.2000 Rs C-258/98 Kreil Slg 69 RdN Spruch.
157 EuGH 11.1.2000 Rs C-258/98 Kreil Slg 69 RdN 29.
158 EuGH 26.10.1999 Rs C-273/97 Sirdar Slg 7403 RdN 32, Spruch Pkt 2.
159 EuGH 26.10.1999 Rs C-273/97 Sirdar Slg 7403 RdN 9.
160 EuGH 26.10.1999 Rs C-273/97 Sirdar Slg 7403 RdN 30.
161 EuGH 26.10.1999 Rs C-273/97 Sirdar Slg 7403 RdN 30, 31.
162 EuGH 26.10.1999 Rs C-273/97 Sirdar Slg 7403 RdN 32, Spruch Pkt 2.
163 Zum Einsatz von Frauen in „battle area functions" vgl *Stein*, Anmerkung zu EuGH 11.1.2000 Rs C-285/98 Kreil, EuZW 2000, 211 (213) und *Götz*, Anmerkung zu EuGH 26.10.1999 Rs C-273/97 Sirdar und EuGH 11.1.2000 Rs C-285/98 Kreil, JZ 2000, 411 (414); vgl auch *Stahn*, Streitkräfte im Wandel – Zu den Auswirkungen der EuGH-Urteile Sirdar und Kreil auf das deutsche Recht, EuGRZ 2000, 121 (130).

Nach der Änderungsrichtlinie[164] zur Gleichbehandlungsrichtlinie werden auch die Ausnahmevorschriften des Art 2 Abs 2 und 3 modifiziert. Die maßgeblichen Vorschriften sind in der Änderungsrichtlinie in Art 2 Abs 6 und 7 geregelt. Nach Art 2 Abs 6 können die Mitgliedstaaten Ungleichbehandlungen wegen eines geschlechtsbezogenen Merkmals aufgrund der Art einer Tätigkeit oder der Bedingungen ihrer Ausübung vorsehen, wenn „es sich um einem rechtmäßigen Zweck und eine angemessene Anforderung handelt".

Art 2 Abs 6 und 7 (neue Fassung) lautet:

> (6) Die Mitgliedstaaten können im Hinblick auf den Zugang zur Beschäftigung, einschließlich der zu diesem Zweck erfolgenden Berufsbildung, vorsehen, dass eine Ungleichbehandlung wegen eines geschlechtsbezogenen Merkmals keine Diskriminierung darstellt, wenn das betreffende Merkmal aufgrund der Art einer bestimmten beruflichen Tätigkeit oder der Bedingungen ihrer Ausübung eine wesentliche und entscheidende berufliche Anforderung darstellt, sofern es sich um einen rechtmäßigen Zweck und eine angemessene Anforderung handelt.
> (7) Diese Richtlinie steht nicht den Vorschriften zum Schutz der Frau, insbesondere bei Schwangerschaft und Mutterschaft, entgegen.
> Frauen im Mutterschaftsurlaub haben nach Ablauf des Mutterschaftsurlaubs Anspruch darauf, an ihren früheren Arbeitsplatz oder einen gleichwertigen Arbeitsplatz unter Bedingungen, die für sie nicht weniger günstig sind, zurückzukehren, und darauf, dass ihnen auch alle Verbesserungen der Arbeitsbedingungen, auf die sie während ihrer Abwesenheit Anspruch gehabt hätten, zugute kommen.
> ...

Zum Problem des Verhältnisses von Gemeinschaftsrecht und nationalem Verfassungsrecht ist auszuführen, dass unmittelbar anwendbares Gemeinschaftsrecht auch Verfassungsrecht verdrängt. Im deutschen Heeresdienstfall geht es um Art 2 Abs 1 iVm Art 3 (in der jetzt geltenden Fassung), welche unmittelbar anwendbar sind. Dies ist deshalb anzunehmen, weil die Frist zur Umsetzung der Richtlinie schon lange abgelaufen ist,[165] es sich beim Dienstverhältnis zum Heer um einen „staatlichen Arbeitgeber" handelt und zudem Art 3 als hinreichend bestimmt und unbedingt[166] anzusehen ist. Aufgrund dieser Situation ist von den deutschen Gerichten und Behörden Art

---

164 Richtlinie 2002/73/EG des Europäischen Parlamentes und des Rates zur Änderung der Richtlinie 76/207/EWG des Rates zur Verwirklichung des Grundsatzes der Gleichbehandlung von Männern und Frauen hinsichtlich des Zugangs zur Beschäftigung, zur Berufsbildung und zum beruflichen Aufstieg sowie in Bezug auf die Arbeitsbedingungen ABl 2002 L 269/15.
165 Vgl dazu deren Art 9.
166 Vgl dazu EuGH 15.5.1986 Rs 222/84 Johnston Slg 1651 RdN 55, 57, Spruch Pkt 5.

12a des Bonner Grundgesetzes unangewendet zu lassen und die Gleichbehandlungsrichtlinie anzuwenden.[167] Sollte ein Interpretationsspielraum bestehen, dann müsste das Bonner Grundgesetz richtlinienkonform interpretiert werden.[168]

Im Gegensatz zu Deutschland ist in Österreich für Frauen der Zugang zum Heeresdienst auf freiwilliger Basis möglich. Diese Rechtslage wurde mittels einer Novelle zum B-VG aus 1998 zu Art 9a geschaffen.[169] Der maßgeblich Art 9a Abs 4 B-VG sieht vor, dass Frauen freiwillig als Soldatinnen beim Bundesheer Dienst leisten können und sie auch das Recht haben diesen Dienst zu beenden.

Der Zugang zum Heeresdienst ist daher für Frauen in Österreich möglich, wodurch auf verfassungsrechtlicher Ebene dem Art 2 Abs 1 iVm Art 3 der Gleichbehandlungsrichtlinie entsprochen wird. Ein Pflicht zur Absolvierung eines Heeresdienstes besteht in Österreich nur für Männer, nicht aber für Frauen. Österreich ist damit allerdings kein Einzelfall. Einen verpflichtenden Heeresdienst für Frauen gibt es in wenigen Ländern, beispielsweise in Israel.[170]

Die Frage, ob die einseitige Pflicht der Männer zum Wehrdienst auch als Diskriminierungsfall der Gleichbehandlungsrichtlinie geltend gemacht werden kann, wurde von EuGH bisher nicht beantwortet.[171] Generell ist dazu auszuführen, dass die Richtlinie auf den freiwilligen und nicht verpflichtenden Zugang zu Arbeitsverhältnissen zugeschnitten ist.[172] Davon abgesehen kann bei einer bloßen Erfüllung von Wehrpflichten nicht ohne weiteres von Beschäftigungen im Sinne der Richtlinie gesprochen werden.[173] Weiters würde die Einführung der allgemeinen Wehrpflicht der Frauen deren Konkurrenzfähigkeit am Arbeitsmarkt noch weiter verschlechtern, was der Zielsetzung der Richtlinie, nämlich primär die Arbeitssituation der Frauen zu verbessern,[174] nicht entsprechen würde.

---

167 Vgl dazu *Götz*, Anmerkung zu EuGH 26.10.1999 Rs C-273/97 Sirdar und EuGH 11.1.2000 Rs C-285/98 Kreil, JZ 2000, 411 (415); aA allerdings *Arndt*, Waffeneinsatz von Frauen in der Bundeswehr, NJW 2000, 1461; zum Problem eines Kompetenzverstoßes des EuGH durch die Kreil-Entscheidung vgl *Scholz*, Frauen an die Waffe kraft Europarechts? Die öffentliche Verwaltung 2000, 417 (418); zur Problematik der unmittelbaren Anwendbarkeit der Richtlinie auch *Stahn*, Streitkräfte im Wandel – Zu den Auswirkungen der EuGH-Urteile Sirdar und Kreil auf das deutsche Recht, EuGRZ 2000, 121 (124).
168 Vgl dazu *Stahn*, Streitkräfte im Wandel – Zu den Auswirkungen der EuGH-Urteile Sirdar und Kreil auf das deutsche Recht, EuGRZ 2000, 121 (131); auch *Laubinger*, Freiwilliger Waffendienst von Frauen in der Bundeswehr, Verwaltungs-Archiv 2000, 297 (322).
169 Vgl dazu ausführlich Teil III Pkt 2.2.
170 Vgl dazu *Kämmerer*, Gleichberechtigung am Gewehr, EuR 2000, 103 (104); vgl auch *Götz*, Anmerkung zu EuGH 26.10.1999 Rs C-273/97 Sirdar und EuGH 11.1.2000 Rs C-285/98 Kreil, JZ 2000, 411 (415).
171 Es existiert zu dieser Problematik allerdings bereits ein Schlussantrag, in welchem die Gemeinschaftsrechtswidrigkeit verneint wird – vgl SA der GA Stix-Hackl 28.2.2002 Rs C-186/01 Dory RdN 111.
172 *Kämmerer*, Gleichberechtigung am Gewehr, EuR 2000, 103 (118); vgl auch *Stahn*, Streitkräfte im Wandel – Zu den Auswirkungen der EuGH-Urteile Sirdar und Kreil auf das deutsche Recht, EuGRZ 2000, 121 (134).
173 Fraglich ist ob eine „Arbeitnehmereigenschaft" im Sinn der Richtlinie vorliegt (dazu Art 7 und 9 der Richtlinie); vgl dazu auch *Stahn*, Streitkräfte im Wandel – Zu den Auswirkungen der EuGH-Urteile Sirdar und Kreil auf das deutsche Recht, EuGRZ 2000, 121 (132) und *Laubinger*, Freiwilliger Waffendienst von Frauen in der Bundeswehr, Verwaltungs-Archiv 2000, 297 (325); vgl auch den SA der GA Stix-Hackl 28.2.2002 Rs C-186/01 Dory RdN 73-76.
174 Aus den Materialien zur Gleichbehandlungsrichtlinie ergibt sich, dass die benachteiligende Situation der Frauen am Arbeitsmarkt zur Einführung der Richtlinie führte – vgl dazu die Mitteilung der

3.3. Frauenförderung und Gender Mainstreaming

3.3.1. Frauen in Entscheidungspositionen

Frauen sind in den Entscheidungspositionen in geringerem Ausmaß vertreten als Männer. Die Gründe für dieses Ungleichgewicht liegen unter anderem darin, dass die Frauen sehr spät Zugang zu den bürgerlichen und politischen Rechten erlangt haben und es darüber hinaus für sie äußerst schwierig ist, Beruf und Familie miteinander zu vereinbaren.

Die Unterrepräsentation von Frauen in Entscheidungspositionen stellt ein „Demokratiedefizit" dar. Erst durch die ausgewogene Teilnahme von Frauen im Entscheidungsprozess ist gewährleistet, dass frauenspezifische Ideen, Werte und Verhaltensweisen im ausreichendem Maße in die Gesellschaft eingebracht werden und sich frauengerechte Strukturen herausbilden.

Aufgrund dieser Situation hat der Rat der Europäischen Gemeinschaft[175] bereits 1984 das Problem der Unterrepräsentation von Frauen in seiner Empfehlung zur Förderung positiver Maßnahmen für Frauen[176] thematisiert und 1995 eine einschlägige Entschließung[177] erlassen. 1996 mündete die Auseinandersetzung mit diesem Themenbereich schließlich im Abschluss einer Empfehlung des Rates über die ausgewogene Mitwirkung von Frauen und Männern am Entscheidungsprozess.[178]

Im 1996 beschlossenen Dokument wird den Mitgliedstaaten empfohlen, eine umfassende Strategie zur Förderung einer ausgewogenen Mitwirkung von Frauen zu beschließen und geeignete Maßnahmen zu deren Umsetzung durchzuführen. Als konkrete Maßnahme wird beispielsweise die Herausgabe von Unterrichtsmaterial genannt, welches frei von diskriminierenden Klischees ist und im Hinblick auf die Notwendigkeit einer ausgewogenen Aufteilung beruflicher, familiärer und gesellschaftlicher Pflichten zwischen Männern und Frauen sowie einer ausgewogenen Teilnahme der Frauen und Männer am Entscheidungsprozess sensibilisierend wirkt.

Des Weiteren sollen Verbände, Organisationen und die Sozialpartner ermutigt werden, dass sie Frauen beim Zugang zu Entscheidungspositionen fördern. Auch Werbekampagnen sollten konzipiert werden, um der Öffentlichkeit Nutzen und Vorteile einer ausgewogenen Mitwirkung für die Gesamtgesellschaft darzulegen. Zudem sollte die Erhebung statistischer Daten über die ausgewogene Mitwirkung von Frauen und Männern am Entscheidungsprozess sowie die Erstellung von Studien gefördert werden, welche Hindernisse aufzeigen, die dem gleichberechtigten Zugang beider Geschlechter zu den Entscheidungspositionen entgegenstehen.

Kommission an den Rat zur Gleichbehandlung von Männern und Frauen im Arbeitsleben KOM (75) 36.
175 Damals hieß er noch Rat der Europäischen *Wirtschafts*gemeinschaft.
176 Empfehlung des Rates zur Förderung positiver Maßnahmen für Frauen ABl 1984 L 334/34.
177 Entschließung des Rates über die ausgewogene Mitwirkung von Frauen und Männern am Entscheidungsprozeß ABl 1995 C 168/3.
178 Empfehlung des Rates über die ausgewogene Mitwirkung von Frauen und Männern am Entscheidungsprozeß ABl 1996 L 319/11.

Neben den genannten Empfehlungen an die Mitgliedstaaten fordert der Rat die Organe der Europäischen Gemeinschaft auf, eine Strategie[179] auszuarbeiten, wie in den einzelnen Organen und Einrichtungen eine ausgewogene Mitwirkung von Frauen und Männern am Entscheidungsprozess erreicht werden soll. Die Kommission wird in diesem Zusammenhang zur Berichterstattung über die Umsetzung der Empfehlung aufgefordert.

Der Aufforderung zur Berichterstattung ist die Kommission mit ihrem Bericht[180] aus dem Jahre 2000 nachgekommen. In diesem Bericht wird darauf hingewiesen, dass die Empfehlung zwar Auswirkungen gezeigt hat, eine ausgewogene Vertretung der Geschlechter in den Entscheidungspositionen allerdings noch nicht erreicht ist. In vielen Fällen liegt der Frauenanteil auf Entscheidungsebenen sogar noch deutlich unter 30 Prozent, was insofern problematisch ist, als nach allgemeiner Auffassung bei einem Anteil von weniger als 30 Prozent die betroffene Gruppe nicht wirksam Einfluss nehmen kann.[181] Konkret werden die geringen Fortschritte bei der Steigerung des Frauenanteils in Verwaltungsräten, Personalvertretungen und Auswahlkommissionen kritisiert.[182]

In dem Bericht wird darüber hinaus die österreichische Quotenregelung im Bundes-Gleichbehandlungsgesetz[183] als Strategie zur Umsetzung einer ausgewogenen Beteiligung ausdrücklich hervorgehoben.[184] Auf die Vereinbarkeit von derartigen Quotenvorschriften mit dem Gemeinschaftsrecht wird unter Punkt 3.3.2 näher eingegangen.

Betrachtet man nun insgesamt die rechtliche Situation zur Verbesserung der Situation der Frauen in den Entscheidungspositionen, dann muss festgehalten werden, dass spezifische, verpflichtende Frauenförderungsvorschriften[185] auf Gemeinschaftsebene fehlen. Die Empfehlung des Rates aus 1996 entfaltet gemäß Art 249 letzter Satz EGV keine Rechtsverbindlichkeit, sondern allenfalls die bereits angeführten[186] mittelbaren Rechtswirkungen. Die im folgenden noch zu besprechenden Art 141 Abs 4 EGV und Art 2 Abs 4 der Gleichbehandlungsrichtlinie geben den Mitgliedstaaten die Möglichkeit, Begünstigungsregelungen auf nationaler Ebene einzuführen. Diese Rechtslage bleibt auch mit dem In-Kraft-Treten (bzw der Umsetzung) des geänderten Art 2

---

179 Vgl dazu die Ausführungen unter Pkt 3.3.3.
180 Bericht der Kommission an den Rat, das Europäische Parlament und den Wirtschafts- und Sozialausschuß über die Umsetzung der Empfehlung 96/694 des Rates vom 2. Dezember 1996 über die ausgewogene Mitwirkung von Frauen und Männern am Entscheidungsprozess KOM (2000) 120.
181 Bericht der Kommission an den Rat, das Europäische Parlament und den Wirtschafts- und Sozialausschuß über die Umsetzung der Empfehlung 96/694 des Rates vom 2. Dezember 1996 über die ausgewogene Mitwirkung von Frauen und Männern am Entscheidungsprozess KOM (2000) 120, 9.
182 Bericht der Kommission an den Rat, das Europäische Parlament und den Wirtschafts- und Sozialausschuß über die Umsetzung der Empfehlung 96/694 des Rates vom 2. Dezember 1996 über die ausgewogene Mitwirkung von Frauen und Männern am Entscheidungsprozess KOM (2000) 120, 24.
183 Vgl die §§ 42 und 43 des österreichischen Bundes-Gleichbehandlungsgesetzes BGBl 100/1993 in der damaligen Fassung BGBl 132/1999 (nunmehr in der Fassung BGBl I 87/2001).
184 Bericht der Kommission an den Rat, das Europäische Parlament und den Wirtschafts- und Sozialausschuß über die Umsetzung der Empfehlung 96/694 des Rates vom 2. Dezember 1996 über die ausgewogene Mitwirkung von Frauen und Männern am Entscheidungsprozess KOM (2000) 120, 10.
185 Zum Generalansatz des Gender Mainstreaming vgl Ausführungen unter Pkt 3.3.3.
186 Vgl dazu Ausführungen unter Pkt 2.3.

der Gleichbehandlungsrichtlinie bestehen, da der neueingefügte Art 2 Abs 8 der Änderungsrichtlinie[187] zur Gleichbehandlungsrichtlinie die Vertragsbestimmung des Art 141 Abs 4 EGV nicht ändern, sondern nur konkretisieren kann, und insofern lediglich auf „Maßnahmen im Sinne des Artikel 141 Absatz 4 des Vertrags" verweist.

Der geänderte Art 2 Abs 8 lautet:

> Die Mitgliedstaaten können im Hinblick auf die Gewährleistung der vollen Gleichstellung von Männern und Frauen Maßnahmen im Sinne von Artikel 141 Absatz 4 des Vertrags beibehalten oder beschließen.

Eine gewisse Dynamik zugunsten Frauenförderungsmaßnahmen wird allerdings durch die Einführung des Art 2 Abs 3 der Änderungsrichtlinie zur Gleichbehandlungsrichtlinie erwartet, der die Mitgliedstaaten in Vierjahresabständen[188] zur Berichterstattung über die Einführung von Frauenförderungsmaßnahmen verpflichtet. Diese nationalen Berichte werden von der Kommission einer vergleichenden Bewertung unterzogen und anschließend veröffentlicht.

Art 2 Abs 3 lautet wie folgt:

> Unbeschadet des Absatzes 2 übermitteln die Mitgliedstaaten der Kommission alle vier Jahre den Wortlaut der Rechts- und Verwaltungsvorschriften über Maßnahmen nach Artikel 141 Absatz 4 des Vertrags sowie Berichte über diese Maßnahmen und deren Umsetzung. Auf der Grundlage dieser Informationen verabschiedet und veröffentlicht die Kommission alle vier Jahre einen Bericht, der eine vergleichende Bewertung solcher Maßnahmen unter Berücksichtigung der Erklärung Nr. 28 in der Schlussakte des Vertrags von Amsterdam enthält.

3.3.2. Quotenvorschriften

Quotenvorschriften sehen (generell) vor, dass Frauen bei der Stellenbewerbung zu bevorzugen sind, wenn sie die gleiche Qualifikation wie der bestgeeignete Mitbe-

---

187 Richtlinie 2002/73/EG des Europäischen Parlamentes und des Rates zur Änderung der Richtlinie 76/207/EWG des Rates zur Verwirklichung des Grundsatzes der Gleichbehandlung von Männern und Frauen hinsichtlich des Zugangs zur Beschäftigung, zur Berufsbildung und zum beruflichen Aufstieg sowie in Bezug auf die Arbeitsbedingungen ABl 2002 L 269/15.
188 Vgl die Zweijahresfrist des Art 2 Abs 3 des geänderten Vorschlages für eine Richtlinie des Europäischen Parlamentes und des Rates zur Änderung der Richtlinie 76/207/EWG des Rates zur Verwirklichung des Grundsatzes der Gleichbehandlung von Männern und Frauen hinsichtlich des Zugangs zur Beschäftigung, zur Berufsbildung und zum beruflichen Aufstieg sowie in bezug auf Arbeitsbedingungen KOM (2001) 321, 15.

werber aufweisen und in der jeweiligen Entlohnungsgruppe unterrepräsentiert sind. Derartige Quotenvorschriften greifen nur dann, wenn von einer *gleichen* Qualifikation der Bewerberin und des Bewerbers auszugehen ist. Ist eine Bewerberin bzw ein Bewerber am besten für eine Stelle qualifiziert, so muss sie bzw er bei der Stellenvergabe zum Zug kommen. In diesem Fall würde die Quotenvorschrift mangels „gleicher Bestqualifikation" nicht zur Anwendung kommen.

Auf Gemeinschaftsebene verbietet die Gleichbehandlungsrichtlinie grundsätzlich die Benachteiligung von Männern und Frauen beim Zugang zur Arbeit – also bei der Stellenbewerbung – gemäß Art 2 iVm Art 3. Die Einstellung einer (im Vergleich zum Mitbewerber) gleichqualifizierten Frau aufgrund der nationalen Quotenvorschrift, bedeutet eine Benachteiligung des Mitbewerbers. Eine derartige Benachteiligung ist aufgrund der Gleichbehandlungsrichtlinie möglich, wenn die Ausnahmevorschrift des Art 2 Abs 4 dies zulässt. Diese Vorschrift hat folgenden Wortlaut:

> Diese Richtlinie steht nicht den Maßnahmen zur Förderung der Chancengleichheit für Männer und Frauen, insbesondere durch die Beseitigung der tatsächlich bestehenden Ungleichheiten, die die Chancen der Frauen in den Artikel 1 Absatz 1 genannten Bereichen beeinträchtigen, entgegen.

Der EuGH hat in bisher vier Entscheidungen zur Auslegung dieses Art 2 Abs 4 im Hinblick auf Quotenbestimmungen Stellung genommen. Ausgangspunkt für seine Entscheidungslinie bildet die Rechtssache Kalanke,[189] welche 1995 vom EuGH entschieden wurde. In dieser Rechtssache ging es um die Besetzung einer Leitungsposition beim Gartenbauamt der Stadt Bremen. Eine Frau und Herr *Kalanke* waren für diese Stelle gleich gut qualifiziert. Aufgrund der Quotenbestimmung des Bremer Landesgleichstellungsgesetzes wurde die Frau eingestellt.

§ 4 des Gesetzes zur Gleichstellung von Mann und Frau im öffentlichen Dienst des Landes Bremen vom 20.11.1990 (Landesgleichstellungsgesetz) lautet wie folgt:

> Einstellung, Übertragung eines Dienstpostens und Beförderung
> (1) Bei der Einstellung, einschließlich der Begründung eines Beamten- und Richterverhältnisses, die nicht zum Zwecke der Ausbildung erfolgt, sind Frauen bei gleicher Qualifikation wie ihre männlichen Mitbewerber in Bereichen vorrangig zu berücksichtigen, in denen sie unterrepräsentiert sind.
> (2) Bei der Übertragung einer Tätigkeit in einer höheren Lohn-, Vergütungs-, und Besoldungsgruppe sind Frauen bei gleicher Qualifikation wie ihre männlichen Mitbewerber vorrangig zu berücksichtigen, wenn sie unterrepräsentiert sind. Das gilt auch für die Übertragung eines anderen Dienstpostens und für die Beförderung.

---

[189] EuGH 17.10.1995 Rs C-450/93 Slg 3051.

Herr *Kalanke* beanstandete die Einstellungsentscheidung und die dieser Entscheidung zugrunde liegende Quotenbestimmung vor dem Arbeitsgericht Bremen. Der Fall gelangte schließlich vor das deutsche Bundesarbeitsgericht, welches Fragen zur Auslegung des Art 2 Abs 4 der Gleichbehandlungsrichtlinie dem EuGH zur Vorabentscheidung vorlegte.

Der EuGH entschied, dass eine Quotenbestimmung wie im vorliegenden Fall nicht unter die Ausnahmebestimmung des Art 2 Abs 4 subsumiert werden kann. Er begründete diese Entscheidung mit drei Argumenten, nämlich dass Art 2 Abs 4
- eng auszulegen ist,
- Vorschriften nicht erfasst, welche den Frauen bei der Ernennung und Beförderungen einen absoluten und unbedingten Vorrang einräumen und zudem
- lediglich die „Ergebnisgleichheit" und nicht die Chancengleichheit fördere.

Diese Entscheidungslinie wurde in der Gemeinschaft scharf kritisiert. Zum einen wäre angesichts der rechtlichen Grundlagen eine andere Auslegung des Gemeinschaftsrechts möglich (bzw sogar geboten) gewesen,[190] zum anderen war fraglich, ob angesichts der Argumentationslinie des EuGH, auch anders geartete Quotenvorschriften überhaupt dem Gemeinschaftsrecht entsprechen und damit auf nationaler Ebene aufrechterhalten werden können. Dies ist von maßgeblicher Bedeutung, da eine Gemeinschaftsrechtswidrigkeit von (allen) Quotenvorschriften ein „Aus" dieses Frauenförderungsinstrumentes für alle 15 Mitgliedstaaten bedeutet hätte.

Eine Antwort auf die Frage, ob Quotenvorschriften nun mit dem Gemeinschaftsrecht vereinbar sind, und wenn ja, unter welchen Voraussetzungen, gab der EuGH in der Rechtssache Marschall.[191] In dieser Rechtssache ging es um eine Beförderungsstelle im Lehrbereich. Eine Frau und Herr *Marschall* waren für diese Stelle gleich qualifiziert. Aufgrund der Quotenvorschrift des Beamtengesetzes des Landes Nordrhein-Westfalen, wurde die Stelle der Frau übertragen. Diese Quotenbestimmung[192] hat folgenden Wortlaut:

> Soweit im Bereich der für die Beförderung zuständigen Behörde im jeweiligen Beförderungsamt der Laufbahn weniger Frauen als Männer sind, sind Frauen bei gleicher Eignung, Befähigung und fachlicher Leistung bevorzugt zu befördern, *sofern nicht in der Person eines Mitbewerbers liegende Gründe überwiegen*[193] ... .

Der von Herrn Marschall angestrengte Rechtsstreit gelangte schließlich vor das Verwaltungsgericht Gelsenkirchen, welches ein Vorabentscheidungsverfahren hinsichtlich der Vereinbarkeit dieser Quotenbestimmung mit dem Gemeinschaftsrecht beantragte.

---

190 Vgl unter anderem *Pirstner*, Die Quote im Gemeinschaftsrecht, DRdA 1997, 461.
191 EuGH 11.11.1997 Rs C-409/95 Slg 6363.
192 Die Quotenbestimmung ist geregelt in § 25 Absatz 5 Satz 2 des Beamtengesetzes für das Land Nordrhein-Westfalen in der Fassung der Bekanntmachung vom 1. Mai 1981 – Gesetz- und Verordnungsblatt Nordrhein-Westfalen – GVNW –, Seite 234, zuletzt geändert durch Artikel 1 des Siebten Gesetzes zur Änderung dienstrechtlicher Vorschriften vom 7. Februar 1995.
193 Hervorhebung durch die Verfasserin.

Der EuGH entschied in dieser Rechtssache, dass eine derartige Quotenbestimmung unter Art 2 Abs 4 der Gleichbehandlungsrichtlinie subsumiert werden kann und daher mit dem Gemeinschaftsrecht vereinbar ist.

Maßgeblich war für seine Entscheidung, dass die Marschall-Quotenvorschrift eine „Öffnungsklausel" (im zitierten Text kursiv gekennzeichnet) enthielt, sodass nicht in jedem Fall einer Frau mit gleicher Qualifikation der Vorrang eingeräumt werde. Die Quotenvorschrift war damit nicht „absolut und unbedingt" ausgestaltet.[194] Das Argument der (alleinigen) Herstellung von „Ergebnisgleichheit" (und nicht der Chancengleichheit) wurde vom EuGH nicht mehr diskutiert. Auch das Argument der engen Auslegung wurde von ihm nicht mehr ausdrücklich erwähnt.

Der EuGH begründete seine Entscheidung interessanterweise auch damit, dass selbst bei gleicher Qualifikation die Tendenz besteht, vorrangig Männer zu befördern, weil eben die Befürchtung besteht, dass Frauen unter anderem ihre Laufbahn häufiger unterbrechen und aufgrund häuslicher und familiärer Pflichten weniger flexibel sind.[195] Eine Quotenvorschrift, so der EuGH, kann ein Gegengewicht zu diesen nachteiligen Einstellungen und Verhaltensweisen schaffen.[196]

Zur „Öffnungsklausel" der Quotenbestimmung in der Rechtssache Marschall ist auszuführen, dass persönliche Gründe des Mitbewerbers bei der Stellenbewerbung die Vorrangregel für die Frau ausschalten können. Diese persönlichen Gründe bzw Kriterien dürfen allerdings nach der Entscheidungslinie des EuGH nicht frauendiskriminierend sein. Die Entscheidung, ob ein Kriterium als frauendiskriminierend anzusehen ist, obliegt dem nationalen Gericht.[197]

Als Beispiel sei hier das Kriterium „Zeitsoldat" angeführt. Dieses Kriterium hat mit Sicherheit frauendiskriminierende Wirkung, da im Heeresbereich primär Männer tätig sind und daher das Kriterium im überwiegenden Ausmaß nur von Männern erfüllt werden kann. Davon abgesehen war der Heeresdienst – beispielsweise in Deutschland – für Frauen aufgrund der verfassungsrechtlichen Lage generell gar nicht möglich.[198]

Ein zulässiger persönlicher Grund wäre in diesem Zusammenhang beispielsweise eine schwere Behinderung, aber auch der Wiedereinstieg von Personen in den Beruf, welche wegen Familienarbeit (zB Kindererziehung) keinen Beruf ausüben konnten. Das zuletzt genannte Kriterium würde in erster Linie Frauen zugute kommen, weshalb die frauendiskriminierende Wirkung verneint werden kann.

Der EuGH hat sich – abgesehen von den Rechtsachen Kalanke und Marschall – auch in den Rechtssachen Badeck[199] und Abrahamsson[200] zur Vereinbarkeit von Quo-

---

194 Zur Begründungslinie des EuGH vgl die Ausführungen von *Pirstner*, Bedingte Quotenregelung entspricht dem Gemeinschaftsrecht, DRdA 1998 153 (156).
195 EuGH 11.11.1997 Rs C-409/95 Marschall Slg 6363 RdN 29.
196 EuGH 11.11.1997 Rs C-409/95 Marschall Slg 6363 RdN 31.
197 Vgl dazu auch *Pirstner*, Hessisches Gleichberechtigungsgesetz europarechtskonform, EuZW 2000, 474 (480).
198 Vgl dazu die Ausführungen unter Punkt 3.2.3.
199 EuGH 28.3.2000 Rs C-158/97 Slg 1875.
200 EuGH 6.7.2000 Rs C-407/98 Slg 5539.

tenvorschriften mit dem Gemeinschaftsrecht geäußert. In der Rechtssache Badeck ging es um eine Quotenbestimmung in Verbindung mit Frauenföderungsplänen, welche unserer Quotenregelungskonstruktion sehr ähnlich ist. Der EuGH hat die Badeck-Regelung als mit dem Gemeinschaftsrecht vereinbar gehalten, soweit persönliche Gründe der Mitbewerber berücksichtigt werden, also keine absolute und unbedingte Vorrangregel für Frauen vorliegt.[201]

Der österreichische Oberste Gerichtshof hat die Ausgestaltung der Quotenbestimmung des Bundes-Gleichbehandlungsgesetzes für offenkundig gemeinschaftsrechtswidrig erklärt.[202] Hätte der Gerichtshof Zweifel an der Gemeinschaftsrechtskonformität dieser Quotenbestimmung gehabt, dann hätte er ein Vorabentscheidungsverfahren beim EuGH beantragen müssen.

Ein derartiges Vorabentscheidungsverfahren hat der Verwaltungsgerichtshof in einem Verfahren beantragt,[203] welchem derselbe Fall zugrunde liegt, der EuGH allerdings zur Reichweite des Art 6 der Gleichbehandlungsrichtlinie befragt wird. Konkret geht es darum, ob der in diesem Zusammenhang vom Verwaltungsgerichtshof wahrzunehmende Rechtsschutz, der sich im wesentlichen auf die Aufhebung der Entscheidung (Kassationsbefugnis) beschränkt, den gemeinschaftsrechtlichen Anforderungen eines effektiven gerichtlichen Rechtsschutzes entspricht.

Die Nichtvorlage der Rechtssache vor den EuGH durch den Obersten Gerichtshof ist deshalb umstritten, weil in der Literatur auch die Gemeinschaftsrechtskonformität der Quotenvorschrift vertreten wurde[204] und somit zumindest Zweifel an der Auslegung des Art 2 Abs 4 hätten aufkommen müssen. Davon abgesehen hat die Entscheidung des OGH auch nur begrenzte Bedeutung, da Grundlage für seine Entscheidung der Art 2 Abs 4 der Gleichbehandlungsrichtlinie war. Offen ist daher, ob wegen der Neueinführung des Art 141 Abs 4 EGV[205] (und damit der Änderung des gemeinschaftsrechtlichen Rechtsbestandes) nicht dennoch eine Gemeinschaftsrechtskonformität gegeben ist.

Des weiteren unterscheidet der Oberste Gerichtshof nicht klar zwischen Kriterien, welche zur Qualifikationsbeurteilung herangezogen werden und dann erst (bei gleicher Qualifikation) den „Quotenfall" auslösen und – von den Qualifikationskriterien zu unterscheidenden Kriterien[206] – welche im „Quotenfall" als persönliche Gründe angeführt werden können. Darüber hinaus gibt er als Kriterien, welche im Rahmen der

---

201 Weitere Ausführungen dazu in *Pirstner*, Hessisches Gleichberechtigungsgesetz europarechtskonform, EuZW 2000, 474 (479).
202 OGH 30.1.2001 1Ob80/00x.
203 VwGH 20.9.2001 99/12/0198 – Beschluss zum Vorabentscheidungsantrag.
204 *Siegmund-Ulrich*, Anmerkung zum EuGH-Urteil vom 17.Oktober 1995, Rs C-450/93 (Kalanke/Freie Hansestadt Bremen), ÖIMR 1995, 203 (206); *Sporrer,* „Automatische" Frauenquoten widersprechen EU-Recht, DRdA 1996, 79 (82); *Kucsko-Stadlmayer*, Rechtliche Aspekte der Frauenförderung, JRP 1997, 35 (43): Sie hält eine europarechtskonforme Interpretation für möglich; *Pirstner*, Bedingte Quotenregelung entspricht dem Gemeinschaftsrecht, DRdA 1998 153 (157).
205 Vgl den Wortlaut unter Pkt 1.1.
206 Vgl auch *Sachs*, Frauenquoten wieder vor dem EuGH, DRdA 1998, 129 (141); *Suhr*, Grenzen der Gleichbehandlung: Zur Vereinbarkeit von Frauenquoten mit dem Gemeinschaftsrecht, EuGRZ 1998, 121 (127)

Öffnungsklausel hätten angeführt werden können – den „Alleinverdienerstatus" und „besondere Sorgepflichten" – an, obgleich gerade die Berücksichtigung dieser Kriterien in der (derzeitigen gesellschaftlichen Situation) überwiegend Männern zugute kommen und damit Frauen benachteiligen würde. Diese Heranziehung dieser Kriterien wäre damit aufgrund der Marschall-Judikatur als unzulässig anzusehen.

Trotz der Bedenken hinsichtlich der „eindeutigen" Gemeinschaftsrechtswidrigkeit der österreichischen Quotenvorschrift hat der österreichische Gesetzgeber reagiert und die Quotenvorschrift dem OGH-Urteil entsprechend novelliert.[207] Am 1.10.2001 ist nun eine nationale Quotenvorschrift in Kraft getreten, welche eine Öffnungsklausel entsprechend der Marschall-Quotenbestimmung enthält.[208]

Zum Abschluss sei nun noch die europäische Rechtssache Abrahamsson erwähnt, in der es um eine Quotenbestimmung ging, welche Personen des unterrepräsentierten Geschlechts sogar bei geringerer Qualifikation den Vorrang einräumte. Derartige Bestimmungen hält der EuGH – nicht zuletzt wegen des Fehlens der Berücksichtigung persönlicher Gründe des Mitbewerbers – als unvereinbar mit dem Gemeinschaftsrecht, da eine derartige Bestimmung nicht unter Art 2 Abs 4, aber auch nicht unter Art 141 Abs 4 subsumiert werden kann.[209]

Seit dem In-Kraft-Treten des Vertrages von Amsterdam am 1.5.1999 können Bevorzugungsregelungen auf Art 141 Abs 4 EGV gestützt werden. Der EuGH konkretisiert in seiner Abrahamsson-Entscheidung nun erstmals Art 141 Abs 4 EGV. Nach dieser Entscheidung ist zur Subsumption einer Quotenbestimmung unter diese Vorschrift deren Verhältnismäßigkeit[210] maßgeblich.

Generell ist zu Art 141 Abs 4 EGV auszuführen, dass der Anwendungsbereich dieser Vorschrift weiter ist als der des Art 2 Abs 4 der Richtlinie. Das ergibt sich aus dem Wortlaut der Vorschrift („die effektive Gewährleistung der vollen Gleichstellung") aber auch aus der Tatsache, dass diese auch Förderungsvorschriften im Entgeltbereich erfasst. Wichtig ist weiters, dass im Konkurrenzfalle die Vertragsbestimmung der Richtlinienbestimmung des Art 2 Abs 4 der Richtlinie vorgeht.[211]

Aufgrund dieser Situation hat die Kommission in ihrem Vorschlag zur Änderung der Gleichbehandlungsrichtlinie[212] die Förderungsvorschrift des Art 2 Abs 4 durch

---

207 BGBl I 2001/87.
208 Näheres dazu wird im Teil III unter Pkt 2.1.4.1 ausgeführt.
209 Näheres zu dieser Entscheidung in *Pirstner*, Schwedische Vorschriften zur Frauenförderung – Vorrang von Frauen mit geringerer Qualifikation gemeinschaftsrechtskonform?, DRdA 2000, 459 (555).
210 EuGH 6.7.2000 Rs C- 407/98 Abrahamsson Slg 5539 RdN 55.
211 Vgl *Pirstner*, Die Quote im Gemeinschaftsrecht, DRdA 1997, 461 (469); vgl auch *Pirstner*, Schwedische Vorschriften zur Frauenförderung – Vorrang von Frauen mit geringerer Qualifikation gemeinschaftsrechtskonform?, DRdA 2000, 459 (557).
212 Vorschlag für eine Richtlinie des Europäischen Parlamentes und des Rates zur Änderung der Richtlinie 76/207/EWG des Rates zur Verwirklichung des Grundsatzes der Gleichbehandlung von Männern und Frauen hinsichtlich des Zugangs zur Beschäftigung, zur Berufsbildung und zum beruflichen Aufstieg sowie in bezug auf Arbeitsbedingungen KOM (2000) 334, 9, 12, 18; vgl auch den geänderten Vorschlag für eine Richtlinie des Europäischen Parlamentes und des Rates zur Änderung der Richtlinie 76/207/EWG des Rates zur Verwirklichung des Grundsatzes der Gleichbehandlung von Männern und Frauen hinsichtlich des Zugangs zur Beschäftigung, zur Berufsbildung und zum beruflichen Aufstieg sowie in bezug auf Arbeitsbedingungen KOM (2001) 321, 5, 15.

eine Berichtspflicht der Kommission in Frauenförderungsbelangen ersetzt. Diese Berichtspflicht ist nun im bereits erwähnten[213] Art 2 Abs 3 der Änderungsrichtlinie[214] zur Gleichbehandlungsrichtlinie enthalten. Der durch die Änderungsrichtlinie geänderte Art 2 enthält im Abs 8[215] nunmehr lediglich einen Verweis auf Art 141 Abs 4 EGV. Damit wird eine allfällige Konkurrenzsituation zwischen der Gleichbehandlungsrichtlinie und der Vertragsbestimmung beseitigt.

Eine Bevorzugungsregelung beinhaltet neben der Gleichbehandlungsrichtlinie und Art 141 EGV auch der bereits angeführte Art 23 Abs 2 der Charta der Grundrechte der Europäischen Union. Mangels Vertragsqualität entfaltet diese Vorschrift allerdings keine Rechtsverbindlichkeit.[216] Sie kann allenfalls zur Interpretation der bereits bestehenden Förderungsvorschriften herangezogen werden.

3.3.3. Gender Mainstreaming

Gender Mainstreaming in der EU bedeutet die Einbeziehung der Geschlechtergleichbehandlung und Frauenförderung in alle Politiken und Programme der Gemeinschaften.

Eine erste maßgebliche Initiative zur Umsetzung des Gender Mainstreaming auf Gemeinschaftsebene ging 1995 vom damaligen Kommissionspräsidenten *Jacques Santer* aus. Dieser setzte eine Gruppe von KommissarInnen ein, welche dieses Konzept umsetzen sollten.

Der Unterschied zu den herkömmlichen Aktivitäten lag darin, dass bisher einzelne, isolierte Projekte gefördert wurden (spezifischer Ansatz) und kein umfassender Ansatz verfolgt wurde. Ziel dieses neuen Ansatzes war es, eine dauerhafte und nachhaltige Gleichstellung von Frauen und Männern zu erreichen.

Die Kommission setzte im Wesentlichen drei Schritte zur Umsetzung des Mainstreaming-Konzeptes. Sie erstellte 1996 eine Mitteilung[217] und 1998 einen Fortschrittsbericht[218] zu diesem Thema, in welchen bisher Erreichtes zur Geschlechtergleichbehandlung und Frauenförderung in allen Generaldirektionen festgestellt wurde und Vorschläge für die Umsetzung des Projektes gesammelt wurden.

Schließlich gab die Kommission im Juni 2000 eine Mitteilung für eine Rahmenstrategie zur Förderung der Gleichstellung (2001-2005) und einen Vorschlag für eine

---

213 Vgl den Text unter Pkt 3.3.1.
214 Richtlinie 2002/73/EG des Europäischen Parlamentes und des Rates zur Änderung der Richtlinie 76/207/EWG des Rates zur Verwirklichung des Grundsatzes der Gleichbehandlung von Männern und Frauen hinsichtlich des Zugangs zur Beschäftigung, zur Berufsbildung und zum beruflichen Aufstieg sowie in Bezug auf die Arbeitsbedingungen ABl 2002 L 269/15.
215 Vgl den Text unter Pkt 3.3.1.
216 Vgl dazu den Text und die Ausführungen unter Pkt 1.1.
217 Mitteilung der KOM über die Einbindung der Chancengleichheit in sämtliche politische Konzepte und Maßnahmen der Gemeinschaft KOM (96) 67.
218 Fortschrittsbericht der KOM über die Folgemaßnahmen zu der Mitteilung über die Einbindung der Chancengleichheit in sämtliche politische Konzepte und Maßnahmen der Gemeinschaft KOM (1998) 122.

Entscheidung des Rates über das Programm zur Unterstützung der Rahmenstrategie der Gemeinschaft für die Gleichstellung von Frauen und Männern heraus.[219] In der Mitteilung bezeichnet die Kommission die Demokratie als Grundwert der Gemeinschaft. Voraussetzung für die volle Verwirklichung der Demokratie ist ihrer Ansicht nach die gleichberechtigte Teilnahme und gleich starke Vertretung der Bürgerinnen und Bürger am bzw im Wirtschaftsleben, an den bzw in den Entscheidungsprozessen, am bzw im gesellschaftlichen, kulturellen Leben und in der Zivilgesellschaft.

Für wirksam hält die Kommission die Integration der Geschlechtergleichstellung in Politikbereiche, die indirekt oder direkt Auswirkungen auf das Leben von Männern und Frauen haben (Mainstreaming-Ansatz). Die Kommission weist in diesem Zusammenhang auch ausdrücklich darauf hin, dass es angesichts der nach wie vor bestehenden Ungleichheiten auch künftig unverzichtbar sein wird, parallel zum Gender Mainstreaming spezifische Frauenförderungsmaßnahmen durchzuführen. Daraus ergibt sich, dass die Kommission zur Herstellung der Geschlechtergleichstellung einen *doppelten Ansatz* verfolgt, nämlich einerseits den Mainstreaming-Ansatz und andererseits die Weiterführung von spezifischen Projekten.

Die Strategie der Kommission verfolgt das Ziel, sämtliche Initiativen und Programme unter einem Dach zu koordinieren, und nach klaren Bewertungskriterien und Monitoring-Instrumenten „Gleichstellungsprüfungen und Evaluierungen" vorzunehmen. Die Kommission will dadurch mehr Außenwirkung, höhere Effizienz und Durchschlagskraft der Programme erzielen und eine bessere Überprüfung und Verbreitung der Ergebnisse erreichen.

Die Politiken der Mitgliedstaaten und der Gemeinschaft sollen vor dem Hintergrund dieser Ansätze noch besser abgestimmt und damit die erheblichen Unterschiede in den Mitgliedstaaten bei der Umsetzung der Gleichstellungspolitik beseitigt werden.

Aufgrund der Mitteilung und des Vorschlages der Kommission hat der Rat schließlich die Entscheidung über ein *Aktionsprogramm der Gemeinschaft betreffend die Gemeinschaftsstrategie für Gleichstellung von Frauen und Männern erlassen (2001-2005)* erlassen.[220]

Gemäß Art 2 dieser Entscheidung dient das Aktionsprogramm der Umsetzung einer Gesamtstrategie zur Gleichstellung von Frauen und Männern. Zu den Grundsätzen dieses Programms gehört die Förderung von Gender Mainstreaming-Maßnahmen und spezifischen Frauenfördermaßnahmen. Neben der Kommission vertritt also auch der Rat eine *Doppelstrategie* (Mainstreaming Ansatz und spezifischer Ansatz). Festgehalten werden muss daher, dass die nunmehr auf nationaler Ebene diskutierte Beseitigung von spezifischen Förderungsansätzen aufgrund der Ein-

---

219 Mitteilung der KOM an den Rat, das Europäische Parlament, den Wirtschafts- und Sozialausschuß und den Ausschuß der Regionen für eine Rahmenstrategie der Gemeinschaft zur Förderung der Gleichstellung von Frauen und Männern und der Vorschlag für eine Entscheidung des Rates über das Programm zur Unterstützung der Rahmenstrategie der Gemeinschaft für die Gleichstellung von Frauen und Männern (2001-2005) KOM (2000) 335.
220 Entscheidung des Rates vom 20.12.2000 über ein Aktionsprogramm der Gemeinschaft betreffend die Gemeinschaftsstrategie für die Gleichstellung von Frauen und Männern ABl 2001 L 17/22.

führung von Gender Mainstreaming nicht den Intentionen und Vorgaben der Gemeinschaft entspricht.

Nach Art 2 Abs 2 des Programmes werden Initiativen und Tätigkeiten der Mitgliedstaaten gefördert, welche einen klaren Bezug zu folgenden Aktionsbereichen haben:
- die Förderung der Gleichstellung im Wirtschaftsleben,
- die Förderung der gleichen Beteiligung und Vertretung,
- die Förderung des gleichen Zugangs zu sozialen Rechten,
- die Förderung der Gleichstellung hinsichtlich der Rechte als Bürgerinnen und Bürger und
- die Förderung der Veränderung von Geschlechterrollen.

Gemäß Art 3 werden im Hinblick auf die genannten Aktionsbereiche folgende Ziele verfolgt:
- die Förderung und Verbreitung der Werte und Verhaltensweisen, die Voraussetzung für Gleichstellung von Frauen und Männern sind,
- die Förderung eines besseren Verständnisses für Gleichstellungsfragen und
- die Entwicklung der Fähigkeit der AkteurInnen, die Gleichstellung von Frauen und Männern effektiv weiter voranzubringen.

Zur Erreichung dieser Ziele führt die Gemeinschaft Sensibilisierungsmaßnahmen (Veröffentlichungen, Kampagnen, Veranstaltungen...), Maßnahmen zur Analyse gleichstellungrelevanter Faktoren und zur Förderung der grenzüberschreitenden Zusammenarbeit durch.

Das Finanzierungsvolumen des Aktionsprogrammes für den Zeitraum 2001-2005 beträgt 50 Millionen Euro. Neben den EFTA- und EWR-Ländern können sich auch die Bewerberländer Mittel- und Osteuropas sowie Zypern, Malta und die Türkei beteiligen.

Projektvorschläge für dieses Programm können auf europäischer Ebene agierende Non-Governmental Organisations (NGOs), europäische Sozialpartner und transnationale Netze regionaler oder lokaler Behörden einbringen.[221] Für Einzelpersonen ist eine Antragstellung nicht möglich. Förderungsschwerpunkt für das Jahr 2002 bildete der Bereich „Vereinbarkeit von Familie und Beruf".[222]

Im Jahr 2003 liegt der Förderungsschwerpunkt bei Projekten zum Thema „Frauen in Entscheidungsprozessen", im Jahr 2004 bei Projekten zum Thema „Geschlechterrollen und Stereotype". Für im Jahr 2002 eingereichte Projekte beträgt der Gemeinschaftszuschuß mindestens 250.000 Euro und höchstens 500.000 Euro. Gefördert werden transnationale Projekte, an denen AkteurInnen aus mindestens drei Mitgliedstaaten oder EWR-Ländern beteiligt sind.

---

221 Vgl den Leitfaden für Antragsteller 2002 für die Durchführung der Entscheidung des Rates vom Dezember 2000 über ein Aktionsprogramm der Gemeinschaft betreffend die Gemeinschaftsstrategie für die Gleichstellung von Frauen und Männern (2001-2005) 7; Haushaltslinie B3-4012; Offene Aufforderung zur Einreichung von Vorschlägen. Anzumerken ist, dass hinsichtlich der Bezeichnung „Leitfaden für *Antragsteller*", die mangelnde Sensibilität der Kommission hinsichtlich der Verwendung einer geschlechtergerechten Sprache zum Ausdruck kommt. Die Dokumente sind im sInternet verfügbar unter http://europa.eu.int/comm/employment_social/equ_opp/fund_de.htm

222 Anträge mussten bis zum 15.3.2002 bei der KOM eingereicht werden.

Ein weitere Initiative der Kommission zur Umsetzung des Gender Mainstreaming-Konzeptes ist die Mitteilung und das Aktionsprogramm der Kommission zur Gleichstellung der Geschlechter als Querschnittsaufgabe für die Entwicklungszusammenarbeit.[223] Genannt sei in diesem Zusammenhang auch die *Verordnung des Rates über die Berücksichtigung der Geschlechterperspektive bei der Entwicklungszusammenarbeit*, in der sich die Gemeinschaft zur finanziellen Hilfeleistung bei der Durchsetzung des Gender Mainstreaming-Konzeptes bei der Entwicklungszusammenarbeit verpflichtet.[224] Die Kommission hat diesbezüglich die Pflicht regelmäßig zu überprüfen, ob mit den finanzierten Maßnahmen[225] die gewünschten Ziele erreicht wurden.

In der Mitteilung und dem Aktionsprogramm zur Gleichstellung der Geschlechter als Querschnittsaufgabe in der Entwicklungszusammenarbeit weist nun die Kommission darauf hin, dass nach Einschätzung des Human Development Report aus 1995 70 Prozent der 1,5 Milliarden in Armut lebenden Menschen Frauen sind.[226] Es ist bewiesen, dass ein Zusammenhang zwischen dem Gleichstellungsdefizit und der Armut besteht. Länder, in denen die Gleichstellung nur wenig entwickelt ist, wie Sierra Leone, Niger oder Burkina Faso haben gleichzeitig auch den schlechtesten Armutsindex. Besteht in Ländern ein hoher Gleichstellungsstandard, dann ist die Armut entsprechend geringer.[227]

Als konkretes Beispiel sei hier Kenia genannt, in welchem Frauen, denen dieselbe Schulbildung wie Männern gewährt wurde und welche gleichberechtigten Zutritt zu landwirtschaftlichen Betriebsmitteln hatten, die Erträge um 22 Prozent steigern konnten. Die Sub-Sahara-Länder dagegen, in welchen Mädchen die Schulbildung verwehrt wird, haben in den letzten dreißig Jahren 0,7 Prozent des Wirtschaftswachstums eingebüßt.[228]

Die Kommission nennt drei Ziele für die Herbeiführung eines schrittweisen Wandels im Hinblick auf die Geschlechterpoblematik:
- Die Analyse der Geschlechterproblematik,
- die systematische Einbeziehung der Geschlechterproblematik in die auf Länder- bzw regionaler Ebene entworfenen Programme und
- den Kapazitätsaufbau für den Bereich der Gleichstellung innerhalb der Gemeinschaft.

---

223 Mitteilung der KOM an den Rat und das Europäische Parlament zur Gleichstellung der Geschlechter als Querschittsaufgabe für die Entwicklungszusammenarbeit der Gemeinschaft. Ein Aktionsprogramm KOM (2001) 295.
224 Verordnung (EG) Nr. 2836/98 des Rates vom 22.12.1998 über die Berücksichtigung der Geschlechterperspektive bei der Entwicklungszusammenarbeit ABl 1998 L 354/5.
225 Gemäß Art 4 der Verordnung beträgt das Finanzierungsvolumen für den Zeitraum von 1999-2003 25 Millionen Euro (ECU).
226 Zum Thema Armut von Frauen vgl auch die Ausführungen im Teil I Kapitel 3 Pkt 2.1.1.
227 Mitteilung der KOM an den Rat und das Europäische Parlament zur Gleichstellung der Geschlechter als Querschittsaufgabe für die Entwicklungszusammenarbeit der Gemeinschaft. Ein Aktionsprogramm KOM (2001) 295, 7.
228 Mitteilung der KOM an den Rat und das Europäische Parlament zur Gleichstellung der Geschlechter als Querschittsaufgabe für die Entwicklungszusammenarbeit der Gemeinschaft. Ein Aktionsprogramm KOM (2001) 295, 7.

Die Umsetzung des Programmes wird von der Kommission überwacht und einer Halbzeit- und Ex-post-Evaluierung unterzogen. Geprüft wird dabei, ob die Maßnahmen zur systematischen Einführung der Gleichstellungsthematik in alle Bereiche tauglich sind und zu den erwarteten Ergebnissen führen.[229]

Die Kommission setzt bei ihren Initiativen zur Umsetzung des Gender Mainstreaming-Konzeptes nicht nur bei konkreten Programmen, sondern auch bei den Strukturfonds allgemein an. Nach der allgemeinen Strukturfondsverordnung für den Zeitraum von 2000-2006[230] findet die „Gender Mainstreaming-Strategie" auch in diesem Bereich Anwendung, um die Gleichstellung von Männern und Frauen zu erreichen. Die Kommission hat zu der genannten Verordnung ein Technisches Papier über die Einbeziehung der Chancengleichheit von Frauen und Männern in die Strukturfondsmaßnahmen erstellt, welches unter anderem eine *Checkliste*[231] enthält, anhand der sich feststellen lässt, ob die Förderung der Chancengleichheit von Frauen und Männern in den Plänen und Programmen berücksichtigt wurden.[232]

Ein weiteres Hilfsinstrument zur Umsetzung des Gender Mainstreaming-Konzeptes auf Gemeinschaftsebene ist der *Leitfaden der Kommission zur Bewertung geschlechtsspezifischer Auswirkungen.*[233] Dieser Leitfaden gibt Richtlinien für die Bediensteten der Gemeinschaft vor. Er kann aber auch auf nationaler Ebene als Hilfsmittel zur Umsetzung des Gender Mainstreaming-Konzeptes verwendet werden. Nach diesem Leitfaden soll als erster Schritt die geschlechtsspezifische Relevanz eines Vorschlages überprüft werden. Das bedeutet konkret, dass folgende Fragen zu klären sind:

- Betrifft der Vorschlag eine oder mehrere Zielgruppen? Hat er einen Einfluss auf das tägliche Leben eines Teils/von Teilen der Bevölkerung?
- Gibt es in diesem Bereich Unterschiede zwischen Frauen und Männern (im Hinblick auf Rechte, Ressourcen, Beteiligung, Werte und Normen)?

Werden beide Fragen mit ja beantwortet, dann existiert eine geschlechterspezifische Komponente, welche einer Bewertung unterzogen werden sollte.

---

229 Mitteilung der KOM an den Rat und das Europäische Parlament zur Gleichstellung der Geschlechter als Querschittsaufgabe für die Entwicklungszusammenarbeit der Gemeinschaft. Ein Aktionsprogramm KOM (2001) 295, 19.
230 Vgl den 5. Erwägungsgrund, Art 1 und Art 2 Abs 5 der Verordnung (EG) Nr. 1260/1999 des Rates vom 21.6.1999 mit allgemeinen Bestimmungen über die Strukturfonds ABl 1999 L 161/1.
231 Die Checkliste enthält ua einen Fragenkatalog. Die Fragen sind mit „ja" oder „nein" zu beantworten – Fragenbeispiele: Es wird klar zum Ausdruck gebracht, dass dafür gesorgt werden soll, dass die aus dem Fonds finanzierten Maßnahmen zur Beseitigung der Ungleichbehandlung von Männern und Frauen und zur Förderung ihrer Gleichbehandlung beitragen; es ist genau angegeben, wie die Förderung der Gleichstellung im Rahmen der Partnerschaften berücksichtigt wird und welche für die Förderung der Gleichstellung zuständigen Gremien in die Partnerschaften einbezogen werden; es gibt eindeutige Vorgaben für die Begleitung und Bewertung der Chancengleichheit auf den entsprechenden Ebenen.
232 Technisches Papier 3 zum neuen Programmplanungszeitraum 2000-2006 über die Einbeziehung der Chancengleichheit von Frauen und Männern in die Strukturfondsmaßnahmen, März 2000 (im Internet abrufbar unter http://europa.eu.int/comm/employment_social/equ_opp/gms_de.html).
233 Im Internet abrufbar unter http://europa.eu.int/comm/employment_social/equ_opp/gms_de.html.

Die Bewertung erfolgt zuerst anhand einer Feststellung der Unterschiede zwischen Frauen und Männern bei der *Beteiligung*, bei den *Ressourcen*, den *Normen und Werten* und hinsichtlich der *Rechte*. Anschließend wird gefragt, wie die europäischen Politiken dazu beitragen können die bestehenden Ungleichbehandlungen abzuschaffen und die Gleichstellung von Männern und Frauen zu fördern (zB durch Beteiligungsquoten, durch die Verteilung von Ressourcen oder durch Wertschätzung und Respekt gegenüber Frauen und Männern, ...).

Als konkretes Beispiel wird im Leitfaden der an sich politisch neutrale Verkehrssektor angeführt. Demnach haben Frauen seltener ein privates Auto als Männer und profitieren daher beim Ausbau öffentlicher Verkehrsmittel und von einer diesbezüglichen günstigen Preisgestaltung. Diese genannte Ungleichheit hat Auswirkungen auf die *Beteiligung* von Frauen und Männern an den Zielgruppen im Verkehrssektor. Diese werden beeinflusst durch das fehlende Geschlechtergleichgewicht bei den EntscheidungsträgerInnen in diesem Sektor.

Die unterschiedliche Verteilung der *Ressourcen* (privates Auto) verstärkt Ungleichheiten auf der zeitlichen Ebene (Auto ist zeitsparender). Die Entscheidung in der Familie, wer das Familienauto benützen darf, wird in erster Linie durch *Normen und Werte* beeinflusst und weniger dadurch, welche Bedeutung den Bedürfnissen der Frauen und Männer zugestanden wird.

Neben den genannten Kommissions-Maßnahmen ist besonders hervorzuheben, dass das Konzept des Gender Mainstreaming durch den Vertrag von Amsterdam in den EGV eingefügt wurde. Art 3 Abs 2 sieht folgendes vor:

> Bei allen in diesem Artikel genannten Tätigkeiten wirkt die Gemeinschaft darauf hin, Ungleichheiten zu beseitigen und die Gleichstellung von Männern und Frauen zu fördern.

Art 2 führt die Gleichstellung von Männern und Frauen nun auch als ausdrückliche Gemeinschaftsaufgabe an. Daneben enthält die Charta der Grundrechte ebenso eine gleichartige Bestimmung:

> Die Gleichheit von Männern und Frauen ist in allen Bereichen, einschließlich der Beschäftigung, der Arbeit und des Arbeitsentgeltes, sicherzustellen.

Diese Vorschrift gehört allerdings nicht zum Vertragsrecht und entfaltet daher nicht jenen Verbindlichkeitsgrad wie Art 3 Abs 2 EGV. Sie kann aber zur Interpretation der Vertragsbestimmungen (insbesondere der Art 2 und Art 3 Abs 2 EGV) herangezogen werden.[234]

---

234 Vgl dazu die Ausführungen unter Pkt 1.1.

Durch Art 2 iVm 3 Abs 2 EGV wird eine positive Verpflichtung begründet, die Gleichstellung von Männern und Frauen bei allen Tätigkeiten der Gemeinschaft zu fördern.[235] Die Gleichstellung von Männern und Frauen ist Aufgabe und Ziel der Gemeinschaft, welche bzw welches die europäischen Gesetzgebungs- und Vollziehungsorgane bindet. Gemeinschaftsrechtliche Vorschriften sind im Sinne dieser Bestimmungen auszulegen. Auch nationale Vorschriften werden im Sinn dieser (Ziel-)Bestimmungen gemeinschaftsrechtskonform auszulegen sein, weil die Mitgliedstaaten gemäß Art 10 EGV verpflichtet sind, die Vertragsverpflichtungen der Gemeinschaft zu erfüllen, die Erfüllung ihrer Aufgaben zu erleichtern und alle Maßnahmen zu unterlassen, welche die Zielverwirklichung des Vertrages gefährden könnten.

Kommen die europäischen Gesetzgebungs- und Vollziehungsorgane ihrer Verpflichtung nicht nach, dann kann gegen sie das wirksamste Mittel, nämlich die Vertragsverletzungsklage (Art 226, 227 EGV)[236] nicht eingeleitet werden, weil mit einem derartigen Verfahren nur Vertragsverletzungen der Mitgliedstaaten und nicht der Gemeinschaft geltend gemacht werden können. Ein Vertragsverletzungsverfahren käme allerdings dann in Betracht, wenn – aufgrund von Art 3 Abs 2 EGV – gemeinschaftsrechtliche Gender Mainstreaming-Maßnahmen (zB mittels Richtlinie[237]) vorgeschrieben würden und ein Mitgliedstaat diese Maßnahmen auf nationaler Ebene nicht entsprechend durchführt oder Vorschriften nicht gemeinschaftsrechtskonform (gender-mainstreaming-gerecht) ausgelegt werden. Würde die Vertragsverletzung eines Mitgliedstaates in einem solchen Verfahren festgestellt werden, dann könnte der Mitgliedstaat in einem weiteren Verfahren (Art 228 EGV) zur Zahlung eines Zwangsgeldes oder Pauschalgeldes verurteilt werden.[238]

Hinsichtlich der Nichteinhaltung der Pflicht zur gender-mainstreaming-gerechten Vorgehensweise durch die Organe oder Bediensteten der Gemeinschaft kommt allenfalls eine Nichtigkeitsklage gemäß Art 230 EGV[239] in Betracht. Die Klage muss innerhalb von zwei Monaten ab Bekanntgabe oder Mitteilung des Rechtsaktes erhoben werden. Inhaltlich könnten insbesondere Handlungen des Rates aufgrund der Verletzung des Vertrages (Art 3 Abs 2 EGV) beim EuGH angefochten werden. Anfechtungsberechtigt sind unter anderem die Mitgliedstaaten, aber auch „Einzelpersonen" (und zwar natürliche und juristische Personen). Letztere allerdings nur unter erschwerten Voraussetzungen.

Eine Klagsberechtigung von natürlichen und juristischen Personen setzt voraus, dass es sich beim jeweiligen Rechtsakt um eine an die Person gerichtete Entscheidung

---

235 Vgl dazu auch den 4. Erwägungsgrund der Richtlinie 2002/73/EG des Europäischen Parlamentes und des Rates zur Änderung der Richtlinie 76/207/EWG des Rates zur Verwirklichung des Grundsatzes der Gleichbehandlung von Männern und Frauen hinsichtlich des Zugangs zur Beschäftigung, zur Berufsbildung und zum beruflichen Aufstieg sowie in Bezug auf die Arbeitsbedingungen ABl 2002 L 269/15.
236 Vgl dazu Ausführungen unter Pkt 2.2.2.
237 Eine solche wird von der KOM auf der Grundlage des Art 13 EGV derzeit vorbereitet. Diese Vorschrift verlangt eine einstimmige Entscheidung des Rates – vgl den Text des Art 13 EGV unter Pkt 1.3.
238 Vgl dazu Ausführungen unter Pkt 2.2.2.
239 Vgl dazu Ausführungen unter Pkt 2.2.3.

handelt, oder die Entscheidung zwar an andere Personen gerichtet ist, aber dennoch eine unmittelbare und individuelle Betroffenheit vorliegt. Die Anfechtungsberechtigung läge auch vor, wenn eine Entscheidung als Verordnung erlassen wurde.[240]

Bei einer erfolgreichen Anfechtung würde der EuGH die Maßnahme (des Rates) für nichtig erklären. Damit wäre die nicht-gendergerechte Maßnahme beseitigt. Dies zeigt schon die begrenzte Durchschlagskraft der Nichtigkeitsklage, da auch mit diesem Instrument eine „nicht-gender-mainstreaming-gerechte" Maßnahme beseitigt, die Erlassung gender-mainstreaming-gerechter Maßnahmen aber nicht erzwungen werden kann.

Gender-mainstreaming-gerechte Maßnahmen könnten allenfalls über die Untätigkeitsklage (Art 232 EGV)[241] eingefordert werden, sollten die Organe der Gemeinschaft ihrem Auftrag nach Art 3 Abs 2 EGV nicht nachkommen. Unterlässt es beispielsweise der Rat, einen gender-mainstreaming-gerechten Beschluss zu fassen, dann können die Mitgliedstaaten und die anderen Organe der Gemeinschaft eine Klage auf Feststellung dieser Vertragsverletzung beim EuGH erheben. Auch natürliche und juristischen Personen sind in diesem Fall klagsberechtigt, allerdings nur, wenn die Gemeinschaft es unterlassen hat, einen verbindlichen Rechtsakt *an diese Person*[242] zu richten.

Die Untätigkeitsklage wird vor dem EuGH darüber hinaus nur dann zugelassen, wenn das säumige Organ zuvor aufgefordert worden ist tätig zu werden. Erfolgt eine Stellungnahme des Organs innerhalb von zwei Monaten nach dessen Aufforderung, dann kann keine Klage[243] mehr erhoben werden. Auch dieses Instrument hat daher nur begrenzte Wirksamkeit bei der Durchsetzung gender-mainstreaming-gerechter Maßnahmen.

Eine weitere Möglichkeit zur Durchsetzung der Verpflichtung zum gender-mainstreaming-gerechten Vorgehen besteht in der Haftung der Gemeinschaft für ihre Organe oder Bediensteten gemäß Art 288 EGV. Infolge dieser Vorschrift haftet die Gemeinschaft für (privatrechtliche) Schäden, welche von den genannten Stellen „in Ausübung ihrer Amtstätigkeit" zugefügt wurden. Ein Schadenersatzanspruch kann bei rechtswidrigem Handeln und Unterlassen vorliegen. Es ist durchaus denkbar, dass Frauen durch die Nichtbeachtung der Verpflichtung des Art 2 iVm Art 3 Abs 2 EGV geschädigt werden. Ein Haftungsfall könnte insbesondere dann vorliegen, wenn eine Maßnahme der Gemeinschaft keiner Bewertung der genderspezifischen Auswirkungen unterzogen und dadurch nicht gendergerecht ausgestaltet wurde, oder die Ergebnisse einer solchen Bewertung nicht (entsprechend) berücksichtigt wurden.

Fraglich wird bei all diesen Ansatzpunkten zur Durchsetzung des Gender Mainstreaming-Konzeptes sein, welche Reichweite der EuGH der in Art 2 iVm Art 3 Abs 2 EGV festgelegten Pflicht zuerkennt. Da jede Auslegungsentscheidung einer Vorschrift letztlich auch eine Wertentscheidung für die jeweilige Auslegungsvariante ent-

---

240 Vgl dazu *Arndt*, Europarecht[5] (2001) 55.
241 Vgl dazu Ausführungen unter Pkt 2.2.4.
242 Vgl dazu *Arndt*, Europarecht[5] (2001) 57.
243 Vgl dazu *Krück* in *Groeben/Thiesing/Ehlermann*, Kommentar zum EWG-Vertrag IV[5] (1997).

hält,[244] ist für das Vorgehen des EuGH bedeutsam, ob und welche Richterinnen oder Richter in diesem Fall entscheiden. Angemerkt sei in diesem Zusammenhang, dass bisher beim EuGH und beim Gericht erster Instanz von den jeweils 15 Positionen nur zwei mit Frauen[245] besetzt sind.

Insgesamt bleibt daher festzuhalten, dass die allgemeinen Sanktionsmechanismen zur Umsetzung des Gender Mainstreaming-Konzeptes eher schwach ausgeprägt sind und (derzeit) spezifische Maßnahmen zur Durchsetzung dieses Konzeptes fehlen. Die Umsetzung des Konzepts wird daher in weiten Teilen vom Verhalten und den Einstellungen der auf europäischer Ebene mit der Gesetzgebung und Vollziehung befassten Personen abhängen. In diesem Bereich könnte mit einem gezielten Gender Mainstreaming-Training der Bediensteten der Gemeinschaft und den europäischen EntscheidungsträgerInnen einige Verbesserungen erzielt werden. Als positiver Ansatz in dieser Angelegenheit kann angeführt werden, dass gemäß dem Arbeitsprogramm 2002 der Kommission zur Rahmenstrategie alle Generaldirektionen und Dienste der EU in ihren Fortbildungsplänen, insbesondere auf Management-Ebene, Fortbildungsmodule zum Thema Gender Mainstreaming vorsehen werden.[246]

---

244 *Funk*, Einführung in das österreichisches Verfassungsrecht[10] (2000) RdN 32.
245 Vgl dazu Ausführungen unter Pkt 2.1.
246 Vgl das Arbeitsprogramm der KOM für das Jahr 2002 zur Mitteilung der Kommission an den Rat und das Europäische Parlament – Rahmenstrategie für die Gleichstellung von Frauen und Männern KOM (2001) 773.

Teil III
Innerstaatliche Dimensionen

Silvia Ulrich

1. Die Gleichbehandlung von Frauen und Männern im Lichte des österreichischen Verfassungsrechtes

1.1. Die Entwicklung der verfassungsrechtlichen Gleichheitsgarantien

1.1.1. Die Gleichheit vor dem Gesetz

In Österreich wurde 1867[1] mit Art 2 Staatsgrundgesetz (StGG)[2] ein Grundrecht *auf Gleichheit vor dem Gesetz* verfassungsrechtlich verankert, das noch heute in Geltung steht:

> Vor dem Gesetze sind alle Staatsbürger gleich.

Zugleich wurde mit Art 3 Abs 1 StGG auch eine spezielle Gleichheitsgarantie für den Zugang zu öffentlichen Ämtern geschaffen:

> Die öffentlichen Ämter sind für alle Staatsbürger gleich zugänglich.

Die Gleichheitsverbürgung des Art 2 StGG garantiert die gleiche, dh *willkürfreie Anwendung von Rechtsvorschriften* auf alle Staatsbürger. Diese erste verfassungsrechtliche Gleichheitsgarantie hatte damals jedoch keine wesentliche Verbesserung der Rechtsstellung der Frauen bewirkt. Einfache Gesetze, die diskriminierende Unterschiede zwischen Frauen und Männern vorsahen, waren weiterhin zulässig. So etwa blieben die Frauen weiterhin vom Wahlrecht und vom Hochschulzugang ausgeschlossen, konnten keinen politischen Vereinen angehören und waren einem patriarchalen Eherecht unterworfen. Und obwohl in Art 3 StGG allen Staatsbürgern die gleiche Zugänglichkeit in öffentliche Ämter grundrechtlich garantiert wurde, waren die Frauen auch von weiten Bereichen des Staatsdienstes ausgeschlossen. Dieser Widerspruch zwischen allgemein formulierter Grundrechtsgarantie und reduziertem einfachgesetzlichen Rechtsstatus wird als *beschränkte Grundrechtssubjektivität von Frauen* bezeichnet.[3]

---

1 Vgl zu den Gleichheitsverbürgungen in den von 1848 bis 1867 erlassenen Verfassungsdokumenten bzw Verfassungsentwürfen *Sporrer*, Die Gleichheit von Frauen und Männern in Österreich, in *Machacek/Pahr/Stadler* (Hrsg), Grund und Menschenrechte in Österreich, Bd III (1997) 911.
2 Staatsgrundgesetz vom 21. Dezember 1867 über die allgemeinen Rechte der Staatsbürger, RGBl 1867/142; gem Art 149 Abs 1 B-VG Bestandteil des geltenden Verfassungsrechts.
3 *Floßmann*, Männliche Rechtsstrategien zur Minimierung der sozialen Sprengkraft des Gleichheitssatzes. Ein Beitrag zur beschränkten Rechtssubjektivität der Frau, in *Mesner/Steger-Mauerhofer* (Hrsg), Der Tod der Olympe de Gouges. 200 Jahre Kampf um Gleichberechtigung und Grundrechte (1994) 45.

Dieser Widerspruch lag darin begründet, dass diskriminierende Rechtsvorschriften in einfachen Gesetzen zum damaligen Zeitpunkt noch nicht am verfassungsrechtlichen Gleichheitssatz überprüft werden konnten. Das damalige Reichsgericht konnte nur die *gleiche Anwendung* der Gesetze, nicht aber deren *Inhalte* überprüfen. Das Reichsgericht hatte nämlich keine Kompetenz zur so genannten *Normenkontrolle*. Wenn ein Gesetz eine diskriminierende Unterscheidung von Frauen und Männern vorsah und dieses von den Staatsorganen auf alle Männer und Frauen in der vorgesehenen Weise anwendet wurde, war dies aus verfassungsrechtlicher Sicht nicht anzugreifen.

1.1.2. Die Gleichheit im Gesetz

In der ersten Republik wurde das Bundes-Verfassungsgesetz von 1920 (B-VG) geschaffen, das noch heute der Stammtext unseres geltenden Bundesverfassungsrechtes ist. In diesem Verfassungsdokument wurde mit Art 7 Abs 1 B-VG eine *neue Gleichheitsgarantie* geschaffen:

> Alle Bundesbürger sind vor dem Gesetz gleich. Vorrechte der Geburt, des Geschlechtes, des Standes, der Klasse und des Bekenntnisses sind ausgeschlossen.

In diese neue Gleichheitsgarantie wurde nunmehr ausdrücklich das ‚*Geschlecht*' als verpöntes Differenzierungsmerkmal aufgenommen. Zunächst war umstritten, ob der neue Gleichheitsgrundsatz des Art 7 Abs 1 B-VG nunmehr auch die Gesetzgebung bindet, dh auch der *Inhalt* von einfachen Gesetzen am Maßstab des Gleichheitsgrundsatzes überprüft werden kann. Der in der 1. Republik neu geschaffene Verfassungsgerichtshof (VfGH) hat diese Frage erst im Jahre 1932 eindeutig beantwortet. Seit einem grundlegenden Erkenntnis aus diesem Jahr[4] ist klargestellt, dass nicht nur die Anwendung von Gesetzen, sondern auch deren Inhalt dem Gleichheitsgrundsatz entsprechen muss. Dieses Gebot der *Gleichheit im Gesetz* bedeutet, dass gesetzliche Differenzierungen zwischen Frauen und Männern nur mehr zulässig sind, wenn diese Unterscheidungen sachlich gerechtfertigt sind. Rechtsvorschriften haben Gleiches gleich und Ungleiches ungleich zu behandeln.

1.1.3. Die Gleichheit durch das Gesetz

Über viele Jahrzehnte waren Judikatur und herrschende Lehre der Ansicht, dass der Gleichheitsgrundsatz des Art 7 B-VG nur die *rechtliche (formale) Gleichheit* garantiere. Der Gleichheitsgrundsatz zwinge die Gesetzgebung hingegen nicht zum Abbau faktischer Ungleichheiten zwischen den Geschlechtern und zur aktiven Herstellung von dis-

---

[4] VfSlg 1451.

kriminierungsfreien Lebensverhältnissen. Die Herstellung von *faktischer (materieller) Gleichheit* durch die Gesetzgebung wird als Herstellung von *Gleichheit durch das Gesetz* bezeichnet. In Österreich ist das Prinzip der materiellen Gleichheit erst 1998 durch Erweiterung des Gleichheitsgrundsatzes in die Verfassung aufgenommen worden.[5]

1.2. Die Auslegung der Gleichheitsgarantien durch den Verfassungsgerichtshof

Seit der VfGH Normen auf ihre Vereinbarkeit mit dem Gleichheitsgrundsatz prüfen konnte, wäre ein Weg eröffnet gewesen, die zahllosen diskriminierenden Rechtsvorschriften in der österreichischen Rechtsordnung durch höchstgerichtliche Entscheidungen aufzuheben. Die Ent-Diskriminierung der Rechtsordnung wurde durch die Judikatur des VfGH jedoch über Jahrzehnte nicht wesentlich vorangetrieben. Der Grund waren und sind die *Auslegungsgrundsätze,* die der VfGH zur Gleichheitsprüfung entwickelt hat. Diese Auslegungsgrundsätze haben bewirkt, dass der Gleichheitsgrundsatz nur geringe Steuerungskraft zur Herstellung geschlechtergerechter Lebensverhältnisse entfaltet hat. Einige dieser – im Ergebnis frauenfeindlichen – Auslegungsgrundsätze sollen hier kurz dargestellt werden.

Ob ein Gesetz, das eine Ungleichbehandlung zwischen Frauen und Männern vorsieht, dem Gleichheitsgrundsatz der Verfassung entspricht, wird vom VfGH auf Basis der *Sachlichkeitsprüfung* beantwortet. Gleichheitskonform ist eine gesetzliche Differenzierung dann, wenn sie ‚sachlich gerechtfertigt' ist. Zur Beantwortung der Frage, ob eine Regelung sachlich gerechtfertigt ist, rekurriert der VfGH auf die *Unterschiede im Tatsächlichen.* Werden Männer und Frauen im Gesetz unterschiedlich behandelt, so ist dies im Lichte des Gleichheitssatzes unbedenklich, wenn sich diese Unterschiede auch in der Lebenswirklichkeit widerspiegeln. Die Gesetzgebung kann dabei von einer Durchschnittsbetrachtung ausgehen. Einzelne Härtefälle machen ein Gesetz nicht gleichheitswidrig. So hat der VfGH 1947[6] etwa die geringere Zigarettenzuteilung an Frauen nicht als gleichheitswidrig angesehen, weil damals Frauen im Bundesdurchschnitt weniger rauchten als Männer. Damit wird deutlich, dass mit den ‚Unterschieden im Tatsächlichen' die männlich dominierte Lebensrealität als Prüfmaßstab für die Sachgerechtigkeit einer Regelung herangezogen wird. Dieser Auslegungsgrundsatz führt dazu, dass gesetzliche Regelungen sehr oft als verfassungsrechtlich unbedenklich eingestuft werden, sogar wenn sie an eine diskriminierende überkommene Rollenverteilung der Geschlechter anknüpfen.

Der VfGH wendet bei der Prüfung der Gleichbehandlung der Geschlechter über die Sachgerechtigkeit hinaus auch *keinen strengeren Prüfmaßstab* als bei sonstigen Fragen der Ungleichbehandlung an. Im Gegensatz dazu hat zB der amerikanische *Supreme Court* drei Prüfstufen mit unterschiedlicher Prüfintensität entwickelt. Für gesetzliche Differenzierungen werden folgende Prüfebenen herangezogen:

---

5 Vgl dazu die Ausführungen unter 1.3.4 und 1.4.2.
6 VfSlg 1526.

Strict level of scrutiny

Wenn zB nach rassischen Gesichtspunkten, ethnischer oder nationaler Herkunft differenziert wird (suspect classification), ist dies nur gerechtfertigt, wenn die Differenzierung zur Erreichung *eines zwingenden staatlichen Interesses* unumgänglich ist.

Intermediate level of scrutiny

Wenn nach dem Geschlecht differenziert wird, ist dies nur gerechtfertigt, wenn die Differenzierung einem *wichtigen staatlichen Zweck* dient und *eine substantielle Beziehung zwischen Zweck und Mittel* der gesetzlichen Regelung besteht.

Rational basis test

Bei sonstigen gesetzlichen Differenzierungen ohne hohes Diskriminierungsrisiko wird nur eine *vernünftige Grundlage zur Verfolgung eines legitimen Zweckes* gefordert.

Dies bedeutet, dass bei Personengruppen mit hohem Diskriminierungsrisiko eine weitaus strengere Bindung der Gesetzgebung angenommen wird, als bei sonstigen Ungleichheiten.[7] Strengere Prüfmaßstäbe bei Fragen der Geschlechterungleichbehandlung hat etwa auch das deutsche Bundesverfassungsgericht (BVerfG) entwickelt.[8] So etwa werden gesetzliche Regelungen dann als verfassungswidrig qualifiziert, wenn sie eine diskriminierende überkommene Rollenverteilung zwischen den Geschlechtern verfestigen. Das BVerfG hat zB 1992 das Verbot der Frauennachtarbeit mit dem Argument als verfassungswidrig aufgehoben, dass überkommene Rollenverteilungen, die zu einer höheren Belastung oder sonstigen Nachteilen für Frauen führen, durch staatliche Maßnahmen nicht verfestigt werden dürfen.[9]

Der VfGH hat hingegen in Fragen der Geschlechterungleichbehandlung immer wieder den *Gestaltungsspielraum der Gesetzgebung* überbetont. Der VfGH hatte beinahe zeitgleich wie das BVerfG das österreichische Verbot der Frauennachtarbeit zu überprüfen. Der VfGH hat in seinem Nachtarbeitsverbotserkenntnis 1992[10] jedoch ausgesprochen, dass das österreichische Nachtsarbeitsverbot für Frauen nicht gleichheitswidrig sei, weil es im zulässigen *Gestaltungsspielraum der Gesetzgebung* liege, die Frauennachtarbeit zu verbieten, auch wenn damit indirekt die überkommene Rollenverteilung zwischen den Geschlechtern verfestigt wird. Der Gleichheitsgrundsatz

---

7 Vgl dazu grundlegend *Somek*, Rationalität und Diskriminierung. Zur Bindung der Gesetzgebung an das Gleichheitsrecht (2001).
8 Vgl zur Rechtsprechung des amerikanischen Supreme Court und des deutschen BVerfG *Sacksofsky*, Das Grundrecht auf Gleichberechtigung: eine rechtsdogmatische Untersuchung zu Artikel 3 Abs 2 des Grundgesetzes² (1996) = Schriften zur Gleichstellung der Frau, Bd 1.
9 BVerfG 28. 1. 1992, 1 BvR 1025/82, 1 BvL 16/83, 1 BvL 10/91.
10 VfSlg 13.038.

zwinge die Gesetzgebung nicht dazu, die Angleichung der Lebensverhältnisse von Frauen und Männern voranzutreiben.

In den 90er Jahren wurden in der feministischen Rechtsliteratur die frauenfeindlichen Implikationen der Judikatur des VfGH zum Gleichheitssatz eingehend aufgearbeitet.[11] Als positive Entwicklung in der Judikatur zur Geschlechtergleichbehandlung kann hervorgehoben werden, dass der VfGH gesetzliche Regelungen nunmehr auch auf ihre *mittelbar diskriminierende Wirkung* prüft. So etwa wurden benachteiligende Gehaltsregelungen für teilzeitbeschäftigtes weibliches Apothekenpersonal als mittelbar diskriminierend qualifiziert.[12] Das Verbot der unmittelbaren und der mittelbaren Diskriminierung auf Grund des Geschlechts ist in den europarechtlichen Gleichbehandlungsvorschriften verankert.[13] Auf der einfachgesetzlichen Ebene wurde das Verbot der unmittelbaren und mittelbaren Diskriminierung in den Gleichbehandlungsgesetzen des Bundes und der Länder umgesetzt.

1.3. Überblick über die genderspezifischen Änderungen der Verfassung

Im Folgenden soll die *mehrstufige genderspezifische Verfassungsreform*[14] beleuchtet werden, die Ende der 80er Jahre eingesetzt hat. Durch mehrere Änderungen wurde vor allem der Gleichheitsgrundsatz von der rechtlichen zur materiellen Gleichheitsgarantie weiterentwickelt. Es wurden stufenweise Garantien und Ermächtigungen zur *geschlechtergerechten Sozialgestaltung* geschaffen.

1.3.1. Die Novellen zum geschlechtergerechten Sprachgebrauch

1988 wurde in Art 7 B-VG ein neuer Absatz 3 eingefügt:

> Amtsbezeichnungen können in der Form verwendet werden, die das Geschlecht des Amtsinhabers oder der Amtsinhaberin zum Ausdruck bringen. Gleiches gilt für Titel.

---

11 Vgl dazu zB grundlegend *Hornyik,* Die Judikatur des Verfassungsgerichtshofes zur Geschlechtergleichheit, in *Bundesministerium für Justiz* (Hrsg), Grund- und Freiheitsrechte in der gerichtlichen Praxis (1993) 265; *dies,* Sind Männer gleicher? Die Judikatur des Verfassungsgerichtshofes zur Gleichheit von Mann und Frau als Spiegel gesellschaftlicher Wertmaßstäbe und ihrer Veränderungen (1991-1993), in *Mesner/Steger-Mauerhofer* (Hrsg), Der Tod der Olympe de Gouges. 200 Jahre Kampf um Gleichberechtigung und Grundrechte (1994) 67; *Siegmund-Ulrich,* Zur Ambivalenz des gleichen Rechts, ÖZP 1994, 151; *Sporrer,* Die Gleichheit von Frauen und Männern in Österreich, in *Machacek/Pahr/Stadler* (Hrsg), Grund- und Menschenrechte in Österreich, Bd III (1997) 901.
12 VfSlg 15.448; vgl auch VfSlg 14.442 und 13.558.
13 Vgl dazu die Ausführungen in Teil II Pkt 3.1.
14 Vgl dazu *Ulrich,* Was schützt der Gleichheitsgrundsatz? juridikum 2001, 173 mwH.

Damit wurde ein verfassungsgesetzlich gewährleistetes subjektives *Recht zum geschlechtergerechten Sprachgebrauch* in Bezug auf Amtsbezeichnungen und Titel eingeführt.[15]

Der VfGH hat dieses Recht in der Folge jedoch äußerst restriktiv interpretiert. Die neue Verfassungsbestimmung garantiere nach Auffassung des VfGH nur ein subjektiv-verfassungsrechtliches Recht auf geschlechtsspezifische *Verwendung* von Amtsbezeichnungen und Titel, nicht aber auf deren *Verleihung*. Aus den in Art 7 Abs 1 B-VG und Art 2 StGG verwendeten Begriffen ‚Bundesbürger' und ‚Staatsbürger' leitete der VfGH einen die gesamte Rechtsordnung beherrschenden Grundsatz ab, nämlich derart, dass der geschlechtsneutrale (!) Gebrauch der männlichen Sprachform durch den Gesetzgeber zulässig ist. Der VfGH war auch der Ansicht, dass die neue Verfassungsbestimmung darüber hinaus nur die geschlechtsspezifische Verwendung von Amtsbezeichnungen und Titel, nicht jedoch von akademischen Graden zulässt.[16] Daher wurde mit einer weiteren Verfassungsänderung[17] der sachliche Geltungsbereich von Art 7 Abs 3 B-VG auf akademische Grade und Berufsbezeichnungen ausgeweitet. Nunmehr können auch akademische Grade und Berufsbezeichnungen geschlechtsspezifisch verwendet werden. Art 7 Abs 3 lautet in seiner geltenden Fassung:

> Amtsbezeichnungen können in der Form verwendet werden, die das Geschlecht des Amtsinhabers oder der Amtsinhaberin zum Ausdruck bringen. *Gleiches gilt für Titel, akademische Grade und Berufsbezeichnungen.*[18]

Die Gesetzgebung ist aber nach wie vor nicht zum geschlechtsspezifischen Sprachgebrauch verpflichtet.[19] Nur wenn auf einfachgesetzlicher Ebene ausdrücklich männliche und weibliche akademische Grade usw normiert werden, müssen diese in der geschlechtsspezifischen Form verliehen werden. Die einfache Bundesgesetzgebung beschreitet diesen Weg zB im Studienrecht bereits sehr konsequent, und normiert akademische Grade durchgehend in der männlichen und weiblichen Form.[20]

1.3.2. Die unterschiedlichen Altersgrenzen von männlichen und weiblichen Sozialversicherten

Im Allgemeinen Sozialversicherungsgesetz (ASVG) war für Frauen ein früheres Pensionsanfallsalter als für Männer normiert. Dieses frühere Pensionsanfallsalter war

---

15 BGBl 1988/341.
16 VfSlg 13.373.
17 BGBl I 1998/68.
18 Hervorhebung durch die Autorin.
19 Vgl dazu insb *Kucsko-Stadlmayer*, Art 7 Abs 3 B-VG, in *Korinek/Holoubek* (Hrsg), Bundesverfassungsrecht (1999).
20 Vgl zB das Universitäts-Studiengesetz (UniStG), BGBl I 1997/48 idF BGBl I 2001/105. Das UniStG tritt mit 31. Dezember 2003 außer Kraft. Auch das neue Studienrecht (geregelt im Universitätsgesetz 2002, BGBl I 2002/120) ist in dieser Hinsicht gendergerecht ausgestaltet.

von der Gesetzgebung als Nachteilsausgleich für die vielfältigen faktischen Benachteiligungen der Frauen im Arbeitsleben vorgesehen. Durch diese gesetzliche Maßnahme sollten insbesondere die verminderten Karriereperspektiven von Frauen am Arbeitsmarkt und die Doppelbelastung durch Familie und Beruf ausgeglichen werden. 1990 wurde das im ASVG normierte frühere Pensionsanfallsalter vom VfGH geprüft und als gleichheitswidrig aufgehoben. Der VfGH war der Ansicht, dass das unterschiedliche Pensionsanfallsalter als gesetzliche Maßnahme nicht zielgenau sei und damit auch jenen Frauen zugute komme, deren Rollenbild sich von jenem der Männer nicht unterscheidet.[21] In der Folge hat es im Parlament einen politischen Konsens darüber gegeben, dass das unterschiedliche Pensionsanfallsalter als Ausgleich für die vielfältigen Benachteiligungen der Frauen nach wie vor notwendig ist. Die Gesetzgebung hat daher das unterschiedliche Pensionsanfallsalter neuerlich – diesmal als Verfassungsgesetz – in der Rechtsordnung verankert.

Mit dem *BVG über unterschiedliche Altersgrenzen von männlichen und weiblichen Sozialversicherten*[22] wurde die Beibehaltung der unterschiedlichen Altersgrenzen für die vorzeitige Alterspension bis 2019 bzw für die reguläre Alterspension bis 2024 festgeschrieben. Nach diesen Zeitpunkten ist eine stufenweise jährliche Angleichung der Altersgrenzen von Männern und Frauen vorgesehen.[23]

1.3.3. Die erstmalige Klarstellung der verfassungsrechtlichen Zulässigkeit von vorübergehenden Sondermaßnahmen zur Herbeiführung der De-facto-Gleichberechtigung von Frauen und Männern

Die nächste wichtige Verfassungsänderung erfolgte im Jahr 1993. Im Universitäts-Organisationsgesetz (UOG 1993)[24] wurde mit § 39 Abs 2 leg cit eine *neue Verfassungsbestimmung* verankert. Diese hat folgenden Wortlaut:

> Vorübergehende Sondermaßnahmen der Universitätsorgane zur beschleunigten Herbeiführung der de-facto-Gleichberechtigung von Mann und Frau im Sinne des Art. 4 der UN-Konvention zur Beseitigung jeder Form von Diskriminierung der Frau, BGBl. Nr. 443/1992,[25] gelten nicht als Ungleichbehandlung im Sinne des Art. 7 Abs. 1 B-VG.

Mit dieser Verfassungsbestimmung waren zwei entscheidende Rechtswirkungen verbunden:

---

21 VfSlg 12.568.
22 BGBl 1992/832.
23 Vgl zur europarechtlichen Zulässigkeit eines unterschiedlichen Pensionsalters bei staatlichen Pensionsalterssystemen die Ausführungen in Teil II 3.1.
24 BGBl 1993/805.
25 Das Zitat ist unrichtig. Die CEDAW wurde mit BGBl 1982/443 kundmacht.

1. Erstmals wurden Universitätsorgane (als Staatsorgane) ausdrücklich ermächtigt, vorübergehende Sondermaßnahmen im Sinne der UN-Konvention zur Beseitigung jeder Form von Diskriminierung der Frau (CEDAW)[26] zu erlassen. Unter vorübergehenden Sondermaßnahmen iSd CEDAW sind auch befristete leistungsgebundene Quoten zugunsten von Frauen zu verstehen.
2. Die Verfassungsgesetzgebung stellte darüber hinaus in einer *authentischen Interpretation* klar, dass eine vorübergehende Ungleichbehandlung von Männern und Frauen zur Herbeiführung der De-facto-Gleichberechtigung der Geschlechter nicht dem allgemeinen Gleichheitsgrundsatz des Art 7 Abs 1 B-VG widerspricht.

1.3.4. Das Bekenntnis zur Frauenförderung und die neuerliche Klarstellung der verfassungsrechtlichen Zulässigkeit von vorübergehenden Sondermaßnahmen zur Herbeiführung der De-facto- Gleichberechtigung von Frauen und Männern

Mit der Verfassungsnovelle im Jahr 1998 wurde Art 7 B-VG ein neuer Absatz 2 hinzugefügt.

> Bund, Länder und Gemeinden bekennen sich zur tatsächlichen Gleichstellung von Mann und Frau. Maßnahmen zur Förderung der faktischen Gleichstellung von Frauen und Männern insbesondere durch Beseitigung tatsächlich bestehender Ungleichheiten sind zulässig.

Diese Verfassungsbestimmung entfaltet ebenfalls zwei bedeutsame Rechtswirkungen:

1. Mit dem ersten Satz wurde eine *Staatszielbestimmung* betreffend die Herstellung faktischer Gleichberechtigung von Frauen und Männern verankert. Damit sind die Gebietskörperschaften verfassungsrechtlich verpflichtet, mit allen zulässigen Mitteln geschlechterdemokratische Lebensverhältnisse zu schaffen. Die Herstellung faktischer Gleichberechtigung wird damit ausdrücklich zu einem verfassungsrechtlichen Ziel und zum Maßstab für staatliches Handeln.[27] Eine Staatszielbestimmung hat jedoch keine unmittelbare Wirkung gegenüber den Einzelnen. Die Staatszielbestimmung räumt *kein* Grundrecht auf Herstellung faktischer Gleichberechtigung ein und ist daher von den StaatsbürgerInnen auch nicht als verfassungsgesetzlich gewährleistetes Recht vor dem VfGH durchsetzbar. Es besteht *kein Anspruch auf gendergerechtes Handeln des Staates*. Die Staatszielbe-

---

[26] BGBl 1982/443. Art 1 bis 4 sind vom Nationalrat als verfassungsändernd genehmigt worden, stehen jedoch unter Erfüllungsvorbehalt gem Art 50 Abs 2 B-VG.
[27] Vgl *Berka*, Lehrbuch Grundrechte (2000), 208.

stimmung hat jedoch zwei bedeutsame Wirkungen: Zum einen kann die Nichtumsetzung oder die nicht ausreichende Umsetzung des Staatszieles im Rahmen der politischen Kontrollrechte des Parlaments gegenüber der Regierung eingemahnt werden. Zum anderen ist die Staatszielbestimmung im Rahmen der Interpretation von Normen von Bedeutung. Einfachgesetzliche Normen sind nunmehr von Verwaltung und Gerichtsbarkeit gendergerecht im Lichte der neuen Staatszielbestimmung zu interpretieren (verfassungskonforme Interpretation). Auch bei der grundrechtlichen Güterabwägung ist die Staatszielbestimmung als Wertentscheidung der Verfassung zu berücksichtigen.

2. Der zweite Satz beinhaltet eine neuerliche Klarstellung der Zulässigkeit von vorübergehenden Sondermaßnahmen zur Herstellung faktischer Gleichberechtigung. Nunmehr ist in der zentralen Gleichheitsnorm der Bundesverfassung selbst – nämlich im Gleichheitsgrundsatz des Art 7 B-VG – ausdrücklich klargestellt, dass vorübergehende Sondermaßnahmen zur Frauenförderung, soweit sie verhältnismäßig sind, zulässige Differenzierungen im Sinne des Gleichheitsgrundsatzes sind. Die Verfassungsbestimmung des § 39 Abs 2 UOG 1993, welche diese Klarstellungsfunktion ursprünglich gehabt hat, ist zwar nach wie vor in Geltung,[28] hat jedoch mit der Neueinfügung von Art 7 Abs 2 B-VG keinen selbständigen normativen Bedeutungsgehalt mehr.

Abschließend kann gesagt werden, dass die genderspezifischen Verfassungsänderungen den Gleichheitsgrundsatz in seiner integrativen und antidiskriminierenden Wirkung gestärkt haben. Die Novellen dokumentieren eine Abkehr von einem formalen hin zu einem materiellen Grundrechtsverständnis im Sinne von Werten oder Prinzipien. Welchen Einfluss die CEDAW auf diesen verfassungsrechtlichen Reformprozess hatte, wird im nächsten Kapitel dargestellt.

1.4. Die UN-Konvention zur Beseitigung jeder Form von Diskriminierung der Frau und ihre Umsetzung in Österreich

1.4.1. Allgemeines

Die UN-Konvention zur Beseitigung jeder Form von Diskriminierung der Frau (CEDAW) ist als völkerrechtlicher Vertrag am 3. 9. 1981 in Kraft getreten.[29] Österreich hat die CEDAW 1982 in innerstaatliches Recht transformiert.[30] Die Art 1 bis 4 wurden in den Verfassungsrang gehoben. Die gesamte Konvention wurde jedoch mit einem *Erfüllungsvorbehalt* gem Art 50 Abs 2 B-VG versehen, sodass die Konventionsbestim-

---

28 Die Verfassungsbestimmungen des UOG 1993 bleiben auch nach dem Außer-Kraft-Treten des UOG 1993 (mit 31. Dezember 2003) in Geltung. Vgl § 143 Universitätsgesetz 2002, BGBl I 2002/120.
29 Vgl dazu die Ausführungen in Teil I Kapitel 2 Pkt 1.5.
30 BGBl 1982/443.

mungen innerstaatlich nicht unmittelbar anwendbar sind. Nur soweit innerstaatliche Rechtsvorschriften die Gebote und Verbote der CEDAW konkretisieren, können diese unmittelbare Wirksamkeit erlangen.

Österreich hat anlässlich der Ratifikation zwei Vorbehalte erklärt:

Der erste Vorbehalt betraf Art 7 lit b der CEDAW, wodurch das *gleiche Recht auf Zugang zu einem öffentlichen Amt und Bekleidung jeder öffentlichen Funktion auf allen Ebenen staatlicher Verwaltung* im Hinblick auf militärische Dienstleistungen eingeschränkt wurde. In Jahr 2000 wurde der Vorbehalt von Österreich zurückgezogen,[31] weil mit *dem Bundesgesetz über die Ausbildung von Frauen im Bundesheer*[32] der freiwillige Dienst von Frauen im österreichischen Bundesheer ermöglicht wurde.

Der zweite Vorbehalt betrifft Art 11 der CEDAW. *Das Recht auf dieselben Arbeitsmöglichkeiten* wurde von Österreich wegen der bestehenden Frauennachtarbeitsverbote beschränkt. Dieser Vorbehalt ist noch aufrecht. Die Rechtsentwicklung im Europarecht[33] hat Österreich jedoch zu einer Aufhebung der Frauennachtarbeitsverbote und zu einer geschlechtsneutralen Ausgestaltung der Nachtarbeit für Frauen und Männer gezwungen. Mit dem im Jahre 2002 erlassenen *EU-Nachtarbeits-Anpassungsgesetz*[34] gelten nunmehr für Frauen und Männer einheitliche Vorschriften für die Nachtarbeit, sodass auch der zweite Vorbehalt zurückgezogen werden kann.

1.4.2. Die Impulse der CEDAW zur genderspezifischen Verfassungsreform in Österreich

Die CEDAW enthält ua den Auftrag, eine Politik der Beseitigung der Diskriminierung der Frau *mit allen geeigneten Mitteln* zu verfolgen und erklärt vorübergehende Sondermaßnahmen zur beschleunigten Herbeiführung der De-facto-Gleichberechtigung von Mann und Frau als zulässig. Insbesondere Art 2 lit a und d der CEDAW konstituieren eine Verpflichtung der Vertragsstaaten, für die *tatsächliche Verwirklichung des Gleichheitsgrundsatzes* zu sorgen. Österreich ist damit die völkerrechtliche Verpflichtung eingegangen, gesetzgeberische Maßnahmen zu setzen, welche dem Ziel der beschleunigten Herstellung der De-facto-Gleichberechtigung dienen. Die Wahl der Mittel zur Erreichung dieses Konventionszieles bleibt den einzelnen Vertragsstaaten überlassen.

Auch wenn die CEDAW nur mit einem *Erfüllungsvorbehalt* genehmigt wurde, hatte sie ab dem Transformationszeitpunkt den Norminhalt des Gleichheitsgrundsatzes in der österreichischen Bundes-Verfassung entscheidend verändert. Art 7 Abs 1 B-VG hätte ab diesem Zeitpunkt völkerrechtskonform im Lichte der CEDAW interpretiert werden müssen. Die im Verfassungsrang stehenden Art 1 bis 4 der CEDAW haben eine Änderung des Gleichheitsgrundsatzes dahingehend bewirkt, dass

---

31 BGBl III 2000/183.
32 BGBl I 1998/30.
33 Vgl dazu die Ausführungen in Teil II Pkt 3.1.
34 BGBl I 2002/122.

die Garantie *rechtlicher Gleichheit* ergänzt wurde um die Verpflichtung der Staatsorgane zur Herstellung *faktischer (materieller) Gleichheit*.

Art 4 der CEDAW ist in diesem Zusammenhang von besonderer Bedeutung. Er hat folgenden Wortlaut:

> 1. Vorübergehende Sondermaßnahmen der Vertragsstaaten zur beschleunigten Herbeiführung der De-facto-Gleichberechtigung von Mann und Frau gelten nicht als Diskriminierung im Sinne dieser Konvention, dürfen aber keinesfalls eine Beibehaltung ungleicher oder gesonderter Maßstäbe zur Folge haben; diese Maßnahmen sind aufzuheben, sobald die Ziele der Chancengleichheit und Gleichbehandlung erreicht sind.
> 2. Sondermaßnahmen zum Schutz der Mutterschaft, einschließlich der in dieser Konvention angeführten Maßnahmen, gelten nicht als Diskriminierung.

Die Auswirkungen der CEDAW auf den Norminhalt von Art 7 Abs 1 B-VG blieben jedoch in der Lehre nicht unumstritten. Insbesondere die Förderung von Frauen durch leistungsgebundene Quotenregelungen wurde unter Hinweis auf das individualistische, freiheitliche Verfassungskonzept der österreichischen Bundesverfassung nach wie vor als verfassungswidriges Rechtsinstrumentarium qualifiziert.[35] Dies war der Grund, weshalb mit § 39 Abs 2 UOG 1993 eine Verfassungsbestimmung geschaffen wurde, die klarstellen sollte, dass vorübergehende Sondermaßnahmen im Sinne der CEDAW mit dem Gleichheitsgrundsatz des Art 7 Abs 1 B-VG vereinbar sind. Doch trotz dieser ergänzenden Verfassungsbestimmung gab es weiterhin kritische Stimmen in der rechtswissenschaftlichen Literatur, die meinten, dass leistungsgebundene Quotenregelungen als vorübergehende Sondermaßnahmen iSd CEDAW nach wie vor dem Gleichheitsgrundsatz des Art 7 Abs 1 B-VG widersprechen.

Dieser verfassungsdogmatische Streitpunkt hatte in der Zwischenzeit an Aktualität und Brisanz gewonnen, weil im Jahr 1993 erstmals auf einfachgesetzlicher Ebene *leistungsgebundene Quotenregelungen* eingeführt wurden, und zwar durch das Bundes-Gleichbehandlungsgesetz (B-GBG). Während feministische Rechtswissenschafterinnen betonten, dass die Quotenregelungen des B-GBG im Lichte der ergänzenden Verfassungsbestimmung des § 39 Abs 2 UOG als verfassungskonform zu qualifizieren sind, wurde dies von einem Teil der Lehre nach wie vor angezweifelt.

Der VfGH hatte die Frage der Verfassungskonformität der einfachgesetzlichen Quotenregelungen des B-GBG in der Sache nie geprüft. Es waren zwar zwei *Bescheidbeschwerden* von Männern anhängig, die sich durch die Anwendung der Quotenregelung zugunsten von Frauen in ihrem Gleichheitsrecht verletzt erachteten, der VfGH hatte jedoch in beiden Fällen keine Normenkontrollverfahren eingeleitet. Die Beschwerde eines Richters wurde wegen fehlender Parteistellung im Verfahren als *un-*

---

35 Vgl insb *Thienel*, Das Berufungsverfahren nach dem UOG 1993 (1996) 16.

zulässig zurückgewiesen.[36] Die Beschwerde eines Lehrers wurde als *unbegründet abgewiesen*, weil die im Personalauswahlverfahren zum Zug gekommene Frau besser qualifiziert war. Da es sich um einen Fall der Bestqualifikation der Frau gehandelt hat, lag gar kein Anwendungsfall der Quotenregelung bei gleicher Eignung vor. Die Quotenbestimmung des B-GBG war daher auch nicht präjudiziell für das Bescheidbeschwerdeverfahren vor dem VfGH.[37]

Vor diesem Hintergrund war es ein dringliches frauenpolitisches Anliegen, eine Klarstellung der Zulässigkeit von vorübergehenden Sondermaßnahmen iSd CEDAW im Normtext des Gleichheitsgrundsatzes in Art 7 B-VG selbst zu verankern. Bereits 1995 hat die ehemalige Frauenministerin *Dohnal* eine einschlägige Initiative zur Reform des Art 7 B-VG gesetzt.[38] Und auch das Frauenvolksbegehren 1997 enthielt ua als zentrale Forderung die verfassungsrechtliche Verankerung einer Verpflichtung der Gebietskörperschaften zum aktiven, umfassenden Abbau der Benachteiligung von Frauen. Eine endgültige verfassungsrechtliche Klärung der Zulässigkeit von leistungsgebundenen Quotenregelungen wurde in der Folge mit der Verfassungsnovelle 1998 herbeigeführt.[39]

1.4.3. Überblick über den Stand der Umsetzung der CEDAW in Österreich

1.4.3.1. Einfachgesetzliche Umsetzungsakte

Zum Zeitpunkt der Transformation der CEDAW in das innerstaatliche Recht im Jahr 1982 war der Prozess der Entdiskriminierung der Rechtsordnung noch in seinen Anfängen.[40] Nur folgende gesetzliche Maßnahmen der Entdiskriminierung waren bis zu diesem Zeitpunkt verwirklicht:

- Die Einführung der *Straffreiheit des Schwangerschaftsabbruches* 1974.[41]
- Die Abkehr vom patriarchalen Eherecht durch *Einführung der partnerschaftlichen Ehe* 1975.[42]
- Die Erlassung eines *Gleichbehandlungsgesetzes für die Privatwirtschaft* 1979.[43]

---

36 VfGH 30. 11. 1995, B 665/95.
37 VfGH 20. 11. 1995, B 1950/95.
38 Vgl zu dieser Initiative *Floßmann*, Vom formalen zum feministischen Grundrechtsverständnis, in *Deixler-Hübner* (Hrsg), Die rechtliche Stellung der Frau (1998) 209 (216).
39 Vgl dazu die Ausführungen unter Pkt 1.3.4.
40 In den Erläuterungen zur Transformation der CEDAW in das innerstaatliche Recht wird auf die Erläuterungen zum Übereinkommen über die politischen Rechte der Frau verwiesen und betont, dass die dortigen Ausführungen grundsätzlich auch für die CEDAW gelten. Dort wird betont, dass die bestehende Rechtsordnung den Vertragsnormen bereits voll entspricht. Im Lichte des objektiven Reformbedarfs und der in den Folgejahren tatsächlich durchgeführten genderspezifischen Reformen war dies eine eklatante Fehleinschätzung. Vgl 823 BlgNR, 15. GP, 25.
41 BGBl 1974/60.
42 BGBl 1975/412; vgl auch BGBl 1977/403, 1978/280 und 1978/303.
43 BGBl 1979/108.

Mit zunehmender Sensibilisierung der Gesetzgebung für Fragen der Geschlechtergleichbehandlung sind in der Folge eine Reihe von gesetzlichen Maßnahmen gesetzt worden, die im Umkehrschluss eindrucksvoll belegen, wie rudimentär das gesetzliche Umsetzungsniveau in Bezug auf die CEDAW im Jahre 1982 tatsächlich war. Als bedeutsame gesetzliche Umsetzungsschritte seit 1982 können genannt werden:

- Die Einführung eines Straftatbestandes für *Vergewaltigung bzw geschlechtliche Nötigung in der Ehe oder Lebensgemeinschaft* 1989.[44]
- Die Erlassung eines *Eltern-Karenzurlaubsgesetzes 1989*.[45] Damit wurde die rechtliche Möglichkeit geschaffen, dass beide Elternteile einen Karenzurlaub in Anspruch nehmen können.
- Das *Arbeitsrechtliche Begleitgesetz 1992*.[46] Das Gesetz brachte insbesondere Verbesserungen hinsichtlich des Mutterschutzes und des Elternkarenzurlaubes.
- Das *Bundesgesetz über die Berichte der Bundesregierung betreffend den Abbau von Benachteiligungen von Frauen 1992*.[47] Mit diesem Gesetz wurde eine Berichtspflicht der Bundesregierung gegenüber dem Nationalrat über gesetzte Maßnahmen betreffend den Abbau von gesellschaftlichen, familiären und wirtschaftlichen Benachteiligungen von Frauen eingeführt. Der Bericht ist jedes zweite Kalenderjahr zu erstatten. Im Nationalrat wurde zur Behandlung dieser Berichte 1992 ein *Gleichbehandlungsausschuss* konstituiert.
- Die Erlassung von Gleichbehandlungsgesetzen für den öffentlichen Dienst auf Bundes-, Landes- und Gemeindeebene. 1993 wurde das *Bundes-Gleichbehandlungsgesetz* erlassen. In der Folge haben auch alle Bundesländer einschlägige *Gleichbehandlungsgesetze für den Landes- und Gemeindedienst* erlassen.[48] Zur Erlassung dieser Gesetze war Österreich vor allem durch die Teilnahme am EWR und die spätere Mitgliedschaft in der EU gezwungen. Es war in erster Linie die Anpassungspflicht an die europarechtlichen Vorschriften zur Gleichbehandlung von Männern und Frauen und nicht der völkerrechtliche Druck durch die CEDAW, welche diese innerstaatlichen Gesetze auf den Weg gebracht hat.
- Die Normierung von *leistungsgebundenen Quoten* bei gleicher Eignung zu Gunsten von gleich geeigneten weiblichen Bewerberinnen im Bundes-Gleichbehandlungsgesetz 1993 und in einigen Landes- und Gemeinde-Gleichbehandlungsgesetzen. Die Erlassung der Quotenvorschriften ist zweifelsfrei als eine Umsetzung des CEDAW-Auftrages zur Förderung der De-facto-Gleichberechtigung von Frauen zu qualifizieren.[49]
- Der *Ausbau des sachlichen Geltungsbereiches des Gleichbehandlungsgesetzes für die Privatwirtschaft 1979*. Die schrittweise Erhöhung des Schutzniveaus des

---

44 BGBl 1989/242.
45 BGBl 1989/651.
46 BGBl 1992/833.
47 BGBl 1992/837.
48 Vgl dazu die Ausführungen unter Pkt 2.1.
49 Vgl dazu die Ausführungen unter Pkt 2.1.4.

Gleichbehandlungsgesetzes war primär ebenfalls durch den Anpassungsdruck des Europarechtes notwendig geworden.[50]
- Die Möglichkeit der *Weiterführung des bisherigen Familiennamens* bei der Eheschließung 1995.[51]
- Das *Bundesgesetz zum Schutz vor Gewalt in der Familie* 1996.[52]
- Die Schaffung eines *humanitären Aufenthaltsrechtes für Opfer des Frauenhandels* 1997.[53]
- Das *Bundesgesetz über die Ausbildung von Frauen im Bundesheer* 1998.[54]
- Die Einführung eines *teilweise verschuldensunabhängigen Scheidungsunterhalts* 1999.[55]
- Einführung der Möglichkeit der *gemeinsamen Obsorge* für ein eheliches Kind nach der Scheidung 2001.[56]
- Die *Angleichung des Ehemündigkeitsalters* ab dem Jahre 2001.[57] Nunmehr gilt gem § 1 EheG für Frauen und Männer einheitlich ein Ehemündigkeitsalter von 18 Jahren. Vor der Novelle wurde das Ehemündigkeitsalter für Männer mit dem vollendeten neunzehnten Lebensjahr erreicht, für Frauen bereits mit dem vollendeten sechzehnten Lebensjahr. Auf Antrag konnte das Gericht zudem die Ehemündigkeit einer Frau mit Vollendung des fünfzehnten Lebensjahres erklären. Die unterschiedlichen Ehemündigkeitsregelungen des EheG hatten ihre Wurzel in überholten Vorstellungen von der Rollenverteilung von Frauen und Männern in der Ehe. Die differenzierende Regelung hatte einen diskriminierenden Lenkungseffekt dahingehend, dass junge Frauen mit der frühen Eheschließung ihre Ausbildung häufig abgebrochen und damit stärker in die Abhängigkeit einer Versorgungsehe geraten sind.
- Die *Aufhebung der speziellen Nachtarbeitsverbote für Frauen* und die Einführung gleicher Bedingungen für die Ausübung der Nachtarbeit für Frauen und Männer durch die Erlassung des EU-Nachtarbeits-Anpassungsgesetzes 2002.[58]

---

50 Wichtige Novellen sind insb BGBl 1990/410, 1992/833, BGBl I 1998/44.
51 BGBl 1995/25. Vgl zur Genese des österreichischen Ehenamensrechtes insb *Aichhorn/Furgler*, Das Familiennamensrecht, in *Aichhorn* (Hrsg), Frau & Recht (1997), 293.
52 BGBl 1996/759 idF BGBl I 1999/146.
53 BGBl I 1997/75 idF BGBl I 2000/34. Vgl dazu kritisch *Kartusch*, Das Geschäft mit der Ware Frau – Maßnahmen gegen den Frauenhandel und zum Schutz der Opfer, in *Gabriel* (Hrsg), Frauenrechte. Einführung in den internationalen frauenspezifischen Menschenrechtsschutz (2001), 83 (90) und *dies*, Humanitäres Aufenthaltsrecht für Betroffene des Frauenhandels? juridikum 2000, 194.
54 BGBl I 1998/30 idF BGBl I 2000/140.
55 BGBl I 1999/125. Vgl dazu insb *Ferrari*, Verschuldensunabhängiger Scheidungsunterhalt nach den §§ 68a und 69b EheG, in *Ferrari/Hopf* (Hrsg), Eherechtsreform in Österreich (2000) 37. Vgl zur Situation vor Einführung des teilweise verschuldensunabhängigen Scheidungsunterhalts *Binder*, Hausfrauen – rechtlos in der Gesellschaft? Zur sozialrechtlichen Situation der Hausfrauen (Hausmänner) in Österreich – Bestandsaufnahme und Verbesserungsvorschläge (2000).
56 BGBl I 2000/135. Vgl dazu *Haidenthaller*, Schwerpunkte der Kindschaftsrechts-Reform, Teil I ÖJZ 2001, 622, Teil II ÖJZ 2001, 633; *Gründler*, Die gemeinsame Obsorge nach dem KindRÄG 2001, ÖJZ 2001, 701. Kritisch zur Abkehr von der alleinigen Obsorge für einen Elternteil nach Scheidung *Kolbitsch*, Wider die gemeinsame Obsorge nach Scheidung, ÖJZ 1997, 326.
57 BGBl I 2000/135.
58 BGBl I 2002/122.

1.4.3.2. Sonstige Maßnahmen der Umsetzung

Zu den Umsetzungsmaßnahmen zur Verwirklichung der materiellrechtlichen Garantien der CEDAW zählen nicht nur Gesetzesänderungen, sondern auch alle faktischen Maßnahmen, die bisher in Österreich zur Herstellung der De-facto-Gleichberechtigung gesetzt wurden. Dazu zählen zB folgende Initiativen:

- Die Selbstbindung der Parteien hinsichtlich der Aufnahme von Frauen in Wahlvorschläge (zB Reißverschlusssystem bei der Listenerstellung).
- Die Initiativen zur Erleichterung des Wiedereinstiegs von Frauen in das Berufsleben bzw zur Förderung der Vereinbarkeit von Familie und Beruf.
- Die Etablierung und Finanzierung von Gewaltschutzeinrichtungen für Frauen (Frauenhäuser; Interventionsstellen gegen Gewalt in der Familie).
- Die zwischen BetriebsinhaberInnen und Betriebsräten vereinbarten Maßnahmen der Frauenförderung in der Privatwirtschaft.
- Die bewusstseinsbildenden Initiativen für die Privatwirtschaft (zB die Prämierung von frauenfreundlichen Betrieben durch die Initiative „*Taten statt Worte*").
- Die Maßnahmen der Frauenförderung im öffentlichen Dienst, insbesondere durch Umsetzung von Frauenförderungsplänen.
- Die zunehmende Etablierung von genderspezifischer Forschung und Lehre an den Universitäten und die spezielle Förderung des weiblichen wissenschaftlichen Nachwuchses.
- Maßnahmen der gendergerechten Überarbeitung von Lehrplänen in den Schulen.
- Die bisher gesetzten Maßnahmen des „Gender Mainstreaming" der Bundesregierung.

1.4.4. Umsetzungsprobleme aus der Sicht des CEDAW-Komitees

Trotz dieser positiven Umsetzungsbilanz bleibt noch viel zu tun. Das CEDAW-Komitee[59] hat am 15. Juni 2000 den kombinierten dritten und vierten sowie fünften Bericht Österreichs hinsichtlich der Umsetzung der CEDAW geprüft und in ihren „*Concluding Observations*"[60] insbesondere folgende Kritikpunkte festgehalten:

- Die Abschaffung des Frauenministeriums in der 21. Gesetzgebungsperiode.
- Der geringe Anteil von weiblichen Wissenschafterinnen.

---

59 In Österreich wird in der Kundmachung des Fakultativprotokolls der Begriff CEDAW-Komitee verwendet. In Deutschland und in der Schweiz wird die Bezeichnung Ausschuss verwendet. Auch in Teil I wird der Begriff CEDAW-Ausschuss verwendet.
60 Committee on the Elimination of Discrimination against Women, Twenty-third session, 12-30 June 2000, Consideration of reports of States parties. Austria. Combined third and fourth periodic reports and fifth periodic report. Download der deutschen Fassung des Berichts unter http://www.webfctory.apa.at/bmsg/imag/downloads/CEDAW-empfehlungen_de.pdf.

- Die anhaltenden Lohnunterschiede zwischen Frauen und Männern.
- Der Mangel an Kinderbetreuungseinrichtungen.
- Der Rückgang des Frauenanteils in den gesetzgebenden Körperschaften.
- Die Benachteiligung von Frauen, die sich nie verheiratet haben sowie von geschiedenen älteren Frauen im Hinblick auf ihre Pensions- und Sozialversicherungsleistungen.
- Der hohe Prozentanteil der Frauen in Österreich, die über das gesetzliche Maß der Pflichtschule hinaus keine Ausbildung haben.
- Die nach wie vor bestehenden Rollenklischees auf dem Gebiet der Bildung und der beruflichen Ausbildung von Mädchen und Knaben.

Die Bundesregierung wurde auch ersucht, unter anderem folgende Maßnahmen zu setzen:

- Die rechtliche Situation der Migrantinnen zu verbessern.
- Zur Prävention von Frauenhandel die Zusammenarbeit mit den Herkunftsländern und anderen Zielländern zu verstärken.
- Geschlechtsspezifische Asylgründe im Asylrecht zu implementieren.
- Durch Schulungsprogramme eine verstärkte Sensibilisierung von Staatsorganen in Bezug auf Gewalt gegen Frauen, insbesondere gegen Migrantinnen, zu erreichen.
- Die Einkommensunterschiede zwischen frauendominierten und männerdominierten Berufen zu verringern.
- Weitere budgetäre Anreize zur Einrichtung von Kinderbetreuungsstätten zu schaffen, um den Frauen die gleichberechtigte Teilnahme am Arbeitsmarkt zu ermöglichen.
- Die Kompetenzen der Gleichbehandlungskommission auszuweiten.
- Den Frauenanteil in akademischen Positionen auf allen Ebenen zu erhöhen und Frauenforschung in die Universitäts-Studienpläne und Forschungsprogramme einzubauen.

1.5. Das Fakultativprotokoll zur UN-Konvention zur Beseitigung jeder Form von Diskriminierung der Frau und seine Bedeutung für die Ausweitung des Rechtsschutzes in Österreich

1.5.1. Allgemeines

Das Fakultativprotokoll ist am 22. 12. 2000 in Kraft getreten. Österreich hat die Ratifikationsurkunde am 6. 9. 2000 beim Generalsekretär der Vereinten Nationen hinterlegt. Die Transformation in das innerstaatliche Recht erfolgte am 28. 11. 2000.[61] Das Fakul-

---

61 BGBl III 2000/206.

tativprotokoll sieht zwei neue verfahrensrechtliche Instrumente zur Durchsetzung der rechtlichen Garantien der CEDAW vor: Das *Mitteilungsverfahren (Individualbeschwerdeverfahren)* und das *Untersuchungsverfahren*. Hinsichtlich des Untersuchungsverfahrens kann gem Art 10 jeder Vertragsstaat anlässlich der Unterzeichnung oder Ratifikation des Fakultativprotokolls erklären, dass er die Zuständigkeit des CEDAW-Komitees zur Durchführung eines Untersuchungsverfahrens nicht anerkennt. Österreich hat von dieser „opting-out"-Klausel keinen Gebrauch gemacht. Damit sind auf Österreich grundsätzlich *beide* Verfahrensarten anwendbar.

Im Folgenden wird nur das Mitteilungsverfahren näher dargestellt, weil dieses Einzelpersonen oder Personengruppen in Österreich die Möglichkeit einräumt, Rechtsverletzungen der CEDAW vor dem CEDAW-Komitee geltend zu machen. Das Untersuchungsverfahren hat hingegen keine individualrechtliche Komponente, es wird vom CEDAW-Komitee von Amts wegen eingeleitet, und zwar im Falle von schwerwiegenden oder systematischen Verletzungen der Konventionsrechte durch einen Vertragsstaat.[62]

1.5.2. Das Mitteilungsverfahren

Gem Art 2 können Einzelpersonen oder Personengruppen die Verletzung der materiellrechtlichen Garantien der CEDAW durch eine *„schriftliche Mitteilung"* (Individualbeschwerde) geltend machen. Sie müssen behaupten, Opfer einer Verletzung eines in der Konvention niedergelegten Rechts durch einen Vertragsstaat zu sein, dessen Hoheitsgewalt sie unterstehen. Eine solche Mitteilung darf nicht anonym sein.

Auch Dritte können im Namen und mit Zustimmung der Betroffenen eine solche Mitteilung an das CEDAW-Komitee übermitteln. Das Erfordernis der Zustimmung entfällt jedoch, wenn es den betroffenen Frauen aufgrund bestimmter Umstände nicht möglich ist, ihre Zustimmung zu geben (zB Verhinderung von Kontakt mit Außenstehenden oder Angst vor Repressalien der Familie). Das Beschwerderecht bezieht sich nicht auf Tatsachen, die bereits vor dem In-Kraft-Treten des Protokolls (22. 12. 2001) verwirklicht wurden, es sei denn, dass diese Tatsachen auch nach dem Zeitpunkt des In-Kraft-Tretens weiter bestehen.

Eine Mitteilung ist nur zulässig, wenn alle zur Verfügung stehenden innerstaatlichen Rechtsbehelfe ausgeschöpft worden sind, außer im Falle unangemessen langer Verfahrensdauer oder wenn das Verfahren keine wirksame Abhilfe erwarten lässt.

Die Ausschöpfung der innerstaatlichen Rechtsbehelfe bedeutet im österreichischen Rechtsschutzsystem, dass in einem Verwaltungsverfahren nach Erschöpfung des Instanzenzuges die *Gerichtshöfe des öffentlichen Rechts* (VfGH bzw VwGH) und in einem gerichtlichen Verfahren – soweit möglich – der *Oberste Gerichtshof* (OGH) angerufen werden müssen. Liegen die Voraussetzungen für einen Individualantrag auf

---

62 Vgl zu beiden Verfahrensarten Teil I Kapitel 2 Pkt 1.5.6.

Normenkontrolle gem Art 140 Abs 1 B-VG vor, so ist ein solcher beim VfGH zu stellen.

Ein weiteres wichtiges Zulässigkeitskriterium für eine Mitteilung ist das Erfordernis, dass die Sache nicht bereits vom CEDAW-Komitee untersucht worden ist oder in einem anderen *internationalen* Untersuchungs- oder Streitbeilegungsverfahren der Vereinten Nationen geprüft worden ist oder geprüft wird. Dies bedeutet im Kontext des österreichischen Rechtsschutzsystems, dass vor der Befassung des CEDAW-Komitees der *Europäische Gerichtshof für Menschenrechte* (EGMR) angerufen werden kann, weil es sich dabei um keine Institution der Vereinten Nationen handelt. Die Erwirkung eines Urteils des EGMR vorab ist empfehlenswert, weil der Umsetzungsdruck aufgrund der Europäischen Menschenrechtskonvention, die in Österreich Verfassungsrang hat, größer ist. Die Ausschöpfung des Rechtsschutzes durch den EGMR wird für Genderfragen von noch größerer Bedeutung sein, sobald Österreich das 12. Zusatzprotokoll zur EMRK ratifiziert und in das innerstaatliche Recht transformiert. Mit dem 12. ZP wird in Ergänzung zum relativen Gleichheitsgrundsatz des Art 14 EMRK ein *allgemeines Diskriminierungsverbot* geschaffen, das auch Diskriminierungen auf Grund des Geschlechts ausdrücklich verbietet.[63]

1.5.3. Zur konkreten innerstaatlichen Bedeutung des Fakultativprotokolls

Die innerstaatliche Bedeutung des Fakultativprotokolls liegt vor allem darin, dass in Österreich bereits *ausjudizierte Fälle* an das CEDAW-Komitee herangetragen werden können. Dies betrifft vor allem Fälle, in denen der VfGH Bescheidbeschwerden von Frauen im Lichte des Gleichheitssatzes als unbegründet abgewiesen hat. Sollte das CEDAW-Komitee die Konventionswidrigkeit derartiger gesetzlicher Regelungen feststellen und allfällige Empfehlungen an Österreich richten, könnte dies die österreichische Gesetzgebung zu einer Novellierung der entsprechenden einfachgesetzlichen Bestimmungen veranlassen.

Der zweite bedeutsame Aspekt besteht in der Möglichkeit, fehlende Rechtsgrundlagen einzumahnen, die im Lichte der völkerrechtlichen Garantien der CEDAW geschaffen werden müssten, um eine *tatsächliche* Gleichberechtigung zwischen den Geschlechtern zu erreichen.

Als dritte Schutzrichtung wird auch die Beschwerdemöglichkeit im Falle eines signifikanten und systematischen Abbaues von bestehenden Schutz- und Förderungsmaßnahmen zugunsten von Frauen durch den Staat angesehen, solange eine De-facto-Gleichberechtigung zwischen den Geschlechtern nicht erreicht ist.[64]

---

63 Vgl *Wittinger*, Die Gleichheit der Geschlechter und das Verbot geschlechtsspezifischer Diskriminierung in der Europäischen Menschenrechtskonvention. Status quo und die Perspektiven durch das Zusatzprotokoll Nr. 12 zur EMRK, EuGRZ 2001, 272.
64 Vgl insb *Sporrer*, Leitfaden zum Fakultativprotokoll der UN-Konvention zur Beseitigung jeder Form der Diskriminierung der Frau (2001) 34; *dies*, Frauenrechte werden effektiv. Das Fakultativprotokoll der UN-Konvention zur Beseitigung jeder Form von Diskriminierung der Frau, juridikum 2001, 5.

1.5.3.1. Möglichkeiten der Bekämpfung konventionswidriger Regelungen

Trotz umfangreicher Rechtsänderungen, die in den letzten Jahren die rechtliche Gleichstellung der Frauen in Österreich vorangetrieben haben, gibt es noch immer gesetzliche Regelungen, die Frauen benachteiligen und daher als konventionswidrig anzusehen sind.

Von diskriminierenden gesetzlichen Regelungen betroffene Frauen haben in Österreich immer wieder versucht, mittels einer *Bescheidbeschwerde* oder eines *Individualantrages auf Normenkontrolle* beim VfGH die Aufhebung derartiger Rechtsvorschriften zu erreichen. Dies ist nicht immer gelungen, weil der VfGH auf Grund seiner unzulänglichen Prüfmaßstäbe zum Gleichheitsgrundsatz[65] solche gesetzlichen Regelungen oftmals nicht als gleichheitswidrig qualifiziert hat. Im Folgenden sollen einige diskriminierende Rechtsmaterien dargestellt werden, die von Frauen erfolglos bekämpft wurden und nunmehr einer Überprüfung durch das CEDAW-Komitee zugeführt werden können.

Das Namensrecht des Kindes

In Österreich gab es einen jahrzehntelangen Kampf um die geschlechtergerechte Ausgestaltung des Familiennamensrechtes. Bis 1975 musste die Ehegattin zwingend den Namen des Mannes annehmen. Mit der Novelle im Jahr 1975[66] wurde die Möglichkeit geschaffen, auch den Namen der Frau als gemeinsamen Familiennamen zu bestimmen. Im Falle der Nichteinigung der Verlobten wurde allerdings der Name des Mannes *ex lege* zum gemeinsamen Familiennamen. Eine betroffene Frau hatte gegen diese Regelung eine Beschwerde beim VfGH eingebracht, weil sie sich durch den zwingenden Vorrang des Mannesnamens in ihrem Gleichheitsrecht verletzt erachtet hat. Der VfGH hat die Beschwerde als unbegründet abgewiesen.[67] Es liege keine gleichheitswidrige Bevorzugung des Mannes vor, weil die gesetzliche Regelung auf *„tatsächliche Gegebenheiten"* abstelle, wonach sich die meisten Paare ohnedies für den Mannesnamen als gemeinsamen Familiennamen entscheiden.[68] 1995 gab es schließlich einen politischen Konsens über eine Neugestaltung des Familiennamensrechtes. Die Verpflichtung zur Führung eines gemeinsamen Familiennamens wurde aufgegeben. Seit der Novelle 1995[69] ist es nunmehr möglich, den bisherigen Familiennamen weiter zu führen, wenn dies von der Verlobten vor oder bei der Eheschließung in öffentlicher oder öffentlich beglaubigter Urkunde erklärt wird.[70]

Kein politischer Konsens fand sich hingegen in Bezug auf die *geschlechtergerechte Ausgestaltung des Kindesnamens*. In § 139 Abs 1 ABGB ist folgendes normiert:

---

65 Vgl dazu die Ausführungen unter Pkt 1.2.
66 BGBl 1975/412.
67 VfSlg 13.661.
68 Vgl auch dazu die kritischen Ausführungen zu den Prüfmaßstäben des VfGH unter Pkt 1.2.
69 BGBl 1995/25.
70 Vgl § 93 Abs 3 ABGB.

> (1) Haben die Eltern einen gemeinsamen Familiennamen, so erhält das Kind diesen.
> (2) Haben die Eltern keinen gemeinsamen Familiennamen, so erhält das Kind den Familiennamen, den die Eltern dem Standesbeamten gegenüber vor oder bei der Eheschließung in öffentlicher oder öffentlich beglaubigter Urkunde zum Familiennamen der aus der Ehe stammenden Kinder bestimmt haben. Hierzu können die Eltern nur den Familiennamen eines Elternteils bestimmen.
> (3) Mangels einer Bestimmung nach Abs. 2 erhält das Kind den Familiennamen des Vaters.

Damit ist von Gesetzes wegen für den Fall der Nichteinigung beim Kindesnamen zwingend der Vorrang des Familiennamens des Mannes vorgesehen.

Dieser Vorrang des Mannesnamens wurde von einer Frau mit einem *Individualantrag auf Normenkontrolle* beim VfGH angefochten. Sie begehrte die Aufhebung dieser Bestimmung, weil diese Regelung des Kindesnamens gleichheitswidrig sei. Der VfGH hat den Normenkontrollantrag als unbegründet abgewiesen.[71] Nach Ansicht des VfGH liege es im rechtspolitischen Gestaltungsspielraum des Gesetzgebers, sich bei der Ersatzregelung für den Familiennamen des Vaters zu entscheiden.

Diese Sachlage ist zweifellos geeignet, dem CEDAW-Komitee durch eine Mitteilung (Beschwerde) zu Kenntnis gebracht zu werden. Diese Regelung verletzt im Speziellen die Garantie des Art 16 lit e CEDAW, wonach die Vertragsstaaten *„gleiche Rechte und Pflichten als Eltern, ungeachtet ihres Familienstands, in allen ihre Kinder betreffenden Angelegenheiten"* zu gewährleisten haben, und Art 16 lit g CEDAW, wonach die Vertragsstaaten *„dieselben persönlichen Rechte der Ehegatten, einschließlich des Rechts auf Wahl des Familiennamens"* zu gewährleisten haben. Ergänzend könnte auf Art 15 Z 2 CEDAW rekurriert werden, wonach die Vertragsstaaten den Frauen in zivilrechtlichen Angelegenheiten dieselbe Rechtsfähigkeit wie Männern gewähren und ihnen *„dieselbe Gelegenheit zur Ausübung dieser Rechtsfähigkeit"* geben. Jede Mitteilung sollte sich darüber hinaus auch auf die in Österreich im Verfassungsrang stehenden Art 1 bis 4 der CEDAW beziehen. In diesem Fall wäre vor allem die Verpflichtung der Vertragsstaaten zur *Abänderung von Rechtsvorschriften*, die eine Diskriminierung der Frau darstellen (Art 2 lit f CEDAW), zu nennen.

Dass es durchaus gendergerechte Lösungen für das Problem des Kindesnames geben kann, zeigt ein Rechtsvergleich mit Deutschland. Hier hat im Konfliktfall eine staatlichen Institution, nämlich das Vormundschaftsgericht, die Entscheidungsgewalt: Treffen die Eltern binnen eines Monats nach der Geburt des Kindes keine Bestimmung des Kindesnamens, so überträgt das Vormundschaftsgericht das Bestimmungsrecht unter Setzung einer Frist einem Elternteil. Wird das Bestimmungsrecht nicht binnen dieser Frist ausgeübt, so erhält das Kind den Namen des Elternteil, dem das Bestimmungsrecht vom Gericht übertragen wurde.[72]

---

71 Vgl VfSlg 15.031.
72 Vgl § 1616 des deutschen Bürgerlichen Gesetzbuches in der Fassung des Familiennamensrechtsgesetzes vom 16. 12. 1993, dBGBl I, 2054.

Zur Frage der *Zulässigkeit* einer allfälligen Mitteilung (Beschwerde) wegen § 139 Abs 1 ABGB ist Folgendes zu sagen:

Da zur Frage des Kindesnamens gem § 139 Abs 1 ABGB bereits eine höchstgerichtliche Entscheidung durch den VfGH vorliegt, würde ein weiterer Antrag wegen *entschiedener Sache* zurückgewiesen werden und somit keine Aussicht auf Erfolg haben. Ein neuerliches innerstaatliches Verfahren in dieser Sache ließe also im Sinne des Art 4 Abs 1 Fakultativprotokoll keine wirksame Abhilfe erwarten. Die Mitteilung könnte daher unmittelbar – dh ohne die Ergreifung weiterer innerstaatlicher Rechtsschutzinstrumente – beim CEDAW-Komitee eingebracht werden.

Weiters ist zu beachten, dass eine Mitteilung gem Art 4 Abs 2 lit e Fakultativprotokoll dann unzulässig ist, wenn sich die der Mitteilung zu Grunde liegenden Tatsachen vor dem Inkrafttreten des Protokolls für den betreffenden Vertragsstaat ereignet haben, *sofern sie nicht auch nach diesem Zeitpunkt weiterbestehen*. Auch in dieser Hinsicht wäre eine Mitteilung als zulässig anzusehen. Die diskriminierende Regelung wurde 1995 eingeführt und 1997 durch ein Erkenntnis des VfGH für verfassungskonform erklärt. Da die Regelung vom VfGH nicht aufgehoben wurde (und wegen entschiedener Sache auch nicht mehr bekämpft werden kann), steht diese gesetzliche Bestimmung weiterhin in Geltung und entfaltet ihre konventionswidrigen Wirkungen.

Die eingeschränkte Fortpflanzungsfreiheit der Frau

Das Fortpflanzungsmedizingesetz (FMedG) schränkt die Fortpflanzungsfreiheit der Frau stärker ein als die eines Mannes. Der sterile Mann kann sich seinen Kinderwunsch durch eine Samenspende und künstliche Insemination erfüllen. Die sterile Frau kann ihren Kinderwunsch nicht verwirklichen, weil die Spende einer Eizelle und die anschließende In-Vitro-Fertilisation mit dem Samen des eigenen Mannes gem § 3 FMedG verboten ist. Auch die Samenspende Dritter zur Befruchtung der eigenen Eizelle mittels In-Vitro-Fertilisation ist verboten.

Zwei betroffene Frauen haben jeweils einen *Individualantrag auf Normenkontrolle* beim VfGH eingebracht, weil sie die gesetzlichen Bestimmungen ua als gleichheitswidrig erachteten.

Eine der Antragstellerinnen ist absolut steril. Es liegt bei ihr eine so genannte Gonadendysgenesie vor, dh ihr fehlen die zur Fortpflanzung nötigen Keimzellen (Eizellen). Für diese Fälle gibt es ein medizinisches Verfahren, das der Frau mittels Eispende und In-vitro-Fertilisation mit dem Samen ihres Mannes erlauben würde, ein Kind auszutragen.

Die zweite Antragstellerin leidet an eileiterbedingter Sterilität und ihr Mann ist zugleich unfruchtbar. Damit sich dieses Paar ihren Kinderwunsch erfüllen könnte, wäre die Samenspende eines Dritten und eine In-vitro-Fertilisation notwendig.

Beide Anträge wurden vom VfGH als unbegründet abgewiesen.[73] Der VfGH konnte wiederum keine Verletzung des Gleichheitsgrundsatzes erkennen. Die Un-

---

73 Vgl VfSlg 15.632.

terscheidung von zulässigen Fortpflanzungsmethoden (die betroffene Männer begünstigen) und unzulässigen Fortpflanzungsmethoden (die betroffene Frauen benachteiligen) ist nach Meinung des VfGH sachlich gerechtfertigt, weil dem Gesetzgeber in dieser Hinsicht ein *weiter Gestaltungsspielraum* zukomme. Unter anderem argumentierte der VfGH, dass im Gegensatz zur Samenspende bei der Eispende eine *„ungewöhnliche Beziehung"* entstünde, die das Kindeswohl berühren könnte. In diesem Fall wird vom VfGH die Gefährdung des Kindeswohles unterschiedlich beurteilt, je nach dem, ob die biologische und soziale Elternschaft bei Frauen (Eispende durch eine andere Frau) oder bei Männern (Samenspende durch einen anderen Mann) auseinander fällt. Der letztgenannte Fall wird keineswegs als problematisch für das Kindeswohl angesehen. Hinter dieser unterschiedlichen Beurteilung stehen eindeutig tradierte rollenspezifische Vorstellungen.[74]

Auch diese Rechtsfrage könnte durch eine Mitteilung vor dem CEDAW-Komitee anhängig gemacht werden. § 3 FMedG verletzt im Speziellen die Garantie des Art 12 Z 1 CEDAW, wonach die Vertragsstaaten alle geeigneten Maßnahmen zur Beseitigung der Diskriminierung der Frau im Gesundheitswesen zu treffen haben, um Frauen *„zu den gleichen Bedingungen wie Männern Zugang zu den Gesundheitsfürsorgediensten, einschließlich der Dienste im Zusammenhang mit der Familienplanung zu gewährleisten."* Ergänzend könnte auch wieder auf Art 15 Z 2 CEDAW rekurriert werden, wonach die Vertragsstaaten den Frauen in zivilrechtlichen Angelegenheiten dieselbe Rechtsfähigkeit wie Männern gewähren und ihnen *„dieselbe Gelegenheit zur Ausübung dieser Rechtsfähigkeit"* geben. Die Mitteilung sollte sich darüber hinaus auch auf die Art 1 bis 3 der CEDAW beziehen. In diesem Fall wäre insbesondere wieder die Verpflichtung der Vertragsstaaten zur *Abänderung von Rechtsvorschriften*, die eine Diskriminierung der Frau darstellen (Art 2 lit f CEDAW), zu nennen.

Auch in diesem Fall wäre eine Mitteilung an das CEDAW-Komitee ohne die Ergreifung weiterer innerstaatlicher Rechtsschutzinstrumente zulässig, da bereits ein abweisendes Erkenntnis des VfGH vorliegt und ein weiteres Verfahren keine Aussicht auf Erfolg hätte.

Die diskriminierenden gesetzlichen Bestimmungen des FMedG entfalten auch nach In-Kraft-Treten des Fakultativprotokolls ihre konventionswidrigen Wirkungen, daher ist eine Mitteilung auch aus diesem Grund zulässig.

Verkürzte Anspruchsdauer für das Kinderbetreuungsgeld für AlleinerzieherInnen

Mit dem *Kinderbetreuungsgeldgesetz*[75] wurde mit 1. 1. 2002 das *Kinderbetreuungsgeld* als Familienleistung eingeführt. Das Kinderbetreuungsgeld gebührt längstens bis zur

---

74 Vgl zu diesem Erkenntnis kritisch *Bernat*, Fortpflanzungsfreiheit, Privatleben und die EMRK. Anmerkungen zu VfGH 14. 10. 1999, juridikum 2000, 144; *Novak*, Fortpflanzungsmedizingesetz und Grundrechte, in *Bernat* (Hrsg), Die Reproduktionsmedizin am Prüfstand von Recht und Ethik (2000) 62 und *Weh*, Beschränkungen des Rechts auf eigene Kinder. Das Fortpflanzungsmedizingesetz im Lichte der Menschenrechte, juridikum 2000, 119.
75 BGBl I 103/2001.

Vollendung des 36. Lebensmonates des Kindes. Der Bezug des Kinderbetreuungsgeldes kann abwechselnd durch beide Elternteile erfolgen, wobei ein zweimaliger Wechsel pro Kind zulässig ist. Nimmt jedoch nur ein Elternteil Kinderbetreuungsgeld in Anspruch, gebührt dieses längstens bis zur Vollendung des 30. Lebensmonates des Kindes. Eine vergleichbare Kürzungsregel hat es schon beim Karenzgeld nach dem Karenzgeldgesetz gegeben, welches durch das Kinderbetreuungsgeldgesetz abgelöst worden ist. Die Kürzungsregel verfolgt auf der einen Seite den rechtspolitisch legitimen Zweck, einen Anreiz dafür zu bieten, dass *beide* Elternteile Betreuungsarbeit für das Kind übernehmen sollen. Auf der anderen Seite führt diese Regelung jedoch zu einem *mittelbar diskriminierenden Effekt für Alleinerziehende*, weil für diese Personengruppe gar keine partnerschaftliche Wahlmöglichkeit besteht, um den vollen Anspruchszeitraum ausnützen zu können.

Von einer solchen Kürzungsregel sind de facto vor allem alleinerziehende Frauen betroffen, weshalb auch in diesem Fall eine Mitteilung (Beschwerde) an das CEDAW-Komitee denkbar wäre.

Die Vertragsstaaten sind einerseits gem Art 5 lit b CEDAW zur Setzung von geeigneten Maßnahmen verpflichtet „*die zur Anerkennung der gemeinsamen Verantwortung von Mann und Frau für die Erziehung und Entwicklung ihrer Kinder beiträgt*". Dh staatliche Maßnahmen zur Förderung einer partnerschaftlichen Arbeitsteilung in der Familie sind nach der CEDAW anzustreben. Auf der anderen Seite dürfen von derartigen Maßnahmen zweifellos keine frauen-diskriminierenden Lenkungseffekte ausgehen, wie dies bei der Kürzungsregel in Bezug auf Alleinerzieherinnen der Fall ist. Das Beschwerdevorbringen müsste sich in dieser Hinsicht vor allem auf die Gleichberechtigungs- bzw Anti-Diskriminierungsgarantien von Art 2 lit a und f CEDAW stützen. Es könnte im Speziellen auch auf Art 13 lit a CEDAW rekurriert werden, wonach die Vertragsstaaten zur Setzung aller geeigneten Maßnahmen verpflichtet sind, um Frauen nach dem Gleichheitsgrundsatz dieselben Rechte wie Männer zu gewährleisten, *insbesondere das Recht auf Familienbeihilfen*.

Eine Mitteilung (Beschwerde) an das CEDAW-Komitee wäre jedoch nur zulässig, wenn alle innerstaatlichen Rechtsbehelfe erschöpft sind. In Angelegenheiten des Kinderbetreuungsgeldes ist gem § 24 Kinderbetreuungsgeldgesetz jener Krankenversicherungsträger zuständig, bei dem der Antragsteller oder die Antragstellerin versichert ist. Im vorliegenden Fall müsste eine Alleinerzieherin einen Antrag auf Zuerkennung des Kinderbetreuungsgeldes für einen Anspruchszeitraum von 36 Monaten stellen. Gem § 27 Abs 3 leg cit ist ein *Bescheid* auszustellen, wenn ein Anspruch auf eine Leistung gar nicht oder nur teilweise anerkannt wird. Gegen den abweisenden Bescheid müsse alle Rechtsmittel ausgeschöpft werden, bevor eine Mitteilung beim CEDAW-Komitee eingebracht werden kann. Gem § 25 leg cit sind für Angelegenheiten des Kinderbetreuungsgeldes grundsätzlich die verfahrensrechtlichen Bestimmungen von ASVG, GSVG, BSVG und Beamten-Kranken- und Unfallversicherungsgesetz (B-KUVG) anzuwenden.

1.5.3.2. Möglichkeiten der Bekämpfung konventionswidriger Regelungsdefizite

In Österreich sind auch *Regelungsdefizite* auszumachen, die den materiellrechtlichen Garantien der CEDAW zuwider laufen. Auch diese konventionswidrigen Regelungsdefizite könnten durch ein Mitteilungsverfahren angeprangert werden. Durch allfällige Empfehlungen des CEDAW-Komitees könnte es in der Folge zu gesetzgeberischen Maßnahmen kommen, welche diese Defizite beseitigt.

Dazu zählt zB eine *Regelungslücke* im österreichischen Asylgesetz, die besonders schwer wiegt:

Im österreichischen Asylgesetz sind nach wie vor *keine geschlechtsspezifischen Asylgründe* normiert.[76] Dies führt immer wieder zu Auslegungsproblemen und völkerrechtswidrigen Interpretationsergebnissen. Wenn sich eine Asylwerberin in Österreich auf einen geschlechtsspezifischen Fluchtgrund stützt und dieser nicht anerkannt wird, müsste ein abweisender Asylbescheid bis zum Verwaltungsgerichtshof bekämpft werden, bevor eine Beschwerde beim CEDAW-Komitee eingebracht werden könnte.

Zwar enthält die CEDAW keine ausdrückliche Schutznorm in Bezug auf Asylwerberinnen, die Mitteilung könnte sich jedoch auf die Gleichberechtigungs- bzw Antidiskriminierungsgarantien der Art 1 bis 3 der CEDAW stützen. Die Mitteilung könnte auch auf Bericht des CEDAW-Komitees vom 15. Juni 2000 Bezug nehmen, in welchem das Komitee der österreichischen Bundesregierung ausdrücklich die Implementierung geschlechtsspezifischer Asylgründe für Frauen, unter Einschluss geschlechtsbezogener Gewalt und Verfolgung und der Genitalverstümmelung von Frauen empfiehlt.[77] Ohne die Unterstützung von NGOs wird ein solcher Musterprozess allerdings nicht realistisch sein.[78]

2. Die Gleichbehandlung von Frauen und Männern auf der einfachgesetzlichen Ebene – Ausgewählte Bereiche

2.1. Die Gleichbehandlungsgesetze in Österreich

In Österreich gibt es heute für die Privatwirtschaft sowie für den öffentlichen Dienst in Bund, Ländern und Gemeinden spezielle Gleichbehandlungsgesetze.

---

76 Vgl dazu *Gewis*, Frauen auf der Flucht, in *Gabriel* (Hrsg), Frauenrechte. Einführung in den internationalen frauenspezifischen Menschenrechtsschutz (2001) 117.

77 Committee on the Elimination of Discrimination against Women, Twenty-third session, 12-30 June 2000, Consideration of reports of States parties. Austria. Combined third and fourth periodic reports and fifth periodic report. Download der deutschen Fassung des Berichts unter http://www.webfctory.apa.at/bmsg/imag/downloads/CEDAW-empfehlungen_de.pdf.

78 Vgl weitere Fallbeispiele bei *Sporrer*, Leitfaden zum Fakultativprotokoll der UN-Konvention zur Beseitigung jeder Form der Diskriminierung der Frau (2001), 30.

2.1.1. Überblick über die Gleichbehandlungsgesetze des Bundes

2.1.1.1. Das Gleichbehandlungsgesetz 1979

Das erste Gleichbehandlungsgesetz wurde in Österreich im Jahre 1979 für die Privatwirtschaft erlassen.[79] Es gilt für alle Arbeitsverhältnisse in der Privatwirtschaft. Für die land- und forstwirtschaftlichen Arbeitsverhältnisse sind im II. Teil dieses Gesetzes Grundsatzbestimmungen normiert.[80] Zu diesen Grundsatzbestimmungen haben die Länder Ausführungsbestimmungen in ihren jeweiligen Landarbeitsordnungen[81] erlassen. Nur Wien hat ein spezielles Wiener land- und forstwirtschaftliches Gleichbehandlungsgesetz geschaffen.[82]

Das *Gleichbehandlungsgesetz 1979* (GlBG) ist als Umsetzung von einschlägigen ILO-Übereinkommen[83] anzusehen und enthielt in seiner Stammfassung nur ein Gebot der Lohngleichheit. Im Laufe der Jahre wurde das GlBG mehrfach geändert. Diese Änderungen waren insbesondere durch den Beitritt Österreichs zum EWR und zur EU notwendig geworden, denn das Europarecht verlangt über das Lohngleichheitsgebot hinaus einen umfassenden rechtlichen Schutz vor geschlechtsspezifischer Diskriminierung.[84] Aus diesem Grund wurde der gesetzliche Diskriminierungsschutz erheblich ausgeweitet. Heute entspricht das Gleichbehandlungsgesetz im wesentlichen den europarechtlichen Vorgaben. Europarechtswidrig sind jedoch nach wie vor die Regelungen über die Deckelung bzw Aliquotierungen der Schadenersatzbeträge im Falle geschlechtsspezifischer Diskriminierung.

2.1.1.2. Das Bundes-Gleichbehandlungsgesetz

1993 wurde das Bundes-Gleichbehandlungsgesetz (B-GBG)[85] erlassen. Dieses Gesetz gilt für alle Bediensteten des Bundes (BeamtInnen und Vertragsbedienstete) und Personen, die in einem Ausbildungsverhältnis zum Bund stehen (zB Lehrlinge, Eignungsausbildung, Ausbildungsdienst im Bundesheer). Anzuwenden ist das Gesetz

---

79 BGBl 1979/108 idF BGBl I 1998/44.
80 Dies hat kompetenzrechtliche Gründe. Der Bund ist gem Art 12 Abs 1 Z 6 B-VG zur Grundsatzgesetzgebung zuständig, die Länder zur Ausführungsgesetzgebung und zur Vollziehung.
81 Burgenland: Burgenländische Landarbeitsordnung 1977, LGBl 1977/37 idF LGBl 2000/53; Kärnten: Kärntner Landarbeitsordnung 1995 – K-LArbO, LGBl 1995/97 idF LGBl 2001/79; Niederösterreich: NÖ Landarbeitsordnung 1973, LGBl 9020-0 idF 9020-18; Oberösterreich: Oö Landarbeitsordnung, LGBl 1989/25 idF 1999/101; Salzburg: Salzburger Landarbeitsordnung 1995 – LArbO, LGBl 1996/7 idF 1996/98; Steiermark: Steiermärkische Landarbeitsordnung 1981 – STLAO 1998, LGBl 1981/25 idF 1998/9; Tirol: Landarbeitsordnung 2000 – LAO 2000, LGBl 2000/27 idF 2001/23; Vorarlberg: Land- und Forstarbeitsgesetz, LGBl 1997/28 idF 2001/38.
82 Wiener land- und forstwirtschaftliches Gleichbehandlungsgesetz, LGBl 1980/25 idF 1999/1.
83 Übereinkommen (Nr. 100) über die Gleichheit des Entgelts männlicher und weiblicher Arbeitskräfte für gleichwertige Arbeit, BGBl 1954/39 und Übereinkommen (Nr. 111) über die Diskriminierung in Beschäftigung und Beruf, BGBl 1973/111.
84 Vgl dazu Teil II Pkt 3.1.
85 BGBl 1993/100 idF BGBl I 2001/87.

auch auf alle BewerberInnen um ein solches Dienst- oder Ausbildungsverhältnis. Der Anwendungsbereich des Gesetzes umfasst darüber hinaus auch beamtetes Personal von ausgegliederten Rechtsträgern. In den letzten Jahren wurden viele – zT sehr personalintensive – Bereiche der Bundesverwaltung ausgegliedert. In vielen Fällen wurde in den jeweiligen Ausgliederungsgesetzen die sinngemäße Anwendung des B-GBG normiert.[86]

Die Diskriminierungsverbote und die Rechtsansprüche im Falle geschlechtsspezifischer Diskriminierung sind auch auf die *LandeslehrerInnen* anzuwenden.[87]

Das B-GBG wurde bereits 1993 unter Berücksichtigung der europarechtlichen Schutzstandards ausgestaltet. Auch das B-GBG ist in der Folge mehrfach novelliert worden. Diese Änderungen waren im wesentlichen durch die Fortentwicklung des Europarechtes notwendig geworden. Heute ist das Bundes-Gleichbehandlungsgesetz als europarechtskonform anzusehen.

2.1.1.3 Sondervorschriften für die Gleichbehandlung an den Universitäten

Im Jahr 1990, also bereits drei Jahre vor dem Inkrafttreten des B-GBG, wurde für die Universitäten ein *spezifisches Rechtsschutz- und Kontrollsystem* für den Fall geschlechtsspezifischer Diskriminierung im Universitäts-Organisationsgesetz 1975 (UOG 1975) geschaffen. An allen Universitäten und an den damaligen Kunsthochschulen[88] musste ein *Arbeitskreis für Gleichbehandlungsfragen* eingerichtet werden. Aufgabe der Arbeitskreise ist es seither, Diskriminierungen aufgrund des Geschlechtes durch Universitätsorgane entgegenzuwirken und die Universitätsangehörigen in Gleichbehandlungsfragen zu beraten. Die Arbeitskreise haben spezielle Mitwirkungs- und Kontrollrechte hinsichtlich der Personalauswahlverfahren an den Universitäten.[89]

Das 1993 in Kraft getretene B-GBG hat die spezifischen Vorschriften im UOG 1975 nicht geändert. Seither gelten für die Universitätsangehörigen einerseits das B-GBG und andererseits die speziellen Rechtsvorschriften im Universitätsorganisationsrecht. Die beiden Rechtsmaterien ergänzen einander. Das B-GBG enthält die *Diskriminie-*

---

86 So etwa in § 54 Arbeitsmarktservicegesetz, BGBl 1994/313 und in § 20 Bundestheaterorganisationsgesetz 1998, BGBl I 1998/108.
87 Dies ist bedingt durch die verfassungsrechtliche Kompetenzverteilung. Der Bund hat gem Art 14 Abs 2 B-VG die Kompetenz zur Erlassung des materiellen Dienstrechtes für diese DienstnehmerInnengruppe.
88 Die ehemaligen Kunsthochschulen werden nunmehr als *Universitäten der Künste* bezeichnet. Vgl § 2 des Bundesgesetzes über die Organisation der Universitäten der Künste, BGBl I 1998/130.
89 Vgl dazu grundsätzlich *Siegmund-Ulrich*, Frauenforschung und Frauenförderung an den österreichischen Hochschulen, in *Rust* (Hrsg), Juristinnen an den Hochschulen – Frauenrecht in Lehre und Forschung (1997), 55 = Schriften zur Gleichstellung der Frau, Bd 14. Vgl zur einschlägigen Rechtsentwicklung bis heute *Ulrich*, Die Universitäten im geschlechterdemokratischen Wandel. Zur Entwicklungsgeschichte der genderspezifischen Rechtsschutz- und Kontrollstandards im Universitätsrecht, in *Schnedl/Ulrich* (Hrsg), Hochschulrecht/Hochschulmanagement/Hochschulpolitik (2002) 210.

rungsverbote und die *Frauenförderungsbestimmungen*, das Universitäts-Organisationsrecht normiert darüber hinaus ein *effektives Rechtsschutzsystem*, mit dem gegen geschlechtsspezifische Diskriminierungen vorgegangen werden kann.

Das UOG 1993, welches das UOG 1975 abgelöst hat und 1994 in Kraft getreten ist, hat die speziellen Vorschriften über Aufgaben und Verfahrensrechte der Arbeitskreise für Gleichbehandlungsfragen übernommen und weiter ausgebaut. In das B-GBG wurde darüber hinaus ein 6. Teil eingefügt, welcher Sonderbestimmungen für Angehörige von Universitäten enthält, die nicht unter den DienstnehmerInnen-Begriff des B-GBG fallen (zB für GastprofessorInnen und Studierende).

Das Universitätsgesetz 2002[90], das am 1. Oktober 2002 in Kraft getreten ist, hat wiederum das UOG 1993 abgelöst. Mit diesem neuen Gesetz wurde den Universitäten die *Vollrechtsfähigkeit* zuerkannt. Auch an den vollrechtsfähigen Universitäten sind die Arbeitskreise für Gleichbehandlungsfragen wieder einzurichten. Die spezifischen Rechtsschutzinstrumente werden in etwas modifizierter Form beibehalten. Es ist allerdings ein anderer Weg der Rechtsdurchsetzung vorgesehen, welcher der Universitätsautonomie Rechnung trägt.[91]

2.1.2. Überblick über die Gleichbehandlungsgesetze der Länder

Seit 1997 bestehen in allen Bundesländern Gleichbehandlungsgesetze für die Landes- und Gemeindebediensteten. Aufgrund des Europarechtes bestand die Verpflichtung, für den gesamten öffentlichen Dienst – also auch für den Landes- und Gemeindedienst – Vorschriften zum Schutz vor geschlechtsspezifischer Diskriminierung zu erlassen. Diese Verpflichtung wurde von den Ländern auf sehr unterschiedliche Weise umgesetzt.

Die Länder Burgenland[92], Kärnten[93], Niederösterreich[94] und die Steiermark[95] haben Gleichbehandlungsgesetze geschaffen, welche sowohl für Landes- als auch für Gemeindebedienstete gelten und Vorschriften über den Diskriminierungsschutz und über die Frauenförderung enthalten. Auch Wien hat für die Bediensteten der Gemeinde Wien ein Gleichbehandlungsgesetz erlassen, welches Vorschriften über den Diskriminierungsschutz und über die Frauenförderung enthält.[96]

---

90 BGBl I 2002/120.
91 Vgl dazu die näheren Ausführungen unter Pkt 2.1.5.3.
92 Gesetz vom 15. Juli 1997 über die Gleichbehandlung von Frauen und Männern und die Förderung von Frauen im Bereich des Landes und der Gemeinden (Landes-Gleichbehandlungsgesetz – L-GBG), LGBl 1997/59 idF LGBl 2002/27.
93 Gesetz vom 10. Februar 1994 über die Gleichbehandlung von Frauen und Männern und die Förderung von Frauen im Landes- und Gemeindedienst (Landes-Gleichbehandlungsgesetz – K-LGBG), LGBl 1994/56 idF LGBl 2001/62.
94 NÖ Gleichbehandlungsgesetz, LGBl 2060-0 idF LBGl 2060-1.
95 Gesetz vom 10. Juni 1997 über die Gleichbehandlung von Frauen und Männern und die Förderung von Frauen im Bereich des Landes, der Gemeinden und Gemeindeverbände (Landes-Gleichbehandlungsgesetz – L-GBG), LGBl 1997/63.
96 Gesetz über die Gleichbehandlung von Frauen und Männern und die Förderung von Frauen als Bedienstete der Gemeinde Wien (Wiener Gleichbehandlungsgesetz – W-GBG), LBGl 1996/18 idF LGBl 2001/21.

Oberösterreich[97], Salzburg[98] und Tirol[99] haben für die Landes- und Gemeindebediensteten jeweils ein *spezielles Gesetz* erlassen. In beiden Gesetzen sind jeweils Vorschriften über den Diskriminierungsschutz und über die Frauenförderung enthalten.

Vorarlberg hat die Vorschriften über den Diskriminierungsschutz für die Landes- und Gemeindebediensteten in die bestehenden Dienstrechtsgesetze integriert.[100] Zur Förderung der Chancengleichheit von Frauen und Männern wurde darüber hinaus ein spezielles Landes-Frauenförderungsgesetz[101] geschaffen.

2.1.3. Die Diskriminierungsverbote in den Gleichbehandlungsgesetzen

Alle Gleichbehandlungsgesetze enthalten *ein Verbot der unmittelbaren* und *mittelbaren Diskriminierung* auf Grund des Geschlechtes. Alle Gleichbehandlungsgesetze normieren auch einen gleich lautenden Katalog an Diskriminierungsverboten. Demnach ist geschlechtsspezifische Diskriminierung verboten:

- bei der Begründung eines Arbeits-, Dienst- oder Ausbildungsverhältnisses,
- bei der Entgeltfestsetzung,
- bei der Gewährung freiwilliger Sozialleistungen (zB Benutzungsrechte für Ferienheime),
- bei Maßnahmen der beruflichen Aus- und Weiterbildung,
- beim beruflichen Aufstieg (zB Beförderungen),
- bei den sonstigen Arbeitsbedingungen (zB räumliche und organisatorische Aspekte),
- bei der Beendigung des Arbeits-, Dienst- oder Ausbildungsverhältnisses.

In allen Gesetzen ist weiters ein gleich lautendes *Verbot sexueller Diskriminierung* verankert.

---

97 Landesgesetz vom 3. November 1994 über die Gleichbehandlung von Frauen und Männern und die Förderung von Frauen im Landesdienst (Oö. Landes-Gleichbehandlungsgesetz – Oö. L-GBG), LGBl 1995/8 idF LGBl 2001/90; Landesgesetz über die Gleichbehandlung von Frauen und Männern und die Förderung von Frauen im Gemeinde(verbands)dienst (Oö. Gemeinde-Gleichbehandlungsgesetz – Oö. G-GBG, LGBl 1999/63 idF LGBl 2001/90.
98 Gesetz vom 14. Dezember 1995 über die Gleichbehandlung von Frauen und Männern und die Förderung von Frauen im Landesdienst (Landes-Gleichbehandlungsgesetz – L-GBG), LGBl 1996/30 idF LGBl 2001/46; Gesetz vom 23. Oktober 1997 über die Gleichbehandlung von Frauen und Männern im Gemeinde- und Magistratsdienst (Gemeinde-Gleichbehandlungsgesetz – G-GBG), LGBl 1998/7 idF LGBl 2001/99.
99 Gesetz vom 2. Juli 1997 über die Gleichbehandlung von Frauen und Männern und die Förderung von Frauen im Landesdienst (Landes-Gleichbehandlungsgesetz), LGBl 1997/71 und das Gesetz vom 6. Oktober 1999 über die Gleichbehandlung von Frauen und Männern und die Förderung von Frauen im Dienst der Gemeinden und der Gemeindeverbände (Tiroler Gemeinde-Gleichbehandlungsgesetz), LBGl 1999/55.
100 Gesetz über das Dienstrecht der Landesbediensteten – Landesbedienstetengesetz 2000, LGBl 2000/50 idF LGBl 2001/15 und das Gesetz über das Dienstrecht der Gemeindebediensteten – Gemeindebedienstetengesetz, LGBl 1988/49 idF LGBl 2001/24.
101 Gesetz zur Förderung der Chancengleichheit von Frauen und Männern (Landes-Frauenförderungsgesetz), LGBl 1997/1 idF LGBl 1997/73.

Die Begriffe „unmittelbare" und „mittelbare" Diskriminierung und die Diskriminierungsverbote sind im Lichte der einschlägigen Rechtsvorschriften des Europarechts und der EuGH-Judikatur auszulegen.

Für die Verletzung der Diskriminierungsverbote ist in den Gleichbehandlungsgesetzen grundsätzlich die *Zuerkennung eines Schadenersatzes* vorgesehen. Bei der Zugangs- und Aufstiegsdiskriminierung besteht kein Anspruch auf Einstellung bzw auf Realisierung der Beförderung. Nur bei den freiwilligen Sozialleistungen, bei der Aus- und Weiterbildung und bei den sonstigen Arbeitsbedingungen besteht ein Anspruch auf Beseitigung der diskriminierenden Maßnahme und die Herstellung eines diskriminierungsfreien Zustandes.

Ursprünglich war in allen Gesetzen eine *Schadenersatzobergrenze* festgelegt. Waren mehrere Personen von einer Diskriminierung betroffen, musste die Schadenersatzsumme sogar nach Köpfen aufgeteilt werden. Die Normierung von Obergrenzen und das Splitting der Schadenersatzbeträge ist jedoch nach der jüngsten EuGH-Judikatur europarechtswidrig. Die Schadenersatzregelungen des B-GBG wurden in dieser Hinsicht bereits geändert. Die Schadenersatzbeträge sind nunmehr als *Mindestbeträge* festgelegt und das Splitting wurde gänzlich abgeschafft. Das GlBG 1979 wurde allerdings noch nicht novelliert. Die einschlägigen Bestimmungen sind daher als europarechtswidrig anzusehen.[102]

Auch in den Gleichbehandlungsgesetzen der Länder finden sich noch europarechtswidrige Schadenersatzregelungen.

2.1.4. Die Frauenförderungsgebote in den Gleichbehandlungsgesetzen

2.1.4.1. Die Frauenförderungsgebote im Bundes-Gleichbehandlungsgesetz

Der 4. Teil des B-GBG beinhaltet Vorschriften über die besonderen Förderungsmaßnahmen für Frauen. Es sind drei rechtliche Instrumentarien vorgesehen, mit deren Hilfe die Unterrepräsentation von Frauen im öffentlichen Dienst des Bundes beseitigt werden soll:

- Allgemeines Frauenförderungsgebot
- Frauenförderungspläne
- Quotenregelungen

Allgemeines Frauenförderungsgebot

Das allgemeine Frauenförderungsgebot des § 40 B-GBG ist eine *Dienstpflicht*, die von allen Personen, die von Rechts wegen Einfluss auf Personalentscheidungen haben, eingehalten werden muss. Demnach sind diese Personen verpflichtet, unter Beach-

---

102 Vgl dazu Teil II Pkt 2.3.

tung der Vorgaben des jeweiligen Frauenförderungsplanes auf die Beseitigung einer Unterrepräsentation von Frauen und allfälliger Benachteiligungen von Frauen im Zusammenhang mit dem Dienstverhältnis hinzuwirken.

Nach der *Legaldefinition* des § 40 Abs 2 B-GBG besteht eine Unterrepräsentation, wenn der Frauenanteil unter den dauernd Beschäftigten im Wirkungsbereich einer Dienstbehörde weniger als 40% beträgt. Bezugs- und Messgröße ist grundsätzlich die jeweilige Besoldungsgruppe.

Frauenförderungspläne

Jede Zentralstelle des Bundes[103] hat einen Frauenförderungsplan zu erlassen. Die Frauenförderungspläne sind Verordnungen. Im Frauenförderungsplan sind *allgemeine Maßnahmen zur Beseitigung der Unterrepräsentation von Frauen* festzulegen. Dies können personelle, organisatorische oder aus- und weiterbildenden Maßnahmen sein. Die Festlegung der einzelnen Maßnahmen im jeweiligen Frauenförderungsplan richtet sich nach der Personalstruktur und den spezifischen Problemlagen der Dienststellen eines Ressorts.

In jedem Frauenförderungsplan sind darüber hinaus jeweils für zwei Jahre verbindliche Vorgaben zur Erhöhung des Frauenanteils in den einzelnen Besoldungsgruppen (Verwendungen und Funktionen) an jeder Dienststelle festzulegen. Aufgrund dieser gesetzlichen Verpflichtung haben alle Frauenförderungspläne einen *Statistikteil* zu enthalten, der den Anteil von Frauen und Männern an der Gesamtzahl der Beschäftigten in den einzelnen Besoldungsgruppen (Verwendungen und Funktionen) ausweist. Basierend auf diesen Ausgangsdaten sind im jeweiligen Frauenförderungsplan die zu erreichenden Steigerungsziele auszuweisen. Es sind für einen Zeitraum von zwei Jahren jeweils *Teilquoten* vorzuschreiben, bis der Frauenanteil 40 % beträgt. So ist etwa im *Frauenförderungsplan im Wirkungsbereich des Bundesministeriums für Bildung, Wissenschaft und Kultur*[104] gem § 2 leg cit für den Zeitraum von zwei Jahren eine Erhöhung von 20 % vorgesehen. Liegt die bestehende Frauenquote unter 10 %, ist diese zu verdoppeln. Liegt die bestehende Frauenquote bei 0 %, so ist ein Frauenanteil von 5 % zu erreichen.

Die Teilquoten des Frauenförderungsplanes sind Voraussetzung für die Anwendbarkeit der Quotenregelungen in den §§ 42 und 43 B-GBG.

Die Quotenregelungen

Das B-GBG sieht Quotenregelungen für die Aufnahme in den Bundesdienst (§ 42), beim beruflichen Aufstieg (§ 43) und bei der Aus- und Weiterbildung (§ 44) vor.[105]

---

103 Dies sind insb das Bundeskanzleramt, die einzelnen Bundesministerien und Stellen, die keinem Bundesministerium nachgeordnet sind, wie zB der Rechnungshof oder die Parlamentsdirektion.
104 BGBl II 2001/94.
105 Vgl zum Thema Quoten grundsätzlich und mwH *Jarosch*, Frauenquoten in Österreich. Grundlagen und Diskussion (2001).

Diese Vorrangregeln gelten für den Fall *gleicher Eignung* zwischen einer Bewerberin und dem bestgeeigneten Mitbewerber. Die österreichischen Quotenregelungen haben folgenden Wortlaut:

Vorrangige Aufnahme in den Bundesdienst

§ 42. (1) Bewerberinnen, die für die angestrebte Planstelle gleich geeignet sind wie der bestgeeignete Mitbewerber, sind, sofern nicht in der Person eines Mitbewerbers liegende Gründe überwiegen, entsprechend den Vorgaben des Frauenförderungsplanes solange vorrangig aufzunehmen, bis der Anteil der Frauen an der Gesamtzahl der dauernd Beschäftigten
1. in der betreffenden Besoldungsgruppe, im betreffenden Entlohnungsschema oder in der betreffenden Verwendungs- oder Entlohnungsgruppe oder
2. – wenn eine Unterteilung in Funktionsgruppen (einschließlich Grundlaufbahn), Gehaltsgruppen oder Bewertungsgruppen besteht – in der betreffenden Gruppe im Wirkungsbereich der jeweiligen Dienstbehörde mindestens 40% beträgt. Steht einer Verwendungsgruppe eine entsprechende Entlohnungsgruppe gegenüber, ist diese in den Vergleich miteinzubeziehen. Verwendungen gemäß § 1 Abs. 2 sind dabei nicht zu berücksichtigen.
(2) Die in der Person eines Mitbewerbers liegenden Gründe gemäß Abs. 1 dürfen gegenüber Bewerberinnen keine unmittelbar oder mittelbar diskriminierende Wirkung haben.

Vorrang beim beruflichen Aufstieg

§ 43. Bewerberinnen, die für die angestrebte hervorgehobene Verwendung (Funktion) gleich geeignet sind wie der bestgeeignete Mitbewerber, sind, sofern nicht in der Person eines Mitbewerbers liegende Gründe überwiegen, entsprechend den Vorgaben des Frauenförderungsplanes solange vorrangig zu bestellen, bis der Anteil der Frauen an der Gesamtzahl der dauernd Beschäftigten
1. in der betreffenden Funktionsgruppe (einschließlich Grundlaufbahn), Gehaltsgruppe oder Bewertungsgruppe oder
2. in den sonstigen hervorgehobenen Verwendungen (Funktionen), welche auf die betreffende, nicht unterteilte Kategorie nach § 40 Abs. 2 Z 1 entfallen, im Wirkungsbereich der jeweiligen Dienstbehörde mindestens 40% beträgt. § 40 Abs. 2 zweiter und dritter Satz und § 42 Abs. 2 sind anzuwenden. Verwendungen (Funktionen) gemäß § 1 Abs. 2 sind dabei nicht zu berücksichtigen.

Vorrang bei der Aus- und Weiterbildung

§ 44. Frauen sind zur Teilnahme an Aus- und Weiterbildungsmaßnahmen, die zur Übernahme höherwertiger Verwendungen (Funktionen) qualifizieren, entsprechend den Vorgaben des Frauenförderungsplanes vorrangig zuzulassen.

Die Vorrangregeln des B-GBG wurden 2001 novelliert.[106] Seither sind die §§ 42 und 43 B-GBG mit einer so genannten *Öffnungsklausel* versehen. Auf Grund dieser Öffnungsklausel kommt die Vorrangregel nur mehr zu Anwendung, *sofern nicht in der Person eines Mitbewerbers liegende Gründe überwiegen*. Die Öffnungsklausel bedeutet eine Abschwächung der Anwendbarkeit der Quotenregelung, da nunmehr bei gleicher Eignung nicht mehr automatisch das soziale Hilfskriterium „Frauenunterrepräsentation" entscheidungsrelevant ist. Die zulässigen sozialen Hilfskriterien, die für eine gleich geeignete Frau oder für einen gleich geeigneten Mann sprechen, müssen in einer Art diskriminierungsfreier Güterabwägung nochmals individuell bewertet werden.

Anlass für diese Novelle war einerseits die einschlägige EuGH-Judikatur, welche Vorrangregeln ohne Öffnungsklausel als europarechtswidrig qualifiziert,[107] und andererseits ein einschlägiges OGH-Urteil.[108] Ein Richter brachte eine Amts- und Staatshaftungsklage gegen die Republik Österreich ein. In zwei Auswahlverfahren wurde nicht er, sondern eine gleich geeignete Richterin auf die Planstelle eines Richters beim Oberlandesgericht ernannt. Der Kläger monierte, dass er die Stelle nur wegen der fehlenden Öffnungsklausel nicht bekommen habe und durch den verhinderten beruflichen Aufstieg einen Vermögensschaden erlitten habe. Die Gesetzgebung habe es verabsäumt, rechtzeitig die Rechtsprechung des EuGH umzusetzen und eine Öffnungsklausel in den bestehenden österreichischen Quotenvorschriften zu verankern. Der OGH bejahte sowohl die Zulässigkeit der Klage, als auch die Säumigkeit der österreichischen Gesetzgebung. Ein Schadenersatzbetrag wurde jedoch nicht zuerkannt, weil der Kläger in seiner Klage keine konkreten Umstände geltend gemacht hatte, die bei der Auswahlentscheidung zu seinen Gunsten zu berücksichtigen gewesen wären. Daher hätte auch bei pflichtgemäßer Umsetzung und Anwendung der Öffnungsklausel keine Entscheidung zu seinen Gunsten ergehen können.

Aufgrund dieser OGH-Entscheidung wurde das B-GBG novelliert und die zuvor genannte Öffnungsklausel in die Quotenvorschriften der §§ 42 und 43 eingefügt.

Seit dieser Novelle sind nunmehr für die Anwendbarkeit der Vorrangregeln gem der §§ 42 und 43 B-GBG folgende Tatbestandsvoraussetzungen zu beachten:

1. Gleiche Eignung der Bewerberin wie der bestgeeignete Mitbewerber
2. Unterrepräsentation der Frauen. Dh, der Frauenanteil liegt laut Statistik des Frauenförderungsplanes unter 40%.
3. Die für den Zeitraum von zwei Jahren vorgeschriebene Teilquote des Frauenförderungsplanes ist noch nicht erreicht.
4. Beachtung der Öffnungsklausel.

---

106 BGBl I 2001/87.
107 Vergleiche dazu die Ausführungen in Teil II Pkt 3.3.2.
108 OGH 30. 1. 2001, 1 Ob 80/00x. Vgl dazu *Wagner*, Quo vadis, Quote? Anmerkungen zum OGH-Urteil vom 30. 1. 2001, 1 Ob 80/00x, juridikum 2001, 72.

Gleiche Eignung

Die Quoten des B-GBG sind *leistungsgebundene Vorrangregeln.* Durch das Postulat der gleichen Eignung wird das im Dienstrecht verankerte Prinzip der *Besteignung* nicht durchbrochen. Sollte nur eine Bewerberin bzw ein Bewerber die beste Eignung für die Planstelle oder Funktion aufweisen, so ist selbstverständlich diese Person auszuwählen. Die Vorrangregel kommt erst zur Anwendung, wenn eine Pattstellung gegeben ist, also eine Bewerberin und ein Bewerber die gleiche Eignung aufweisen.

Bei der Prüfung der Eignungsfrage ist von den gesetzlichen Aufnahme- oder Ernennungserfordernissen, vom Ausschreibungstext und vom Aufgabenprofil des Arbeitsplatzes auszugehen. Gleiche Eignung bedeutet nicht 100 %ige Übereinstimmung in allen Eignungsaspekten. In diesem Fall würde die Vorrangregel bei qualifizierten Planstellen und Funktionen niemals zur Anwendung kommen und damit „totes Recht" bleiben. Entscheidend ist vielmehr das Vorliegen *gleichwertiger Eignungsprofile.* In der Praxis zeigt sich, dass sehr oft versucht wird, die Besteignung eines Kandidaten zu argumentieren, um die Anwendbarkeit der Quotenregelung zu verhindern.

Unterrepräsentation

Die zweite Tatbestandsvoraussetzung ist die Unterrepräsentation der dauernd beschäftigten Frauen im Wirkungsbereich einer Dienststelle. Ob eine solche Unterrepräsentation vorliegt, ist den statistischen Daten des jeweiligen Frauenförderungsplanes zu entnehmen. Im Frauenförderungsplan ist für jede Besoldungsgruppe bzw Funktionsgruppe innerhalb einer Dienststelle der tatsächliche Frauenanteil auszuweisen. Liegt dieser Anteil unter 40 %, so ist eine Unterrepräsentation gegeben.

Teilquote

Es ist zu beachten, dass auch im Falle einer Unterrepräsentation von Frauen die Vorrangregel nur bis zur Erreichung der Teilquote zwingend anzuwenden ist. Die Teilquoten gelten jeweils für einen Zeitraum von zwei Jahren. Sollte zB die Teilquote bereits nach einem Jahr realisiert sein, so besteht bis zum Ablauf des zweiten Jahres keine gesetzliche Verpflichtung mehr, die Vorrangregel anzuwenden.

Beachtung der Öffnungsklausel

Sollte die Teilquote noch nicht erfüllt sein, so ist des Weiteren auch noch die Öffnungsklausel zu beachten. Danach darf der Bewerberin nur dann der Vorrang eingeräumt werden, wenn nicht in der Person eines Mitbewerbers liegende Gründe überwiegen.

Das B-GBG nennt keine konkreten Gründe, die zulässigerweise zur Durchbrechung des Vorranges zu Gunsten eines gleich geeigneten Mitbewerbers führen können. Die in der Person eines Mitbewerbers liegenden Gründe dürfen jedoch gegenüber Bewerberinnen keine unmittelbar oder mittelbar diskriminierende Wirkung haben. Dies ist eine Einschränkung, die der EuGH in seiner Quotenjudikatur entwickelt hat und die auch in die Quotenvorschriften der §§ 42 und 43 B-GBG aufgenommen wurde.

Unzulässig sind sicherlich die verpönten Entscheidungskriterien des § 4 B-GBG, wie zB Familienstand oder Einkünfte des Ehegatten oder der Ehegattin. Diese Kriterien knüpfen zum Nachteil von Bewerberinnen an überkommene, diskriminierende Rollenvorstellungen von der Arbeitsteilung der Geschlechter an. Der Alleinverdienerstatus eines verheirateten Mitbewerbers kann daher gegenüber einer verheirateten Mitbewerberin kein tauglicher Grund zur Durchbrechung der Vorrangregel sein. Unzulässig sind also scheinbar neutrale Aspekte, die auf diskriminierende Weise einen Vorsprung des männlichen Mitbewerbers sicherstellen. *Kucsko-Stadlmayer* zählt dazu die Alleinverdienereigenschaft, höheres Dienstalter, geringeres Lebensalter, höhere Mobilität.[109] Verfehlt ist in diesem Zusammenhang die Ansicht des OGH, wonach der Alleinverdienerstatus als zulässiges Kriterium für die Durchbrechung der Vorrangregel anzusehen sei.[110] Der OGH verkennt in diesem Zusammenhang die mittelbar diskriminierende Wirkung dieses Kriteriums.

Als zulässig qualifiziert werden von der Lehre hingegen soziale Aspekte wie Alleinerzieherstatus eines Mitbewerbers, schwere Behinderung, Förderung der Wiedereingliederung nach längerer Krankheit oder familiär bedingter Berufsunterbrechung.[111]

2.1.4.2. Maßnahmen der Frauenförderung nach dem Gleichbehandlungsgesetz 1979

Im GlBG für die Privatwirtschaft finden sich keine Verpflichtungen der ArbeitgeberInnen zur Frauenförderung. In § 2 Abs 3 GlBG wird nur klargestellt, dass vorübergehende Sondermaßnahmen zur beschleunigten Herbeiführung der De-facto-Gleichberechtigung von Frau und Mann im Sinne des Art 4 der CEDAW nicht als Diskriminierung im Sinne des GlBG gelten. Dies ist nur eine Klarstellung, dass Sondermaßnahmen – insbesondere in Kollektivverträgen und auf der innerbetrieblichen Ebene – zulässig sind.[112] Eine gesetzliche Verpflichtung von UnternehmerInnen zur Setzung von positiven Aktionen besteht nicht.

Falls jedoch ArbeitgeberInnen in ihrem Betrieb vorübergehende Sondermaßnahmen durchführen, kann der Bund für daraus erwachsende besondere Aufwendungen Förderungen gewähren. Darüber hinaus ist in § 2b GlBG vorgesehen, dass die Richtlinien über die Vergabe von Förderungen des Bundes nur für jene Unter-

---

109 *Kucsko-Stadlmayer*, Europarechtliche Rahmenbedingungen der Frauenförderung, RZ 1999, 106 (110).
110 OGH 30. 1. 2001, 1Ob80/00x.
111 Vgl *Eichinger*, Grundsatz der Gleichbehandlung hinsichtlich des Zugangs zur Beschäftigung, zur Berufsausübung und zum beruflichen Aufstieg sowie in bezug auf die Arbeitsbedingungen (Richtlinie 76/207/EWG), in *Oetker/Preis* (Hrsg), Europäisches Arbeits- und Sozialrecht (Teil B 4200, Stand Jänner 1999), RdN 101.
112 Eine solche Klarstellung ist im Übrigen seit der Neueinfügung von Art 7 Abs 2 B-VG nicht mehr notwendig.

nehmen Förderungen vorsehen dürfen, die das GlBG beachten. Der Bund hat sich damit in einem Akt der gesetzlichen Selbstbindung zur Beachtung eines Kriteriums verpflichtet, das einen frauenfördernden Lenkungseffekt hat.

Die Setzung von betrieblichen Maßnahmen zur Frauenförderung ieS ist im Arbeitsverfassungsgesetz (ArbVG)[113] geregelt.

§ 92b ArbVG regelt die *betriebliche Frauenförderung und Maßnahmen zur besseren Vereinbarkeit von Betreuungspflichten und Beruf*. Der Betriebsinhaber hat mit dem Betriebsrat Maßnahmen in diesen Angelegenheiten zu beraten. Solche Maßnahmen betreffen insbesondere die Einstellungspraxis, Maßnahmen der Aus- und Weiterbildung und den beruflichen Aufstieg, die auf den Abbau einer bestehenden Unterrepräsentation der Frauen an der Gesamtzahl der Beschäftigten bzw an bestimmten Funktionen oder auf den Abbau einer sonst bestehenden Benachteiligung abzielen, sowie Maßnahmen, die auf eine bessere Vereinbarkeit der beruflichen Tätigkeit mit Familien- und sonstigen Betreuungspflichten der Arbeitnehmerinnen und Arbeitnehmer abzielen.

Der Betriebsrat hat das Recht, Vorschläge in diesen Angelegenheiten zu erstatten und Maßnahmen zu beantragen. Der Betriebsinhaber ist verpflichtet, mit dem Betriebsrat über dessen Vorschläge und Anträge zu beraten.

Maßnahmen der betrieblichen Frauenförderung sowie Maßnahmen zur besseren Vereinbarkeit von Betreuungspflichten und Beruf können in einer *Betriebsvereinbarung* geregelt werden.

2.1.4.3. Die Frauenförderungsgebote in den Gleichbehandlungsgesetzen der Länder

Die meisten Gleichbehandlungsgesetze der Länder enthalten nach dem Vorbild des B-GBG einen eigenen Abschnitt über die Frauenförderung. Dieser ist in seiner Systematik dem B-GBG nachgebildet. Es sind die gleichen Instrumentarien vorgesehen:

- Allgemeines Frauenförderungsgebot (oder Frauenförderungsgrundsätze)
- Frauenförderungspläne (oder Frauenförderungsprogramme)

Quotenregelungen nach dem Vorbild des B-GBG gibt es jedoch nicht in allen Gleichbehandlungsgesetzen der Länder. Verbindliche Quotenbestimmungen finden sich nur in den Gesetzen folgender Länder: Steiermark, Burgenland, Oberösterreich und Kärnten. Die Quotenregelungen von Kärnten und Oberösterreich sehen hinsichtlich der Aufnahme und dem beruflichen Aufstieg noch keine Öffnungsklausel vor.

In Salzburg und Wien sind die Vorrangregeln bei der Aufnahme und beim beruflichen Aufstieg als *Ermessensentscheidung* ausgestaltet, bei der Aus- und Weiterbildung hingegen als *gebundene Entscheidung* (ohne Öffnungsklausel). Tirol, Niederösterreich und Vorarlberg haben keine speziellen Quotenregelungen. In den Gesetzen dieser Länder sind nur allgemeine Frauenfördergebote und -ziele normiert.

---

[113] BGBl 1974/22 idF BGBl I 2001/98.

Die Gleichbehandlungsgesetze von Kärnten und Vorarlberg sehen keine Erlassung eines Frauenförderungsplanes oder -programmes vor.

2.1.5. Das System der Rechtsdurchsetzung in den Gleichbehandlungsgesetzen

2.1.5.1. Das System der Rechtsdurchsetzung im Bundes-Gleichbehandlungsgesetz

Für die Durchsetzung der Schutzziele des B-GBG wurden spezifische Beratungs- und Betreuungsinstitutionen für die Betroffenen geschaffen. Es sind dies die *Kontaktfrauen* und die *Gleichbehandlungsbeauftragten*.

Die in jedem Ressort eingerichtete *Arbeitsgruppe für Gleichbehandlungsfragen* ist im wesentlichen für die frauenpolitische Arbeit gegenüber der Ressortleitung zuständig. Die *Interministerielle Arbeitsgruppe für Gleichbehandlungsfragen* leistet übergeordnete frauenpolitische Koordinationsarbeit zwischen den Ressorts.

Eine zentrale Stellung hat die *Gleichbehandlungskommission*. Wichtigste Aufgabe der Kommission ist es, *Gutachten* über die Frage zu erstatten, ob eine geschlechtsspezifische Diskriminierung oder eine Verletzung des Frauenförderungsgebotes gegeben ist. Die Kommission wird insbesondere von Amts wegen, auf Antrag der Betroffenen oder auf Antrag einer Gleichbehandlungsbeauftragten tätig. Wird von der Kommission eine Rechtsverletzung bejaht, dann hat sie der jeweiligen Ressortleitung einen *Vorschlag zur Verwirklichung der Gleichbehandlung* zu übermitteln, verbunden mit der Aufforderung, die Diskriminierung zu beenden und die Verantwortlichen mit disziplinarrechtlichen Mitteln zur Verantwortung zu ziehen. Die Gutachten der Kommission haben jedoch keine verbindliche Kraft. Es handelt sich nur um Schlichtungsakte im Vorfeld einer rechtsförmlichen Durchsetzung der Ansprüche nach dem B-GBG. Scheitern diese Schlichtungsversuche der Kommission, so müssen Vertragsbedienstete ihre (Schadenersatz)Ansprüche beim zuständigen Arbeits- und Sozialgericht einklagen und BeamtInnen diese beim Dienstgeber im Wege des Dienstrechtsverfahrens geltend machen. Ein Gutachten der Kommission dient in diesen Verfahren als Beweismittel.

Nach der Systematik des B-GBG ergibt sich ein *abgestuftes Modell von Zuständigkeiten* zur Betreuung eines individuellen Beschwerdefalles. Als erste Ansprechpartnerinnen stehen die Kontaktfrauen für Beratung und Hilfestellung zur Verfügung. Sollte der Beschwerdefall auf der untersten Ebene im Verhandlungswege nicht gelöst werden können, wird der Fall an die Gleichbehandlungsbeauftragte herangetragen. Nur die Gleichbehandlungsbeauftragten haben nach dem B-GBG die Kompetenz zur Rechtsverfolgung. Sie können Disziplinaranzeigen erstatten und einen Fall vor der Gleichbehandlungskommission anhängig machen.

Eine diskriminierte Person muss diese Beratungs- und Betreuungsmöglichkeiten, die das Gesetz bietet, jedoch nicht in Anspruch nehmen. Diese sind nur als unterstützende Infrastruktur für eine allfällig angestrebte Streitschlichtung zu verstehen. Es kann auch sofort – ohne Vermittlungsversuche – der Klagsweg bzw der Dienstweg zur Durchsetzung der gesetzlichen Ansprüche beschritten werden.

2.1.5.2. Das System der Rechtsdurchsetzung im Gleichbehandlungsgesetz 1979

Auch das System der Rechtsdurchsetzung nach dem GlBG ist so konzipiert, dass Betroffene Hilfestellung und Schlichtungsmöglichkeiten im Vorfeld einer gerichtlichen Rechtsdurchsetzung in Anspruch nehmen können, aber nicht müssen. Die Betroffenen können ihre (Schadenersatz)Ansprüche auch unmittelbar beim zuständigen Arbeits- und Sozialgericht einklagen.

Für die Beratung und Betreuung von Betroffenen war ursprünglich bundesweit nur eine *Anwältin für Gleichbehandlungsfragen* und eine *Stellvertreterin* vorgesehen. Diese sind bundesweit zuständig zur Beratung und Unterstützung von ArbeitnehmerInnen, die sich als diskriminiert erachten. Anwältin und Stellvertreterin können bei vermuteter Diskriminierung ArbeitgeberInnen zur Abgabe einer schriftlichen Stellungnahme auffordern und weitere Auskünfte vom Betriebsrat und von den Beschäftigten einholen. Sie können die Gleichbehandlungskommission (GBK) mit grundsätzlichen Diskriminierungsfragen bzw mit Diskriminierungen im Einzelfall befassen. Die GBK kann Anwältin oder Stellvertreterin in der Folge mit der Durchführung der Ermittlungstätigkeit in einem anhängigen Fall beauftragen.

Es hat sich jedoch gezeigt, dass mit nur einer Anwältin für Gleichbehandlungsfragen und einer Stellvertreterin kein effektives und ausreichendes Beratungs- und Unterstützungsangebot für Betroffene in den Bundesländern sichergestellt werden kann. Daher wurde mit einer Novelle des GlBG aus dem Jahre 1998[114] die Möglichkeit geschaffen, *Regionalbüros* in den Ländern einzurichten. Die Regionalbüros nehmen für ihren Zuständigkeitsbereich in bestimmten Angelegenheiten die Funktion der Anwältin für Gleichbehandlungsfragen wahr. Es sind dies vor allem: Beratungstätigkeit, Einholung schriftlicher Stellungnahmen von ArbeitgeberInnen, Einholung von Auskünften bei Betriebsrat oder Beschäftigten, Ermittlungstätigkeit im Auftrag der Gleichbehandlungskommission sowie Abhaltung von Sprechstunden und Sprechtagen.

Die Regionalbüros werden von *Regionalanwältinnen* geleitet. Derzeit sind durch Verordnungen[115] folgende Regionalbüros eingerichtet:

- Regionalbüro für Vorarlberg, Tirol und Salzburg – mit Sitz in Innsbruck.
- Regionalbüro für Kärnten – mit Sitz in Klagenfurt.
- Regionalbüro für Steiermark – mit Sitz in Graz.
- Regionalbüro für Oberösterreich – mit Sitz in Linz

Die Regionalanwältinnen haben jedoch kein Initiativrecht auf Einleitung eines Verfahrens vor der Gleichbehandlungskommission. Dies ist alleinige Kompetenz der Anwältin für Gleichbehandlungsfragen und deren Stellvertreterin.

---

114 BGBl I 1998/44.
115 Verordnung des Bundeskanzlers betreffend die Einrichtung eines Regionalbüros der Anwältin für Gleichbehandlungsfragen für Vorarlberg, Tirol und Salzburg, BGBl II 1998/356 und Verordnung der Bundesministerin für Soziale Sicherheit und Generationen betreffend die Einrichtung von Regionalbüros der Anwältin für Gleichbehandlungsfragen in den Ländern Kärnten und Steiermark, BGBl II 2000/341; Verordnung des Bundesministers für soziale Sicherheit und Generationen betreffend die

Als Schlichtungsinstitution ist eine *Gleichbehandlungskommission* eingerichtet. Die Kommission hat – neben generellen frauenpolitischen Kontrollaufgaben – insbesondere *Gutachten* über die Verletzung der Diskriminierungsverbote im Einzelfall zu erstellen und dem betroffenen Arbeitgeber oder der Arbeitgeberin Vorschläge zur Verwirklichung der Gleichbehandlung zu übermitteln. Wird diesen Vorschlägen nicht innerhalb eines Monats nachgekommen, so könnten die im GlBG genannten Interessenvertretungen eine *Feststellungsklage* beim zuständigen Arbeitsgericht einbringen. Ein positives Feststellungsurteil soll die Chancen der Betroffenen erhöhen, ihre (Schadenersatz)Ansprüche gerichtlich erfolgreich durchsetzen zu können. Allerdings ist die Möglichkeit der Erwirkung eines Feststellungsurteils durch die Interessenvertretungen bis heute mehr oder weniger totes Recht geblieben.[116]

2.1.5.3. Das System der Rechtsdurchsetzung im Universitätsorganisationsrecht

Das Rechtsschutzsystem im Fall einer geschlechtsspezifischen Diskriminierung an den Universitäten unterscheidet sich wesentlich vom Rechtsschutzsystem des B-GBG.

Wie bereits zuvor ausgeführt, können nach dem B-GBG nur Schlichtungsakte ohne Bindungswirkung gesetzt werden. Bleiben diese Schlichtungsakte auf allen Ebenen erfolglos, dh Scheitern die Bemühungen der zuständigen Kontaktfrau bzw Gleichbehandlungsbeauftragten und erfolgt von Seiten des Dienstgebers keine Umsetzung des Gutachtens und der Empfehlung der Gleichbehandlungskommission, so bleibt nur die Möglichkeit, die (Schadenersatz)Ansprüche bei Gericht oder bei der Dienstbehörde durchzusetzen. Insbesondere bei der Aufnahme in ein Dienstverhältnis und bei beruflichen Aufstiegsentscheidungen steht im Falle einer Diskriminierung nur ein Schadenersatzanspruch zu. Es besteht *kein Recht* auf Erlangung der Planstelle oder einer höherwertigen Funktion.

Das Rechtsschutzsystem nach dem Universitätsorganisationsrecht ist hingegen mit *effektiven Kontrollinstrumenten* ausgestattet. Dieser genderspezifische Rechtsschutz an den Universitäten zielt darauf ab, den im Auswahlverfahren diskriminierten BewerberInnen auch die Erlangung der Planstelle oder der höherwertigen Funktion zu ermöglichen.

Im Folgenden wird das Rechtsschutzsystem nach dem Universitätsgesetz 2002 in seinen Grundzügen dargestellt:

An jeder vollrechtsfähigen Universität ist neuerlich ein *Arbeitskreis für Gleichbehandlungsfragen* einzurichten, dessen Aufgabe es ist, geschlechtsspezifischen Diskriminierungen durch Universitätsorgane entgegenzuwirken und die Angehörigen und Organe der Universität in Fragen der Gleichstellung und Frauenförderung zu beraten und zu unterstützen.

Einrichtung eines Regionalbüros der Anwältin für Gleichbehandlungsfragen für Oberösterreich, BGBl II 2002/442.
116 Vgl zu den Fragen der Rechtsdurchsetzung nach dem GlBG näher *Bei/Novak*, Das Gleichbehandlungsgesetz, in *Aichhorn* (Hrsg), Frauen & Recht (1997) 83.

Bei Verdacht auf eine Diskriminierung kommt dem Arbeitskreis binnen zwei Wochen ein *Beschwerderecht mit aufschiebender Wirkung* an eine universitäre *Schiedskommission* zu. Die Schiedskommission hat zuerst auf eine einvernehmliche Lösung hinzuwirken. Kommt diese nicht zu Stande, ist mit *Bescheid* darüber abzusprechen, ob durch die beabsichtigte Entscheidung des Universitätsorgans eine Diskriminierung auf Grund des Geschlechts vorliegt. In diesem Fall ist eine neuerliche Personalentscheidung unter Beachtung der Rechtsauffassung der Schiedskommission zu treffen. Gegen den Bescheid der Schiedskommission steht sowohl dem Arbeitskreis als auch dem betroffenen Universitätsorgan der Rechtsweg zum VwGH offen.

Arbeitsverträge, die während eines anhängigen Verfahrens oder trotz eines negativen Bescheids der Schiedskommission abgeschlossen werden, sind unwirksam. Ebenso Arbeitsverträge, die ohne vorherige Verständigung des Arbeitskreises abgeschlossen werden. Durch diese schwer wiegenden Sanktionen ist sichergestellt, dass die in einem Personalauswahlverfahren rechtswidrig ausgeschiedenen BewerberInnen wieder in das laufende Verfahren integriert werden können und ihre Chancen auf Erlangung der Stelle intakt bleiben.

Neben der rechtlichen Kontrolle sind im Universitätsgesetz 2002 auch Instrumente der Frauenförderung vorgesehen. Zum einen hat jede Universität einen *Frauenförderungsplan* zu erlassen. Zum anderen sollen Gleichstellungsziele durch ein neues Steuerungsinstrument, nämlich die *Leistungsvereinbarungen* verwirklicht werden. Eine Leistungsvereinbarung ist ein öffentlich-rechtlicher Vertrag, der zwischen der einzelnen Universität und dem Bund für jeweils drei Jahre abzuschließen ist. Inhalt des Vertrages sind insbesondere die von der Universität zu erbringenden Leistungen. Die Erfüllung der Leistungsvereinbarung ist Basis für die nächste Budgetzuweisung.

Jeder Universität wird vom Bund ein *Grundbudget* und ein Teilbetrag als *formelgebundenes Budget* für eine dreijährige Periode zugewiesen. Die Höhe des formelgebundenen Budgets wird anhand von Indikatoren bemessen. Im Gesetz sind folgende Indikatoren festgelegt: Lehre, Forschung oder Entwicklung und Erschließung der Künste sowie gesellschaftliche Zielsetzungen. Zu den gesellschaftlichen Zielsetzungen zählen unter anderem Maßnahmen zur Erhöhung des Frauenanteils in leitenden Funktionen der Universität. Die weitere Konkretisierung der Indikatoren wird durch Verordnung festgelegt.

2.1.5.4. Das System der Rechtsdurchsetzung in den Gleichbehandlungsgesetzen der Länder

Das Rechtsschutzsystem der Gleichbehandlungsgesetze der Länder ist im Wesentlichen dem System des B-GBG nachgebildet. Es gibt ähnliche Beratungs- und Betreuungsinstitutionen, wenn auch mit unterschiedlicher Bezeichnung.

Auf der Ebene der Dienststellen sind dies zB *Kontaktfrauen* (Wien, OÖ, Bgld), *Kontaktpersonen* (Stmk), *Vertrauenspersonen* (Tirol) und *Koordinatorinnen für Gleichbehandlung und Frauenförderung* (NÖ).

In Kärnten gibt es keine spezielle Betreuungsinstitution auf der Dienststellenebene. In Salzburg können die Gleichbehandlungsbeauftragten zur Besorgung einzelner

Aufgaben Bedienstete der Dienststelle heranziehen. In Vorarlberg ist die Betreuung von individuellen Diskriminierungsfällen Aufgabe der klassischen Personalvertretung. Die Personalvertretung hat eine *Anlaufstelle zur Förderung der Chancengleichheit von Frauen und Männern* einzurichten. Die Leiterin kommt aus dem Kreis der gewählten PersonalvertreterInnen. Für einzelne Dienststellen können von der Personalvertretung aus dem Kreis der Mitglieder des Dienststellenausschusses *Frauenberaterinnen* für einzelne Dienststellen bestimmt werden.

In allen Bundesländern – bis auf Vorarlberg – gibt es auch *Gleichbehandlungsbeauftragte*. Ihre Rechtsstellung ist in allen Bundesländern ähnlich.

In allen Ländern – bis auf Vorarlberg – gibt es auch zumindest eine *Gleichbehandlungskommission*. Die meisten Kommissionen haben ähnliche Aufgaben und Verfahrensrechte wie die Gleichbehandlungskommission nach dem B-GBG. Nur in NÖ sind die Handlungsmöglichkeiten der Kommission abgeschwächt. Es gibt hier nur ein informelles Verfahren zur Herstellung einer Einigung im Falle einer Diskriminierung.

Vorarlberg hat keine Kommission eingerichtet. Als allgemeines frauenpolitisches Gremium wurde ein *Frauenpolitisches Forum*[117] geschaffen. Das Forum hat Begutachtungs- und allgemeine Beratungsfunktion, insbesondere gegenüber der Landesregierung, auszuüben. Individuelle Beschwerdefälle werden vom Forum nicht behandelt. Für individuelle Beschwerdefälle ist die *Anlaufstelle zur Förderung der Chancengleichheit von Frauen und Männern* zuständig. Von der Anlaufstelle werden Anzeigen und Beschwerden entgegengenommen, beantwortet und an die jeweilige Dienstbehörde weitergeleitet. Hiefür ist kein spezielles Verfahren vorgesehen.

All diesen Beratungs- und Betreuungsinstitutionen ist gemeinsam, dass sie nur *Schlichtungsakte* setzen können. Scheitern diese, so sind auch in den Ländern die (Schadenersatz)Ansprüche von Vertragsbediensteten vor Gericht und von LandesbeamtInnen vor der Dienstbehörde in einem rechtsförmlichen Verfahren durchzusetzen. Auch in den Ländern besteht im Fall einer Zugangs- oder Aufstiegsdiskriminierung kein Anspruch auf Erlangung einer Planstelle oder Funktion, sondern nur ein Anspruch auf Schadenersatz.

2.2. Der Zugang von Frauen zum österreichischen Bundesheer

Bis zum Jahr 1998 war eine militärische Karriere von Frauen im österreichischen Bundesheer nicht möglich.

Gem Art 9a Abs 3 B-VG sind nur *männliche österreichische Staatsbürger* wehrpflichtig. Im Wehrgesetz 1990 war daher auch normiert, dass nur männliche Staatsbürger, die das 18. Lebensjahr vollendet haben und die notwendige körperliche und geistige Eignung für eine im Bundesheer in Betracht kommende Verwendung besitzen, in das Bundesheer einberufen werden dürfen. Ein freiwilliger Wehrdienst war weder für Männer noch für Frauen gesetzlich vorgesehen.

---

117 § 3 Landes-Frauenförderungsgesetz.

Im Jahr 1988 hat eine Frau versucht, den Zugang zum Bundesheer im Rechtsweg durchzusetzen. Sie verfasste ein Stellungsgesuch und beantragte beim zuständigen Militärkommando die Musterung zwecks Wehrdienstleistung und eine frühestmögliche Einberufung in das Bundesheer. Der Antrag wurde vom Militärkommando mit Bescheid zurückgewiesen. Nach Erschöpfung des Instanzenzuges brachte sie eine Bescheidbeschwerde beim VfGH ein. Sie erachtete sich vor allem im Grundrecht auf Gleichheit vor dem Gesetz verletzt. Der VfGH hat die Beschwerde als unbegründet abgewiesen.[118] Er war der Ansicht, dass keine Verletzung des Gleichheitsgrundsatzes vorliegt. In der Begründung wurde ausgeführt, dass Art 9a B-VG die Wehrpflicht nur für männliche österreichische Staatsbürger normiert und diese Verfassungsbestimmung als die speziellere Vorschrift anderen Verfassungsbestimmungen, insbesondere dem Gleichheitssatz, vorgehe. Daher sei eine Ungleichbehandlung von Frauen und Männern hinsichtlich der Wehrpflicht verfassungsrechtlich zulässig. Nach dieser höchstrichterlichen Entscheidung bestand für Frauen keine Möglichkeit mehr, den Ausschluss der Frauen aus dem Bundesheer rechtlich zu bekämpfen.

Das Erkenntnis des VfGH hat in der Folge jedoch verstärkt zu politischen Diskussionen geführt. Das Ziel der Öffnung des Bundesheeres für Frauen auf freiwilliger Basis wurde schließlich 1996 auch in das Koalitionsübereinkommen von SPÖ und ÖVP aufgenommen. 1998 wurde schließlich das *Gesetz über die Ausbildung von Frauen im Bundesheer* verabschiedet.[119]

In Art 9a B-VG wurde ein neuer Absatz 4 aufgenommen, der folgenden Wortlaut hat:

> Österreichische Staatsbürgerinnen können freiwillig Dienst im Bundesheer als Soldatinnen leisten und haben das Recht, diesen Dienst zu beenden.

Somit ist verfassungsrechtlich nunmehr *eine allgemeine Wehrpflicht für männliche Staatsbürger* und eine *freiwillige militärische Dienstleistung für weibliche Staatsbürgerinnen* vorgesehen.[120]

In das Wehrgesetz 1990 wurde ein eigener Abschnitt über den Wehrdienst für Frauen aufgenommen. Darüber hinaus wurden eine Reihe von Gesetzesnovellen erlassen, um die dienst-, disziplinar- und sozialrechtliche Stellung der Soldatinnen zu regeln. Der Anwendungsbereich des Bundes-Gleichbehandlungsgesetzes wurde auf Frauen im Ausbildungsdienst beim Bundesheer erweitert.

Im folgenden wird die rechtliche Stellung der Frauen im österreichischen Bundesheer in ihren Grundzügen dargestellt. Das wiederverlautbarte Wehrgesetz 2001[121] regelt nunmehr im 6. Abschnitt (§§ 37 – 40) die militärischen Dienstleistungen von Frauen.

---

118 VfSlg 12.830.
119 BGBl I 1998/30.
120 Vgl zu Fragen der europarechtlichen Zulässigkeit dieser Differenzierung Teil II Pkt 3.2.3.
121 BGBl I 2001/146 (Wv) idF BGBl I 2002/103.

2.2.1. Der Ausbildungsdienst

Für Frauen wurde ein eigenständiger Wehrdienst sui generis,[122] nämlich der *Ausbildungsdienst* von 12 Monaten geschaffen. Damit gehören Frauen dem Präsenzstand an und sind Soldatinnen. Daran anschließend steht den Frauen – gleichberechtigt mit den Männern – eine Laufbahn als Berufssoldatin offen. Im Beamten-Dienstrechtsgesetz erfolgte die Gleichstellung des Ausbildungsdienstes mit dem Präsenzdienst.

Eine freiwillige Meldung zum Ausbildungsdienst ist beim Heerespersonalamt[123] einzubringen. Der Ausbildungsdienst darf nur bis zum Ablauf des Kalenderjahres geleistet werden, in dem die Betroffene das 40. Lebensjahr vollendet hat. Es besteht der *Grundsatz der absoluten Freiwilligkeit*. Die freiwillige Meldung kann schriftlich ohne Angabe von Gründen zurückgezogen werden. Ebenso kann eine Frau, die bereits im Ausbildungsdienst steht, ihren Austritt schriftlich ohne Angabe von Gründen erklären. Mit Wirksamkeit einer Austrittserklärung gelten Frauen im Ausbildungsdienst als vorzeitig aus diesem Wehrdienst entlassen.

Frauen, die sich zum Ausbildungsdienst gemeldet haben, sind mit *Einberufungsbefehl* einzuberufen. Sie können während des Ausbildungsdienstes auch eine *vorbereitende Kaderausbildung* absolvieren.

2.2.2. Der freiwillige Milizdienst

Frauen steht auch die *freiwillige Milizlaufbahn* offen. Sie können freiwillige Waffenübungen und Funktionsdienste leisten. Zu Miliztätigkeiten sind Frauen, die Ausbildungsdienst geleistet haben, bis zur Vollendung des 50. Lebensjahres berechtigt. Diese Berechtigung besteht bis zur Vollendung des 65. Lebensjahres, wenn Frauen Offizierinnen, Unteroffizierinnen oder Spezialkräfte auf den Gebieten der Technik, des Sanitätswesens, des Seelsorgedienstes und der Fremdsprachen sind.

Mit diesen Regelungen hat Österreich den Zugang von Frauen zum Heer europarechtskonform ausgestaltet. Seit den EuGH-Urteilen in den *Rs Sirdar* und *Kreil* ist klargestellt, dass die Mitgliedstaaten auf Grund der Gleichbehandlungsrichtlinie grundsätzlich verpflichtet sind, den Frauen den Berufszugang zum Heer, insbesondere auch in militärischer Verwendung, zu ermöglichen.[124]

2.3. Der Schutz vor familiärer Gewalt

Opfer von Gewalt in der Familie sind vor allem Frauen und Kinder. Psychische und physische Gewaltanwendung in der Familie gibt es in allen Gesellschaftsschich-

---

[122] Vgl dazu grundsätzlich die RV 915BlgNR, 20. GP.
[123] Das vormalige Heeresgebührenamt wurde mit dem Reorganisationsbegleitgesetz, BGBl I 2002/103, in Heerespersonalamt umbenannt.
[124] Vgl zu Umfang und Grenzen des Rechts auf Berufszugang zum Heer aus europarechtlicher Sicht die Ausführungen in Teil II Pkt 3.2.3.

ten.¹²⁵ Wie in anderen Staaten auch, war der Schutz vor Gewaltanwendung im „häuslichen Bereich" in Österreich lange Zeit hindurch nur unzureichend geregelt. Effektives polizeiliches Einschreiten war grundsätzlich nur möglich, wenn bereits ein Tatbestand iSd Strafgesetzbuches verwirklicht war. Auf der anderen Seite war der präventive Gewaltschutz durch eine einstweilige gerichtliche Verfügung nur im Zusammenhang mit einem Verfahren auf Scheidung, Aufhebung oder Nichtigerklärung einer Ehe möglich.¹²⁶ Um weiterer Gewalt zu entgehen, haben meist die Opfer die gemeinsame Wohnung verlassen und Hilfe bei Verwandten, FreundInnen oder im Frauenhaus gesucht.

Mit dem In-Kraft-Treten des *Bundesgesetzes zum Schutz vor Gewalt in der Familie (Gewaltschutzgesetz)*¹²⁷ wurde der Schutz vor Gewalt in der Familie grundlegend reformiert. Das österreichische Gewaltschutzgesetz ist auf Initiative der damaligen Frauenministerin *Konrad* verwirklicht worden. Bereits auf der 4. Weltfrauenkonferenz in Beijing hat die Frauenministerin in einem Akt der Selbstbindung ein solches Gesetz für Österreich angekündigt.¹²⁸

Das so genannte Gewaltschutzgesetz ist kein homogenes Bundesgesetz, sondern hat im wesentlichen die Novellierung von zwei zentralen Rechtsmaterien zum Inhalt: des *Sicherheitspolizeigesetzes* (SPG) und der *Exekutionsordnung* (EO). Darüber hinaus ist auch das *Allgemeine Bürgerliche Gesetzbuch* (ABGB) in einem wichtigen Aspekt geändert worden: In § 1328 ABGB ist nunmehr bei Verletzungen der geschlechtlichen Selbstbestimmung neben dem Ersatz des erlittenen Schadens und des entgangenen Gewinns auch ein Anspruch auf *Ersatz des immateriellen Schadens* vorgesehen.¹²⁹

2.3.1. Die Instrumente des Gewaltschutzes im Sicherheitspolizeigesetz

Mit § 38a SPG¹³⁰ wurde die Möglichkeit eines *effektiven vorbeugenden Gewaltschutzes* durch die Organe des öffentlichen Sicherheitsdienstes¹³¹ eingeführt. Bis zu diesem Zeitpunkt war idR nur eine Streitschlichtung gem § 26 SPG möglich.

Instrumente des präventiven Gewaltschutzes sind die *Wegweisung*, das *Betretungsverbot* und die *Schlüsselabnahme*.

Die Wegweisung

Ist gem § 38a Abs 1 SPG auf Grund bestimmter Tatsachen, insbesondere wegen eines vorangegangenen gefährlichen Angriffs, anzunehmen, dass ein gefährlicher An-

---

125 Vgl zu den Dimensionen des Problems der Männergewalt im häuslichen Bereich insb *Dearing/Förg* (Hrsg), Konferenzdokumentation „Polizeiarbeit gegen Gewalt an Frauen" (1999) 21.
126 Gem § 382 Abs 1 Z 8 lit b EO aF.
127 Novellierung von SPG, EO und ABGB durch BGBl 1996/759.
128 Vgl zur Erklärung der Frauenministerin bei der 4. Weltfrauenkonferenz Teil I Kapitel 4 Pkt 9.
129 Vgl *Beclin*, Zur Reform des Schadenersatzes bei sexuellem Mißbrauch, JAP 1997/98, 191.
130 BGBl 1996/759 idF BGBl I 1999/146.
131 Dazu zählen gem § 5 SPG insb Gendarmerie und Sicherheitswache (Polizei).

griff auf Leben, Gesundheit oder Freiheit bevorsteht, so sind die Organe des öffentlichen Sicherheitsdienstes ermächtigt, einen Menschen, von dem die Gefahr ausgeht, aus einer Wohnung, in der eine gefährdete Person wohnt, und deren unmittelbarer Umgebung wegzuweisen. Der Gefährder hat in diesem Fall die Wohnung unverzüglich zu verlassen.

Die Wegweisung kann mit *unmittelbarer Zwangsgewalt* gem § 50 SPG durchgesetzt werden.

Das Betretungsverbot

Die Wegweisung wird in der Regel mit der Anordnung eines Betretungsverbotes verknüpft. In der Praxis hat sich gezeigt, dass eine Wegweisung meist nicht ausreicht, um eine Gefährdungssituation tatsächlich zu beseitigen.

Ursprünglich war im SPG ein so genanntes *Rückkehrverbot* normiert. Dies hat jedoch in der Praxis in jenen Fällen zu Auslegungsschwierigkeiten geführt, in denen ein Gewaltopfer in eine andere Wohnung oder in ein Frauenhaus geflüchtet ist. In solchen Fällen musste ein „Rückkehrverbot" in Bezug auf diese neuen Räumlichkeiten verhängt werden, obwohl sich der Gefährder niemals zuvor in diesen Räumlichkeiten aufgehalten hat. Mit der SPG-Novelle 1999 wurde daher das Rückkehrverbot in ein Betretungsverbot umgewandelt.

Die Anordnung eines Betretungsverbotes gem § 38a Abs 2 SPG unterliegt den gleichen Tatbestandsvoraussetzungen wie die Wegweisung: Ist auf Grund bestimmter Tatsachen, insbesondere wegen eines vorangegangenen gefährlichen Angriffs, anzunehmen, dass ein gefährlicher Angriff auf Leben, Gesundheit oder Freiheit bevorsteht, so kann dem Gefährder das Betreten der Wohnung und deren unmittelbarer Umgebung (zB Stiegenhaus und Garten) untersagt werden. Das Betretungsverbot beruht auf einer *Gefährlichkeitsprognose* des Exekutivorgans. Auch wenn noch keine strafbare Handlung iSd StGB vorliegt, kann uU auf Grund der besonderen Umstände eine negative Prognose begründet und die Anordnung eines Betretungsverbotes gerechtfertigt sein. Auch wenn ein vorangegangener gefährlicher Angriff vom Gewaltopfer erst einige Tage später zur Anzeige gebracht wird, kann die Verhängung eines Betretungsverbotes gerechtfertigt sein. Gewaltopfer brauchen sehr oft einige Zeit, um das Erlebte zu verarbeiten und eine Initiative zum eigenen Schutz zu setzen.[132]

Die Anordnung des Betretungsverbotes ist der Sicherheitsbehörde bekannt zu geben und von dieser binnen 48 Stunden zu überprüfen. Stellt die Sicherheitsbehörde fest, dass die Voraussetzungen für die Anordnung eines Betretungsverbotes nicht bestehen, so hat sie das Verbot unverzüglich aufzuheben.

Wurde das Betretungsverbot rechtmäßig angeordnet, so endet dieses mit *Ablauf des 10. Tages* nach dessen Anordnung. Wird in dieser Zeit von der gefährdeten Person beim Familiengericht ein Antrag auf Erlassung einer einstweiligen Verfügung gem § 382b EO gestellt, so endet das Betretungsverbot mit Zustellung der einstwei-

---

132 Vgl zu diesen Aspekten insb *Schweikert*, Gewalt ist kein Schicksal (2000).

ligen Verfügung, spätestens jedoch mit *Ablauf des 20. Tages* nach dessen Anordnung. „Kettenbetretungsverbote" sind unzulässig.[133] Nur wenn eine *neue* akute Gefährdungssituation entsteht, könnte wieder ein Betretungsverbot angeordnet werden.

Bei Verhängung eines Betretungsverbotes ist dem Gefährder Gelegenheit zu geben, dringend benötigte Gegenstände des persönlichen Bedarfs mitzunehmen und sich darüber zu informieren, welche Möglichkeiten er hat, unterzukommen. Ergibt sich in der Folge die Notwendigkeit, die Wohnung aufzusuchen, darf er dies nur in Gegenwart eines Exekutivorgans.

Die Missachtung des Betretungsverbotes bildet gem § 84 Abs 1 Z 2 SPG eine *Verwaltungsübertretung* und ist mit Geldstrafe bis zu 362 € zu bestrafen. Im Falle der Uneinbringlichkeit der Geldstrafe ist eine Ersatzfreiheitsstrafe von zwei Wochen angedroht.

Die Einhaltung des Betretungsverbotes ist zumindest einmal während der ersten drei Tage seiner Geltung durch Organe des öffentlichen Sicherheitsdienstes zu überprüfen. Wird der Gefährder im Verbotsbereich angetroffen, so ist nach dem Prinzip der Verhältnismäßigkeit vorzugehen: zB mit der Aufforderung, den Bereich zu verlassen, allenfalls mit einer neuerlichen Schlüsselabnahme, uU auch mit einer Festnahme gem § 35 Z 3 VStG.

Die Schlüsselabnahme

Die Exekutivorgane können dem Gefährder alle in seiner Gewahrsame befindlichen Schlüssel zur Wohnung abnehmen. Die Schlüsselabnahme kann gem § 50 SPG mit *unmittelbarer Befehls- und Zwangsgewalt* durchgesetzt werden.

Die Abnahme der Schlüssel ist als ergänzendes Instrument zur Effektuierung des Betretungsverbotes zu qualifizieren.

2.3.2. Die Instrumente des Gewaltschutzes in der Exekutionsordnung

In der Exekutionsordnung wurde der präventive Gewaltschutz durch die Familiengerichte mit der Neueinfügung der §§ 382b bis 382d völlig neu gestaltet.[134]

Nahe Angehörige können beim Familiengericht eine *einstweilige Verfügung* beantragen, um Schutz vor Gewalttätern zu erlangen. Nach der Legaldefinition des § 382b Abs 3 EO ist der geschützte Personenkreis sehr weit gezogen: Zu den nahen Angehörigen zählen zB Ehegatten und Lebensgefährten, Geschwister und Verwandte in gerader Linie sowie Geschwister der Ehegatten oder Lebensgefährten.

---

133 Vgl *Dearing,* Das österreichische Gewaltschutzgesetz als Kern einer umfassenden Reform der Reaktion auf Gewalt in der Privatsphäre unter besonderer Berücksichtigung der Funktion der Sicherheitsexekutive, in *Dearing/Haller* (Hrsg), Das österreichische Gewaltschutzgesetz (2000) 113 mwH.
134 Vgl auch zu anderen genderrelevanten Aspekten des Exekutions- und Insolvenzrechtes *Hofmeister,* Frauenrechte am Beispiel des österreichischen Exekutions- und Insolvenzrechts, in *Aichinger* (Hrsg), Frauen & Recht (1997) 469.

Ein Antrag auf einstweilige Verfügung ist nur zulässig, wenn die gefährdete Person mit dem Gefährder in einer häuslichen Gemeinschaft lebt oder innerhalb der letzten drei Monate vor Antragstellung in einer solchen gelebt hat.

Eine einstweilige Verfügung wird für *längstens drei Monate* erlassen. Erfolgt der Antrag auf Erlassung einer einstweiligen Verfügung im Zuge eines Scheidungsverfahrens, eines Verfahrens zur Aufteilung des ehelichen Gebrauchsvermögens oder eines Verfahrens über die Berechtigung zur Benützung der Wohnung, so ist die Verfügung für die Dauer des Hauptverfahrens auszusprechen.

Es sind zwei Arten von einstweiligen Verfügungen zu unterscheiden:

Die einstweilige Verfügung wegen Unzumutbarkeit des weiteren Zusammenlebens

In diesem Fall hat das Gericht einer Person das V*erlassen der Wohnung und deren unmittelbarer Umgebung* anzuordnen und die *Rückkehr in diese Bereiche* zu verbieten. Das Verbot ist auszusprechen, wenn diese Person einem nahen Angehörigen durch einen körperlichen Angriff, eine Drohung mit einem körperlichen Angriff oder ein die psychische Gesundheit erheblich beeinträchtigendes Verhalten das weitere Zusammenleben unzumutbar macht. Das Vollstreckungsorgan hat den Gefährder aus der Wohnung zu weisen und ihm alle Schlüssel zur Wohnung abzunehmen.

Die einstweilige Verfügung wegen Unzumutbarkeit des weiteren Zusammentreffens

In diesem Fall muss das Gericht einer Person unter den gleichen Tatbestandsvoraussetzungen den *Aufenthalt an bestimmten Orten* (zB Arbeitsplatz der gefährdeten Person) verbieten und auftragen, das *Zusammentreffen sowie die Kontaktaufnahme* mit der gefährdeten Person zu vermeiden, soweit dem nicht schwerwiegende Interessen des Gefährders zuwiderlaufen.

2.3.3. Das Verhältnis der Gewaltschutzinstrumente des Sicherheitspolizeigesetzes zur einstweiligen Verfügung nach der Exekutionsordnung

Die Gewaltschutzmaßnahmen der Exekutivorgane nach dem SPG können bei Gefahr im Verzug sofortigen Schutz gewähren. Die sicherheitspolizeilichen Instrumente sollen einen lückenlosen Schutz bis zu einer allfälligen zeitlich später erfolgenden einstweiligen Verfügung durch das Gericht gewährleisten. Beides sind selbständige Instrumente, die in der Praxis jedoch idR hintereinander zur Anwendung kommen. Einstweilige Verfügungen werden von den gefährdeten Personen fast ausschließlich in der Folge von Wegweisungen bzw Betretungsverboten beantragt.[135]

---

135 Vgl *Haller/Liegl*, Gewalt in der Familie. Eine Evaluierung der Umsetzung des österreichischen Gewaltschutzgesetzes, in *Dearing/Haller* (Hrsg), Das österreichische Gewaltschutzgesetz (2000) 167 (191).

Der gerichtliche Gewaltschutz hat hingegen einen größeren räumlichen und zeitlichen Geltungsbereich als die sicherheitsbehördlichen Instrumente. Umgekehrt kommt es bei der Verhängung eines Betretungsverbotes nach dem SPG nicht auf die Angehörigeneigenschaft einer gefährdeten Person an. Die präventiven sicherheitspolizeilichen Sofortmaßnahmen haben daher einen weiter gezogenen persönlichen Anwendungsbereich als die einstweilige Verfügung nach der EO.

2.3.4. Die Interventionsstellen

Gem § 38a Abs 4 SPG sind die Exekutivorgane verpflichtet, eine gefährdete Person von der Möglichkeit der Beantragung einer einstweiligen Verfügung bei Gericht und von geeigneten Opferschutzeinrichtungen zu informieren. Gem § 25 Abs 3 SPG sind nunmehr in allen Bundesländern sogenannte *Interventionsstellen* eingerichtet, die gefährdeten Personen Beratung und Unterstützung anbieten. Die Interventionsstellen sind – neben den rechtlichen Instrumenten – ein weiterer wichtiger Faktor der Gewaltbekämpfung. Ihnen kommt die Aufgabe zu, Gewaltopfer in dem schwierigen Loslösungsprozess aus der Gewaltbeziehung zu unterstützen. Nach dem *Grundsatz des Empowerments* werden die Gewaltopfer in ihrer Identität gestärkt, zur Durchsetzung ihrer Rechte ermutigt und bei der Neuorientierung und Neuorganisation ihres Lebens auf vielfältige Weise unterstützt.

2.4. Gender Mainstreaming

2.4.1 Allgemeines

Auf die europarechtliche Dimension des Gender Mainstreaming (GM) wurde bereits in Teil II ausführlich eingegangen.[136] An dieser Stelle sollen Perspektiven und Stand der Umsetzung dieser neuen Gleichstellungsstrategie in Österreich dargelegt werden.

GM ist eine *integrative Gleichstellungsstrategie* zur Herstellung rechtlicher und faktischer Gleichberechtigung zwischen den Geschlechtern.[137] GM bedeutet, bei allen politischen Vorhaben und Entscheidungen die Gleichstellungsperspektive mitzudenken und umzusetzen. Eine anschauliche Umschreibung des GM bietet die Definition der ExpertInnengruppe des Europarates[138]:

---

136 Vgl Teil II Pkt 3.3.
137 Vgl dazu grundlegend mwH *Holzleithner*, Recht Macht Geschlecht. Legal Gender Studies (2002) 85.
138 Vgl den Schlussbericht über die Tätigkeit der *Group of Specialists on Mainstreaming* des Europarats, Gender Mainstreaming: Konzeptueller Rahmen, Methodologie und Beschreibung bewährter Praktiken (1998). Zu den Übersetzungsproblemen aus dem Französichen *Krell/Mückenberger/Tondorf*, Gender Mainstreaming: Chancengleichheit (nicht nur) für Politik und Verwaltung, in *Krell* (Hrsg), Chancengleichheit durch Personalpolitik. Gleichstellung von Frauen und Männern in Unternehmen und Verwaltungen³ (2001) 50.

> Gender Mainstreaming besteht in der (Re-)Organisation, Verbesserung, Entwicklung und Evaluierung politischer Prozesse mit dem Ziel, eine geschlechtsspezifische Sichtweise in alle politischen Konzepte auf allen Ebenen und in allen Phasen durch alle an politischen Entscheidungsprozessen beteiligten Akteure einzubeziehen.

Die Strategie des Gender Mainstreaming ist ein top-down-Ansatz, dh er richtet sich vor allem an PolitikerInnen und Führungskräfte in der Verwaltung, um zum frühestmöglichen Zeitpunkt Genderaspekte in die Planungen und Entscheidungen mit einzubeziehen.[139]

GM ist eine *ergänzende Strategie* und tritt zu den bestehenden Gleichbehandlungsgesetzen und den bisher eingeleiteten Frauenförderungsmaßnahmen als strukturbezogene Komponente hinzu. Mit dem bisher in Österreich geschaffenen Gleichstellungsrecht wurde im wesentlichen ein gesetzlicher Individualrechtsschutz im Falle von geschlechtsspezifischer Diskriminierung im Beruf geschaffen. Dieser gesetzliche Individualrechtsschutz entfaltet jedoch keinerlei strukturelle Wirkungen. Um systemische und nachhaltige Effekte im Hinblick auf eine tatsächliche Gleichstellung der Geschlechter in allen Lebensbereichen zu erzielen, ist daher die Anwendung einer ergänzenden strukturbezogenen Gleichstellungsstrategie notwendig. Interessant sind hier vor allem Politikbereiche, die gemeinhin immer als „geschlechtsneutrale Politikfelder" angesehen wurden: zB Strukturpolitik, Verkehrspolitik, Forschungspolitik etc.[140]

2.4.2. Zum Stand der Umsetzung von Gender Mainstreaming in Österreich

Die österreichische Bundesregierung hat am 7. 7. 2000 einen Ministerratsbeschluss zur Umsetzung des Gender Mainstreaming auf nationaler Ebene gefasst.[141] Es wurde auf Bundesebene eine *Arbeitsgruppe für Gender Mainstreaming* (IMAG GM) eingerichtet. Ziel der IMAG ist es, den Prozess des GM in allen Ressorts und auf allen politischen Ebenen zu unterstützen und zu begleiten. Jedes Ressort ist in der IMAG mit einem Mitglied und einem stellvertretenden Mitglied vertreten.[142]

---

139 Vgl dazu grundsätzlich *Bothfeld/Gronbach/Riedmüller* (Hrsg), Gender Mainstreaming – eine Innovation in der Gleichstellungspolitik. Zwischenberichte aus der politischen Praxis (2002); *Krell/Mückenberger/Tondorf*, Gender Mainstreaming: Chancengleichheit (nicht nur) für Politik und Verwaltung, in *Krell* (Hrsg), Chancengleichheit durch Personalpolitik. Gleichstellung von Frauen und Männern in Unternehmen und Verwaltungen³ (2001); *Krell/Mückenberger/Thondorf*, Gestaltung politischer Prozesse nach dem Prinzip des Gender Mainstreaming (2000); *Rosenberger*, Gender Mainstreaming und Gleichstellungspolitik, juridikum 2000, 136.
140 Vgl dazu die Beispiele für die Anwendung eines gleichstellungspolitischen Checks in der Gesundheits-, Verkehrs-, Wissenschafts- und Bildungspolitik in *Ministerium für Arbeit, Frauen, Gesundheit und Soziales des Landes Sachsen-Anhalt* (Hrsg), Gender Mainstreaming in Sachsen-Anhalt (oJ) 33.
141 GZ 140.240/3-SGIII/1/00 (Download möglich unter http://www.imag-gendermainstreaming.at).
142 Auch Parlamentsdirektion, Rechnungshof, Verfassungsgerichtshof, Verwaltungsgerichtshof, Volksanwaltschaft und Gewerkschaft öffentlicher Dienst haben ein Mitglied und ein stellvertretendes Mitglied in die IMAG entsendet.

Die IMAG hat bereits *Empfehlungen für die Umsetzung von Gender Mainstreaming* ausgearbeitet.[143] Im Einzelnen wurden folgende Vorschläge gemacht:

- Die RessortleiterInnen sollen als erste *strukturelle Maßnahme* für ihre Führungskräfte eine Zuständigkeit für die Implementierung der GM Strategie sowie eine Verpflichtung zur rechtzeitigen und aktiven Einbindung der Ressortbeauftragten für GM festlegen.
- Hinsichtlich der *Ressourcen* soll in jedem Ressort ein eigener Budgetansatz für Gender Mainstreaming eingerichtet werden, der in ausreichender Höhe dotiert ist.
- Zur Überprüfung von Gesetzesvorhaben soll ein *Leitfaden für die Legistik* erstellt werden.
- Soweit nicht bereits vorhanden, sollen *geschlechtsspezifische Daten* erhoben werden, welche als Basis für gendergerechte Analysen und Entscheidungen dienen sollen.
- Gender Mainstreaming ist als *Lehrinhalt* in die Aus- und Weiterbildung der Bundesbediensteten zu integrieren.
- Vorgeschlagen wird auch die Veröffentlichung einer jährlichen *Informationsbroschüre*, die Daten für die wichtigsten Lebensbereiche wie zB Bevölkerung, Bildung, Arbeit, Einkommen und Gesundheit geschlechtsspezifisch aufschlüsselt. Die Broschüre soll an alle interessierten öffentlichen und privaten Institutionen verteilt werden.

Auf der Basis dieser Empfehlungen wurde am 3. 4. 2002 ein weiterer Ministerratsbeschluss zur Durchführung eines speziellen Arbeitsprogramms für die Umsetzung von Gender Mainstreaming gefasst.[144] Demnach sollen nunmehr folgende Maßnahmen umgesetzt werden:

- In den einzelnen Ressorts sollen GM-Pilotprojekte durchgeführt und in der Folge wissenschaftlich evaluiert werden.
- Zur Überprüfung von Normvorhaben unter dem Aspekt des GM soll ein allgemein gültiger und praktikabler Leitfaden erarbeitet und allen Legistinnen und Legisten zur Verfügung gestellt werden.[145]
- Fortsetzung der GM Schulungen für die leitenden BeamtInnen aller Ressorts im Rahmen der Aus- und Weiterbildung.

Ebenfalls als Maßnahme des Gender Mainstreaming ist der Ministerratsbeschluss zum geschlechtergerechten Sprachgebrauch vom 18. 4. 2001 anzusehen.[146] In diesem Beschluss wird ausdrücklich festgehalten, dass durch eine Sprache, die beiden Geschlechtern gerecht wird, gesellschaftliche Strukturen verändert und aufgebrochen

---

143 Download möglich unter http://www.imag-gendermainstreaming.at
144 GZ 140.240/3-III/1/02 (Download möglich unter http://www.imag-gendermainstreaming.at).
145 Die Erarbeitung eines solchen Leitfadens wurde als Dienstleistungsauftrag im Amtsblatt der Wiener Zeitung am 12. 8. 2002 ausgeschrieben (Vergabeverfahren gem Pkt 1.7. ÖNorm A 2050).
146 GZ 352.200/006-IV/8/01 (Download möglich unter http://www.imag-gendermainstreaming.at).

sowie Bewusstseinsprozesse in Gang gesetzt werden.[147] Die Regierungsmitglieder sollen in ihren Ressorts darauf achten, dass dem geschlechtergerechten Sprachgebrauch besonderes Augenmerk geschenkt wird. Es werden verschiedene Formulierungsmöglichkeiten angesprochen:

> geschlechtsindifferente Bezeichnungen – *die Studierenden*
> explizite Erwähnung von Frauen und Männern – *Studentinnen und Studenten*
> abgekürzte Nennung beider Geschlechter – *die/der Studierende*
> das große I im Wortinnern – *StudentInnen*

Zusammenfassend kann zum Stand der derzeitigen Umsetzung des GM auf Bundesebene gesagt werden, dass von Seiten der Bundesregierung bisher nur Initiativen zur *Vorbereitung* der Implementierung von Gender Mainstreaming gesetzt wurden. Eines der wichtigsten GM-Pilotprojekte im Bereich des Bundesministeriums für Bildung, Wissenschaft und Kunst war die Einrichtung einer *„Arbeitsgruppe Gender Mainstreaming/ Vollrechtsfähigkeit"* (AG-GM). Aufgabe der AG war es, die Ausarbeitung eines Entwurfes für das (nunmehr bereits in Kraft getretene) neue Universitätsgesetz 2002 aus der Genderperspektive zu begleiten. Die von der AG erarbeiteten Vorschläge wurden jedoch im ersten Entwurf des Ministeriums[148] in keiner Weise berücksichtigt. Im Gegenteil, der Gestaltungsvorschlag sah sogar einen extremen Rückbau des bisherigen genderspezifischen Regelungsstandards an den Universitäten vor.[149] Es bedurfte massiver Proteste von Frauenseite, um diesen geplanten normativen Backlash zu verhindern. Aus frauenpolitischer Sicht ist die erste Nagelprobe zur praktischen Anwendung von Gender Mainstreaming bei der Ausarbeitung eines Gesetzesentwurfes gänzlich misslungen.

Entscheidend für einen künftigen Erfolg wird daher sein, ob es gelingt, die Strategie des Gender Mainstreaming möglichst rasch von der Ebene der (Schein)Pilotprojekte zum ernsthaften und integrierten Handlungs- und Entscheidungsmaßstab aller Führungskräfte in Politik und Verwaltung zu transformieren.

In der Praxis werden zu diesem Zweck vor allem *Checklisten* benötigt, welche eine jeweils taugliche Methodik zur Folgenabschätzung geplanter Vorhaben anbieten.

2.4.3. Gender Mainstreaming in der Gesetzgebung

An dieser Stelle soll beispielhaft für den Bereich der Gesetzgebung ein solches Modell des angewandten Gender Mainstreaming skizziert werden. GM in der Legistik bedeutet die *genderspezifische Folgenabschätzung von Gesetzen*.

---

147 In den letzten Jahren hat eine nur zum Schein frauenfreundliche Rechtsentwicklung eingesetzt. Es wird immer wieder die Formel verwendet: „Personenbezogene Bezeichnungen in diesem Gesetz gelten jeweils auch in ihrer weiblichen Form." Diese Formel ist aus genderspezifischer Sicht sogar ein Rückschritt, weil nunmehr in den Gesetzestexten sogar *ausdrücklich* festgehalten wird, was schon bisher aus sprachwissenschaftlicher Sicht immer galt: dass Frauen im generischen Maskulinum *mitgemeint* sind.
148 Vgl GZ 10.270/45-VII/2001.
149 Vgl dazu im Einzelnen *Holzleithner*, Recht 92.

Es müssen zwei Ebenen der strategischen Anknüpfung unterschieden werden. Erstens die *institutionelle Ebene* und zweitens die *inhaltliche Gestaltungsebene*. Auf beiden Ebenen können entscheidende Neuerungen verwirklicht werden.

Die institutionelle Ebene

Anzusetzen ist hier vor allem mit *organisatorischen Maßnahmen im Bereich der Legistik*. Bereits die Phase der *Erstellung des Gesetzesentwurfes* ist entscheidend. In den einzelnen Fachabteilungen eines Ressorts entscheidet sich an erster Stelle, ob GM qualitätsvoll umgesetzt werden kann. Nach dem Begutachtungsverfahren von Gesetzesentwürfen ist es vielfach schon zu spät, gleichstellungsrelevante Aspekte im erforderlichen Ausmaß zu berücksichtigen, weil grundsätzliche Kritik in dieser Phase oft bereits an die Grenzen der Machbarkeit stößt. Die nachträgliche Implementierung wichtiger Norminhalte muss wieder politisch akkordiert werden und oftmals kann auch die Entscheidung für eine bestimmte Systematik nicht mehr so einfach umgeworfen werden.

Die Legistik war bisher mit der Notwendigkeit der Beachtung von Grundsätzen des Gender Mainstreaming nicht konfrontiert. Dieses Kompetenzdefizit lässt sich durch qualifizierte Weiterbildung des bisherigen Stabes, Ausweitung des vorhandenen Stabes um einschlägig qualifizierte JuristInnen[150] bzw Zukauf von externem ExpertInnenwissen im Einzelfall lösen.[151]

In einem nächsten Schritt sollte das *Begutachtungsverfahren* reformiert werden. Hier ist zu überlegen, Institutionen mit ausgewiesener Genderexpertise in die Begutachtung von Gesetzesentwürfen mit einzubeziehen. Je nach Sachbereich könnten in dieser Frage spezialisierte Institutionen von Bund und Ländern oder Fraueninitiativen, die aus der Genderperspektive mit Gewalt, Kultur usw zu tun haben, eingebunden werden (zB die Interventionsstellen gegen Gewalt in der Familie, Frauengesundheitszentren usw).

Die inhaltliche Gestaltungsebene

Die gendergerechte Ausgestaltung von Rechtsvorschriften bezieht sich sowohl auf *formale Gestaltungsaspekte* als auch auf *inhaltliche Gestaltungsaspekte ieS*.

---

150 An dieser Stelle ist die Bedeutung spezieller juristischer Ausbildungsangebote an den rechtswissenschaftlichen Fakultäten hervorzuheben. Der neue Studienplan der Rechtswissenschaftlichen Fakultät der Universität Linz sieht einen Studienzweig „Frauenrecht" vor. An der Rechtswissenschaftlichen Fakultät der Universität Wien kann eine Schwerpunktausbildung im Fachbereich „Frauen- und Geschlechterforschung" (Legal Gender Studies) absolviert werden. Die Absolvierung eines einschlägigen Wahlfachkorbes führt zu einem eigenen Diplom über die Schwerpunktausbildung. Vgl dazu *Holzleithner/Benke*, Law meets Gender at the University. Eine Begegnung zwischen Missverständnissen, Schritten zu praktischer Geschlechtergleichheit und akademischen Innovationsschüben, in *Universität Wien* (Hrsg), Quo vadis Universität? Perspektiven aus der Sicht der feministischen Theorie und Gender Studies (2002) 227 (240).

151 In Sachsen-Anhalt wurde zB ein *Gender-Institut für Datenerhebung* mit Geldern des Arbeitsministeriums eingerichtet. LegistInnen können diesem Institut bei Bedarf spezielle Datenerhebungsaufträge erteilen.

Zu den formalen Gestaltungsaspekten zählt die Ergänzung der Begründungsrubriken im Allgemeinen Teil der Erläuterungen zu den Gesetzesentwürfen. Neben den bereits etablierten Begründungsrubriken „Kompetenzgrundlagen", „Finanzielle Auswirkungen", „EU-Konformität" sollte auch eine Rubrik *„Auswirkungen auf das Ziel der Gleichstellung von Frauen und Männern"* eingeführt werden. Mit dieser Formalisierung wäre ein besonderer Reflexions- und Begründungsdruck in Bezug auf die gendergerechte Ausgestaltung des Gesetzesentwurfes und ein entsprechender Focus für das Begutachtungsverfahren und für die nachfolgende parlamentarische Willensbildung gegeben. Ein weiterer wesentlicher formaler Gestaltungsaspekt ist der *geschlechtergerechte Sprachgebrauch* in den Rechtsvorschriften.

Es stellt sich im Bereich der Normsetzung weiters die Vorfrage, *für welche Rechtsgebiete Gender Mainstreaming prioritär zur Anwendung kommen soll*. Die bestehende Rechtsordnung kann nicht sofort und in ihrer Gesamtheit gendergerecht „gescreent" werden. Das Hauptaugenmerk wird auf den materiellrechtlichen Vorschriften liegen. Völlig neue Regelungsmaterien sollten grundsätzlich immer auf ihre Genderauswirkungen überprüft werden. Hinsichtlich des bestehenden Normenbestandes sind Novellierungen der geeignete Zeitpunkt, um einen gleichstellungspolitischen Check durchzuführen. Dabei ist besonders darauf zu achten, nicht vorschnell „gender-irrelevante" Regelungsbereiche zu identifizieren. Gerade in solcherart als „neutral" angesehenen Regelungsbereichen kann das GM eine Erhellung von bisher nicht erkannten diskriminierenden Wirkungszusammenhängen bringen.

Grundsätzlich kann gesagt werden, dass in einer ersten Umsetzungsphase Verfahrensvorschriften und zum Teil auch das Organisationsrecht wohl keine Priorität haben werden. Dies gilt jedoch nicht für die Verfahrens- und Kreationsvorschriften zur Besetzung von Funktionen und Organen. Diese Vorschriften müssen immer gendergerecht ausgestaltet werden, da sie entscheidend für eine geschlechterparitätische Ausgestaltung von Gremien sind. Nur auf diesem Wege lässt sich ein ausgewogenes Verhältnis von Frauen und Männern in Entscheidungspositionen erreichen.

Als weiterer Gestaltungsgrundsatz ist zu beachten, dass bei neuen Gesetzen und im Falle von Novellierungen bestehender Gesetze jeweils *systemkonforme Lösungen zum bestehenden Gleichbehandlungsrecht* zu verwirklichen sind.

Als interessante und vielversprechende Methodik für einen gleichstellungspolitischen Check von Gesetzesvorlagen ist das Sechs-Schritte-Modell von *Krell/Mückenberger/Thondorf*[152] anzusehen:

1. *Definition der gleichstellungspolitischen Ziele*
   - Welcher Soll-Zustand wird durch das zu entscheidende Vorhaben angestrebt?
2. *Analyse der Probleme der Betroffenen*
   - Welches sind die konkreten Hemmnisse auf dem Weg zu mehr Chancengleichheit? (Diskriminierende Prinzipien, Verfahren, Instrumente usw)
   - Welche Gruppen sind betroffen?

---

152 *Krell/Mückenberger/Thondorf*, Gestaltung politischer Prozesse nach dem Prinzip des Gender Mainstreaming (2000) 11. Das Konzept orientiert sich an den Leitsätzen für eine Genderanalyse, die 1995 vom neuseeländischen Ministerium für Frauenangelegenheiten entwickelt wurden.

3. *Entwicklung von Optionen*
   - Welche Alternativen bestehen hinsichtlich der Realisierung?
4. *Analyse der Optionen im Hinblick auf die voraussichtlichen Auswirkungen auf die Gleichstellung und Entwicklung eines Lösungsvorschlags*
   - Welche Option lässt den höchsten Zielerreichungsgrad erwarten?
5. *Umsetzung der getroffenen Entscheidung*
6. *Erfolgskontrolle und Evaluation*
   - Wurden die Ziele erreicht?
   - Ursachen für die Nicht- oder Teilerreichung?
   - Welche Maßnahmen sind notwendig?

Auch das Technische Papier 3 der Europäischen Kommission zur Einbeziehung der Chancengleichheit von Frauen und Männern in die Strukturfondsmaßnahmen[153] könnte für die genderspezifische Folgenabschätzung in der Legistik fruchtbar gemacht werden. In diesem Papier erfolgt ua eine Klassifikation der Maßnahmen nach ihrem Beitrag zu den Gleichstellungszielen:

Gleichstellungspositive Maßnahmen
Die Gleichstellung hat hohe Priorität. Die Maßnahme ist gezielt auf die Verbesserung der Chancengleichheit von Frauen und Männern ausgerichtet.

Gleichstellungsorientierte Maßnahmen
Die Gleichstellung hat mittlere Priorität. Eine allgemeine Maßnahme, die auf jeden Fall zu den Gleichstellungszielen beitragen wird.

Gleichstellungsneutrale Maßnahmen
Die Gleichstellung hat geringe bis gar keine Priorität. Es handelt sich um eine allgemeine Maßnahme, die zu keinem der Gleichstellungsziele beitragen wird.

Diese Klassifikation wird herangezogen, um die Bedeutung der vorgeschlagenen Maßnahmen für die Gleichstellung zu bewerten und um eventuelle Folgemaßnahmen festzulegen, durch die sich die Auswirkung der Maßnahme auf die Gleichstellung verbessern lässt.

In Österreich hat bisher nur der oberösterreichische Landtag eine konkrete Initiative zum Gender Mainstreaming in der Gesetzgebung gesetzt. Das im Jahre 1999 vom Landtag beschlossene *Leitbild für die Erarbeitung von Normen*[154] wurde im Jahr 2001 um den Gesichtspunkt des Gender Mainstreaming ergänzt. Der Fragenkatalog für die Erstellung von Landesgesetzen wurde um folgende Prüfaspekte ergänzt:

---

153 Download unter http://europa.eu.int/comm/employment_social/equ_opp/gms_de.html. Vgl zu den Maßnahmen auf der Gemeinschaftsebene im Einzelnen die Ausführungen in Teil II Pkt 3.3.3.
154 Download unter http://www.ooe.gv.at/polverw/landtag/innovative_gesetzg/

> - Haben die geplanten Regelungen unterschiedliche Auswirkungen auf die verschiedenen Gruppen der Gesellschaft, insbesondere auch Frauen und Männer („Gender Mainstreaming")
> - Sind die Unterschiede sachlich gerechtfertigt? Wie kann die Chancengleichheit hergestellt oder sichergestellt und wie können benachteiligende Unterschiede verhindert werden?

Am Beispiel des Gender Mainstreaming in der Gesetzgebung sollte gezeigt werden, welche Komplexität diese Art der Rechtsfolgenabschätzung tatsächlich aufweist. Zweifellos ist hiefür ein hohes Maß an Kompetenz und Sachverstand nötig. Entscheidend ist daher einmal mehr, welche personellen und materiellen Ressourcen aufgewendet werden, um diese Konzepte in die herkömmlichen Verfahrens- und Entscheidungsabläufe tatsächlich integrieren zu können. In diesem Zusammenhang ist auch das *Gender Budgeting* von großer Bedeutung. Damit ist eine gleichstellungsorientierte Budgetpolitik gemeint. Eine am Gender Budgeting orientierte Budgetpolitik muss nicht nur die einschlägigen systemischen Auswirkungen budgetpolitischer Maßnahmen hinterfragen und negative Effekte korrigieren, sie hat auch finanzielle Ressourcen für die Realisierung des Gender Mainstreaming im Rahmen der staatlichen Aufgabenbesorgung bereit zu stellen.

3. Zeittafel

Überblick über wichtige Rechtsvorschriften für die Gleichbehandlung von Frauen und Männern in Österreich

- **1867 Staatsgrundgesetz über die allgemeinen Rechte der Staatsbürger (RGBl 1867/142)**
  Art 2 StGG:
  „Vor dem Gesetze sind alle Staatsbürger gleich."
  Art 3 Abs 1 StGG:
  „Die öffentlichen Aemter sind für alle Staatsbürger gleich zugänglich."

- **1920 Bundes-Verfassungsgesetz (wv BGBl 1930/1)**
  Das StGG aus 1867 wird gem Art 149 Abs 1 B-VG zum Bestandteil des Bundes-Verfassungsgesetzes.
  In Art 7 B-VG wird der Gleichheitsgrundsatz neu formuliert:
  „Alle Bundesbürger sind vor dem Gesetz gleich. Vorrechte der Geburt, des Geschlechtes, des Standes, der Klasse oder des Bekenntnisses sind ausgeschlossen."

- **1958 tritt Österreich der Europäischen Menschenrechtskonvention (EMRK) bei (BGBl 1958/210)**
  Relativer Gleichheitsgrundsatz in Art 14 EMRK

- **1979 Erlassung des Gleichbehandlungsgesetzes für die Privatwirtschaft (BGBl 1979/108).**
  Anfangs wurde nur das Prinzip der Lohngleichheit festgeschrieben. Seither viele Novellen, durch welche das Gesetzes europarechtskonform ausgestaltet wurde.

- **1982 tritt Österreich der UN-Konvention zur Beseitigung jeder Form von Diskriminierung der Frau (CEDAW) bei. (BGBl 1982/443)**
  Art 4 normiert als Verfassungsbestimmung, dass vorübergehende Sondermaßnahmen der Vertragsstaaten zur beschleunigten Herbeiführung der De-facto-Gleichberechtigung von Mann und Frau nicht als Diskriminierung iSd Konvention gelten.

- **1988 Novelle des Art 7 B-VG (BGBl 1988/341)**
  Es wird ein neuer Absatz 3 eingefügt:
  „Amtsbezeichnungen können in der Form verwendet werden, die das Geschlecht des Amtsinhabers oder der Amtsinhaberin zum Ausdruck bringen. Gleiches gilt für Titel."

- **1990 Etablierung der Arbeitskreise für Gleichbehandlungsfragen an den Universitäten und Kunsthochschulen (UOG Nov BGBl 1990/364)**
  An den Universitäten wurde eine begleitende Kontrolle von Personalentscheidungen zur Verhinderung geschlechtsspezifischer Diskriminierungen eingeführt.

- 1992 Bundesverfassungsgesetz über unterschiedliche Altersgrenzen von männlichen und weiblichen Sozialversicherten (BGBl 1992/832)

- 1993 Erlassung des Bundes-Gleichbehandlungsgesetzes (BGBl 1993/100)
  Das Gesetz gilt für den Bundesdienst. Neben dem Verbot der unmittelbaren und mittelbaren Diskriminierung auf Grund des Geschlechts wurden erstmals auch Quoten-Bestimmungen hinsichtlich des Zugangs zur Beschäftigung, beim beruflichen Aufstieg und bei der Aus- und Weiterbildung verankert.

- 1993 Beitritt Österreichs zum Europäischen Wirtschaftsraum (BGBl 1993/909)

- 1993 Erlassung einer Verfassungsbestimmung in § 39 Abs 2 UOG 1993 (BGBl 1993/805)
  „Vorübergehende Sondermaßnahmen der Universitätsorgane oder des Bundesministers für Wissenschaft und Forschung zur beschleunigten Herbeiführung der De-facto-Gleichberechtigung von Mann und Frau im Sinne des Art 4 der UN-Konvention zur Beseitigung jeder Form von Diskriminierung der Frau (...) gelten nicht als Ungleichbehandlung im Sinne des Art 7 Abs 1 B-VG."

- 1995 Beitritt Österreichs zur Europäischen Gemeinschaft
  Mit dem EU-Beitritt werden sämtliche Gleichbehandlungsvorschriften des Gemeinschaftsrechts für Österreich bindend.

- 1997 Frauen-Volksbegehren

- 1998 Novellierung von Art 7 B-VG (BGBl I 1998/68)
  Es wird ein neuer Absatz 2 in den Art 7 eingefügt:
  „Bund, Länder und Gemeinden bekennen sich zur tatsächlichen Gleichstellung von Mann und Frau. Maßnahmen zur Förderung der faktischen Gleichstellung von Frauen und Männern insbesondere durch Beseitigung tatsächlich bestehender Ungleichheiten sind zulässig."
   Art 7 Abs 3 wird ergänzt:
  „Gleiches gilt für Titel, akademische Grade und Berufsbezeichnungen."

- 1998 Novellierung von Art 9a B-VG (BGBl I 1998/30)
  Art 9a Abs 4 wird neu eingefügt:
  „Österreichische Staatsbürgerinnen können freiwillig Dienst im Bundesheer als Soldatinnen leisten und haben das Recht, diesen Dienst zu beenden."

- 2000 Zurückziehung des österreichischen Vorbehalts zu Art 7 lit b der CEDAW (BGBl III 2000/183)
  Die Zurückziehung des Vorbehalts erfolgte wegen der Öffnung des Bundesheeres für Frauen.

- 2000 Zurückziehung des österreichischen Vorbehalts zu Art III des Übereinkommens über die politischen Rechte der Frau (BGBl III 2000/182)
  Die Zurückziehung des Vorbehalts erfolgte ebenfalls wegen der Öffnung des Bundesheeres für Frauen.

- 2000 Kundmachung des Fakultativprotokolls zur CEDAW (BGBl III 2000/206)
  Schaffung neuer Rechtsschutz- und Kontrollmöglichkeiten durch Einführung eines Individualbeschwerdeverfahrens und eines Untersuchungsverfahrens.

- 2000 Unterzeichnung des 12. ZP zur EMRK
  Das 12. ZP zur EMRK wurde von Österreich anlässlich der 50. Jahresfeier der EMRK in Rom am 4. 11. 2000 unterzeichnet.
  Mit Art 1 des 12. ZP wird – ergänzend zum relativen Gleichheitsgrundsatz des Art 14 EMRK – ein allgemeines Diskriminierungsverbot in die EMRK aufgenommen.

- 2001 Kinderbetreuungsgeldgesetz (BGBl I 103/2001)
  Mit diesem Gesetz wurde ein Kinderbetreuungsgeld als Familienleistung eingeführt. Das Karenzgeld wurde abgeschafft.

- 2002 Universitätsgesetz 2002 (BGBl I 2002/120)
  Mit diesem Gesetz werden die Universitäten vollrechtsfähig. Die Institution der Arbeitskreise für Gleichbehandlungsfragen wird beibehalten.

- 2002 Erlassung des EU-Nachtarbeits-Anpassungsgesetzes (BGBl I 2002/122)
  Mit diesem Gesetz werden die speziellen Nachtarbeitsverbote für Frauen aufgehoben und gleiche Bedingungen für die Ausübung der Nachtarbeit für Frauen und Männer geschaffen.

Genderspezifische Ministerratsbeschlüsse

- 2001 Ministerratsbeschluss über den geschlechtergerechten Sprachgebrauch (http://www.imag-gendermainstreaming.at)

- 2000 und 2002 Ministerratsbeschlüsse betreffend die Umsetzung des Gender Mainstreaming in Österreich (http://www.imag-gendermainstreaming.at)

Abkürzungsverzeichnis

Die Autorinnen haben für die Teile I, II und III jeweils ein eigenständiges Abkürzungsverzeichnis erstellt.

Das Abkürzungsverzeichnis für den Teil I „Internationale Dimensionen" orientiert sich an der Tatsache, dass in der Literatur und in der Praxis manchmal die deutsche und manchmal die englische Terminologie gebräuchlicher ist. Das Verzeichnis wurde unter Berücksichtigung dieses Aspektes erstellt.

Die Abkürzungsverzeichnisse für den Teil II „Europarechtliche Dimensionen" und den Teil III „Innerstaatliche Dimensionen" orientieren sich an *Friedl/Loebenstein* (Hrsg), Abkürzungs- und Zitierregeln der österreichischen Rechtssprache und europarechtlicher Rechtsquellen[5] (2001).

Mehrzahlformen und Falländerungen gelten in der abgekürzten Form als inkludiert.

Teil I
Internationale Dimensionen

AAWORD	Association of African Women for Research and Development
Abs.	Absatz
AFARD	Association des Femmes Africaines pour la Recherche et le Développement
AEMR	Allgemeine Erklärung der Menschenrechte (Universal Declaration of Human Rights – UDHR)
AIWUSA	Association of Iranian Women in the USA
AMRK	Amerikanische Menschenrechtskonvention
APWLD	Asia Pacific Forum on Women, Law and Development
APAC	Association des Professionelles Africaines de la Communication
ASCENT	Asian Center for Human Rights
CAFRA	Carribean Association for Feminist Research and Action
CAT	Convention against Torture (Anti-Folter-Konvention)
CEDAW	Convention on the Elimination of all Forms of Discrimination against Women (Konvention zur Beseitigung jeder Form von Diskriminierung der Frau)
CEDAW	Committee on the Elimination of all Forms of Discrimination against Women (Ausschuss zur Beseitigung der Diskriminierung der Frau)
CERD	Convention on the Elimination of All Forms of Racial Discrimination (Konvention zur Beseitigung jeder Form von Rassendiskriminierung)
CHR	Commission on Human Rights (Menschenrechtskommission)
CRC	Convention on the Rights of the Child (Konvention über die Rechte des Kindes)

CSW	Commission on the Status of Women (Kommission für die Rechtsstellung der Frau)
CWGL	Center for Women's Global Leadership
DAW	Division on the Advancement of Women
DAWN	Development Alternatives for Women in a New Era
ECOSOC	Economic and Social Council (Wirtschafts- und Sozialrat)
EMRK	Europäische Menschenrechtskonvention
ESC	Europäische Sozialcharta
ESCR	Economic Social and Cultural Rights
etc.	et cetera
EZA	Entwicklungszusammenarbeit
FAO	Food and Agriculture Organisation (Organisation für Landwirtschaft und Ernährung)
FIAN	Food First Informations- und Aktionsnetzwerk
FIRE	Feminist International Radio Endeavour
GAOR	United Nations General Assembly Official Records
GFK	Genfer Flüchtlingskonvention
ggf.	gegebenenfalls
ICC	International Criminal Court (Internationaler Strafgerichtshof)
ICCPR	International Covenant on Civil and Political Rights (Internationaler Pakt über bürgerliche und politische Rechte)
ICESCR	International Covenant on Economic, Social and Cultural Rights (Internationaler Pakt über wirtschaftliche, soziale und kulturelle Rechte)
ICTR	International Criminal Tribunal for Ruanda (Internationales Kriegsverbrechertribunal für Ruanda)
ICTY	International Criminal Tribunal for Yugoslavia (Internationales Kriegsverbrechertribunal für Jugoslawien)
ILO	International Labour Organisation (Internationale Arbeitsorganisation)
inkl.	inklusive
INSTRAW	International Research and Training Institute for the Advancement of Women
IPS	Inter Press Service
IWRAW	International Women's Rights Action Watch
KSZE	Konferenz für Sicherheit und Zusammenarbeit in Europa
KWAHO	Kenyan Water for Health Organisation
lit.	litera (Buchstabe)
NGO	Non-Governmental Organisation (Nicht-Staatliche Organisation oder Nicht-Regierungs-Organisation – NRO)
OAS	Organisation of American States (Organisation amerikanischer Staaten)
OAU	Organisation for African Unity (Organisation für Afrikanische Einheit)
OECD	Organisation for Economic Cooperation and Development (Organisation für wirtschaftliche Zusammenarbeit und Entwicklung)

OSZE	Organisation für Sicherheit und Zusammenarbeit in Europa (Organisation on Security and Cooperation in Europe – OSCE)
ÖED	Österreichischer Entwicklungsdienst
PrepCom	Preparatory Committee
RAWA	Revolutionary Association of Women in Afghanistan
Res.	Resolution
SAPs	Structural Adjustment Programmes
SIM	Studie- en Informatiecentrum Mensenrechten (englische Bezeichnung: Netherlands Institute of Human Rights)
TAMWA	Tanzanian Media Women Association
u. ä.	und ähnliches
UN	United Nations (Vereinte Nationen)
UNCTAD	United Nations Conference on Trade and Development (Konferenz der Vereinten Nationen für Handel und Entwicklung)
UNDP	United Nations Development Programme (Entwicklungsprogramm der Vereinten Nationen)
UNESCO	United Nations Education, Science and Culture Organisation (Organisation der Vereinten Nation für Bildung, Wissenschaft und Kultur)
UNFPA	United Nations Fund for Population Activities (Fonds der Vereinten Nationen für Bevölkerungsfragen)
UNGASS	United Nations General Assembly Special Session (Sondergeneralversammlung der Vereinten Nationen)
UNHCR	United Nations High Commissioner for Refugees (Hochkommissar der Vereinten Nationen für Flüchtlinge)
UNICEF	United Nations International Children's Emergency Fund (Weltkinderhilfswerk der Vereinten Nationen)
UNIFEM	United Nations Development Fund for Women
UNTS	Unites Nations Treaty Series
VIDC	Vienna Institute for Development Cooperation (Wiener Institut für Entwicklungsfragen)
WAND	Women and Development
WEDO	Women Environment Development Organisation
WFS	Women Feature Service
WHO	World Health Organisation (Weltgesundheitsorganisation)
WSK-Rechte	Wirtschaftliche, soziale und kulturelle Rechte
WTO	World Trade Organisation (Welthandelsorganisation)
WICEJ	Women's International Coalition for Economic Justice
WIDE	Women in Development Europe
WILDAF	Women in Law and Development in Africa
WLUML	Women Living Under Muslim Laws
Z	Zahl, Ziffer
z. B.	zum Beispiel

Teil II
Europarechtliche Dimensionen

aA	anderer Ansicht
ABl	Amtsblatt
Abs	Absatz
AG	Arbeitgeberin, Arbeitgeber
AN	Arbeitnehmer, Arbeitnehmerin
Art	Artikel
ASoK	Arbeits- und Sozialrechtskartei
ASVG	Allgemeines Sozialversicherungsgesetz
AV	Arbeitsvertrag
Anm	Anmerkung
AdR	Ausschuss der Regionen
B-GBG	Bundes-Gleichbehandlungsgesetz
BGBl	Bundesgesetzblatt
B-VG	Bundes-Verfassungsgesetz
bzw	beziehungsweise
dh	das heißt
DRdA	Das Recht der Arbeit
EAGV	Vertrag über die Gründung der Europäischen Atomgemeinschaft
EEA	Einheitliche Europäische Akte
EGKSV	Vertrag über die Gründung der Europäischen Gemeinschaft für Kohle und Stahl
EGV	Vertrag zur Gründung der Europäischen Gemeinschaft
EMRK	Europäische Menschenrechtskonvention
EU	Europäische Union
EuG	Europäisches Gericht erster Instanz
EuGH	Europäischer Gerichtshof
EuGRZ	Europäische Grundrechte Zeitschrift
EuR	Europarecht
EUV	Vertrag über die Europäische Union
EuZW	Europäische Zeitschrift für Wirtschaftsrecht
EP	Europäisches Parlament
EWG	Europäische Wirtschaftsgemeinschaft
EWR	Europäischer Wirtschaftsraum
EWRA	EWR-Abkommen
FN	Fußnote
GA	Generalanwalt, Generalanwältin
GD	Generaldirektion
Hrsg	Herausgeberin, Herausgeber
idF	in der Fassung
idR	in der Regel
iVm	in Verbindung mit
JBl	Juristische Blätter

JRP	Journal für Rechtspolitik
JZ	Juristenzeitung
KV	Kollektivvertrag
KOM	Kommission
lit	litera (Buchstabe)
mA	meiner Ansicht
mE	meines Erachtens
MS	Mitgliedstaat
NGO	Non-Governmental Organisation (Nicht-Staatliche Organisation oder Nicht-Regierungs-Organisation – NRO)
Nr	Nummer
NZA	Neue Zeitschrift für Arbeitsrecht
OGH	Oberster Gerichtshof
ÖIMR	Österreichisches Institut für Menschenrechte
OLG	Oberlandesgericht
ÖZW	Österreichische Zeitschrift für Wirtschaftsrecht
RdA	Recht der Arbeit
Pkt	Punkt
RL	Richtlinie
RdN	Randnummer
Rs	Rechtssache
SA	Schlussantrag
Slg	Sammlung
SZ	Entscheidungen des Obersten Gerichtshofes in Zivilsachen
ua	und andere, unter anderem
VfGH	Verfassungsgerichtshof
vgl	vergleiche
VO	Verordnung
VwGH	Verwaltungsgerichtshof
WSA	Wirtschafts- und Sozialausschuss
Z	Zahl, Ziffer
ZAS	Zeitschrift für Arbeit- und Sozialrecht
zB	zum Beispiel

Teil III
Innerstaatliche Dimensionen

ABGB	Allgemeines bürgerliches Gesetzbuch
Abs	Absatz
aF	alte Fassung
ArbVG	Arbeitsverfassungsgesetz
Art	Artikel
ASVG	Allgemeines Sozialversicherungsgesetz

Bd	Band
B-GBG	Bundes-Gleichbehandlungsgesetz
BGBl	Bundesgesetzblatt
BlgNR	Beilage zu den stenographischen Protokollen des Nationalrates
BVerfG	deutsches Bundesverfassungsgericht
BVG	Bundesverfassungsgesetz
B-VG	Bundes-Verfassungsgesetz
bzw	beziehungsweise
CEDAW	Convention on the Elimination of all Forms of Discrimination against Women (UN-Konvention zur Beseitigung jeder Form von Diskriminierung der Frau)
dh	das heißt
dies	dieselbe
dRGBl	deutsches Reichsgesetzblatt
EGMR	Europäischer Gerichtshof für Menschenrechte
EheG	Ehegesetz
EMRK	Europäische Menschenrechtskonvention
EO	Exekutionsordnung
EU	Europäische Union
EuGH	Europäischer Gerichtshof
EuGRZ	Europäische Grundrechte Zeitschrift
EWG	Europäische Wirtschaftsgemeinschaft
FMedG	Fortpflanzungsmedizingesetz
FN	Fußnote
FP	Fakultativprotokoll
GBK	Gleichbehandlungskommission
gem	gemäß
GlBG	Gleichbehandlungsgesetz für die Privatwirtschaft
GM	Gender Mainstreaming
GP	Gesetzgebungsperiode
Hrsg	Herausgeberin, Herausgeber
idF	in der Fassung
idR	in der Regel
ILO	International Labour Organization (Internationale Arbeitsorganisation)
IMAG GM	Interministerielle Arbeitsgruppe Gender Mainstreaming
insb	insbesondere
iSd	im Sinne des, – der
JAP	Juristische Ausbildung und Praxisvorbereitung
JBl	Juristische Blätter
JGS	„Justizgesetzsammlung", Gesetze und Verordnungen im Justizfach (1780-1848)
leg cit	legis citatae (der zitierten Vorschrift)
L-GBG	Landes-Gleichbehandlungsgesetz
LGBl	Landesgesetzblatt

lit	litera (Buchstabe)
mwH	mit weiteren Hinweisen
Nov	Novelle
Nr	Nummer
oJ	ohne Jahr
OGH	Oberster Gerichtshof
ÖNorm	Österreichische Norm
ÖZP	Österreichische Zeitschrift für Politikwissenschaft
Pkt	Punkt
RdN	Randnote, Randnummer
RGBl	Reichsgesetzblatt Jahr/Nummer
Rs	Rechtssache
RV	Regierungsvorlage
RZ	Österreichische Richterzeitung
SPG	Sicherheitspolizeigesetz
StGB	Strafgesetzbuch
StGG	Staatsgrundgesetz
ua	unter anderem, und andere, -s
UG	Universitätsgesetz 2002
UN	United Nations (Vereinte Nationen)
UniStG	Universitäts-Studiengesetz
UOG	Universitäts-Organisationsgesetz
usw	und so weiter
uU	unter Umständen
VfGH	Verfassungsgerichtshof
VfSlg	Sammlung der Erkenntnisse und wichtigsten Beschlüsse des Verfassungsgerichtshofes
vgl	vergleiche
VStG	Verwaltungsstrafgesetz
VwGH	Verwaltungsgerichtshof
Wv	Wiederverlautbarung
Z	Zahl, Ziffer
zB	zum Beispiel
ZP	Zusatzprotokoll
zT	zum Teil

Literaturverzeichnis

Die Autorinnen haben für die Teile I, II und III jeweils ein eigenständiges Literaturverzeichnis erstellt.

Das Literaturverzeichnis für den Teil I „Internationale Dimensionen" orientiert sich an einer sozialwissenschaftlichen Zitierweise.

Die Literaturverzeichnisse für den Teil II „Europarechtliche Dimensionen" und den Teil III „Innerstaatliche Dimensionen" orientieren sich an *Friedl/Loebenstein* (Hrsg), Abkürzungs- und Zitierregeln der österreichischen Rechtssprache und europarechtlicher Rechtsquellen[5] (2001).

Teil I
Internationale Dimensionen

Benedek, Wolfgang/Kisaakye, Esther M./Oberleitner, Gerd (Hg.): The Human Rights of Women: International Instruments and African Experiences. London, New York 2002, Zed Books, World University Service Austria

Bunch, Charlotte/Reillhy, Niamh (Hg.): The Global Campaign and Tribunal for Women's Human Rights. New York 1994, CWGL

Bundesministerium für Arbeit und Soziales: Sammlung ausgewählter internationaler Instrumente zur Gleichbehandlung von Frau und Mann im Arbeitsleben. Wien 1990

Carillo, Roxanna: Battered Dreams. Violence against Women as an Obstacle to Development. New York 1992, UNIFEM

Center for the Study of Human Rights: Women and Human Rights. The Basic Documents. New York 1996, Rutgers University

Center for Women's Global Leadership (Hg.): Gender Violence and Women's Human Rights in Africa. Brunswick N. J. 1994, Rutgers University

Center for Women's Global Leadership (Hg.): Women, Violence and Human Rights. 1991 Women's Leadership Institute Report. Brunswick N. J. 1992, Rutgers University

Charlesworth, Hilary/Chinkin, Christine/Wright, Shelly: Feminist Approaches to International Law. Washington 1993, ASIL

Cook, Rebecca J. (Hg.): Human Rights of Women: National and International Perspectives. Philadelphia 1994, University of Pennsylvania Press

Fraser, Arvonne S.: The UN Decade for Women. Documents and Dialogue. Boulder u.a. 1987, Westview Press

Friedländer, Eva (Hg.): Look at the World through Women's Eyes. NGO Forum Publications, New York 1996, UN

Gabriel, Elisabeth (Hg.): Frauenrechte. Einführung in den internationalen frauenspezifischen Menschenrechtsschutz. Wien 2001, Ludwig Boltzmann Institut für Menschenrechte, NWV

Hevener, Natalie Kaufman: International Law and the Status of Women. Boulder Colorado 1983

Kaselitz, Verena/Kühhaas, Barbara (Red.): Bestandsaufnahme nach der UN-Weltkonferenz über Menschenrechte im Juni 1993 in Wien. Wien 1993, Arbeitsgruppe Frauenrechte-Menschenrechte

Kerr, Joanna (Hg.): Ours by Right. Women's Rights as Human Rights. London u.a. 1993, Zed Books

Kreill, Gert/Wölte, Sonja: Gewalt gegen Frauen und die Menschenrechte. HSFK-Report 2/1995, Frankfurt 1995, Hessische Stiftung für Friedens- und Konfliktforschung

Mertus, Julie u. a.: Local Action – Global Change. Learning about the Human Rights of Women. New York 1999, UNIFEM and CWGL

Mlinar, Angelika: Frauenrechte als Menschenrechte, Diss. Universität Salzburg, 1996

Netherlands Institute of Human Rights (SIM): Rights of Women, SNL Vol. 6 (12988), No. 4

Neuhold, Brita: Von „Equal Rights" zu „Gender Justice". Der mühsame Weg der Vereinten Nationen zum „Empowerment von Frauen, in: Österreichische Zeitschrift für Politikwissenschaft, 1995/4, S.377-397

Neuhold, Brita: „Keep on Moving Forward!" Hintergründe, Verlauf und Perspektiven der 4. Weltfrauenkonferenz in Beijing (September 1995). Wien 1996, ÖFSE

Neuhold, Brita/Henökl, Birgit: Women's Rights – Human Rights. From Dream to Reality: Wien 2000, ÖED

ÖED (Österreichischer Entwicklungsdienst): Frauenrechte – Menschenrechte. Vom Traum zur Wirklichkeit. Hintergrundanalyse, Aktionsvorschläge, Dokumente. Wien 1999 (Original von: Neuhold, Brita/Henökl, Birgit, Wien 2000, a. a. O.)

Peters, Julie/Wolper, Andrea (Hg.): Women's Rights – Human Rights. International Feminist Perspectives. New York 1995, Routledge

Pietilä, Hilkka/Vickers, Jeanne: Making Women Matter. The Role of the United Nations. London u.a. 1990 (Letzte Auflage 1996), Zed Books

Pietilä, Hilkka: Engendering the Global Agenda. The Story of Women and the United Nations.Development Dossier. NGLS 2002, Genf 2002, United Nations

Reilhy, Niam: Without Reservation: The Beijing Tribunal on Accountability for Women's Human Rights. New Brunswick, NJ 1996, Center for Women's Global Leadership

Ruf, Anja: Weltwärts Schwestern! Von der Weltfrauenkonferenz in die Globale Zukunft. Bonn 1996, Dietz

Schmidt-Häuer, Julia: Menschenrechte – Männerrechte – Frauenrechte. Gewalt gegen Frauen als Menschenrechtsproblem. Marburg 2000, LIT Verlag

Schuler, Margaret (Hg.): Empowerment and the Law: Strategies of Third World Women, Wahington D.C. 1990, 2. Aufl., OEF International

Schuler, Margaret (Hg.): Women, Law and Development. Action for Change. Washington D. C. 1990, OEF International

Schuler, Margaret (Hg.): Freedom from Violence. Women's Strategies from Around the World. New York 1992, OEF International/UNIFEM

Schuler, Margaret (Hg.): Legal Literacy. A Tool for Women's Empowerment. New York 1992. OEF International/UNIFEM

Schuler, Margaret (Hg.): Claiming our Place. Working the Human Rights System to Women's Advantage. Washington 1993, Institute for Women, Law and Development

Schuler, Margaret: From Basic Needs to Basic Rights. Washington D. C. 1995, Institute for Women, Law and Development

Schuler, Margaret/Thomas, Dorothy (Hg.): Women's Human Rights Step by Step. Washington D. C. 1998, Institute for Women, Law and Development

Sporrer, Anna: Leitfaden zum Fakultativprotokoll der UN-Konvention zur Beseitigung jeder Form von Diskriminierung der Frau. Wien 2001, Frauenbüro Stadt Wien

Terre des Femmes: Tod als Ehrensache. Frauenschicksale. Berlin 1989, VWB

Tertinegg, Karin: Die UN-Frauenkonvention und ihre Umsetzung in Österreich. Diplomarbeit Karl Franzens Universität Graz, Graz 2000

Tomasevsky, Katarina: Women and Human Rights. London u.a. 1993, Zed Books

UNIFEM: Progress of the World's Women 2000. New York 2000

United Nations: World Conference on Human Rights. The Vienna Declaration and Programme of Action. June 1993. New York 1993

United Nations: Platform for Action and the Beijing Declaration. Fourth World Conference on Women. Beijing China, September 1995

United Nations: The NGO Forum on Women '95 Final Report. NGO Forum Publications

United Nations: The World's Women. Trends and Statistics. New York 2000

Wesener, Birgit: Die Konvention zur Beseitigung jeder Form von Diskriminierung der Frau in bezug zur österreichischen Rechtsordnung, Graz, Dipl. Arb. 1989

Wichterich, Christa: Wir sind das Wunder, durch das wir überleben (zur 4. Weltfrauenkonferenz der UN in Beijing im Jahr 1995), Köln 1996, Heinrich Böll-Stiftung

Wölte, Sonja: Keine Menschenrechte ohne Frauenrechte? Der internationale Schutz der Menschenrechte von Frauen, in: Feministische Studien, 16 (1992): Wechsel/Perspektiven, S. 31-45

Wölte, Sonja: Der internationale Schutz der Menschenrechte von Frauen: Ansätze feministischer Kritik am UN-Menschenrechtsinstrumentarium. Diplomarbeit im Fachbereich Gesellschaftswissenschaften an der Johann Wolfgang Goethe Universität, Frankfurt am Main, Juli 1996

Women Environment Development Organization (WEDO): Mapping Progress. New York 1998

Women's Tribune Center (Hg.): Rights of Women. A Guide to the Most Important United Nations Treaties on Women's Human Rights. New York 1998

Teil II
Europarechtliche Dimensionen

Arndt, Europarecht⁵ (2001)

Eichinger, Grundsatz der Gleichbehandlung hinsichtlich des Zugangs zur Beschäftigung, zur Berufsausübung und zum beruflichen Aufstieg sowie in bezug auf die Arbeitsbedingungen (Richtlinie 76/207/EWG), in *Oetker/Preis* (Hrsg), Europäisches Arbeits- und Sozialrecht (Teil B 4200, Stand Jänner 1999)

Funk, Einführung in das österreichische Verfassungsrecht¹⁰ (2000)

Götz, Anmerkung zu EuGH 26.10.1999 Rs C-273/97 Sirdar und EuGH 11.1.2000 Rs C-285/98 Kreil JZ 2000, 411

Höfle/Klein, Entwurf eines EU-Nachtarbeits-Anpassungsgesetz, ASoK 2002, 202

Hörburger, Europas Frauen fordern mehr² (1991)

Hummer/Obwexer, Österreich in der Europäischen Union, Band 1; Beitrittsvertrag – Beitrittsakte – Schlussakte (1995) 441

Isak, Europracht I (Strukturen – Institutionen – Verfahren)² (2000)

Kämmerer, Gleichberechtigung am Gewehr, EuR 2000, 103

Kliemann, Die Europäische Sozialintegration nach Maastricht (1997) 133

Krück in *Groeben/Thiesing/Ehlermann*, Kommentar zum EWG-Vertrag IV⁵ (1997)

Kucsko-Stadlmayer, Rechtliche Aspekte der Frauenförderung, JRP 1997, 35

Laubinger, Freiwilliger Waffendienst von Frauen in der Bundeswehr, Verwaltungs-Archiv 2000, 297

Mayr, Pensionsversicherung – mittelbare Diskriminierung, DRdA 2002, 334

Öhlinger, Verfassungsrecht⁴ (1999)

Öhlinger/Potacs, Gemeinschaftsrecht und staatliches Recht² (2001)

Oppermann, Europarecht² (1999)

Pirstner, Die Quote im Gemeinschaftsrecht, DRdA 1997, 461

Pirstner, Bedingte Quotenregelung entspricht dem Gemeinschaftsrecht, DRdA 1998 153

Pirstner, Geschlechtergleichbehandlung und Chancengleichheit im Gemeinschaftsrecht (Dissertation, Universität Graz, 1999)

Pirstner, Hessisches Gleichberechtigungsgesetz europarechtskonform, EuZW 2000, 474

Pirstner, Schwedische Vorschriften zur Frauenförderung – Vorrang von Frauen mit geringerer Qualifikation gemeinschaftsrechtskonform?, DRdA 2000, 459

Schlachter, Grundsatz des gleichen Entgelts nach Art 119 EG-Vertrag und der Richtlinie 75/117/EWG in *Oetker/Preis*, Europäisches Arbeits- und Sozialrecht (Teil B 4100, Stand April 1998)

Plodstedt/Degen, Nein heißt nein! DGB-Ratgeber gegen sexuelle Belästigung am Arbeitslatz (1992)

Sachs, Frauenquoten wieder vor dem EuGH, DRdA 1998, 129

Marlene Schmidt, Die neue EG-Richtlinie zur Teilzeitarbeit, NZA 1998, 576

Marlene Schmidt/Senne, Das gemeinschaftsrechtliche Verbot der Altersdiskriminierung und seine Bedeutung für das deutsche Arbeitsrecht, RdA 2002, 80

Segarra, Bericht des Ausschusses für die Rechte der Frau über die Benennung einer Vertrauensperson in den Unternehmen A3-0043/94

Siegmund-Ulrich, Anmerkung zum EuGH-Urteil vom 17.Oktober 1995, Rs C-450/93 (Kalanke/Freie Hansestadt Bremen), ÖIMR 1995, 203

Sporrer, „Automatische" Frauenquoten widersprechen EU-Recht, DRdA 1996, 79

Stahn, Streitkräfte im Wandel – Zu den Auswirkungen der EuGH-Urteile Sirdar und Kreil auf das deutsche recht, EuGRZ 2000, 121 (134)

Steinmeyer, Der Vertrag von Amsterdam und seine Bedeutung für das Arbeits- und Sozialrecht, RdA 2001, 10

Suhr, Grenzen der Gleichbehandlung: Zur Vereinbarkeit von Frauenquoten mit dem Gemeinschaftsrecht, EuGRZ 1998, 121

Urlesberger, Von Gleichen und Gleicheren, ZAS 2001, 72

Wolfsgruber, Pensionsalter und Europäisches Sozialrecht, DRdA 2001, 81

Teil III
Innerstaatliche Dimensionen

Aichhorn/Furgler, Das Familiennamensrecht, in *Aichhorn* (Hrsg), Frauen & Recht (1997) 293

Beclin, Zur Reform des Schadenersatzes bei sexuellem Mißbrauch, JAP 1997/98, 191

Bei/Novak, Das Gleichbehandlungsgesetz, in *Aichhorn* (Hrsg), Frauen & Recht (1997) 83

Berka, Lehrbuch Grundrechte (2000)

Bernat, Fortpflanzungsfreiheit, Privatleben und die EMRK. Anmerkungen zu VfGH 14. 10. 1999, juridikum 2000, 144

Binder, Hausfrauen – Rechtlos in der Gesellschaft? Zur sozialrechtlichen Situation der Hausfrauen (Hausmänner) in Österreich – Bestandsaufnahme und Verbesserungsvorschläge (2000)

Bothfeld/Gronbach/Riedmüller (Hrsg), Gender Mainstreaming – eine Innovation in der Gleichstellungspolitik. Zwischenberichte aus der politischen Praxis (2002)

Dearing, Das österreichische Gewaltschutzgesetz als Kern einer umfassenden Reform der Reaktion auf Gewalt in der Privatsphäre unter besonderer Berücksichtigung der Funktion der Sicherheitsexekutive, in *Dearing/Haller* (Hrsg), Das österreichische Gewaltschutzgesetz (2000) 13

Dearing/Förg (Hrsg), Konferenzdokumentation „Polizeiarbeit gegen Gewalt an Frauen" (1999)

Eichinger, Grundsatz der Gleichbehandlung hinsichtlich des Zugangs zur Beschäftigung, zur Berufsausübung und zum beruflichen Aufstieg sowie in bezug auf die Arbeitsbedingungen (Richtlinie 76/207/EWG), in *Oetker/Preis* (Hrsg), Europäisches Arbeits- und Sozialrecht (Teil B 4200, Stand Jänner 1999)

Ferrari, Verschuldensunabhängiger Scheidungsunterhalt nach den §§ 68a und 69b EheG, in *Ferrari/Hopf* (Hrsg), Eherechtsreform in Österreich (2000) 37

Floßmann, Männliche Rechtsstrategien zur Minimierung der sozialen Sprengkraft des Gleichheitssatzes. Ein Beitrag zur beschränkten Rechtssubjektivität der Frau, in *Mesner/Steger-Mauerhofer* (Hrsg), Der Tod der Olympe de Gouges. 200 Jahre Kampf um Gleichberechtigung und Grundrechte (1994) 45

Floßmann, Vom formalen zum feministischen Grundrechtsverständnis, in *Deixler-Hübner* (Hrsg), Die rechtliche Stellung der Frau (1998) 209

Gewis, Asyl – Frauen auf der Flucht, in *Gabriel* (Hrsg), Frauenrechte. Einführung in den internationalen frauenspezifischen Menschenrechtsschutz (2001) 117

Gründler, Die gemeinsame Obsorge nach dem KindRÄG 2001, ÖJZ 2001, 701

Haidenthaller, Schwerpunkte der Kindschaftsrechts-Reform, Teil I ÖJZ 2001, 622, Teil II ÖJZ 2001, 633

Haller/Liegl, Gewalt in der Familie. Eine Evaluierung der Umsetzung des österreichischen Gewaltschutzgesetzes, in *Dearing/Haller* (Hrsg), Das österreichische Gewaltschutzgesetz (2000) 167

Hofmeister, Frauenrechte am Beispiel des österreichischen Exekutios- und Insolvenzrechts, in *Aichhorn* (Hrsg), Frauen & Recht (1997) 469

Holzleithner, Recht Macht Geschlecht. Legal Gender Studies (2002)

Holzleithner/Benke, Law meets Gender at the University. Eine Begegnung zwischen Missverständnissen, Schritten zu praktischer Geschlechtergleichheit und akademischen Innovationsschüben, in *Universität Wien* (Hrsg), Quo vadis Universität? Perspektiven aus der Sicht der feministischen Theorie und Gender Studies (2002) 227

Hornyik, Die Judikatur des Verfassungsgerichtshofes zur Geschlechtergleichheit, in *Bundesministerium für Justiz* (Hrsg), Grund- und Freiheitsrechte in der gerichtlichen Praxis (1993) 265

Hornyik, Sind Männer gleicher? Die Judikatur des Verfassungsgerichtshofes zur Gleichheit von Mann und Frau als Spiegel gesellschaftlicher Wertmaßstäbe und ihrer Veränderungen (1991-1993), in *Mesner/Steger-Mauerhofer* (Hrsg), Der Tod der Olympe de Gouges. 200 Jahre Kampf um Gleichberechtigung und Grundrechte (1994) 67

Jarosch, Frauenquoten in Österreich. Grundlagen und Diskussion (2001)

Kartusch, Das Geschäft mit der Ware Frau – Maßnahmen gegen den Frauenhandel und zum Schutz der Opfer, in *Gabriel* (Hrsg), Frauenrechte. Einführung in den internationalen frauenspezifischen Menschenrechtsschutz (2001) 83

Kolbitsch, Wider die gemeinsame Obsorge nach Scheidung, ÖJZ 1997, 326

Krell/Mückenberger/Thondorf, Gestaltung politischer Prozesse nach dem Prinzip des Gender Mainstreaming (2000)

Krell/Mückenberger/Tondorf, Gender Mainstreaming: Chancengleichheit (nicht nur) für Politik und Verwaltung, in *Krell* (Hrsg), Chancengleichheit durch Personalpolitik. Gleichstellung von Frauen und Männern in Unternehmen und Verwaltungen[3] (2001)

Kucsko-Stadlmayer, Art 7 Abs 3 B-VG, in *Korinek/Holoubek* (Hrsg), Bundesverfassungsrecht (1999)

Kucsko-Stadlmayer, Europarechtliche Rahmenbedingungen der Frauenförderung, RZ 1999, 106

Ministerium für Arbeit, Frauen, Gesundheit und Soziales des Landes Sachsen-Anhalt (Hrsg), Gender Mainstreaming in Sachsen-Anhalt (oJ)

Novak, Fortpflanzungsmedizingesetz und Grundrechte, in *Bernat* (Hrsg), Die Reproduktionsmedizin am Prüfstand von Recht und Ethik (2000) 62

Rosenberger, Gender Mainstreaming und Gleichstellungspolitik, juridikum 2000, 136.

Sacksofsky, Das Grundrecht auf Gleichberechtigung: eine rechtsdogmatische Untersuchung zu Artikel 3 Abs 2 des Grundgesetzes[2] (1996) = Schriften zur Gleichstellung der Frau, Bd 1

Schweikert, Gewalt ist kein Schicksal (2000)

Siegmund-Ulrich, Frauenforschung und Frauenförderung an den österreichischen Hochschulen, in *Rust* (Hrsg), Juristinnen an den Hochschulen – Frauenrecht in Lehre und Forschung (1997) 55 = Schriften zur Gleichstellung der Frau, Bd 14

Siegmund-Ulrich, Zur Ambivalenz des gleichen Rechts, ÖZP 1994, 151

Somek, Rationalität und Diskriminierung. Zur Bindung der Gesetzgebung an das Gleichheitsrecht (2001)

Sporrer, Die Gleichheit von Frauen und Männern in Österreich, in *Machacek/Pahr/Stadler* (Hrsg), Grund und Menschenrechte in Österreich, Bd III (1997) 911

Sporrer, Frauenrechte werden effektiv. Das Fakultativprotokoll der UN-Konvention zur Beseitigung jeder Form von Diskriminierung der Frau, juridikum 2001, 5

Sporrer, Leitfaden zum Fakultativprotokoll der UN-Konvention zur Beseitigung jeder Form der Diskriminierung der Frau (2001)

Thienel, Das Berufungsverfahren nach dem UOG 1993 (1996)

Ulrich, Die Universitäten im geschlechterdemokratischen Wandel. Zur Entwicklungsgeschichte der genderspezifischen Rechtsschutz- und Kontrollstandards im Universitätsrecht, in *Schnedl/Ulrich* (Hrsg), Hochschulrecht/Hochschulmanagement/Hochschulpolitik (2002) 210

Ulrich, Was schützt der Gleichheitsgrundsatz? juridikum 2001, 173

Wagner, Quo vadis, Quote?, Anmerkungen zum OGH-Urteil vom 30. 1. 2001, 1 Ob 80/00x, juridikum 2001, 72

Weh, Beschränkungen des Rechts auf eigene Kinder. Das Fortpflanzungsmedizingesetz im Lichte der Menschenrechte, juridikum 2000, 119

Wittinger, Die Gleichheit der Geschlechter und das Verbot geschlechtsspezifischer Diskriminierung in der Europäischen Menschenrechtskonvention. Status quo und die Perspektiven durch das Zusatzprotokoll Nr. 12 zur EMRK, EuGRZ 2001, 272

Anhang

Übersicht über genderrelevante Rechtsvorschriften und Materialien

Teil I
Internationale Dimensionen

Allgemeiner Menschenrechtsschutz

Allgemeine Erklärung der Menschenrechte (10. 12. 1948)
(Quellen: Bruno Simma, Ulrich Fastenrath: Menschenrechte. Ihr internationaler Schutz. 3. Auflage, München 1992, Beck, dtv, S. 5 ff.; GOAR 3rd. Session, Resolutions Part I, S. 71 ff.)

Internationaler Pakt über wirtschaftliche, soziale und kulturelle Rechte (19. 12. 1966)
(Quellen: BGBl 1978/590; UNTS Bd. 993, S. 3 ff.)

Internationaler Pakt über bürgerliche und politische Rechte (19. 12.1966)
(Quellen: BGBl 1978/591; UNTS, Band 999, S. 171 ff;)

Konvention über die Rechtsstellung der Flüchtlinge (28. 7. 1951)
(Quellen: BGBl 1955/55 idF BGBl 1974/78; GAOR 5th Session, Res. 429; UNTS Vol. 189, S. 137 ff.)

Übereinkommen gegen Folter und andere grausame, unmenschliche oder erniedrigende Behandlung oder Strafe (10. 12. 1984)
(Quellen: BGBl 1987/492; GAOR 39th Session., Res. 46)

Übereinkommen über die Rechte des Kindes (20. 11. 1989)
(Quellen: BGBl 1993/7; GAOR, 44th Session. Res. 25)

Römisches Statut des Internationalen Strafgerichtshofs (ICC) (17. 7. 1998)
(Quellen: BGBl III 2002/180; International Legal Materials 37 (1998), S. 999 ff.; http://www.un.org/law/icc/statute)

Bundesgesetz über die Zusammenarbeit mit dem Internationalen Strafgerichtshof
(BGBl I 2002/135)

Erklärung zum Recht auf Entwicklung (4. 12. 1986)
(Quellen: Raoul F. Kneucker, Manfred Nowak, Hannes Tretter: Menschenrechte – Grundrechte. Materialien und Texte zur politischen Bildung, Band 7, Beiträge zur Lehrerfortbildung, Band 36, S. 146 ff.; GAOR 34th Session., Res. 66)

Konvention zum Schutze der Menschenrechte und Grundfreiheiten (Europäische Menschenrechtskonvention) (4. 11. 1950)
(Quelle: BGBl 1958/210 idF BGBl 1964/59 und idF BGBl III 1998/30)

Protokoll Nr. 7 zur Konvention zum Schutze der Menschenrechte und Grundfreiheiten (22. 11. 1984)
(Quelle: BGBl 1988/628 idF BGBl 1998/30)

Europäische Sozialcharta (18. 10. 1961)
(Quelle: BGBl 1969/460)

Revidierte Europäische Sozialcharta (3. 5. 1996)
(Quelle: http://conventions.coe.int/treaty/EN/cadreprincipal.htm)

Amerikanische Menschenrechtskonvention (22. 11. 1969)
(Quellen: Bruno Simma, Ulrich Fastenrath: Menschenrechte – Ihr internationaler Schutz. 3. Auflage, München 1992, Beck, dtv, S. 527 ff.; Raoul F. Kneucker, Manfred Nowak, Hannes Tretter: Menschenrechte – Grundrechte. Materialien und Texte zur politischen Bildung, Band 7, Beiträge zur Lehrerfortbildung, Band 36, S. 154 ff.; OAS Treaty Series No. 36; Englischer Text:

Afrikanische Charta der Menschenrechte und Rechte der Völker (Banjul Charta) (27. 6. 1981)
(Quellen: Bruno Simma, Ulrich Fastenrath: Menschenrechte – Ihr internationaler Schutz. 3. Auflage, München 1992, Beck, dtv, S. 557 ff.; Organisation of African Unity, CAB/LEG/67/3/Rev.5; Human Rights Law Journal 1986, S. 403 ff.; Revue universelle des droits de l'homme 1989, S. 484 ff.)

Kairoer Erklärung der Menschenrechte im Islam (5. 8. 1990)
(Quellen: Raoul F. Kneucker, Manfred Nowak, Hannes Tretter: Menschenrechte – Grundrechte. Materialien und Texte zur politischen Bildung, Band 7, Beiträge zur Lehrerfortbildung, Band 36, S. 162 ff.; Universal Islamic Declaration of Human Rights, Afghan Schad, Band 4, Nr. 1)

Schutz und Förderung der Menschenrechte von Frauen

Olympe de Gouges: Erklärung der Rechte der Frau und Bürgerin (1790)
(Quellen: Ute Gerhard: Gleichheit ohne Angleichung. Beck'sche Reihe, München

1990, S. 263 ff; Olympe de Gouges: Les droits de la femme (1790), in: Bibliothèque Nationale (Lb 39 9989, S. 24 ff.)

Konvention zur Unterdrückung des Menschenhandels und der Ausbeutung von Prostituierten (21. 3. 1950)
(Quellen: Bruno Simma, Ulrich Fastenrath: Menschenrechte – Ihr internationaler Schutz. 3. Auflage, München 1992, Beck, dtv, S.136 ff.; UNTS, Bd. 96, S. 271 ff.)

Übereinkommen von New York über die politischen Rechte der Frau (31. 3. 1953)
(Quellen: BGBl 1969/256; UNTS Bd. 193, S. 135 ff.)

Erklärung über die Zurückziehung des österreichischen Vorbehalts zu Artikel III des Übereinkommens über die politischen Rechte der Frau (11. 9. 2000)
(Quelle: BGBl III 2000/182)

Übereinkommen über die Staatsbürgerschaft der verheirateten Frau (29. 1. 1957)
(Quellen: BGBl 1968/238; UN General Assembly Resolution 1040 [XI] 1)

Übereinkommen über die Erklärung des Ehewillens, das Heiratsmindestalter und die Registrierung von Eheschließungen (10. 12. 1962)
(Quellen: BGBl 1969/433; UNTS, Bd. 521, S. 231 ff.)

Konvention zur Beseitigung jeder Form von Diskriminierung der Frau (CEDAW) (18. 12. 1979)
(Quellen: BGBl 1982/443; GAOR, 34th Session, Resolutions, S. 194 ff.)

Erklärung über die Zurückziehung des österreichischen Vorbehalts zu Artikel 7 lit. b der Konvention zur Beseitigung jeder Form von Diskriminierung der Frau (11. 9. 2000)
(Quelle: BGBl III 2000/183)

General Recommandations des CEDAW-Ausschusses zu den mit der Konvention zur Beseitigung jeder Form von Diskriminierung der Frau übernommenen Verpflichtungen
(Quelle: http://www.un.org/womenwatch/daw/cedaw/recommend.htm)

Fakultativprotokoll zur Konvention zur Beseitigung jeder Form von Diskriminierung der Frau (6. 10. 1999)
(Quellen: BGBl III 2000/206; A/Res/54/4; http://www.un.org/womenwatch/daw/cedaw/protocol/op.pdf oder: http://www.unhchr.ch/html/menu3/b/opt_cedaw.htm)

Declaration on the Elimination of Violence against Women (20. 12. 1993)
(Quellen: A/Res/48/104; Center for the Study of Human Rights: Women and Human Rights: The Basic Documents. New York 1996, Columbia University, S. 230 ff.)

Inter-American Convention on the Prevention, Punishment and Eradication of Violence against Women „Convention of Belem do Para" (9. 6. 1994)
(Quelle: http://www.cidh.oas.org/Basicos/basic13.htm)

Draft Protocol to the African Charter on Human and Peoples' Rights on the Rights of Women in Africa (16. 11. 2001)
(Quelle: Organisation of African Unity, CAB/LEG/66.6./Rev. 1)

Frauenspezifische Konventionen der Internationalen Arbeitsorganisation (ILO)

Übereinkommen (Nr. 100) über die Gleichheit des Entgelts männlicher und weiblicher Arbeitskräfte für gleichwertige Arbeit (29. 6. 1951)
(Quellen: BGBl 1954/39; UNTS, Bd. 165, Nr. 303; http://ilolex.ilo.ch:1567/cgi-lex/convde.pl?C100)

Übereinkommen (Nr. 103) über den Mutterschutz (Neufassung vom Jahr 1952)
(Maternity Protection Convention, Revised)
(Quellen: BGBl 1970/31 idF 1970/284; http://ilolex.ilo.ch:1567/cgi-lex/convde.pl?C103)

Übereinkommen (Nr. 111) über die Diskriminierung in Beschäftigung und Beruf (25. 6. 1958)
(Quellen: BGBl 1973/111; UNTS Bd. 362, Nr. 31; http://ilolex.ilo.ch:1567/cgilex/convde.pl?C111)

Convention (Nr. 156) Concerning Equal Opportunities and Equal Treatment for Men and Women Workers: Workers with Family Responsibilities (1981)
(Quellen: http://ilolex.ilo.ch:1567/cgi-lex/convde.pl?C156)

Übereinkommen (Nr. 89) über die Nachtarbeit der Frauen im Gewerbe
(Quellen: BGBl 1950/229; http://ilolex.ilo.ch:1567/cgi-lex/convde.pl?C 089)

Kündigung des Übereinkommens (Nr. 89) über die Nachtarbeit der Frauen im Gewerbe
(BGBl III 2001/209)

Übereinkommen (Nr. 4) über die Nachtarbeit der Frauen
(Quellen: BGBl 1924/226; http://ilolex.ilo.ch:1567/cgi-lex/convde.pl?C004)

Kündigung des Übereinkommens (Nr. 4) über die Nachtarbeit der Frauen
(BGBl III 2001/208)

Teil II
Europarechtliche Dimensionen

Vertragsbestimmungen

Bestimmungen des Europäischen Gemeinschaftsvertrages (ABl 1997 C 340/172)
Art 2 EGV, Art 3 EGV, Art 13 EGV, Art 137 EGV, Art 138 EGV, Art 139 EGV, Art 141 EGV, Art 249 EGV

Bestimmungen des Europäischen Unionsvertrages (ABl 1997 C 340/145)
Art 29 EUV, Art 31 EUV, Art 34 EUV, Art 35 EUV

Richtlinien

Entgeltgleichheitsrichtlinie
Richtlinie des Rates zur Angleichung der Rechtsvorschriften der Mitgliedstaaten über die Anwendung des Grundsatzes des gleichen Entgelts für Männer und Frauen RL 75/117/EWG ABl 1975 L 45/19

Gleichbehandlungsrichtlinie
Richtlinie des Rates zur Verwirklichung des Grundsatzes der Gleichbehandlung von Männern und Frauen hinsichtlich des Zugangs zur Beschäftigung, zur Berufsbildung und zum beruflichen Aufstieg sowie in bezug auf die Arbeitsbedingungen RL 76/207/EWG ABl 1976 L 39/40
Richtlinie des Europäischen Parlamentes und des Rates zur Änderung der Richtlinie 76/207/EWG Rates zur Verwirklichung des Grundsatzes der Gleichbehandlung von Männern und Frauen hinsichtlich des Zugangs zur Beschäftigung, zur Berufsbildung und zum beruflichen Aufstieg sowie in Bezug auf die Arbeitsbedingungen RL 2002/73/EG ABl 2002 L 269/15

Richtlinie zu den gesetzlichen Systemen der sozialen Sicherheit
Richtlinie des Rates zur schrittweisen Verwirklichung des Grundsatzes der Gleichbehandlung von Männern und Frauen im Bereich der sozialen Sicherheit RL 79/7/EWG ABl 1979 L 6/24

Richtlinie zu den betrieblichen Systemen der sozialen Sicherheit und Änderungsrichtlinie
Richtlinie des Rates zur Verwirklichung des Grundsatzes der Gleichbehandlung von Männern und Frauen bei den betrieblichen Systemen der sozialen Sicherheit RL 86/378/EWG ABl 1986 L 225/40 – Berichtigung im ABl 1987 L 51/56

Richtlinie des Rates zur Änderung der Richtlinie 86/378/EWG zur Verwirklichung des Grundsatzes der Gleichbehandlung von Männern und Frauen bei den betrieblichen Systemen der sozialen Sicherheit RL 96/97/EG ABl 1997 L 46/20 – Berichtigung im ABl 1999 L 151/39

Richtlinie zur selbständigen Erwerbstätigkeit
Richtlinie des Rates zur Verwirklichung des Grundsatzes der Gleichbehandlung von Männern und Frauen, die eine selbständige Erwerbstätigkeit ausüben – auch in der Landwirtschaft – ausüben, sowie über den Mutterschutz RL 86/613/EWG ABl 1986 L 359/56

Mutterschutzrichtlinie
Richtlinie des Rates über die Durchführung von Maßnahmen zur Verbesserung der Sicherheit und des Gesundheitsschutzes von schwangeren Arbeitnehmerinnen, Wöchnerinnen und stillenden Arbeitnehmerinnen am Arbeitsplatz RL 92/85/EWG ABl 1992 L 348/1

Elternurlaubsrichtlinie und Ausdehnungsrichtlinie
Richtlinie des Rates zu der von UNICE, CEEP und EGB geschlossenen Rahmenvereinbarung über Elternurlaub RL 96/34/EG ABl 1996 L 145/4
Richtlinie des Rates zur Änderung und Ausdehnung der Richtlinie 96/34/EG zu der von UNICE, CEEP und EGB geschlossenen Rahmenvereinbarung über Elternurlaub auf das Vereinigte Königreich RL 97/75/EG ABl 1998 L 10/24

Teilzeitarbeitsrichtlinie und Ausdehnungsrichtlinie
Richtlinie zu der von UNICE, CEEP und EGB geschlossenen Rahmenvereinbarung über Teilzeitarbeit RL 97/81/EG ABl 1998 L 14/9 – Berichtigung im ABl 1998 L 128/71
Richtlinie des Rates zur Ausdehnung der Richtlinie 97/81/EG zu der von UNICE, CEEP und EGB geschlossenen Rahmenvereinbarung über Teilzeitarbeit auf das Vereinigte Königreich Großbritannien und Nordirland RL 98/23/EG ABl 1998 L 131/10

Beweislastrichtlinie und Ausdehnungsrichtlinie
Richtlinie des Rates über die Beweislast bei Diskriminierung aufgrund des Geschlechts RL 97/80/EG ABl 1998 L 14/6
Richtlinie des Rates zur Ausdehnung der Richtlinie 97/80/EG Beweislast in Fällen geschlechtsbedingter Diskriminierung auf das Vereinigte Königreich Großbritannien und Nordirland RL 98/52/EG ABl 1998 L 205/66

Richtlinie über befristete Arbeitsverträge
Richtlinie zu der EGB-UNICE-CEEP-Rahmenvereinbarung über befristete Arbeitsverträge RL 1999/70/EG ABl 1999 L 175/43

Generelle Gleichbehandlungsrichtlinie für Beschäftigung und Beruf
Richtlinie zur Festlegung eines allgemeinen Rahmens für die Verwirklichung der Gleichbehandlung in Beschäftigung und Beruf RL 2000/78/EG ABl 2000 L 303/16

Rassen(anti-)diskriminierungsrichtlinie
Richtlinie zur Anwendung des Gleichbehandlungsgrundsatzes ohne Unterschied der Rasse oder ethnischen Herkunft RL 2000/43/EG ABl L 180/22

Sonstige (Rechts-)Dokumente

Empfehlung zur ausgewogenen Mitwirkung am Entscheidungsprozeß
Empfehlung des Rates über die ausgewogene Mitwirkung von Frauen und Männern am Entscheidungsprozeß (96/694/EG) ABl 1996 L 319/11

DAPHNE-Programm
Beschluss Nr. 293/2000/EG des Europäischen Parlamentes und des Rates vom 24.1.2000 zur Annahme eines Aktionsprogramms der Gemeinschaft (DAPHNE-Programm) (2000 bis 2003) über vorbeugende Maßnahmen zur Bekämpfung von Gewalt gegen Kinder, Jugendliche und Frauen ABl 2000 L 34/1

Vorschläge der Kommission für Rahmenbeschlüsse des Rates betreffend den Menschenhandel und die sexuellen Ausbeutung von Kindern und die Kinderpornographie
Mitteilung der Kommission an den Rat und das Europäische Parlament zur Bekämpfung des Menschenhandels und Bekämpfung der sexuellen Ausbeutung von Kindern und der Kinderpornographie; Vorschlag für einen Rahmenbeschluss des Rates zur Bekämpfung des Menschenhandels; Vorschlag für einen Rahmenbeschluss des Rates zur Bekämpfung der sexuellen Ausbeutung von Kindern und der Kinderpornographie KOM (2000) 854

Rahmenbeschluss des Rates zur Bekämpfung des Menschenhandels
Rahmenbeschluss des Rates vom 19.7.2002 zur Bekämpfung des Menschenhandels ABl 2002 L 203/1

Aktionsprogramm betreffend die Gleichstellung von Männern und Frauen
Entscheidung des Rates (2001/51/EG) vom 20.12.2000 über ein Aktionsprogramm der Gemeinschaft betreffend die Gemeinschaftsstrategie für die Gleichstellung von Frauen und Männern (2001-2005) ABl 2001 L 17/22

Verordnung über die Berücksichtigung der Geschlechterperspektive bei der Entwicklungszusammenarbeit
Verordnung (EG) Nr. 2836/98 des Rates vom 22.12.1998 über die Berücksichtigung der Geschlechterperspektive bei der Entwicklungszusammenarbeit ABl 1998 L 354/5

Charta der Grundrechte der Europäischen Union
Charta der Grundrechte der Europäischen Union ABl 2000 C 364/3

Teil III
Innerstaatliche Dimensionen

Verfassungsbestimmungen

Staatsgrundgesetz über die allgemeinen Rechte der Staatsbürger, RGBl 1867/142
Art 2 (Gleichheitsgrundsatz);
Art 3 Abs 1 StGG (Gleiche Zugänglichkeit zu öffentlichen Ämtern)

Bundes-Verfassungsgesetz in der Fassung von 1929, BGBl 1930/1 idF BGBl I 2002/99
Art 7 (Gleichheitsgrundsatz)
Art 9a Abs 4 B-VG (Freiwilliger Dienst von Frauen im Bundesheer)

Bundesverfassungsgesetz über unterschiedliche Altersgrenzen von männlichen und weiblichen Sozialversicherten, BGBl 1992/832

Bundesgesetz über die Organisation der Universitäten (UOG 1993), BGBl 1993/805 idF BGBl I 2002/120
§ 39 Abs 2 UOG 1993 (Zulässigkeit vorübergehender Sondermaßnahmen für Frauen an den Universitäten). Diese Verfassungsbestimmung gilt auch im Rahmen des Universitätsgesetzes 2002 weiter (§ 143 Abs 4 UG 2002).

Konvention zum Schutze der Menschenrechte und Grundfreiheiten, BGBl 1958/210 idF BGBl 1964/59 und BGBl III 1998/30
Art 14 EMRK (relativer Gleichheitsgrundsatz)

Protokoll Nr. 7 zur Konvention zum Schutze der Menschenrechte und Grundfreiheiten, BGBl 1988/628 idF BGBl III 1998/30
Art 5 des 7. ZPEMRK (Gleichberechtigung der Ehegatten)

Konvention zur Beseitigung jeder Form von Diskriminierung der Frau samt Vorbehalten, BGBl 1982/443
Art 1, 2, 3, 4 CEDAW

Bundesgesetze

Bundesgesetz über die Gleichbehandlung von Frau und Mann im Arbeitsleben (Gleichbehandlungsgesetz 1979), BGBl 1985/108 idF BGBl I 2001/129

Bundesgesetz über die Gleichbehandlung von Frauen und Männern und die Förderung von Frauen im Bereich des Bundes (Bundes-Gleichbehandlungsgesetz), BGBl 1993/100 idF BGBl I 2001/87

Sicherheitspolizeigesetz, BGBl 1991/566 idF BGBl I 1999/146
§ 38a SPG (Wegweisung, Betretungsverbot, Schlüsselabnahme)

Exekutionsordnung, RGBl 1896/79 idF BGBl I 1999/147
§§ 382b, 382c und 382d EO (Einstweilige Verfügung)

Wehrgesetz 2001, BGBl I 2001/146 (Wv)
§§ 37 - 40 WehrG (Ausbildungsdienst und Milizdienst für Frauen im Bundesheer)

Allgemeines bürgerliches Gesetzbuch, JGS 1811/946 idF BGBl 1995/25
§§ 93, 93 a und 139 ABGB (Ehenamensregelungen)

Gesetz zur Vereinheitlichung des Rechts der Eheschließung und der Ehescheidung, dRGBl I S 807/1938 idF BGBl I 1999/125
§ 1 EheG (Ehemündigkeitsalter),
68a und 69b EheG (teilweise verschuldensunabhängiger Scheidungsunterhalt)

Zurückziehung des österreichischen Vorbehalts zu Art 7 lit b der Konvention zur Beseitigung jeder Form von Diskriminierung der Frau, BGBl III 2000/183

Zurückziehung des österreichischen Vorbehalts zu Art III des Übereinkommens über die politischen Rechte der Frau, BGBl III 2000/182

Fakultativprotokoll zur Konvention zur Beseitigung jeder Form von Diskriminierung der Frau, BGBl III 2000/206

Kündigung des Übereinkommens (Nr. 89) über die Nachtarbeit der Frauen im Gewerbe
(BGBl III 2001/209)

Kündigung des Übereinkommens (Nr. 4) über die Nachtarbeit der Frauen
(BGBl III 2001/208)

EU-Nachtarbeits-Anpassungsgesetz, BGBl I 2002/122

Universitätsgesetz 2002, BGBl I 2002/120
§ 2 Z 9 UG (die Gleichstellung von Frauen und Männern als leitender Grundsatz für die Universitäten)
§ 13 Abs 2 lit d UG (Erhöhung des Frauenanteils in leitenden Funktionen als Leistungsverpflichtung der Universitäten)
§§ 41- 44 UG (Arbeitskreise für Gleichbehandlungsfragen)

Gleichbehandlungsgesetze der Länder für den Landes- und Gemeindedienst

Burgenland
Gesetz vom 15. Juli 1997 über die Gleichbehandlung von Frauen und Männern und die Förderung von Frauen im Bereich des Landes und der Gemeinden (Landes-Gleichbehandlungsgesetz – L-GBG), LGBl 1997/59 idF LGBl 2002/27

Kärnten
Gesetz vom 10. Februar 1994 über die Gleichbehandlung von Frauen und Männern und die Förderung von Frauen im Landes- und Gemeindedienst (Landes-Gleichbehandlungsgesetz – K-LGBG), LGBl 1994/56 idF LGBl 2001/62

Niederösterreich
NÖ Gleichbehandlungsgesetz, LGBl 2060-0 idF LBGl 2060-1

Oberösterreich
Landesgesetz vom 3. November 1994 über die Gleichbehandlung von Frauen und Männern und die Förderung von Frauen im Landesdienst (Oö. Landes-Gleichbehandlungsgesetz – Oö. L-GBG), LGBl 1995/8 idF LGBl 2001/90

Landesgesetz über die Gleichbehandlung von Frauen und Männern und die Förderung von Frauen im Gemeinde(verbands)dienst (Oö. Gemeinde-Gleichbehandlungsgesetz – Oö. G-GBG), LGBl 1999/63 idF LGBl 2001/90

Salzburg
Gesetz vom 14. Dezember 1995 über die Gleichbehandlung von Frauen und Männern und die Förderung von Frauen im Landesdienst (Landes-Gleichbehandlungsgesetz – L-GBG), LGBl 1996/30 idF LGBl 2001/46

Gesetz vom 23. Oktober 1997 über die Gleichbehandlung von Frauen und Männern im Gemeinde- und Magistratsdienst (Gemeinde-Gleichbehandlungsgesetz – G-GBG), LGBl 1998/7 idF LGBl 2001/99

Steiermark
Gesetz vom 10. Juni 1997 über die Gleichbehandlung von Frauen und Männern und die Förderung von Frauen im Bereich des Landes, der Gemeinden und Gemeindeverbände (Landes-Gleichbehandlungsgesetz – L-GBG), LGBl 1997/63

Tirol
Gesetz vom 2. Juli 1997 über die Gleichbehandlung von Frauen und Männern und die Förderung von Frauen im Landesdienst (Landes-Gleichbehandlungsgesetz), LGBl 1997/71

Gesetz vom 6. Oktober 1999 über die Gleichbehandlung von Frauen und Männern und die Förderung von Frauen im Dienst der Gemeinden und der Gemeindeverbände (Tiroler Gemeinde-Gleichbehandlungsgesetz), LBGl 1999/55

Vorarlberg
Gesetz zur Förderung der Chancengleichheit von Frauen und Männern (Landes-Frauenförderungsgesetz), LGBl 1997/1 idF LGBl 1997/73

Gesetz über das Dienstrecht der Landesbediensteten – Landesbedienstetengesetz 2000, LGBl 2000/50 idF LGBl 2001/15

Gesetz über das Dienstrecht der Gemeindebediensteten – Gemeindebedienstetengesetz, LGBl 1988/49 idF LGBl 2001/24

Wien
Gesetz über die Gleichbehandlung von Frauen und Männern und die Förderung von Frauen als Bedienstete der Gemeinde Wien (Wiener Gleichbehandlungsgesetz – W-GBG), LBGl 1996/18 idF LGBl 2001/21

Landarbeitsordnungen der Länder, welche die Ausführungsbestimmungen zu den Grundsatzbestimmungen des Gleichbehandlungsgesetzes 1979 für die Land- und Forstwirtschaft enthalten

Burgenland
Burgenländische Landarbeitsordnung 1977, LGBl 1977/37 idF LGBl 2000/53

Kärnten
Kärntner Landarbeitsordnung 1995 – K-LArbO, LGBl 1995/97 idF LGBl 2001/79

Niederösterreich
NÖ Landarbeitsordnung 1973, LGBl 9020-0 idF 9020-18

Oberösterreich
Oö Landarbeitsordnung, LGBl 1989/25 idF LGBl 1999/101

Salzburg
Salzburger Landarbeitsordnung 1995 – LArbO, LGBl 1996/7 idF LGBl 1996/98

Steiermark
Steiermärkische Landarbeitsordnung 1981 – STLAO 1998, LGBl 1981/25 idF LGBl 1998/9

Tirol
Landarbeitsordnung 2000 – LAO 2000, LGBl 2000/27 idF LGBl 2001/23

Vorarlberg
Land- und Forstarbeitsgesetz, LGBl 1997/28 idF LGBl 2001/38

Wien
Wiener land- und forstwirtschaftliches Gleichbehandlungsgesetz, LGBl 1980/25 idF LGBl 1999/1

Genderspezifische Ministerratsbeschlüsse

Ministerratsbeschluss zur Einrichtung einer interministeriellen Arbeitsgruppe für Gender Mainstreaming vom 7. 7. 2000, GZ 140.240/3-SGIII/1/00 (http://www.imag-gendermainstreaming.at)

Ministerratsbeschluss betreffend Empfehlungen für die Umsetzung von Gender Mainstreaming vom 3. 4. 2002, GZ 140.240/3-III/1/02 (http://www.imag-gendermainstreaming.at)

Ministerratsbeschluss betreffend den geschlechtergerechten Sprachgebrauch vom 18. 4. 2001, GZ 352.200/006-IV/8/01 (http://www.imag-gendermainstreaming.at)

Die Autorinnen

Dr. Brita Neuhold

Lektorin am Institut für Politikwissenschaft an der Universität Wien und am Institut für Österreichisches, Europäisches und Vergleichendes Öffentliches Recht, Politikwissenschaft und Verwaltungslehre an der Universität Graz.
Referentin, Konsulentin, freie Wissenschafterin; ständige Mitarbeiterin des entwicklungspolitischen Frauennetzwerks WIDE (Women in Development Europe).
Dr. Brita Neuhold verfügt über langjährige Berufserfahrung als Journalistin/Autorin, Referentin und Universitätslektorin im Bereich Entwicklungspolitik und internationale Frauenfragen. Die Leistungen der internationalen Frauenbewegung, mit Blickpunkt auf die Weltfrauenkonferenzen der Vereinten Nationen, und das Thema der Menschenrechte von Frauen sind ihr ein besonderes Anliegen. Sie lehrte im Wintersemester 2000/2001 an der Universität Graz als Aigner-Rollett-Gastprofessorin zu diesen Fragestellungen.

Dr. Renate Pirstner

Vertragsassistentin am Institut für Österreichisches, Europäisches und Vergleichendes Öffentliches Recht, Politikwissenschaft und Verwaltungslehre an der Universität Graz.
Forschungsschwerpunkte: Geschlechtergleichbehandlung und Frauenförderung im Europarecht.
2001 Wissenschaftspreis der Dr. Maria Schaumayer-Stiftung für die Dissertation „Geschlechtergleichbehandlung und Chancengleichheit im Gemeinschaftsrecht".
Abhaltung von frauenspezifischen europarechtlichen Lehrveranstaltungen für Studierende der Karl-Franzens-Universität Graz seit 1994.
Referentin und Prüferin für das Thema „Gleichbehandlung und Frauenförderung" im Rahmen der Grundausbildung der Vertragsbediensteten der Karl-Franzens-Universität Graz.
Ehemals Koordinationsbeauftragte des Arbeitskreises für Gleichbehandlungsfragen der Rechtswissenschaftlichen Fakultät der Karl-Franzens-Universität Graz.

Dr. Silvia Ulrich

Assistenzprofessorin am Institut für Österreichisches, Europäisches und Vergleichendes Öffentliches Recht, Politikwissenschaft und Verwaltungslehre an der Universität Graz.
Forschungsschwerpunkte: Geschlechterdifferenz im Recht; Diskriminierungsschutz und Frauenförderung auf nationaler und internationaler Ebene.

Darüber hinaus vielfältige Tätigkeiten mit Praxisbezug, insbesondere genderspezifische Politikberatung.

Erste Vorsitzende der Arbeitsgruppe für Gleichbehandlungsfragen im Wissenschaftsministerium und erste Vorsitzende des Arbeitskreises für Gleichbehandlungsfragen an der Universität Graz.

2001 Gabriele Possaner-Preis – Österreichischer Staatspreis für wissenschaftliche Leistungen, die der Geschlechterdemokratie in Österreich förderlich sind.

Im Sommersemester 2003 Gastprofessur für Frauenrecht an der Universität Linz.